编审委员会成员

主　任　孔和平　罗志荣
委　员　郭兆旭　吕　萍　唐俊南　安　远
　　　　文远怀　张　虹　谢　锐　解　丹

总　序

哲学社会科学是人们认识世界、改造世界的重要工具，是推动历史发展和社会进步的重要力量。哲学社会科学的研究能力和成果，是综合国力的重要组成部分，哲学社会科学的发展水平，体现着一个国家和民族的思维能力、精神状态和文明素质。一个民族要屹立于世界民族之林，不能没有哲学社会科学的熏陶和滋养；一个国家要在国际综合国力竞争中赢得优势，不能没有包括哲学社会科学在内的"软实力"的强大和支撑。

近年来，党和国家高度重视哲学社会科学的繁荣发展。江泽民同志多次强调哲学社会科学在建设中国特色社会主义事业中的重要作用，提出哲学社会科学与自然科学"四个同样重要"、"五个高度重视"、"两个不可替代"等重要思想论断。党的十六大以来，以胡锦涛同志为总书记的党中央始终坚持把哲学社会科学放在十分重要的战略位置，就繁荣发展哲学社会科学做出了一系列重大部署，采取了一系列重大举措。2004年，中共中央下发《关于进一步繁荣发展哲学社会科学的意见》，明确了新世纪繁荣发展哲学社会科学的指导方针、总体目标和主要任务。党的十七大报告明确指出："繁荣发展哲学社会科学，推进学科体系、学术观点、科研方法创新，鼓励哲学社会科学界为党和人民事业发挥思想库作用，推动我国哲学社会科学优秀成果和优秀人才走向世界。"这是党中央在新的历史时期、新的历史阶段为全面建设小康社会，加快推进社会主义现代化建设，实现中华民族伟大复兴提出的重大战略目标和任务，为进一步繁荣发展哲学社会科学指明了方向，提供了根本保证和强大动力。

高校是我国哲学社会科学事业的主力军。改革开放以来，在党中央的坚强领导下，高校哲学社会科学抓住前所未有的发展机遇，紧紧围绕党和国家工作大局，坚持正确的政治方向，贯彻"双百"方针，以发展为主题，以改革为动力，以理论创新为主导，以方法创新为突破口，发扬理论联系实际学风，弘扬求真务实精神，立足创新、提高质量，高校哲学社会科学事业实现了跨越式发展，呈现空前繁荣的发展局面。广大高校哲学社会科学工作者以饱满的热情积极参与马克思主义理论研究和建设工程，大力推进具有中国特色、中国风格、中国气派的哲学社会科学学科体系和教材体系建设，为推进马克思主义中国化，推动理论创新，服务党和国家的政策决策，为弘扬优秀传统文化，培育民族精神，为培养社会主义合格建设者和可靠接班人，做出了不可磨灭的重要贡献。

自2003年始，教育部正式启动了哲学社会科学研究重大课题攻关项目计划。这是教育部促进高校哲学社会科学繁荣发展的一项重大举措，也是教育部实施"高校哲学社会科学繁荣计划"的一项重要内容。重大攻关项目采取招投标的组织方式，按照"公平竞争，择优立项，严格管理，铸造精品"的要求进行，每年评审立项约40个项目，每个项目资助30万~80万元。项目研究实行首席专家负责制，鼓励跨学科、跨学校、跨地区的联合研究，鼓励吸收国内外专家共同参加课题组研究工作。几年来，重大攻关项目以解决国家经济建设和社会发展过程中具有前瞻性、战略性、全局性的重大理论和实际问题为主攻方向，以提升为党和政府咨询决策服务能力和推动哲学社会科学发展为战略目标，集合高校优秀研究团队和顶尖人才，团结协作，联合攻关，产出了一批标志性研究成果，壮大了科研人才队伍，有效提升了高校哲学社会科学整体实力。国务委员刘延东同志为此做出重要批示，指出重大攻关项目有效调动各方面的积极性，产生了一批重要成果，影响广泛，成效显著；要总结经验，再接再厉，紧密服务国家需求，更好地优化资源，突出重点，多出精品，多出人才，为经济社会发展做出新的贡献。这个重要批示，既充分肯定了重大攻关项目取得的优异成绩，又对重大攻关项目提出了明确的指导意见和殷切希望。

作为教育部社科研究项目的重中之重，我们始终秉持以管理创新服务学术创新的理念，坚持科学管理、民主管理、依法管理，切实增强服务意识，不断创新管理模式，健全管理制度，加强对重大攻关项目的选题遴选、评审立项、组织开题、中期检查到最终成果鉴定的全过程管理，逐渐探索并形成一套成熟的、符合学术研究规律的管理办法，努力将重大攻关项目打造成学术精品工程。我们将项目最终成果汇编成"教育部哲学社会科学研究重大课题攻关项目成果文库"统一组织出版。经济科学出版社倾全社之力，精心组织编辑力量，努力铸造出版精品。国学大师季羡林先生欣然题词："经时济世 继往开来——贺教育部重大攻关项目成果出版"；欧阳中石先生题写了"教育部哲学社会科学研究重大课题攻关项目"的书名，充分体现了他们对繁荣发展高校哲学社会科学的深切勉励和由衷期望。

创新是哲学社会科学研究的灵魂，是推动高校哲学社会科学研究不断深化的不竭动力。我们正处在一个伟大的时代，建设有中国特色的哲学社会科学是历史的呼唤，时代的强音，是推进中国特色社会主义事业的迫切要求。我们要不断增强使命感和责任感，立足新实践，适应新要求，始终坚持以马克思主义为指导，深入贯彻落实科学发展观，以构建具有中国特色社会主义哲学社会科学为己任，振奋精神，开拓进取，以改革创新精神，大力推进高校哲学社会科学繁荣发展，为全面建设小康社会，构建社会主义和谐社会，促进社会主义文化大发展大繁荣贡献更大的力量。

教育部社会科学司

前 言

2003年夏季，我带领几位东北师范大学的老师在北京参加了教育部组织的人文社会科学重大课题研究攻关项目答辩会，最终我们的项目《我国农村教育发展现状调查及农村教育发展指标体系研究》获得批准立项（项目批准号：03JZD0035），我们和上海财经大学的老师一起合作研究。从那时起我们的研究团队开始了紧张而又愉快的工作，而且成果很多，本书就是我们课题活动的成果之一。

不可否认，至今中国还是城乡经济二元的社会，农村的各项事业仍然比较落后。在这样的背景下，对农村教育发展的历史如何回归分析？对农村教育发展的前景如何前瞻性预测？对农村教育发展速率如何度量？在缩小城乡差距的政治旗帜下农村教育发展规划如何制定？等等都是我们面临的实际问题。自从20世纪80年代开始，对于农村教育的调查已经成为我们的常态活动了，在掌握了很多素材之后，在大量感性认识和第一手真实数据基础上如何发掘提炼，回答上述疑问，将实践收获提高到理论层面是我们承担的这一课题研究的重点，也是本书的主要特征。

我国农村教育发展指标体系研究以前是空白。在很有影响经济合作组织（OECD）的教育指标中，不仅没有区别城乡，而且没有对评价指标、督导指标、统计指标、发展指标等多种指标进行细致划分。国内外许多机构和学者的研究也没有涉及到我国农村教育发展指标体系。我们的初步尝试真的是抛砖引玉，期望得到读者的评价，唤起读者对该领域问题的关注，唤起社会各界对农村教育发展问题的关心。

本书由五个部分构成，总论部分主要研究了与农村教育发展指标相关的基本理论问题。专题研究部分是对农村教育发展指标的一些主要要素构成展开的研究。义务教育专门作为一个部分是因为现阶段中国农村教育主要部分是义务教育，同时，也是为了突出农村义务教育的重要性。非义务教育指标部分，目的是尽量将农村存在的教育类型和阶段全貌地反映出来。最后，以 D 县教育事业发展规划为例，初步探讨了教育指标和教育规划的关系。

  课题研究和本书的创作还得益于我们对大学科研和教学关系的新认识。在课题进行过程中，我对科研和教学的关系得到了一些直接感悟。近年来，课题组全体成员团结协同，精诚合作，边调查、边研讨、边学习、边写作。在无数次实地调查研究的同时，较大规模的课题组学术研讨活动就开展了 5 次。上海财经大学的马国贤教授通过这项课题培养了几位博士生，我指导的硕士生和博士生也有 10 多人是选题就是本课题的具体内容，而且文章质量很高，实现了科研和教学的统一，有些内容直接转化为课题成果了。在课题结题阶段，除了和上海财大密切配合之外，东北师大的秦玉友教授和陈静漪博士生参与了大量具体工作。

  在本课题的立项、进行过程中和结题验收时，北京师范大学的顾明远教授、石中英教授、张斌贤教授和刘复兴教授，华东师范大学的叶澜教授、陆有铨教授，北京大学的陈学飞教授，厦门大学的邬大光教授等等，均对课题提出了建设性的建议，教育部社会科学研究与思想政治工作司的领导同志对本课题的开展给予了具体指导，东北师范大学、上海财经大学和北京师范大学为课题开展提供和创造了条件，在此深表谢意！

摘 要

本书是教育部人文社会科学重大课题研究攻关项目《我国农村教育发展现状调查及农村教育发展指标体系研究》主要成果。

在城乡经济二元的社会，我国农村的各项事业仍然比较落后。对农村教育发展的历史如何回归分析？对农村教育发展的前景如何前瞻性预测？对农村教育发展速率如何度量？在缩小城乡差距的政治旗帜下农村教育发展规划如何制定？等等，都是我们面临的实际问题。

本书作者利用了多年来对农村教育的调查数据，在大量感性认识和第一手真实数据基础上发掘提炼，将实践收获提高到理论层面思考，将农村教育和农村社会整体发展紧密结合，提出了一些关于发展指标的新认识，既回答了上述疑问，又丰富了教育学、社会学、经济学、未来学、战略规划等学科或者领域的基本知识。

本书由五个部分构成，总论、指标专题研究、义务教育现状调查与指标研究、非义务教育指标研究、指标与规划案例研究。总论部分主要研究了与农村教育发展指标相关的基本理论问题。主要内容包括教育指标研究的取向与思维方式、农村教育发展指标概念与导向、农村教育发展指标领域的确定与指标陈述、农村教育发展指标与教育发展规划。指标专题研究部分是对农村教育发展指标的一些主要要素构成展开的研究。主要包括分城乡学龄人口变动趋势分析、农村适龄人口人均预期受教育年限展望、政府教育投入努力程度研究、农村教师发展指标体系研究、农村中小学教育信息化发展指标体系研究。义务教育部分在本书中很主要，因为现阶段中国农村教育主要部分是义务教育，同时教育均衡发展也主要是指义务教育阶段均衡发展。这部分内容包括农村义务教育现状调查，农村义务教育发展指标体系研究，义务教育绩效评价指标研究。非义务教育指标部分，目的是尽量将农村存在的教育类型和阶段全貌地反映出来。主要包括农村幼儿教育事业发展指标体系研究，农村普通高中教育发展指标体系研究，农村职业教育发展战略及指标体系研究，农村高等教育发展指标体系研究，农村成人教育发展指标研究，农村社区教育发展指标研究。本书最后一部分，以东北某县教育事业发展规划（2007~2020）为例，初步探讨了教育指标和教育规划的关系。

我国农村教育发展指标体系研究以前是空白。在很有影响的经济合作组织（OECD）的教育指标中，不仅没有区别城乡，而且没有对评价指标、督导指标、统计指标、发展指标等多种指标进行细致划分。国内外许多机构和学者的研究也没有涉及到我国农村教育发展指标体系。本书的内容属于初步尝试，也是抛砖引玉，期望得到读者的评价，唤起读者对该领域问题的关注，唤起社会各界对农村教育发展问题的关心。

Abstract

This book represents the major results of the significant brainstorm research project on humane studies of the Ministry of Education, which is titled *Investigation into the Status Quo of China's Rural Educational Development and Research on Indicator System of Rural Educational Development*.

In the society where a binary economy exists in urban and rural areas in China the rural areas still lag behind the urban areas in various undertakings. In such context, how to make a regression analysis of the history of rural educational development? How to forecast the prospects of rural educational development? How to measure the speed of rural educational development? Responding to the central government's call for narrowing the gap between urban and rural areas, how to map out the program for rural educational development? Those are practical problems we are facing at the moment.

Based on massive data acquired from investigation into rural education over the years, the authors crystallize practical experience into theoretical results in which the rural education and the integral development of rural society are closely correlated. On that basis, the authors put forward a series of new perception of development indicators of rural educational development, which provides solution to the above questions and enrich the fundamental knowledge in areas or disciplines of education, social science, economics, futurology, strategic planning etc. .

The book consists of five portions, i. e. pandect, special research on indicators, investigation into status quo of compulsory education and research on indicators, research on non-compulsory educational indicators, and case study on indicators and planning. Pandect mainly focuses on the fundamental theoretical problems in correlation with rural educational development indicators, which mainly include: orientation of research on educational indicators and way of thinking, conception and orientation of rural educational development indicators, definition of sphere of rural education development indicators and explanation of indicators, and rural education development indicators and educational development planning. The special research on indicators places its emphasis on key elements of rural education development indicators, which mainly include variation tendency analysis of urban-rural school age population, prospects of per capita predictive education age limits of rural right-age populations, study on extent of government investment in education, study on development indicators of rural teachers, and study on indicators system for IT-based development of rural elementary and middle school education. The compulsory education is a key part of this book, because the majority of China's rural education at the current stage is compulsory education, and the balanced development of education mainly refers to the balanced development of compulsory education. This portion includes investigation into status quo of rural compulsory education, study on indicator system of rural compulsory educational development, and study on assessment indicators of compulsory education performance. The portion of non-compulsory education indicators aims to provide a panoramic picture of types and phases of the current rural education, which mainly include study on indicator system of rural preschool education undertaking development, study on indicator system of rural high school educational development, study on development strategy for rural vocation education and indicator system of rural higher education development, study on indicators of rural adult education development, and study on indicators of rural community educational development. The last portion of the book takes the educational development planning (2007~2020) of a county in Northeast China as an example to conduct preliminary investigation into the relations between educational indicators and educational planning.

China has long-term absence of research on the indicator of rural educational development. In the greatly influential education indicators of OECD, no detailed categorization is provided on various indicators such as assessment indicators, guiding indicators, statistical indicators, development indicators and so forth. The research work of many institutes and scholars in home and abroad has not involved the indicator system of China's rural educational development. The book marks an initial attempt into this area. The authors expect to receive valuable opinions from readers, with the hope of arousing readers' attention to this area as well as inviting concern from all stratum of the society on rural educational development.

目 录

总论 1

第一章 ▶ 教育指标研究的取向与思维方式 3
一、教育指标研究的取向 3
二、教育指标确立的思维方式 16

第二章 ▶ 农村教育发展指标概念与导向 20
一、农村教育发展指标的概念 20
二、农村教育发展指标的导向 28

第三章 ▶ 农村教育发展指标领域的确定与指标陈述 32
一、教育指标领域的确定 32
二、农村教育发展指标表述 42
三、农村教育发展指标值确定的依据与方法论 45

第四章 ▶ 农村教育发展指标与教育发展规划 50
一、教育发展指标与教育发展规划的关系分析 50
二、教育发展规划中农村教育发展指标的缺失 51
三、依据农村教育发展指标的教育发展规划新视野 53

指标专题研究 57

第五章 ▶ 分城乡学龄人口变动趋势分析 59
一、预测方法与参数设定 59

二、预测结果与趋势分析　60

　　三、结论　64

第六章 ▶ 农村适龄人口人均预期受教育年限展望　66

　　一、人均受教育年限的城乡差距　67

　　二、农村适龄人口人均预期受教育年限的远景　68

　　三、建议与对策　74

第七章 ▶ 我国政府教育经费投入指标研究与预测　77

　　一、我国政府教育经费投入现状与反思　77

　　二、2020年我国政府教育经费投入总量指标：教育经费占GDP合理比重的确立与预测　78

　　三、2020年我国政府教育经费投入结构指标：三级教育财政性经费比重的确立与预测　90

　　四、进一步提高我国政府教育经费投入的政策建议　98

第八章 ▶ 农村教师发展指标体系研究　101

　　一、农村教师队伍现状分析　101

　　二、农村教师发展指标预测　121

　　三、政策建议　142

第九章 ▶ 农村中小学教育信息化发展指标体系研究　146

　　一、农村中小学教育信息化发展指标的构建视角　146

　　二、农村中小学信息化发展现状　150

　　三、农村中小学信息化发展指标体系的构建　156

义务教育现状调查与指标研究　167

第十章 ▶ 农村义务教育现状调查　169

　　一、调查的背景　169

　　二、调查的基本结论　171

　　三、农村学校财务负担问题　175

　　四、农村学生辍学问题　178

五、农村教师问题　179

六、农村学校硬件设施问题　185

七、农村学校危房问题　190

第十一章 ▶ 农村义务教育发展指标体系研究　193

一、我国义务教育事业发展状况分析　193

二、农村义务教育发展指标体系及指标指数预测　215

三、对策与建议　230

第十二章 ▶ 义务教育绩效评价指标研究　237

一、背景和意义　237

二、指标体系　239

三、新的指标体系的目标　242

四、新的指标体系的特点　242

五、指标体系的设计和选择说明　243

六、主要结论　256

非义务教育指标研究　263

第十三章 ▶ 农村幼儿教育事业发展指标体系研究　265

一、20世纪90年代以来幼儿教育事业发展的现状　265

二、幼儿教育事业发展指标的相关政策分析　270

三、2020年幼儿教育发展指标预测　274

四、发展幼儿教育事业的相关政策建议　279

第十四章 ▶ 农村普通高中教育发展指标体系研究　287

一、农村高中教育发展中的问题及其原因　287

二、农村高中教育发展指标体系构建的价值取向与理论依据　298

三、农村高中教育发展指标指数预测及指标体系　303

四、大力发展农村高中阶段教育的对策与建议　314

第十五章 ▶ 农村职业教育发展战略及指标体系研究　321

一、我国职业教育体系、政策与发展现状　321

二、我国农村职业教育发展的现状与面临的问题　　325

三、农村职业高中发展的思路与战略　　327

四、农村职业高中发展指标体系的构建与指数预测　　331

五、农村职业高中发展的政策建议　　334

第十六章 农村成人教育发展指标研究　　337

一、我国农村成人教育的发展现状　　337

二、我国农村成人教育发展指标确立的依据　　340

三、农村成人教育发展指标的构想　　343

四、实现我国农村成人教育发展指标的政策建议　　349

第十七章 农村社区教育发展指标研究　　352

一、我国农村社区教育的现状　　352

二、农村社区教育发展指标提出的理论基础与构建原则　　356

三、农村社区教育发展指标体系　　357

指标与规划案例研究　　363

第十八章 D县教育事业发展规划（2007～2020年）　　365

一、社会经济发展背景　　365

二、教育事业发展现状　　366

三、D县2007～2020年教育需求与教育规划　　383

四、D县教育供给能力分析与教育规划　　402

五、落实D县2007～2020年教育事业发展规划的主要措施　　403

参考文献　　407

后记　　415

Contents

Pandect   1

Chapter 1 Orientation and Way of Thinking of Research on Education Indicator   3

1. Orientation of Research on Education Indicator   3
2. Way of Thinking for Definition of Education Indicator   16

Chapter 2 Conception and Orientation of Rural Educational Development Indicator   20

1. The Conception of Rural Educational Development Indicator   20
2. The Orientation of Rural Educational Development Indicator   28

Chapter 3 Definition of Sphere of Rural Educational Development Indicator and Explanation of Indicators   32

1. Definition of Sphere of Rural Education Indicators   32
2. Explanation of Rural Educational Development Indicators   42
3. Foundation and Methodology for Definition of Rural Educational Development Indicator   45

Chapter 4　Rural Educational Development Indicator and Educational Development Planning　50

1. Relations Between Rural Educational Development Indicator and Educational Development Planning　50
2. Absence of Rural Educational Development Indicator in Educational Development Planning　51
3. New Vision of Educational Development Planning Based on Rural Educational Development Indicator　53

Research on Special Subject of the Indicator　57

Chapter 5　Analysis of Variation Tendency of Urban-rural School Age Populations　59

1. Predictive Methods and Definition of Parameters　59
2. Predictive Results and Tendency Analyses　60
3. Conclusion　64

Chapter 6　Prospects of Per Capita Predictive Education Age Limits of Rural Right-age Populations　66

1. Difference of Per Capita Age Limits Between Urban and Rural Populations　67
2. Vision of Per Capita Predictive Education Age Limits of Rural Right-age Populations　68
3. Suggestion and Countermeasures　74

Chapter 7　Research and Forecast of Government Education Expense Indicators　77

1. Status Quo and Reflection of Government Education Expense　77
2. Gross Indicator of Government Education Expense in 2020: Definition and Forecast of Reasonable Proportion of Education Budget in GDP　78
3. Structural Indicator of Government Education Expense in 2020: Definition and Forecast of Proportion of 3-Level Government Education Expense　90

    4. Policy Suggestion for Further Increasing Government Education Expense   98

Chapter 8 Research on Rural Teacher Development Indicator   101

    1. Analysis of Status Quo of Rural Teacher Ranks   101

    2. Forecast of Rural Teacher Development Indicator   121

    3. Policy Suggestions   142

Chapter 9 Study on Indicators System for IT-based Development of Rural Elementary and Middle School Education   146

    1. Perspective on Construction of IT-based Development Indicators of Rural Elementary and Middle School Education   146

    2. Status Quo of IT-based Development of Rural Elementary and Middle School Education   150

    3. Construction of Indicators System for IT-based Development of Rural Elementary and Middle School Education and Investigation into Status Quo of Rural Compulsory Education and Indicator Research   156

Survey and Research on Compulsory Education Indicator   167

Chapter 10 Investigation into Status Quo of Rural Compulsory Education   169

    1. Background   169

    2. Basic Conclusion   171

    3. Financial Burden of Rural Schools   175

    4. Dropout of Rural Schooling   178

    5. Teachers of Rural Schooling   179

    6. Hardware of Rural Schooling   185

    7. Dangerous Buildings of Rural Schools   190

Chapter 11 Research on the Indicator System of Rural Compulsory Education Development   193

    1. Analysis of Situation of China's Compulsory Education   193

    2. Indicator System of Rural Compulsory Education Development and Forecast of Indicators and Indexes   215

3. Suggestions and Countermeasures   230

Chapter 12   Research on the Performance Indicator of Compulsory Education   237

1. Background and Significance   237
2. Indicator System   239
3. The Goal of New Indicator System   242
4. The Characteristics of New Indicator System   242
5. Design and Explanation on Selection of New Indicator System   243
6. Main Conclusion   256

Research on the Indicator of Non-compulsory Education   263

Chapter 13   Research on the Indicator of Rural Preschool Education Development   265

1. Status Quo of Preschool Education since 1990s   265
2. Analysis of Relevant Policy of Preschool Education Development Indicator   270
3. Forecast of Preschool Education Development Indicator for 2020   274
4. Policy Suggestions on Preschool Education Development   279

Chapter 14   Research on the Development Indicator of High-school Education in Rural Areas   287

1. Problems of Rural Development of High-school Education and Their Reasons   287
2. Value Orientation and Theoretical Foundation of Construction of Development Indicator System of High-school Education in Rural Areas   298
3. Index Forecast and the System of the Development Indicator of High-school Education in Rural Areas   303
4. Suggestion of Pushing Forward Rural High-school Education Vigorously   314

Chapter 15   Research on the Development Indicator of Vocational Education in Rural Areas   321

1. The Status, Policy and System of Vocational Education in China   321

2. The Status and Problems of Vocational Education in Rural China　325
3. The Route and Strategy in Developing Vocational Education in Rural Areas　327
4. The Index Forecast and Construction of Indicator System of Vocational Education in Rural Areas　331
5. Suggestions of Developing Vocational High-school Education in Rural Areas　334

Chapter 16　Research on the Development Indicator of Adult Education in Rural Areas　337

1. The Status of Adult Education in Rural Areas of China　337
2. The Foundation of Constructing the Indicator of Adult Education in Rural Areas of China　340
3. Conception of the Development Indicator of the Adult Education in Rural Areas　343
4. Suggestions on Realizing the Development Indicator of the Adult Education in Rural Areas of China　349

Chapter 17　Research on the Development Indicator of Community Education in Rural Areas　352

1. The Status of Community Education in Rural China　352
2. Theory and Principle of the Development Indicator of Community Education in Rural Areas　356
3. The System of the Development Indicator of Community Education in Rural Areas　357

Case Study on the Development Indicator and Education Planning　363

Chapter 18　The D County's Education Planning (2007 ~ 2020)　365

1. The Background of Social Economics　365
2. The Status of Education Development in D County　366
3. Education Requirement and Planning from 2007 ~ 2020 of D Country　383

4. Analysis of Education Supply and Planning of D Country 402
   5. Main Ways to Put D County's Education Planning from 2007~2020 into Effect 403

Reference 407

Postscript 415

总　　论

第一章

教育指标研究的取向与思维方式

农村教育发展指标的上位概念是教育发展指标，教育发展指标是若干指标中的一种，是多元教育指标取向的一种。我们需要从多元教育指标取向中观察教育发展指标，定位教育发展指标，然后探讨教育发展指标研究的思维方式问题。

一、教育指标研究的取向

不管教育指标的研制者是否意识到他的研究取向，任何教育指标都是站在特定立场上开发和研究的。因此，我们对教育发展指标思想方法的研究将从教育指标研究的取向开始。教育指标的取向是多样的，教育统计指标、教育督导指标、教育规划指标、教育绩效指标、教育公平指标是几个有代表性的教育指标取向。我们只有确立教育指标的研究取向，教育指标的研究成果才能被有效利用。

（一）多元取向教育指标扫描

1. 教育统计指标

联合国教科文组织的《统计年鉴》和《世界教育报告》，世界银行的《世界发展报告》和《世界发展指标》，都从不同角度利用其指标统计世界教育发展状况。我国一直注重教育统计工作，并且按年度发布教育统计数据。如，《中国教育事业统计年鉴》从学前教育、基础教育、高级中等教育、成人教育、职业教育、特殊教育、扫盲教育，《全国教育事业发展统计公报》从义务教育、学前教育与特殊教育、高中阶段教育、高等教育、成人培训与扫盲教育、民办教育等指标领域分年度发布中国教育事业状况。

但是这些指标领域与国际教育统计传统相差较大，许多研究都认为，我们没有真正意义上的统计指标，或者说没有国际教育统计指标。[①] 这不利于把我国的教育发展水平与世界各国的教育发展水平进行比较，不能在国际教育发展坐标中明确自己的地位和发展方向，明确我国教育发展的优势和劣势，参与和应对教育国际竞争。基于这一认识，许多研究积极探讨我国的教育统计指标，特别是适用我国的国际教育统计指标。沈晓慧曾尝试建构了我国适用的国际教育统计指标（见表1－1）。

表1－1　　　　　　　　我国适用的国际教育统计指标

指标分类	一级指标	二级指标	指标来源
教育需求	A1：教育人口	A1－1 25～64岁人口人均受教育年限	《中国教育与人力资源发展指标》
		A1－2 各级教育十万人口平均在校生人数	《中国教育统计年鉴》、《中国教育事业统计简况2004》
		A1－3 15～64岁人口总数及占总人数的比例	《国民经济统计年鉴》
教育投入	B1：教育经费	B1－1 公共教育经费占GDP的比例	《中国教育与人力资源发展指标》
		B1－2 教育财政支出占政府财政支出比例	《国际统计年鉴》
		B1－3 各级教育生均公共教育经费	《中国教育与人力资源指标》
		B1－4 各级教育生均公共教育经费指数（生均经费/生均GDP）	《中国教育与人力资源指标》
		B1－5 人均教育经费占人均GDP的比例	《世界教育报告》

---

① 如：楚江亭：《关于建立我国教育发展指标体系的思考——兼论OECD①教育发展指标体系的主要内容》，载《教育理论与实践》2002年第4期；沈晓慧：《我国适用的国际教育统计指标初探》，载《江苏高教》2007年第4期，在其文章中都谈到这些。

续表

指标分类	一级指标	二级指标	指标来源
教育投入	B2：教育从业人	B2-1 女教师所占的比例	《国际统计年鉴》
		B2-2 各级教育生师比	《中国教育与人力资源发展指标》
	B3：办学条件	B3-1 各级教育每百名学生拥有计算机台数	《教育统计常用指标》
		B3-2 各级教育拥有校园网学校占学校的百分比	《中国教育与人力资源发展指标》
教育参与	C1：教育参与	C1-1 各级教育私立学校在校生比例	《中国教育与人力资源发展指标》
		C1-2 学前教育毛入园率	《世界教育报告2000》的《教育统计常用指标》
		C1-3 第一级教育（小学）的毛入学率，净入学率	《中国教育与人力资源发展指标》、《世界教育报告2000》的世纪教育指标
		C1-4 第二级教育（初中、高中）的毛入学率、净入学率	《中国教育与人力资源发展指标》、《世界教育报告2000》的世纪教育指标
		C1-5 高等教育毛入学率	《中国教育与人力资源发展指标》、《世界教育报告2000》的世纪教育指标
		C1-6 第三级教育中留学生所占比重	《Education at a glance 2004》
		C1-7 各级教育的女学生的比例	《国际统计年鉴》
		C1-8 25~64岁成年劳动者接受继续教育和培训的总数及比例	《中国教育与人力资源发展指标》
教育收益	D1：国民教育成就	D1-1 预期爱教育年限	《世界教育报告2000》的世界教育指标、《Education at a glance 2003》
		D1-2 15岁及以上成人识字率	《中国教育与人力资源发展指标》
		D1-3 N年义务教育普及率	《教育统计常用字指标》

续表

指标分类	一级指标	二级指标	指标来源
教育收益	D2：毕业生输出	D2-1 第三级教育毕业生的按时毕业率	《Education at a glance 2004》
	D3：教育科研与产出	D3-1 高等学校专职科研人员比重（按科技人员、R&D人员、全时R&D人员数）	《科技统计》
		D3-2 高等学校 R&D 总经费、政府 R&D 经费、委托 R&D 经费	《国际统计年鉴》

资料来源：沈晓慧：《我国适用的国际教育统计指标初探》，载《江苏高教》2007年第4期。

2. 教育督导指标

英国和俄罗斯等世界主要国家都有教育督导的传统，近年来又有了新的发展，在教育督导中都重视教育督导指标运用。如，英国2003年《学校督导：中等教育督导手册》、2004年《英国地方教育局督导大纲》① 内都含有教育督导指标。

我国各级政府对本级教育或下级教育工作都负有督导的职责，进行日常的和抽样的督导工作。《上海市对区县人民政府教育工作督导评估指标》就是这些指标中的一个，它比较全面地反映了教育督导工作要求② （见表1-2）。

表1-2　　上海市对区县人民政府教育工作督导评估指标

一级指标	二级指标	检测标准
领导职责	教育决策	有与区域社会经济发展相适应的教育发展规划和促进义务教育均衡发展及各类教育协调发展的政策与措施
		有加强未成年人思想道德建设、切实减轻学生过重课业负担的举措，不以升学率作为评价教育行政部门和学校的唯一标准
		有把教育工作列为对政府有关职能部门党政主要领导干部政绩考核重要内容的导向机制
		实行特殊教育学生免费义务教育制度
	教育执行	落实政府定期研究教育改革发展和推进素质教育的工作制度，加强统筹、协调，提高部门执行的效率
		落实政府有关职能部门、街道（镇）、教育法规目标责任制

① 相关文献课题组已经全文翻译。
② 《上海市对区县人民政府教育工作督导评估指标》，载《上海教育》（半月刊）2004年11月。

续表

一级指标	二级指标	检测标准
领导职责	教育监督	定期对政府有关职能部门、街道（镇）依法督导评估，健全教育目标责任制督察制度
		定期对区域内中小幼、职校、特教、校外教育教学机构办学水平依法督导评估，健全督学制度
		定期研究教育督导工作，落实《上海市教育督导规定》，配齐公务员和事业性编制督学，落实督导经费
教育发展	义务教育均衡发展	完善对相对薄弱学校的扶持政策与措施，缩小校际办学条件与水平的差距，促进中小学校均衡发展
		完善区域内教师合理流动的制度，建立优质教师资源共享的机制
		完善义务教育阶段招生调控措施，满足学生就近进入公办学校就读的需求，控制择校比例
	各类教育协调发展	形成政府办学为主体，多种办学体制共同发展的格局
		形成对社会力量办学规范管理、定期检查、监督的制度
		形成与地区经济发展和创建学习型城区需求相适应的职业教育、成人教育发展举措，提高区县职业学校的办学质量和效益，提高市民综合素质
	教育改革与创新	坚持教育改革与创新，形成具有时代特征、区域特色，在全市有影响的先进经验或突破性的创新举措
教育经费	三个增长	确保教育财政拨款的增长高于财政经常性收入增长
		确保生均教育经费逐步增长
		确保教师的工资逐步增长，保证生均公用经费达到市颁标准并逐步增长
	投融资体制	实行城乡教育费附加足额征收、严格管理、合理使用的办法，确保转移专付资金和专项资金及时下拨，专款专用
		实行"拨改投"等为主要内容的经费拨款办法，制定并完善多渠道融资的相应政策
	经费管理	实施政府部门将教育经费预、决算与教育费附加征收、管理、使用情况向同级人大专题报告制度
		实施政府财政、审计部门对教育经费管理和合理使用的监督制度，提高教育经费使用效益
		实施教育部门规范教育收费的公示制度和社会监督制度

续表

一级指标	二级指标	检 测 标 准
办学条件	教育公建配套	根据住宅建设规划和教育事业发展需要，统一规划，确保教育公建配套布局合理，标准落实到位
		对新建住宅的教育公建配套实施及交付使用的监督管理到位，确保教育设施同步使用
		教育公建配套产权明晰，确保教育使用
	基础设施	根据本市及区县发展总体规划和教育事业发展需求，合理调整教育结构和学校布局，优化教育资源的配置，保证教育资源不流失
		完成中小学、幼儿园校舍标准化建设，新建校舍达到市颁新标准
		义务教育阶段小班化教育的资源配置达到市颁标准，郊区（县）逐步达标
	教育设备	学校信息化建设和设施设备、专用教室的配置达到市颁标准
队伍建设	队伍结构	建立高层次师资引进与资源共享机制，教师学历结构和高层次学历达到市规定要求
		学校教师年龄结构相对合理，高、中、初级教师职称结构比例达到市规定要求
	保障机制	完善教师资格制度和教师聘用合同制，健全教师培养、培训的机制，用于校（园）长和教师培养、培训的经费逐步增长
		完善校（园）长培训、选拔、考核、聘任等制度，实施校（园）长职级制，促进校（园）长专业发展
		完善区（县）级以上骨干教师、学科带头人、特级教师、特级校（园）长等优秀人才的评选、聘任、考核和激励制度，使其享受相应的待遇
		完善教师国际交流的政策，拓宽渠道，使校（园）长和从事外语教学、双语教学的骨干教师具有出国进修、培训或开展国际交流等经历
	专业发展	落实区（县）级以上教师、校（园）长专业发展培养、培训规划与措施
		落实提高教师育德能力和课堂教学能力为主的培训计划与措施
		落实培养名教师、名校长和中青年骨干梯队的计划、措施和考核制度

续表

一级指标	二级指标	检测标准
教育管理	规范行政行业	坚持依法行政、政务公开制度，确保教育决策和管理行为的公正、公平、公开
		坚持落实学校办学的主体地位，全面实施校长负责制，实施对学校检查评比归口管理制度，切实维护学校合法权益和学生受教育的权利
	反馈与调控	建立和完善对区域教育发展绩效的自我评估制度，提高管理的效能
		建立多渠道、多形式听取学校和社会各界对区域教育发展建议的工作机制，及时调整发展目标和策略
	服务与指导	有落实市《关于加强未成年人思想道德建设实施意见》的措施，形成学校、家庭、社会共同育人的工作网络，形成未成年人健康成长的社会环境
		有整合、开发社会教育资源及学校资源向社区开放的工作措施，形成双向服务机制
		有服务指导教育，促进教育和学校发展的典型案例
城乡一体化	政策保障	优化和完善"两级政府、两级管理"的教育管理体制，加大对规划、经费、师资等统筹管理的力度
		优化和完善向边远学校的倾斜、激励政策、落实农村教师职务工资上浮政策，实行农村教师津贴制度
	对口支援	落实干部、教师到区域内需重点加强的学校或边远地区学校任职、任教、带教、轮岗、兼职等措施
		落实中心城区与远郊区县对口支教、合作交流措施
	示范辐射	有实验性、示范性高中与远郊区县学校及区域内学校挂钩结对、合作交流制度和经验
		有素质教育实验校、示范园和示范性职校示范、辐射作用的机制和经验

3. 教育规划指标

我国政府注重经济和社会规划，定期出台一些经济和社会发展规划，并且有相应的指标。《"十一五"时期我国经济和社会发展规划主要指标》中有四个领域（经济增长、经济结构、人口资源环境、公共服务人民生活）22个指标，其中第四个指标领域公共服务人民生活列出了关于教育发展规划的一项主要指标"国民平均受教育年限"（见表1-3）。

表1-3 《"十一五"时期我国经济和社会发展规划主要指标》公共服务人民生活领域

指标	2005年	2010年	年均增长	属性
国民平均受教育年限（年）	8.5	9	[0.5]	预期性
城镇基本养老保险覆盖人数（亿人）	1.74	2.23	5.1	约束性
新型农村合作医疗覆盖率（%）	23.5	>80	>[56.5]	约束性
五年城镇新增就业（万人）			[4 500]	预期性
五年转移农业劳动力（万人）			[4 500]	预期性
城镇登记失业率（%）	4.2	5		预期性
城镇居民人均可支配收入（元）	10 493	13 390	5	预期性
农村居民人均纯收入（元）	3 255	4 150	5	预期性

注：带[ ]的为五年累计数。

资料来源：《"十一五"时期我国经济和社会发展规划主要指标》，载《中国有色建设》2006年第2期。

《辽宁省国民经济和社会发展"十一五"规划主要指标汇总表》列出11个指标领域（经济总量、农村经济、工业经济、服务业、对外开放、科技与高新技术产业、基础设施建设、资源环境、社会事业、城镇化及其他）其中的社会事业领域列出了教育发展指标（见表1-4）。

表1-4 《辽宁省国民经济和社会发展"十一五"规划主要指标汇总表》社会事业领域

	指标名称	"十五"计划 2005年实际	年均增速	"十一五"计划 2010年规划数	年均增速	备注
53	年末总人口					
54	人口出生率					
55	人口自然增长率					
56	高等教育毛入学率					
57	15岁以上人口平均受教育年限（年）	9.6		10		
58	新增劳动力平均受教育年限（年）			12		
59	人口平均期望寿命（年）	73.9		74.5		
60	婴儿死亡率（‰）	14.2		12.7		
61	5年累计新增城镇就业人数（万人）	508		350		
62	城镇登记失业率（%）	6		5		
63	单位生产总值生产安全事故死亡率（人/亿元）	0.54		0.35		
64	工矿商贸就业人员生产安全事故死亡率（人/10万人）	5.8		4.3		

资料来源：《辽宁省国民经济和社会发展"十一五"规划主要指标汇总表》，载《辽宁省人民政府公报》2006年8月。

4. 教育绩效指标

经济合作与发展组织关注教育发展绩效。从 1991 年起，经济合作与发展组织（OECD）每年出版一本《教育要览》（Education at a Glance），收集的资料与数据来告知各会员国教育体系运作的情况，显示或改善会员国国内教育体系运作的绩效功能。1988 年 OECD 从一般意义上对绩效指标进行界定，经济合作与发展组织给指标下了这样的定义"就是用以测量某一难以定量之物的数值"，据此，该组织进一步提出绩效指标体系就是"能测评出一个系统之绩效质量的一系列数值。"英国大学校长协会和大学拨款委员会的联合工作组从高等教育的角度，认为绩效指标体系是"关于高等院校对达到某一具体目标而使用资源及所获成就之关系的陈述，这种陈述通常是定量的"。努托尔认为，教育绩效指标"能反映一个教育组织的绩效或行为，能够为决策提供信息"。他的教育绩效指标体系对国际教育绩效指标体系产生了一定的影响。

在教育绩效指标体系研究中既有较为全面的研究，也有专门的研究，教育财政绩效指标就是教育绩效指标的一个重要研究领域，也是一个研究成果比较集中的领域。吴建南、李贵宁等人就开发出了一个相对比较系统的教育财政支出绩效评价指标体系（见表 1-5）。

表 1-5　　　　　教育财政支出绩效评价指标体系

指标领域	评价内容	评价指标
教育财政支出总体情况	支出总量	公共财政教育支出总额及其增长率 预算内公共财政教育支出总额及其增长率
	支出水平	公共财政教育支出占 GDP 比重及其增长率 公共财政教育支出占国家财政支出比重及其增长率 人均公共财政教育支出额及其增长率 各级教育生均教育支出差异
	支出结构	支持农村与城镇教育支出分别占公共财政教育支出比重及其各自增长率 支持贫困与非贫困地区教育支出分别占公共财政教育支出比重及其各自增长率 不同类型教育支出分别占公共财政教育支出比重及其各自增长率 不同级别教育支出分别占公共财政教育支出比重及其各自增长率 义务教育支出占公共财政教育支出比重及其增长率 教育事业支出与建设支出分别占公共财政教育支出比重 公用支出占公共财政教育事业支出比重及其增长率

续表

指标领域	评价内容	评价指标
教育财政支出目标达成情况	支出预算目标	生均教育事业费支出、人均教育经费支出、预算内教育经费支出等支出项目实现支出预算目的的程度
	潜在目标	对支出对象其他目标的正外部性程度，如吸引社会教育资源程度、教育行政性收费上缴财政专户数量及其变动程度
	支出预算目标的合理性和可行性	支出预算目标的合理性和可行性程度 公共财政教育支出利益相关主体的满意率
教育财政支出和规律性情况	政策法规	预算内教育经费支出的增长指标是否符合政策法规的要求 生均教育事业费、人均教育经费增长指标是否符合要求
	财务规则	公共财政教育支出是否存在重复浪费现象 公共教育财政支出违反财政规则事件数量 违规所涉及金额及其占整个支出的比重
	政府采购	教育领域政府采购行为所涉及的金额及其占总支出的比重（政府统一采购比例） 教育领域政府采购物品或行为的单位成本、教育领域政府采购中违规事件的数量
教育财政支出直接影响	教师	公立学校教师学历结构及其占教师总数的各自比重；少数民族地区与贫困地区教师学历结构及其占教师总数的各自比重 公立学校优秀教师占全体教师总数的比重；少数民族地区与贫困地区优秀教师占全体教师总数的比重 公立学校专任教师占全体教职工总数的比重及其增长率
	学生	万元财政支出培养学生数 公立学校在校学生总数及其占同阶段学生总数的比重 公立学校学生入学率、升学率、毕业率、辍学率；公立学校少数民族学生、贫困学生、流动劳动人口学生以及残疾学生入学率、升学率、毕业率、辍学率
	教育条件	公立学校数量；少数民族地区与贫困地区公立学校数量 公立学校学生/师生比例 教学设施、设备完好率、更新率与利用率

续表

指标领域	评价内容	评价指标
教育财政支出间接影响	教育实力	公共财政教育支出的产出弹性系数 公共财政教育支出的收入弹性系数 先进教学设施、设备利用率及其增长程度 公立学校质量；少数民族地区与贫困地区公立学校质量。如受社会认可的全国重点学校数量及其占公立学校总数的比重及其增加率 教育种类和层次的丰富程度 对优秀教师的吸引程度 对学生的吸引程度 每万名学生获省级以上奖励人/次数
	经济生产	是否带来经济生产方式的改变 公共财政教育支出乘数 公共财政教育支出就业变动系数 公共财政教育支出与国民经济增长及其竞争力提高的相关系数 公共财政教育支出与国民生产总值增长的相关系数 公共财政教育支出与社会贫困减少的相关系数
	社会生活	公众素质：社会公众文化素质水平（文盲率）；道德水平 公众满意：社会公众满意率 公共财政教育支出与教育洛伦茨曲线变化的相关系数 公共财政教育支出与教育基尼系数变化的相关系数

资料来源：本表根据吴建南、李贵宁：《教育财政支出绩效评价：模型及其通用指标体系构建》，载《西安交通大学学报（社会科学版）》2004年第2期整理。

5. 教育公平指标

美国每年出版的《教育现况》，作为教育政策的重要参考依据，主要包含了教育公平的四大维度：种族差异、性别差异、社会经济背景、地区差异，为美国的教育公平状况提供全面的测量评价标准。[1] 法国教育部出版的《法国教育》中含有30个教育指标，这些指标分别反映了地区差异、制度公平以及受教育者社会经济背景差异等内容，教育公平指标为法国教育政策的制定提供重要的参考资讯；[2] 联

---

[1] National Center for Education Statistics (2000). The Condition of Education 2000. Washington, DC. U. S. Government Printing Office. pp. 125 – 156.

[2] National Center for Education Statistics (2000). The Condition of Education 2000. Washington, DC. U. S. Government Printing Office. P. 186.

合国教科文组织，在深信"所有人拥有充分与均等之教育机会"[1]信念的支撑下，所建构的教育指标发展架构突出了对教育公平的追求，包括输入、过程、输出三个类别，涵盖了相当广泛的反映教育公平的指标，不仅涵括了受教育者的社会经济背景、宗教、种族、性别等教育公平的客观指标，还设计了教育公平表现满意度指标，作为主观指标的体现。[2] 因此，我国也十分有必要建立一个适合我国教育公平评价的指标体系，为我国的教育政策制定提供重要的参考依据。本书即在这个领域做出初步的尝试。

表1-6　　　　适用于我国整体水平的教育公平指标体系

一级指标	二级指标	建议纳入的专家比例	权数	算法
义务教育均衡指数（权数=0.32）	小学教育经费城乡公平 a1	0.86	0.3	
	小学教育经费区域公平 a2	0.68	0.23	
	初中教育经费城乡公平 a3	0.79	0.24	
	初中教育经费区域公平 a4	0.68	0.23	
高中教育公平指数（权数=0.26）	高中入学机会城乡公平 b1	0.89	0.40	
	高中入学机会区域公平 b2	0.68	0.35	
	高中教育经费区域公平 b3	0.68	0.25	
高等教育公平指数（权数=0.22）	高等教育入学机会城乡公平 c1	0.89	0.44	
	高等教育入学机会区域公平 c2	0.89	0.34	
	高等教育入学机会性别公平 c3	0.57	0.22	
教育存量公平指数（权数=0.21）	教育年限在人口中的分布公平 d	0.79	1	

资料来源：周金燕：《我国教育公平指标体系的建立》，载《教育科学》2006年第1期。

（二）不同取向教育指标的比较

教育统计指标由教育统计部门收集和发布，描述某个时间刻度上（如学年结束时）教育事业的发展水平。这种取向的指标更侧重于记录某个时间刻度上的教育发展结果，因此，我们把它隐喻为"账本"。教育统计指标倾向于对教育事业状况进行全面的描述，它具有"原生态"的特点，它不对教育事业发展做

---

[1] National Center for Education Statistics (2000). *The Condition of Education 2000*. Washington, DC. U. S. Government Printing Office. pp. 190 – 197.

[2] 张郁雯、林文瑛：《升学主义的主观与客观：升学机会的认知、期待与现实》，台湾社会问题研究学术研讨会论文，2002年。

出倾向性判断。教育督导指标由各级教育行政部门和不同职能部门采集,对教育事业和教育活动的某个方面的状况进行监控。这种取向的指标侧重于过程反馈,可以把它隐喻为"监控器"。教育督导指标,是对教育事业的某个方面进行检查时使用,它对教育事业发展和教育活动发展整个状况或某个维度给出判断,并对相应部门提出意见和建议。教育绩效指标是由办学主体采集,关注教育成就与教育投入的比例关系。这种取向的指标侧重纵向和横向比较教育事业的发展,侧重于相对教育投入的效果,要想了解教育事业和教育活动的绩效,需要求助于教育绩效指标,因此,可以把它隐喻为"操盘手"。在教育资源有限的情况下和需要市场调节教育投入的情况下,教育绩效指标会受到关注。教育公平指标是描述不同个体、不同学校、不同地区在教育机会、教育投入和教育效果方面差异的指标。在多数情况下教育公平指标是作为一种道德追求和作为民意社会的教育追求存在的,当人们对教育公平状况特别不满时,教育公平指标也会进入到政府和教育行政部门的视野。作为追求效率和公平的两种取向的指标的教育绩效指标和教育公平指标,往往被看成是相互矛盾的。而从国家总体效益而言,追求教育公平恰恰与教育绩效是统一的。国际研究表明,相对而言,发展中国家和贫困人口中的人力资本的重要性高于发达国家和富裕人口。[①] 教育规划指标由教育规划部门发布,描述某一时期教育事业应该达到的发展水平。这种取向侧重于从人口、经济、社会和政策发展水平角度考虑教育发展问题,侧重于从教育发展的连续性和累积性设定教育未来发展水平和应然发展水平,因此,可以把它隐喻为"航标"。教育规划指标是教育规划部门对教育发展状况进行监控和教育未来发展进行预测的重要依据,它可以促进教育事业的理性发展。教育发展指标一般是科研部门或者研究者依据政府规划的需要从事的应用研究。发展指标一般包括历史回归分析、现状调查研究和科学预测等几个要素,起到为决策部门制定规划提供数据的作用。尽管不同取向的教育指标所关注的焦点是不同的,但是不同取向的教育指标并不是在具体指标上没有交叉,更不是各种取向是相互矛盾的,但是教育指标的设计一定是以一种取向为主导立场。

由此可见,不同指标是具有其特定优势的,其优势的了解有利于正确理解、利用和借鉴教育指标研究成果。这些不同取向的教育指标可以从功能、主体、对象状态、指标侧重点不同角度进行简单比较,我们可以用不同隐喻描述它们(见表1-7)。

[①] Psacharopoulos, G. (1984). Contribution of Education to Economic Growth: International Comparisons [A]. In: Kendreck, J. W., ed., *International comparisons of productivity and causes of the slowdown* [C], Cambridge, Ballinger. pp. 335–360.

表1-7　　　　　　　　　　　不同取向的教育指标比较

	功能	主体	对象状态	指标侧重点	隐喻
教育统计指标	描述	统计部门	实然状态，过去	结果	账本
教育督导指标	监控	各级政府	实然状态，过去	过程反馈	监控器
教育绩效指标	纵、横比	财政部门	实然状态，过去	相对于投入的增值	操盘手
教育公平指标	横比	多元化	实然状态，过去	不同学生、学校、地区教育的差异	尺度
教育规划指标	规划	规划部门	应然状态，将来	未来教育发展	航标
教育发展指标	回顾与前瞻	研究者	历史、实然和预测	未来教育发展	数据库

不同取向的教育指标研究是站在不同立场研究、开发和利用指标的，不同组织和个人开发的教育指标是不可以简单地相互比较的，只有取向相同的指标才可以进行相互比较。取向相同的教育指标的比较可以从三个方面入手：首先，教育指标领域和教育具体指标比较。同一取向的教育指标体系，有的研究有这个指标领域和指标，有的研究没有这个指标。这一种解释是，指标一般是测高低的，不是测"有"与"无"，有些国家、地方和学校由于教育发展水平和文化差异没有某个指标存在。如许多教育指标中有性别指标领域，其中有女童辍学率指标，而在中国北方男孩辍学率高于女孩，那么关注女性的教育指标的意义就成了问题，还有在女子学校这项指标就更失去了意义。其次，教育指标临界值比较。为什么同一取向的教育指标临界值不同，如同一取向的指标为什么农村和城市不同。最后，不同指标领域和指标的权重比较。教育指标领域和教育指标的权重是如何设计的，设计这些权重方法是什么，在极端情况下如何看待权重问题，如一个学校、地区和国家生均教育投入远远高于临界值和远远低于临界值时，权重应该如何调节，或者进一步追问是不是要对教育指标进行全面调整。

二、教育指标确立的思维方式

对一个发展中国家（地区）、欠发达国家（地区）而言，各种取向教育指标确定的思维方式可以概括为两种：内因论思维和外因论思维。内因论和外因论分别是现代化理论和世界体系理论的假设。内因论支撑下的现代化理论过分强调自身努力的重要性，把不发达主要归因于自身，要完成自身的改造，认为现代化的过程是"落后国家采取高效率的途径（其中包括可利用的传统因素），通过有计划地经济技术改造和学习世界先进，带动广泛的社会改革，以迅速赶上先进工业国和适应现代世界环境的发展过程。"① 受内因论影响的教育指标研究更倾向于主要以演绎的方式利用国际组织和发达国家（地区）的教育指标研究成果。外因论支撑下的世界体系理论则过分夸大了体系的影响，进而想逃避体系，依附理论的著名代表人物弗兰克认为，"资本主义已经成为一个世界体系。矛盾并不存在于各个孤立考虑的国家中的资产阶级和无产阶级之间，而是存在于世界资产阶级和世界无产阶级之间"。② 他提出了"不发达的发展理论"，他认为两种结构的存在使得处于外围的国家日益走向贫困：宗主——卫星的全球体系和卫星国的中心——农村的结构，而"外围"的发展与"外围"与"中心"的联系是成反比的。激进的依附理论一般主张"脱钩"，寻求"自力更生"。受外因论影响的教育指标研究则更倾向于基于本土教育实践主要以归纳的方式得出适合本土教育发展规律的教育指标。

（一）内因论思维

内因论思维方式认为，教育的不发达是由于教育制度安排和教育观念造成的，只要我们努力，我们就能追赶世界先进水平。这也是现代化理论的基本假设。在教育指标研究中，在这一思维方式影响下，教育指标研究带有强烈的西方化色彩。教育指标在特定取向上从某些维度描述不同国家、不同地区和不同学校的教育，这种水平可以是同时态的教育存在，也可是异时态的教育，并对从特定取向上看不合理和不理想的教育进行检讨，努力使其从某个取向看达到合理和理想的水平。

我国许多发达地区都在努力以教育现代化标准（世界或西方发达标准）为比照制定发展规划目标，这些都是以内因论为主导的教育发展标准定位。天津市教育现代化的量化标准就是在这样的思维下开发和建立的（见表1-8）。

表1-8　　　　　　　天津市教育现代化的量化标准

指　　标	中等发达国家水平 2005 年预期值	天津 2005 年规划目标值	预期实现程度（%）
1. 学前教育毛入学率（%）	70	90	100
2. 初等教育毛入学率（%）	100	100	100
3. 中等教育毛入学率☆（%）	90	90	100
4. 高等教育毛入学率（%）	60	55	91.7
5. 每十万人口在校大学生数（人）	3 900	4 000	100

---

① 罗荣渠：《现代化新论——世界与中国的现代化进程》，北京大学出版社1993年版，第107~108页。
② ［埃及］萨米尔·阿明：《不平等的发展》，商务印书馆1990年版，第308页。

续表

指　　标	中等发达国家水平 2005 年预期值	天津 2005 年 规划目标值	预期实现 程度（%）
6. 成人平均受教育年限（年）	13	11.7	90
7. 中小学教师平均受高等教育年限（年）	3.5	3.5	100
8. 中小学平均生机比（-）	<15	<15	100
9. 女生占高校在校生总数的百分比（%）	39	42	100
10. 留学生数占高校在校生总数的百分比（%）	39	42	100
11. 小学平均班级规模（-）（人）	<25	<25	100
12. 成人各类继续教育培训数的百分比（%）	31	33	100
13. 教育对 GDP 增长的贡献率＊（%）	32	38	100
14. 公共教育开支占 GDP 的百分比（%）	4.6	4	87
15. 公共教育开支占政府开支的百分比（%）	11	20	100
综合实现度			97.05

注：（-）：表示逆向指标。

☆：主要指高中阶段教育毛入学率，初中毛入学率已达到 100%。

＊：OECD 使用"人力资本对 GDP 增长的影响度"。

这潜在假设了某一教育的状态更具合理性。这一思维影响下，发展中（欠发达）国家和地区的教育指标往往是发达国家和地区的演绎式运用。多数教育指标领域研究都是在对国际教育指标介绍后加一些启示，虽然其中不乏作者的独到见解，但这些研究都是演绎式的，没有在调查和了解中国教育现实的基础上进行必要的反思。众多研究几乎得出一个结论"中国教育特别是中国农村教育离世界发达国家水平还很远。"这样难以解决中国教育发展的问题，特别是对中国农村教育缺乏解释力。

（二）外因论思维

另一种则是认为，之所以有教育的落后是因为存在教育的发达，发达与落后是一种体系划分，只要有体系存在，无论如何发展都会存在发达与落后，落后是由于体系的缘故。这可以称之为外因论思维，这也是依附理论的基本假设。因此，必须与体系"脱钩"，外因论思维带有强烈的"自力更生"的色彩。在这种思维方式影响下，教育指标研究，需要从教育实践出发归纳式得出教育指标。落后国家和发展中国家的教育必须基于自己的教育发展和教育实践水平建构教育指标，发达国家建构的教育指标对它们是适应的，而对欠发达国家和发展中国家是不适应的，或者说是不完全适应的，按照别国的标准是永远无法追赶他们的，"跟随跑"的发展模式是无法超越样本国家的，是会要永远承认落后的。国际研究也指出，"在物质有限的国家，……当我们想那种用昂贵的校舍建筑来同其他学校最好的建筑比美的情况时，我们看来最好劝那些发展中国家把注意力放在学校教育的非物质的方面。"① 过分关注发达国家和地区关注的东西对发展中（欠发展）国家的教育并非是有益的，而完全可能是有害的。

新中国成立之后，我国对教育事业发展进行年度统计，这些统计主要是在外因论主导的开列的教育统计指标。以《陕西省普通教育事业发展概况统计资料》为例，新中国成立后《陕西省普通教育事业发展概况统计资料》从11个方面介绍了普通教育事业发展的概况，包括：各级各类学校发展概况；平均每万人口中在校学生数；各类学校培养的学生数；小学毕业生和初中毕业生升学情况；中小学教职工集体办的比重；高中专任教师学历情况；初中专任教师学历情况；小学专任教师学历；各类学校平均每一教职工、教师负担学生数；教育部门办学校每班平均教职工数、教师数；普教经费、基建概况。这可以视为外因论主导下的一例。

（三）农村教育发展指标研究的思维方式

教育不是孤立存在的，一方面它可以促进整个社会的发展，同时社会发展也为教育发展提供了条件和要求。必须注意教育发展依赖于社会的发展，教育发展的程度要和社会教育发展的程度相匹配，否则教育发展将失去它的应有之意。联合国教科文组织确定世界教育指标时就考虑了教育发展与社会经济政治发展的关系。其他比较著名的国际组织（如世界银行、经合组织等）的教育指标领域（分类）就是在这样的前提下建构的。在教育指标研制方面，必须首先全面了解我国教育发展情况，在此基础上，提炼出教育规划指标，将其分成不同的教育指标领域，然后对照国际的一些指标领域（分类）和领域内具体指标进行适当调整，看我们是否漏掉了重要指标领域和关键性的具体指标，是否应该对我们的指标领域做必要修改。要得出教育指标领域，我们认为不能把所谓的标准的国际指标领域拿来套用，但我们的教育领域要与国际的教育指标领域具有通约性。当然在某个领域的具体指标上，要考虑我们的具体情况，这些具体情况包括我们的经济、文化和习惯，我们不能看到某些指标"特殊"就简单地认为我们的某些指标不正规。

---

① 联合国教科文组织国际教育发展委员会：《学会生存——教育世界的今天和明天》，上海译文出版社1996年版，第173页。

第二章

农村教育发展指标概念与导向

一、农村教育发展指标的概念

（一）农村与农村教育的概念

什么是农村？一般来讲，农村是相对于城市的一个概念，指农业区，有集镇、村落。农村在产业类型上以农村业为主（主要是自然经济和第一产业），因此，农村也可以说是以从事农业生产为主的人口居住的地区。农村地区人口分布特征是呈散落居住，农村的产业特点和人口分布特征可以说是农村的两大基本特点。在进入工业化社会之前，社会中大部分的人口居住在农村。从行政上讲农村和城市是有规定的，不同国家、不同时期，对农村有不同的操作性定义，例如：美国，1950年以前规定，凡是人口在2 500人以下的、没有组织成自治单位的居住地就算农村；1950年以后规定，不论其是否组织成自治单位，凡人口在2 500人以下或人口在每平方英里1 500人以下的地区及城市郊区都算作农村。欧洲各国一般以居住地在2 000人以下者为农村。

1999年中国国家统计局发布《关于统计上划分城乡的规定（试行）》，对城乡人口进行划分。我们可以根据这一文件演绎出中国城市、镇、乡村。

城市包括：（1）人口密度在1 500人/平方公里及以上的市辖区；（2）人口密度不足1 500人/平方公里的市辖区，其区人民政府驻地街道（镇、乡）和区辖其他街道办事处地域以及区政府驻地的城区建设已延伸到周边建制街道（镇、乡）；（3）县级市政府驻地镇（乡）和城区建设已延伸到周边建制镇（乡）及县级市所辖的街道办事处。

镇包括：县的建制镇、县级市与人口密度不足 1 500 人/平方公里的市辖区中不属于城市区域的其他建制镇，镇政府驻地居委会（村委会）和镇辖其他居委会以及镇政府驻地的城区建设延伸到的村民委员会。

乡村包括：（1）县的乡、县级市与人口密度不足 1 500 人/平方公里的市辖区中不属于城市区域的其他乡；（2）县的建制镇、县级市与人口密度不足 1 500 人/平方公里的市辖区中不属于城市区域的其他建制镇，镇政府驻地的城区建设没有延伸到的村民委员会。

什么是农村教育？胡森等人主编的《国际教育百科全书》指出，"农村教育"这一术语通常和发展联系在一起。教育计划旨在帮助人们改造他们的生活标准，使他们能自力更生，有创造性。所以给农村教育下的定义是为农村人口设计的机构与学习设施，提供学习设施可以由国家正规的学校体制，或者学习设施可以按非正规的条件加以组织。[①]

"农村教育"按照联合国教科文组织秘书处所提出的定义是指农村地区的基础教育、职业技术教育和成人教育，包括有文凭的全日制正规学习和短期非正规的成人扫盲学习以及技能培训。按照这一定义，日本的农村教育主要可以分为三类：第一类是在农村地区兴办的各类和各等学校教育，由文部省管辖。第二类是农村地区的非正规教育（在日本通常称为"社会教育"），亦由文部省管辖。第三类是由农、林、渔业部兴办的农业技术推广教育。[②]

国内学者陈敬朴认为，农村教育涉及面向农村人口的各级各类教育与各种形式教育。农村教育是多层次的。不仅包括初等教育、中等教育，而且随着农村工业化、城市化的发展，也有主要以农村青年为对象的高等教育。农村教育是多类型的，除了面广量大的基础教育，还有农村职业教育与农村成人教育（见表 2-1）。[③]

表 2-1　　　　　　　　农村教育涉及的范畴

	对象	任务要求		形式	
初等教育	儿童、成人（目标人口重点：失学者、女童、残疾人、妇女等）	普及基础教育（一级教育），基本学习需要教育，初等劳动技术教育	公民教育	正规教育	非正式教育
中等教育	青少年成人	普及基础教育（二级教育），基本学习需要教育，中等职业技能教育	创业教育	非正规教育	
高等教育	青年成人	高等职业技术教育（高等农业教育，农民高等学校）			

---

① 胡森、波斯尔思韦特主编：《国际教育百科全书》第七卷，贵州教育出版社 1990 年版，第 660 页。
② 田岛重雄在国际农村教育研讨会上提交的论文：《战后农村教育的发展及其贡献》，1991 年 6 月。
③ 陈敬朴：《农村教育概念的探讨》，载《教育理论与实践》1999 年第 11 期。

（二）教育增长、教育发展与教育发展指标

1. 教育增长的内涵

关于教育增长，学者们已作了一些相关研究，梳理后主要有三种观点：第一，教育增长是教育活动产出的增长。张长元在《教育发展辨析》一文中依据经济增长的内涵而概括出教育增长的内涵，即教育增长是由于教育投入（人力、物力、财力）的增加，或是教育手段的改善，所引起的教育规模在数量上的扩大，可以用在校生数、毕业生数、学校数及教职工数等指标来反映教育规模，用一段时间内教育增长率来表述其增长状况。① 第二，教育增长是教育活动过程中各教育要素的增长。杨明在《教育发展的本质新探》一文中认为教育增长主要指教育数量的扩张，即教育系统中各子系统及生产要素的规模在原有基础上的扩大及总规模增长，包括入学率、学生和教师的综合指数、教育经费和物质技术条件的综合指标。② 第三，教育增长是教育活动过程中各生产要素的增长和教育产出的增长。李轶在《教育增长、教育发展：历史、概念与政策》一文中认为教育增长是指受教育人数、受教育时间和用于教育的人财物的增长。同时例证我国各年度的教育发展统计公报所有的指标都可以分为教育人数、教育年限和教育条件。③ 由此可见，学者们在关于教育增长内涵方面的观点存在一定的分歧，即教育增长是教育活动产出的增长、还是教育活动过程中各要素的增长、抑或是教育活动中各要素的增长和教育产出的增长。

由于教育增长内涵是由经济增长内涵迁移而来的，1958年英国经济学家N. 卡多尔（Nicholas Kaldor）将经济增长的内涵概括为：实物资本存量以高于劳动力投入增长率的近似不变的速度增长、人均实际产出以近似不变的速度增长、资本的利润率趋于不变。④ 这些"事实"涵盖了经济增长的主要内容即实物资本存量的增长、劳动力的增多、劳动生产率的提高、资本利润的增加。经济增长是包含了经济活动中投入—过程—产出中各要素的增长。借鉴经济增长的内涵我们认为，教育增长是指一定时期内教育活动在投入—过程—产出中相关指标在数量上的变化。教育增长的内容主要包括教育投入中的人、财、物的增长，如教职工数、教育经费、办学条件的改善和提高等；教育过程中各要素的增长，如在学龄人口的毛入学率、在校生人数、各学段学生巩固率的增长等；教育产出的增长主要包括各学段的毕业生人数、国民的平均受教育年限等。同时教育增长又可以表

---

① 张长元：《教育发展辨析》，载《上海教育科研》1994年第2期。
② 杨明：《教育发展的本质新探》，载《教育评论》1996年第1期。
③ 李轶：《教育增长、教育发展：历史、概念与政策》，载《复旦教育论坛》2005年第2期。
④ [美] 罗伯特·M·索洛，任俊山、吴经荃译：《增长论》，经济科学出版社1988年版，第2~3页。

现为教育正增长和教育负增长,教育的正增长是指一定时期内教育增长的各项内容都显现出了量的增加,如毛入学率的提高、受教育年限的延长等;教育的负增长是指一定时期内教育增长的各项内容都出现了量的减少,如教育经费投入的降低、在校生人数的减少等。

2. 教育发展的内涵

关于教育发展的文献理论层面研究比较多,如对教育发展本质的诉求、教育发展观的反思等,认为教育发展包含了教育要素数量的扩张、结构的演进、质量的提高、条件的改善、效益的增强以及公平、稳定等社会目标的实现等,对教育发展内涵的表述虽然概括了教育发展的所有方面,但缺乏研究的层次性和系统性,尤其是在构建我国教育发展指标体系方面缺乏应用性。

《新华字典》解释为"事物由小到大、由简到繁、由低级到高级、由旧质到新质的运动变化过程。"《哲学大辞典》则认为"发展是事物在规模、结构、程度、性质等方面发生由低级到高级、由旧质到新质的变化过程。"给出了发展的一般意义。从学术发展上看,发展作为一个学术概念源于经济学,主要指经济的发展。在美国经济学家约瑟夫·熊彼特(Joseph Alois Schumpeter)看来,经济发展就是把从没有过的关于生产要素和生产条件的"新组合"引入生产体系以实现"来自内部自身创造性地一种变动"。熊彼特所说的经济发展包含以下内容:引进新产品和新技术、开辟新市场、控制原材料的供应来源、实现企业的新组织。[①] 抛开经济不谈,熊彼特一定程度上概括了发展的实质,即利用外部条件促进系统内部的优化组合。因此我们认为教育发展主要包含两个方面:一是教育外部条件的发展变化,包括教育投入(人、财、物)在来源和配置方面的变化,个人、社会的教育需求在数量、结构、内容、机会等方面的变化;二是源于外部条件的变化,教育自身所作的调整,如各级各类教育在数量、办学条件和水平、管理体制、课程结构、教学方法以及教育质量等方面的优化调整等。教育发展是正向的、阶段性的、动态的,其实质是教育利用外部的一切资源促进教育系统内部各要素的优化提升。

近年来,在教育研究中出现了不同的教育发展观念。罗明东、陈瑶从可持续发展视野研究区域教育发展,他们认为区域教育可持续发展就是教育可持续发展在特定区域的体现。具体是指,以可持续发展为指导思想,以实现区域教育系统与区域社会整体系统的和谐共进为目标,通过调节、控制、创新等手段,实现区域社会整体系统发展对区域教育发展需要的满足,以最终实现系统的永续发

---

① [美] 约瑟夫·熊彼特,何畏、易家详等译:《经济发展理论——对利润、资本、信贷、利息和经济周期的考察》,商务印书馆1991年版,第ⅲ~ⅳ页。

展。① 翟博从均衡发展视野研究教育均衡发展，他们认为教育均衡实质上是指在教育公平思想和教育平等原则的支配下，教育机构、受教育者在教育活动中有平等待遇的理想和确保其实际操作的教育政策和法律制度。其最基本的要求就是在教育机构和教育群体之间平等地分配教育资源和份额，达到教育需求与教育供给的相对均衡，并最终落实在人们对教育资源的分配和使用上。②

（三）农村教育发展指标的概念

从中国的历史和现实考察，农村教育在不断增长和发展。内涵上看农村教育发展包含农村教育的增长，农村教育增长主要以数量上的变化方式融入农村教育发展内外部因素中。除此之外，农村教育发展还包括教育中的其他各要素在质量、结构和价值等方面的发展变化。从功能上看，农村教育增长只具有对农村教育系统中可量化的要素在数量上的描述和统计功能，而农村教育发展除了具有描述和统计功能外，还具有对整个农村教育系统的评价、监控和预测功能。因此，农村教育增长不等于农村教育发展，但是农村教育增长与农村教育系统中其他各要素在数量、质量、结构及价值等方面协调一致的条件下可以带来农村教育的发展，反之，则会阻碍农村教育的发展。

基于对农村教育增长与发展的理解，我们认为，农村教育发展指标是基于人口、经济、社会的发展对农村教育的需要和农村自身发展状况的农村教育发展的不同维度、不同时间的数值。农村教育发展指标是针对处于"发展"状态的农村教育提出来的。农村教育发展指标是非饱和指标，农村教育发展指标非饱和指标定位主要是对非饱和状态的农村教育提出的。这种非饱和状态表现在三个方面：一是教育对经济社会的贡献率较高；二是依赖的经济社会发展速度较快；三是农村教育自身还有许多发展空间。

1. 教育对经济社会的贡献率较高

有关研究显示，不同因素在不同时期对农村经济增长的贡献率是不同的。教育贡献率的比较优势近年来越来越明显（见表2-2）。

20世纪80年代中期以来，较高阶段的教育对农村经济发展的贡献率的相对优势正在不断增加。到21世纪，初中、高中阶段教育（高中及中专）对农村经济增长贡献率超过了小学和初中（见表2-3）。这为我们大力发展高中阶段教育提供了经济学依据。

---

① 罗明东、陈瑶：《区域教育可持续发展系统论》，载《云南师范大学学报》2004年第3期。
② 翟博：《教育均衡发展：理论指标及测算方法》，载《教育研究》2006年第3期。

表2-2　　　　　各因素对农村经济增长的贡献率　　　　单位：%

	资本贡献率	劳动力贡献率	教育贡献率	TFP贡献率
1984~1994年	9.74	6.43	8.78	75.05
1994~2001年	38.87	4.88	29.80	26.45
2001~2004年	13.65	6.28	27.93	52.14
1984~2004年	16.25	3.49	8.03	72.23

资料来源：李瑞锋：《我国农村教育发展与农村经济增长的实证研究》，载《财经问题研究》2007年4月。

表2-3　　　　　各级教育对农村经济增长的贡献率　　　　单位：%

	小学和初中	高中及中专	大专及以上
1984~1994年	7.58	0.87	0.32
1994~2001年	19.21	8.91	1.69
2001~2004年	9.62	13.43	4.88
1984~2004年	5.52	1.97	0.54

资料来源：李瑞锋：《我国农村教育发展与农村经济增长的实证研究》，载《财经问题研究》2007年4月。

2. 依赖的经济社会发展速度

改革开放以来，中国经济发展一直保持着较高速度的增长。根据陈乐（2007）研究，2003年是我国经济增长的重要年份，该年实际GDP增长率再次超越潜在经济增长率水平，实际经济增长率和潜在经济增长率的缺口又转变为正数。2004、2005年GDP增长率保持持续快速上升势头，2006年GDP增长率上升至10.7%，高于潜在经济增长率2.1个百分点。2007年一季度GDP增长率高达11.1%，增速比2006年同期加快0.7个百分点，比2006年全年加快0.4个百分点。2007年的GDP增长率跃升至11.5%，实际经济增长率和潜在经济增长率的缺口进一步扩大，这表明2003年以来我国经济已稳定地步入周期的扩张阶段，呈现出繁荣景象，并且繁荣的特征日趋显著，并且不断得到稳定和巩固。[①]

中国科学院现代化研究中心朱庆芳教授在"小康社会及现代化指标体系评价方法"一文中构建的农村全面建设小康社会指标体系如表2-4。

---

① http://finance.qq.com/a/20071008/001291.htm.

表 2-4

指　　标	权重	小康目标（2010年）	2001年已实现	实现目标（%）	指标内涵
综合指数	100			67.7	
一、社会结构和生产条件	30			65.9	
1. 城镇人口占总人口的比重（%）	4	45	37.7（36.2）	88.3（80.4）	城镇化
2. 非农劳动力占农村劳动力的比重（%）	4	45	32.7	72.7	非农化
3. 乡镇企业从业人员占农村劳动力比重（%）	3	50	27.1	54.3	非农化
4. 非农增加值占GDP比重（%）	3	95	84.8	89.3	非农增加值比例
5. 每一农村劳动力拥有农业机械总动力（千瓦）	4	2.0	1.14	57.2	农村现代化、机械化
6. 每一农村劳动力的农村用电量（千瓦小时）	4	1 000	541	54.1	农村电气化
7. 每一农村人口生产性固定资产原值（元）	4	10 000	4 884	48.8	农村现代化
8. 有效灌溉面积占耕地面积比重（%）	4	60	41.7	69.5	水利现代化
二、经济效益	20			67.4	
9. 每公顷耕地农业增加值（元）	4	15 000	11 122	74.1	耕地产出率
10. 每一农村劳动力农业增加值（元）	4	6 000	4 000	66.7	农业劳动生产率
11. 每一农村人口固定资产投资额（元）	4	1 200	772	64.3	投入水平
12. 每百元农民纯收入的费用（逆指标）（元）	4	25	36.6	68.3	产出投入率
13. 每一乡镇企业从业人员提供的利税（元）	4	10 000	6 350	63.5	乡镇企业效益
三、人口素质	20			66.6	
14. 人口自然增长率（逆指标）（全国）（%）	5	5.0	6.95（9.3）	72.0	人口控制、自然承载力

续表

指　　标	权重	小康目标（2010年）	2001年已实现	实现目标（%）	指标内涵
15. 农村6岁以上人口中初中以上程度比重（%）	5	60	43.1	71.8	知识化
16. 每百名农村劳动力中文盲半文盲（人）	3	5.0	7.69	65.0	文化素质
17. 每万农村劳动力中拥有农技专业人员（人）	4	40	23.7	59.2	科技化
18. 每万农村劳力培训的实用技术人次（人次）	3	1 500	910	60.6	科技化
四、生活质量	30			70.3	
19. 农民人均纯收入（元）	5	3 830	2 366	61.8	收入水平
20. 农民人均生活消费支出（元）	4	2 840	1 741	61.3	消费水平
21. 农民人均住房面积（平方米）	4	32	25.7	80.3	住房水平
22. 农民恩格尔系数（逆指标）（%）	3	38	47.7	79.6	消费结构中食品比重
23. 农民每百户拥有住宅电话（部）	3	50	34.1	68.0	信息化
24. 农民每百户拥有彩色电视机（部）	3	80	54.4	68.0	信息化
25. 饮用自来水人口占农村人口比重（%）	3	85	55.1	64.8	环保、生活质量
26. 每万人口医生数（全国）（人）	3	20	16.5（11.7）	82.5	卫生资源占有
27. 每村有乡村医生、卫生员（人）	2	2.5	1.82	72.8	

注：1. 本表小康目标是根据最近几年速度确定的，仅供参考，各地可按本地区十年规划制定的切合实际的目标。

2. 第14、26原目分地区无农村数，故用全国平均数，括号内为农村数，第1项括号内为2000年人口普查数。

3. 第7、12、15、16、19~24项均为农调队农村住户抽样调查资料，13项为2000年农业部乡镇、企业年鉴中的数据。

4. 第18项为2002年科普年鉴中的数字，26、27项为卫生部统计提要中的数字。

5. 第12、14、16、22项是逆指标，以目标数除实现数测算而得。

资料来源：2002中国统计年鉴、农业统计年鉴、农民住户消费年鉴、乡镇企业统计年鉴等。

这个指标体系，把农村教育的主要发展指标融合在"人口素质"的分类中，充分体现了教育指标的依赖性。

3. 农村教育自身还有许多发展空间

从农村劳动力平均受教育年限看，我国农村劳动力教育程度明显偏低（见表2-5），这表明农村劳动力需要增加受教育年限，也表明农村教育需要延长受教育年限。

表2-5　　　　　　我国农村劳动力平均受教育年限

年份	1984	1985	1990	1995	2000	2001	2002	2003	2004
受教育年限（年）	6.17	5.60	6.20	7.00	7.69	7.63	7.82	7.86	7.89

资料来源：李瑞锋：《我国农村教育发展与农村经济增长的实证研究》，载《财经问题研究》2007年4月。

因此，从农村经济对农村教育发展的需求以及农村教育本身的发展来看，农村教育都是需要发展的教育，都是处于不饱和状态的教育。而农村教育发展并不能自发进行，而必须要建立在基于农村教育指标为农村教育规划的基础上，科学谋划。从这个意义上讲，农村教育发展指标更多是教育规划取向意义上的指标。

二、农村教育发展指标的导向

（一）共同发展价值导向

我国是一个发展不平衡的发展中国家，发展的不均衡性构成了中国发展的主要矛盾，也是中国教育发展的主要矛盾。研究中国的任何重大宏观教育问题都不能撇开中国教育发展不均衡这一现实，中国教育的不均衡是与社会发展的整体不均衡相应的。东部、中部和西部地区发展的不均衡表现为发展水平的差异，城乡发展的不均衡表现为发展的质的差异。中国社会同时态经历了许多发达国家历史时态经历的三种文明：农业文明、工业文明和后工业文明。中国教育也存在着如何用三种文明背景下的生产力维持工业化标准下的教育问题。在中国城市与农村教育存在重大差异这样一个背景下（见图2-1），在构建教育发展指标时，我们必须考虑城乡的差异，以教育共同发展为导向，促进城乡教育共同发展。

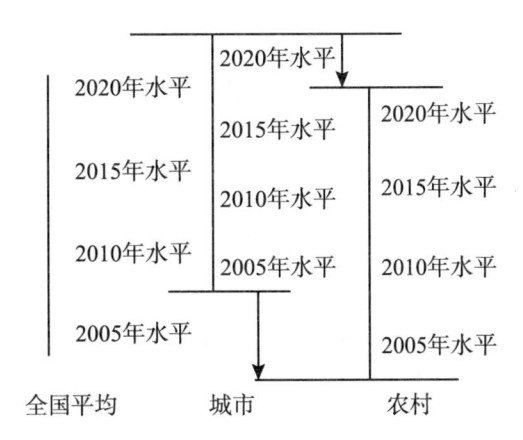

```
         2020年水平
2020年水平
         2015年水平    2020年水平
2015年水平
         2010年水平    2015年水平
2010年水平
         2005年水平    2010年水平
2005年水平
                      2005年水平

全国平均    城市         农村
```

图 2-1 城乡教育发展示意

注：图 2-1 显示 2005 年城乡教育发展水平差距较大，到 2020 年时城乡差距通过政策导向将会有所缩小。

当然共同发展不是否定城乡差异和东部、中部、西部的区域的差异，相反，我们要肯定差距在发展中的积极作用。同时我们要缩小差距，以科学客观的态度，寻找肯定差距与缩小差距的结合点。在承认现在发展格局的情况下，努力寻找和创造农村教育发展的条件，让农村教育以更大的加速度进行发展积累。

（二）关注利益相关者导向

我国各级政府的教育发展规划和政策设计，从根本上讲都是在考虑广大人民的利益。但是这并不意味着以各种群体和个体为存在方式的人都切实地感受到从教育政策设计中受益。从制度经济上讲，形成这种局面的原因是委托—代理关系出了问题。

从理论上讲，教育部代表包括学生的监护人（家长）在内的广大人民进行教育领导和教育管理活动。学生的监护人是初始委托人，在学生的监护人、教育部、地方教育行政部门和学校之间，形成了学生的监护人——教育部、教育部——地方教育行政部门、地方教育行政部门——学校、学校的监护人——学校这样几层委托—代理关系（见图 2-2）。

在学生的监护人——教育部、教育部——地方教育行政部门、地方教育行政部门——学校这几层的委托—代理关系中，随着委托—代理链条加长，处于行政级别越低的学校它所代表学生的监护的利益越被抽象化和流失。也就是说农村家长的利益可能最大地被抽象化和流失了。另一个委托—代理关系就是学校的监护人——学校，这在农村不存在现实性，因为农民与学校对教育的信息不对称性，决定了农民的利益也不能现实地被充分考虑。我们在设计教育发展指标时应该充分考虑初始委托人——学生的监护人的利益,在农村教育中主要指农村家长的利益保证问题。

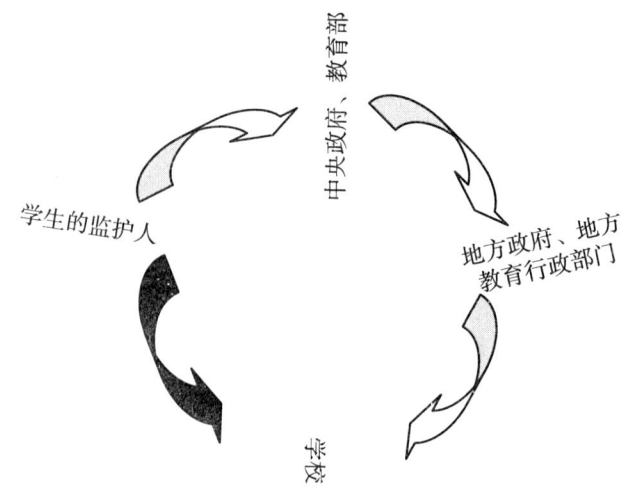

图 2-2　几层委托—代理关系

多元利益相关者的各自的利益,如何在教育指标中得到反映?如:农村义务教育质量低下,使农村学生和农村家长的教育利益受损,在教育发展指标中应该如何保证?这是一个沉重的教育问题,也是教育发展中必须考虑的问题。没有质量的保证,农村就无法真正实现农村人口的流动。

(三) 成本效率导向

我国教育资源是有限的,"穷国办大教育"众人皆知。然而我们的教育资源使用效率并不高,至少我们在使用教育资源上没有考虑边际效益,教育资源的配给上也没有反映出绩效的观念,教育评估也没有充分反映增值评价。

表 2-6　　　不同类型国家及不同层次教育的平均收益率[①]　　　单位:%

	社会收益			个人收益		
	初等教育	中等教育	高等教育	初等教育	中等教育	高等教育
非洲	26	17	13	45	26	32
亚洲	27	15	13	31	15	18
拉丁美洲	26	18	16	32	23	23
中等发达国家	13	10	8	17	13	13
发达国家	—	11	9	—	12	12

① Psacaroroulos, G., (1985). Returns to Education: A Further International Update and Implication. *Journal of Human Resource*, 20 (4): pp. 583-604.

人力资本理论的国家主义的追求是国家利益的最大化。在强大的国际竞争面前，一个国家要对国家的整体发展速度保持高度关注。国家力量的国际排名是一个开放国家越来越关注的问题。我国作为一个发展中国家，对国家的综合实力也是相当关注的。从国家利益最大化的角度来看，我国的发展应该从优先发展走向均衡发展。因为国际研究表明，相对而言，发展中国家和贫困人口中的人力资本的重要性高于发达国家和富裕人口。[1] 如果此研究结论成立，中国就应当从国家发展角度，而不仅仅是从公平角度加大对贫困地区和农村地区处境不利人群的关注，特别是对这些地区青年的关注，应该给他们与城市和发达地区平等的教育。

---

[1] Psacaroroulos, G., (1984). Contribution of Education to International Economic Growth: International Comparisons. In Kendreck, J. W., ed., *International Comparisons of Productivity and Causes of the Slowdown*, Cambridge, Ballinger. pp. 335–360.

第三章

农村教育发展指标领域的确定与指标陈述

一、教育指标领域的确定

教育指标的展开方式有两种：一种是纵向展开，一种是横向展开。纵向展开是按照教育发展过程（投入、过程、产出）或教育效果发挥过程（成本、过程、结果）逻辑展开教育指标领域（类型），侧重教育绩效的教育指标一般更倾向于纵向展开其教育指标领域。横向展开主要从教育实践活动的要素（如教育投入）抽象出教育指标，有时也把普遍关注问题（如入学率、辍学率）纳入指标体系之中，诸如侧重于教育公平和教育规划取向的教育指标更倾向于横向展开其教育指标领域。

（一）教育指标领域的展开方式

1. 纵向展开

世界银行、联合国教科文组织、经合组织等纵向列出教育指标领域。世界银行编写的《世界发展报告》是以一个国家的经济与社会发展为依据的综合性指标体系，2000年《世界发展报告》中的教育指标由教育投入、受教育机会、教育效率、教育成果、性别与教育五个指标领域，指标领域下又包括若干指标。[1]联合国教科文组织出版的《世界教育报告》中列出教育供给、教育需求、入学

---

[1] 世界银行：《2000年世界发展指标》，中国财政经济出版社2000年版，第68~87页。

与参与、教育内部效率、教育产出五个指标领域,每个指标领域下也包括若干具体指标。① 经济合作与发展组织的《教育要览》各年并不是完全相同,以 1997 年为例,1997 年经济合作与发展组织推出的《教育要览》列出了教育人口背景、教育财政与人力投入、公民的教育参与进步、学校环境与学校组织、教育的个人与社会产出、学生的学业成就等几个领域,指标领域下包含若干指标。② 世界银行、教科文组织、经合组织列出教育指标领域的模式是系统模式,这一模式可以按生产部门"投入-过程-产出"三段模式进行简单化描述,但是又不能停留在这样一个简单描述上。

约翰斯通(Johnstone, J. N.)提出一个比较有概括性的分析框架,我们认为这可以总结说明世界银行、教科文组织、经合组织的教育指标领域设计思想。约翰斯通认为,过去的社会经济政治发展会影响教育输入、过程与输出,而教育输入、过程与输出又会影响到未来的社会经济政治发展(见图 3-1)。在建构国家层面的教育指标体系中,这个框架仍是最常用的分析架构。在开发教育指标时,这个模式虽然以教育系统本身为主,但同时也强调教育系统和社会经济政治的关联性。③

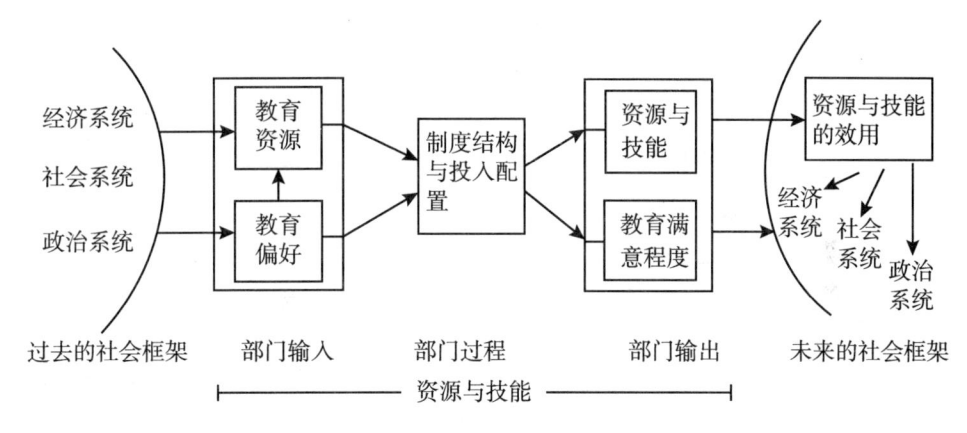

图 3-1 约翰斯通的教育指标系统

有些指标也很难看其展开的逻辑。如天津市教育现代化课题组提出教育信息化、终身学习、教育对经济发展贡献、教育投入、教育发展成就、教育质量与效益、教育公平、教育国际化等指标领域④。单从教育对经济发展贡献、教育投

---

① 王绽蕊:《区域教育发展程度衡量指标体系的构建》,载《教育发展研究》2000 年第 12 期。
② 经济合作与发展组织教育研究与革新中心:《经济合作与发展组织教育要览 1997》,人民教育出版社 2000 年版。
③ Johnstone, J. N. (1981). Indicators of Education System [M]. Paris:UNESCO. 26.
④ 天津市教育现代化课题组:《关于天津市基本实现教育现代化目标与指标体系的研究》,载《天津教育》2003 年第 4 期。

入、教育发展成就、教育质量与效益五项指标看，可以认为他们是从纵向展开教育指标领域，作为中国发达城市的天津市，他们为突出其国际化的教育追求，把教育信息化、终身学习、教育国际化纳入教育指标领域之中，便很难判断其主导的教育指标领域展开的逻辑。

农村教育发展指标领域可以从纵向方式展开。我们认为，纵向展开方式中常见的是教育层级维度，但是，我们考虑到农村教育特殊性，增加了教育发生维度（见表3-1）。这样更能反映农村教育发展的历史轨迹和问题的根源。

表3-1　农村教育发展指标（领域）纵向展开方式与指标领域

展开的具体依据	指标类型与领域
从教育层级	农村学前教育
	农村义务阶段教育
	农村高中阶段教育
	农村高等教育
从教育发生	农村教育背景
	农村教育供给
	农村教育需求
	农村教育过程
	农村教育产出
	农村教育效用

2. 横向展开

泰国的社会指标体系中就有对教育指标的类似描述，认为教育指标主要包括以下几个方面：学龄儿童毛入学率、入学率、辍学率、降级率、成人识字率、班额、生师比。[①] 泰国作为发展中国家把入学率、辍学率等纳入了教育指标之中。谈松华研究员和袁本涛教授从教育制度、教育思想与教育观念、教育内容、教育手段与设备、教育管理及教育决策、教师队伍、整体师资水平等指标提出教育现代化的质化指标，提出了15岁以上人口的识字率、平均预期受教育年限、中等教育的毛入学率、高等教育的毛入学率、每10万人口中的高等学校在校生人数、公共教育经费占GDP的比例等教育现代化的量化指标。[②] 这些指标从总体上看是

---

① Thailand. (2003). The Indicator System in Thailand [EB/OL]. http://www.nscb.gov.ph/events/ASEAN/papers/country/thailand.pdf.

② 谈松华、袁本涛：《教育现代化衡量指标问题的探讨》，载《清华大学教育研究》2001年第1期。

横向展开的。

农村教育发展指标领域横向方式展开可以包括两个维度，这两个维度分别是教育类别和教育要素。从教育要素维度的横向展开是教育指标领域展开方式中常见的。但是，我们考虑到农村教育特殊性，增加了教育类别维度（见表3-2）。这样将更加突出某类教育在农村地区发展的基础。

表3-2　农村教育发展指标（领域）横向展开方式与指标领域

从教育类别	农村普通教育
	农村职业教育
	农村成人教育
从教育要素	农村教育投入
	农村学龄人口
	农村教师
	农村教育信息化

无论是纵向展开，还是横向展开，教育指标领域数量适度，提取出关键性领域，也就是教育指标领域制定必须突出简约性。在教育指标领域确定过程要反映这样一个特性是有相当困难的，但没有简约性就不会有所谓的指标领域。指标领域的确立要进行必要归纳，抽象出所谓共同教育指标领域，全面的描述只是录像机能够做到的事情，但评价电影的优劣也是从几个人们所熟知的维度，简约化不是要否定全面，而是说指标领域无法回避简约。但我们不认为简约化具有无限合理性，因为一个好的教育实践并不是仅仅考虑是否符合教育指标领域，好的教育从来就不是只等着别人来评价或为评价设计的教育。要达到简约性，要先全后简，即要从纵向上尽量全面涵盖所有教育环节，从横向上尽量包括所有教育要素，然后根据不同取向的教育指标，对教育指标领域进行取舍。

（二）教育指标领域确立的原则

确定具体教育指标领域首先要研究确立教育指标领域应该遵循哪些原则。这对指标领域的确定起着方向性的作用。首先，从这些领域比较两个地方的教育发展水平时，能够评量两地教育水平的高低，这就是说教育指标领域的确立要遵循比较性原则。当然指标领域不是越多越好，要抓关键性的指标领域，这要求教育指标领域遵循简约性原则。教育指标领域和指标领域内的具体指标并不是简单地给教育"量身高"，而是要影响教育发展，体现影响性原则。教育事业，特别是义务教育作为公共事业，又要体现公平原则。另外，教育指标领域也不能只关心能量化而忽视不能量化的东西，要遵循量质结合原则。

1. 比较性原则

教育发展水平高低是可描述的，要描述这种水平必须找到参照系。我们认为完成这一任务可以通过三条途径：一是建立教育发展常规指标，与之进行比较；二是与处于相同社会发展水平的同质教育进行比较；三是与处于不同发展水平的同质教育进行比较。然而每个地方的教育都不相同，因此，我们只有确定基本一致的教育指标领域，在每个领域中的具体指标理想情况下应该因被测量教育的不同而有所选择和进行必要调整。教育发展水平在国家之间，不同文化区域之间进行比较时，要考虑到文化差异、政治特点，因此具体指标肯定会有所不同，在具体指标上往往过分强调"高"与"低"的差异，而不注重"有"与"无"差别。因此，比较性原则要求我们在教育指标领域相对统一的基础上，具体指标要考虑到必要的差异。也就是说，比较性原则要求指标领域的一致性与具体指标的开放性相结合。

2. 简约性原则

教育指标领域数理适度，归纳出关键性领域，也就是教育指标领域制定必须遵循简约性原则。在教育指标领域确定过程中深入贯彻这一原则是有相当困难的，但没有简约性就不会有所谓的指标领域。指标领域的确立要进行必要归纳，抽象出所谓共同教育指标领域。全面的描述只是录像机能够做到的事情，但评价电影的优劣也是从几个人们所熟知的维度。简约化不是要否定全面，而是说指标领域无法回避简约。但我们不认为简约化具有无限合理性，因为一个好的教育实践并不是仅仅考虑是否符合教育指标领域，一个好的教育从来就不是一个只等着别人来评价的教育。

3. 影响性原则

教育指标领域和指标领域内的具体指标的作用绝不是简单地给教育"量身高"，量完做一个简单的记录就行了。教育指标领域或这些领域内的指标要对教育有改进功能，这就要求教育指标体系能够对教育发展和改进进行积极干预，因为教育指标体系对教育发展本身就构成一种评价，这种评价不应该是消极评价而应该是一种影响性评价。教育指标领域和具体指标对教育发展水平的评量，应该为描述出教育和教师的发展水平和发展协调度，为教育的发展与改进提供一个平台。

4. 公平性原则

教育发展不是孤立的，一方面它可以促进整个社会的发展，同时社会发展也为教育发展提供了条件和要求，必须注意教育发展所依赖的社会发展。教育发展的程度要和社会教育发展的程度相匹配,否则教育发展将失去它的应有之意。教育优先发展是需要提倡的,但教育与社会的对称互动要求教育不能过分超前发展,教育必须通过政府均衡发展政策调解实现普遍民主化之后才能奔向全面优质化。目前,优质化和民主总是一对矛盾,政府往往因为同时承担教育优质化与教育民主化的双重责任而不堪重负。处于优质教育之列的教育发展是有条件的,这种条件主要是可以优先获得或者已经获得了教育发展所必需的投入和师资。他们的投入特别是在硬件上的投入,与他们获得的教育成就往往相关很小,或者根本不相关了,而教育投入还过分集中地投向优质教育。因此,在具体教育指标领域中要反映公平理念。即使教育经费占到 GDP 的 4%,也要保证这些经费的应用效率,在保安全和保工资下限的同时,要规定上限,而现在教育经费实行的是扶强抑弱的配置方式,重点学校占用了过多的教育经费。

5. 量质结合原则

在教育指标的性质方面,现有的成果更多是注重量化指标,只有为数不多的成果谈到质的指标。如,国家教育发展研究中心谈松华研究员、清华大学袁本涛先生曾提出了衡量教育现代化定性指标和衡量教育现代化实现程度的定量指标。其他研究成果一般把注意力集中于量化指标,这种指标有利于区域纵向比较和不同地区间的横向比较。但在包括中国在内教育发展不平衡的国家教育研究中,同一个数字对不同地区有不同含义,有些数字必须配以描述性的文字说明,才能反映出发展指标的本真含义。

量化这个概念是在工业化和科学化的概念,不大符合我国实际。首先,我国从社会文明差异看,农业文明、工业文明和后工业文明并存,必须考虑工业化特点对农业文明的适用程度;其次,就科学化本身而言,科学化在教育中的局限性也逐渐表现出来。基于这两方面的考虑,我国的教育指标领域与具体教育指标更需要量化与质化相结合。量化与质化相结合是确定教育指标领域和具体教育指标应该考虑的,但我们在研究教育指标时往往更注重可量化的指标,而对无法量化的指标没有给予充分重视。

教育中存在许多不能量化或不能科学量化的领域,教育文化就是其中的一个重指标领域。教育发展的过程,就是结构重组(Restructure)与文化再生(Re-culture)的过程。教育文化作为教育发展的一个重要领域,需要用生态的统整的眼光考察的,单凭量化的指标领域,往往并不能反映出教育发展的全面水平。当然质化并不一定是描述性语言,如统计学生对教育的"整体感觉较好"的所占的百分比,就是一个质化指标用量化方法处理的例子。

(三)农村教育发展指标体系的结构和功能

在设计农村教育发展指标领域时,我们从教育层级纵向展开农村教育发展指标领域，即农村学前教育、农村义务阶段教育、农村高中阶段教育、农村高等教育；从教育类别横向展开教育发展指标领域，即农村普通教育、农村职业教育、农村成人教育。从教育层级纵向展开教育发展指标领域和从教育类别横向展开教育发展指标领域，可以更加清晰看到和照顾不同教育阶段和不同种类的教育发展指标选取的不同侧重点和发展水平的差异，增加教育指标建构和应用的操作性。同时我们基于教育发展指标领域确定的比较性原则、简约性原则、影响性原则、公平性原则和量质结合原则确定农村教育发展指标领域，当然这些指标领域下的具体指标也要适当考虑这些原则，这可以保证农村教育发展指标具有可比性、简约性、影响性、公平性和丰富性。依据教育指标领域的展开方式和教育指标领域确定的原则，我们选取了这样几个专题领域进行农村教育指标研究：

分城乡学龄人口变动趋势分析；

政府教育投入努力程度研究；

农村教师发展指标体系研究；

农村中小学教育信息化发展指标体系研究；

农村幼儿教育事业发展指标体系研究；

农村义务教育发展指标体系研究；

农村普通高中教育发展指标体系研究；

农村职业教育发展战略及指标体系研究；

农村高等教育发展指标体系研究；

农村成人教育发展指标研究；

农村社区教育发展指标研究；

农村适龄人口人均预期受教育年限展望。

要系统、全面地反映教育发展状况，更好地体现教育增长和教育发展的关系就需要构建教育发展指标体系，农村教育发展指标体系作为教育发展指标体系在农村教育领域的具体运用，它遵循教育发展指标体系的一般原理，即农村教育发展指标体系是通过一系列标准化、系统化的农村教育指标来衡量、评价、预测农村教育发展状况和农村各级各类教育教学质量的一种方法和手段。它通过建立系统化的教育指标来衡量、评价农村教育投入、过程和产出等方面的发展水平，对农村教育系统中各有关因素的发展变化进行定量或定性分析，使教育管理者和研究者在全面、客观地了解农村教育系统运行和发展状况的同时，更好地衡量、监控和预测教育的发展，[①] 从而提高农村教育整体发展水平。因此，研究农村教育

---

① 张继明：《全面建设小康社会进程中教育发展指标体系研究》，载《高教发展与评估》2006年第3期。

发展问题就需要研究农村教育发展指标体系，研究体系的结构和功能、体系整体与其构成要素、存在环境的关系等，在优化农村教育发展指标体系的整体功能的同时，更有益于农村教育的发展。①

一定程度上教育发展指标体系的结构决定着体系的功能，如 OECD 国家 2003 年教育发展指标体系，（见表 3－3）把教育发展归纳为教育成果和教育的影响、投入教育中的资源、教育机会、参与和发展及学校的学习环境和组织四大领域，并设立四个一级指标，同时依据系统的层次性，在各个一级指标中选取最具有代表性的指标并分解为若干个二级指标，同时又把二级指标进一步地筛选和细化为三级指标，教育发展所需数据在分层和筛选过程中逐步的收集和汇总，教育发展所涉及的教育相关问题也在分层和筛选的过程中逐渐清晰。因此，OECD 国家教育发展指标体系的结构框架体现出整个指标体系在衡量、评价、监控教育发展和教学质量等方面的功能。

表 3－3　　OECD 国家 2003 年教育发展指标体系的分解

一级指标	二级指标	三级指标	说明
B. 投入教育中的财政资源和人力资源	B1. 生均的教育成本	1. 生均教育成本 2. 生均教育成本占人均 GDP 比值 3. 生均高等教育成本	…
	B2. 教育投入与 GDP	1A. 教育总投入占 GDP 比值 1B. 各级教育投入占 GDP 比值 2. 教育投入变化	…
	B3. 公共教育投入与私人教育投入的比值	1. 教育总投入中公共投入与私人投入比值 2. 各级教育中公共投入与私人投入比值 3. 全部教育投入的分配	…
…	…	…	…

资料来源：OECD/CER1, Education at A Glance：OECD Indicators, 2003.

但是 OECD 国家教育发展指标体系是对当前各国教育已有发展状况的评价和监测，而不具备预测未来教育发展状况的功能。因此，在构建我国农村教育发展指标体系过程中，要借鉴 OECD 国家教育发展指标体系结构的层次性，重点选取

---

① 冯·贝塔朗菲，林康义等译：《一般系统论——基础、发展和应用》，清华大学出版社 1987 年版，第 48～49 页。

能反映农村教育特点的指标,同时加入时间维度,使其具备预测未来的功能(见表3-4)。

表3-4　　　　我国农村义务教育发展指标体系

一级指标	二级指标	发展趋势预测			
		2005年	2010年	2015年	2020年
教师及职工	教职工总数	—	—	—	—
	教师的年龄结构	—	—	—	—
	代课教师与专任教师的比	—	—	—	—
	专任教师中大专及以上学历的比例	—	—	—	—
	教师职工比	—	—	—	—
	生师比	—	—	—	—
…	…	…	…	…	…

资料来源:课题组内部资料。

全面建设小康社会时期我国农村义务教育发展指标体系选取学生、教师及职工、经费和办学条件四个领域作为一级指标,然后分解并筛选细化为若干个二级指标,以2005年教育发展状况为基础,以农村教育发展规律、农村教育相关政策和规划为依据来预测2010年、2015年和2020年我国农村义务教育在四个领域的发展状况。因此农村教育发展指标体系不仅要衡量和评价目前农村教育发展状况,同时要指向未来,预测全面建设小康社会时期我国农村教育发展情形,这对于规划农村教育发展,逐步缩小城乡教育差距具有重要的意义。

农村教育发展指标体系的预测功能包含着一定的价值取向,主要反映在各发展指标在各年度指数上的变化,由于农村教育发展指标体系的功能发挥具有整体性,因此在设定各年度指标指数时就不能一味地追求各项指标的增长,某些教育指标的降低反而更易于农村教育的发展。如在义务教育经费来源方面,随着农村义务教育经费保障机制的实施,学生交纳的杂费已经全部取消,国家财政性教育拨款逐年提高,同时社会捐助的比例也会逐年增加,农村义务教育经费来源在结构上的变化一定程度上表征着农村教育的发展;在城乡教育维度上,目前我国农村高中阶段毛入学率、高等教育升学率、生均教育经费、师资、办学条件、教育质量等都远远低于城市的高中阶段教育,在规划全面建设小康社会时期教育发展前景时,可以适当减缓城市高中教育阶段各项指标的增长指数,更易于农村教育和整个教育系统的发展。

(四) 农村教育发展指标体系及其构成要素的属性

农村教育发展指标体系是对农村教育发展状况的系统反映，遵循系统论的一般原理，即农村教育发展指标体系由若干要素以一定结构形式联结构成的有机整体，具有要素不可取代的特性。因此，研究农村教育发展指标体系首先要研究体系与其构成要素之间的整体性、动态平衡性，各构成要素之间的关联性和同构性等属性。

第一，整体性。农村各级各类教育发展指标所涵盖的内容就是整个农村教育发展指标体系的组成要素，依据性质可以把要素分为定量和定性两类，能反映出教育相关指标在数量上的增长或降低，对教育状况具有一定的描述和统计功能的要素为定量要素，如农村各级各类教育的学生数、教职工数、生均教育支出等；能反映出教育相关指标在结构、功能等方面的变化，对教育状况具有评价、监控作用的要素可以成为定性要素，如政府与学校的管理水平、教育支出结构、高等教育的入学机会等。农村教育指标体系作为一个系统其功能不是由定量要素或定性要素决定，它是定性和定量要素综合作用的结果。因此我们在构建农村教育发展指标体系时，不能只设定具有定量功能的增长指标，或者是只设定某些定性作用的结构、功能指标，农村教育发展指标体系的功能是其各要素功能相互作用下的综合，具有一定的整体性。

第二，动态平衡性。教育发展本身是一个循序渐进的变化过程，在一定时期内教育发展系统及其构成要素在内容、结构等方面具有动态性和相对平衡性，因此，农村教育发展指标体系在反映和预测农村教育发展状况时，在不同的时空范围内其结构框架和构成要素也处于一个动态的变化过程中，尤其是在不同的历史阶段农村教育所处的内外部环境不同、面临的主要矛盾不同、教育发展的目标不同，在相关指标选取和指标权重设定等方面就会有所变化。2000年以前我国农村义务教育的发展目标主要是基本普及义务教育，基本扫除青壮年文盲，因此，2000年农村义务教育发展指标体系的内容和结构要反映"两基"的实现情况，主要设置农村学龄儿童的入学率、九年义务教育的巩固率、青壮年人口的识字率等指标；随着"两基"目标的逐步实现，农村义务教育的发展目标又向"两全"迈进，即全面提高九年义务教育的普及率，全面提高义务教育质量。因此，2000年以后农村教育发展指标体系要设置如义务教育的完成率、中小学课程结构、教师的学历结构和职称结构、中小学学业成就等反映"两全"实现情况的指标；2010年全国全面实现"普九"之后，农村教育发展指标要随之调整到主要反映义务教育质量和公平等指标上来。因此农村教育发展指标体系本身也是动态的、发展变化的，在衡量和预测某一地区、某一时段农村教育发展状况时所构建的农村教育发展指标体系是有差别的。

第三，关联性和同构性。农村教育发展指标体系各构成要素、各类指标之间具有一定的关联性和同构性，即彼此之间不是孤立存在的，它们相互联系，相互配合，在体现农村教育发展指标体系的整体功能方面彼此之间存在一定的制约和钩稽关系。要素之间的相互关联性和同构性在最大限度发挥各自功能的同时也彰显了整个体系的作用，如我国农村义务教育发展指标体系在二级指标上设置小学和初中的在校生数、毛入学率、教职工数、生均教育经费等教育增长指标，这些教育增长指标在一定程度上表征了农村教育的发展状况。但是教育增长指标对农村教育发展指标体系整体功能的贡献不是孤立存在的，还需与师生比、教师的年龄结构和职称结构、学校的管理水平、地方政府的教育努力程度、城乡办学条件对比等反映教育结构、教育质量、教育价值指标相配合。[①] 只有教育增长指标与体系内其他各类指标相互协调，共同作用组建而成的农村教育发展指标体系其功能才超越了教育增长指标的统计和描述功能，形成了一个具有定量与定性分析相结合，包含评价、监控、预测等功能的完整体系。

二、农村教育发展指标表述

（一）农村教育发展指标的表达能力

教育指标表达能力，就是诘问教育公平指标能够反映现实教育公平状况吗？教育绩效指标能够反映教育投入产出的状况吗？教育督导指标能用来"看"教育部门做得如何吗？教育规划指标真的能够监控和预测教育发展吗？教育统计指标能够给出一个全面的教育事业发展概貌吗？

那么，教育发展指标的表达能力是什么呢？我们认为，教育发展指标的表达能力就是诘问，找到教育发展的数量和质量与公民的教育需求和国家的教育供给之间的客观值了吗？

至于农村教育发展指标的表达能力是什么呢？我们认为，就是在农村这个既封闭又逐渐开放的，既落后又不断进步的，与都市相对的区域内，预测出了教育发展的数量和质量、农村人口的教育需求以及国家对农村教育供给之间的客观值了吗？

这里首先引入"非饱和"指标与"饱和"指标进行讨论。饱和指标是指长

[①] 任仕君、孙艳霞：《农村义务教育发展指标体系研究》，载《教育科学》2005 年第 6 期。

期以来这些指标均已达到最大值和接近最大值的指标，如小学入学率已经达到或非常接近100%，这个指标就是饱和指标。非饱和指标，如，仍以小学入学率讨论，如一个国家和地区小学入学率，由于学校数量没有能够让所有人入学，比较只有50%的人能够入学，这个指标就是非饱和的教育指标。如果教育指标处在非饱和状态，教育指标可以随着时间（或其他自变量）的变化，朝着"更理想"的状态变化，教育指标的表达能力则很强，如果教育指标处于饱和状态，教育指标随着时间（或其他自变量）的变化，并没有表现稳定的趋势性变化，教育指标的表达能力则较弱。

接着我们引入"增长"与"发展"来讨论"非饱和"指标，非饱和状态的教育指标向着某一趋势稳定变化，是一个特定维度的"增长"，特定维度指标的"增长"对教育的"发展"是有贡献的，同时也能够表达教育活动全面意义的"发展"，而对饱和状态的指标而言，一个特定维度的指标的"增长"，仅仅是这个特定维度指标的增长，对教育的"发展"是没有贡献或贡献不大的，不能够表达教育活动全面意义的"发展"。以教育投入为例，教育投入是一个重要教育指标，对学校教育发展的意义重大，但当为教育投入达到饱和状态的奢华的学校再增加教育投入时，对这所学校的教育发展其意义就不大了，或者，根本没有意义了。

如何按有效需求的两个条件是，需要和买得起，我国现阶段的农村义务教育阶段教育，可认为是如果需要就可以买得起，因为基本不用买。因此，我们可以认为是一种供应饱和状态的教育。而现阶段农村学前教育和高中教育尚存在相当部分需求得不到满足的情况。因此，饱和状态教育的教育发展指标与非饱和状态教育的教育发展指标，有一定的不同，前者更侧重提高质量，而后者要同时增加数量和提高质量。

在我国义务教育基本普及的情况下，我们把义务教育阶段的教育假设为供应饱和状态的教育，简称饱和状态的教育。现在处于饱和状态的义务教育阶段的教育中，许多指标已经趋向于基本完全符合基本要求，教育发展指标选取上，积累性变化指标变少，以教师学历达标率这一指标为例，在20世纪后20年中小学教师学历可以作为一个不错的教育发展指标，因为在这10年中，学历达标率稳步提高，现在不宜再用来作为发展指标。现在处于非饱和状态的高中阶段教育的学历达标率在21世纪的头15年里仍可以作为一个重要的发展指标。2001年，全国普通高中专任教师学历合格率为70.7%，职业高中专任教师学历合格率仅为49.2%。普通高中教师学历达标率在全国高中教育阶段最高。普通高中教师学历在20世纪后10年中得到快速提高，且增长态势稳定。每年提高约2~3个百分点。照这样的速度，普通高中专任教师学历达标问题可以在21世纪的20年代初期或中期得以解决，届时我国的普通高中专任教师学历达标的任务将基本完成。①

处于饱和状态的义务教育，如果按既定标准达到饱和状态，在合理的假设下可以进行标准调整，如果我们可论证教师学历提高与教育质量提高在大样本下有着显著的正向相关性，我可以把小学教师学历提高到专科这个标准上，把专科以上作为一个重要指标，进行发展指标研究。初中相应地提高到本科这个标准上来。

在基础教育阶段，把城市教育假定为饱和状态的教育，而把农村教育假定为非饱和状态的教育。这种单方面饱和状态的形成与城乡二元经济结构有直接关系。还以教师为例，农村"人才辈出，江山依旧"，农村出了一个好教师，很快就会被城镇给吸引过去，而城镇在教师编制核定和聘任中，暂时没有教学任务的教师，便到农村去任职。由于农村教师比例大，好教师被选到城里，可以及时补充城镇的优秀教师，而城市反哺农村就困难，就会出现"少数人"帮"多数人"的困难。因此，在城乡的这种"不平等交换"下，教师学历对城乡教育的质量贡献的常态被打破。

（二）教育指标的表达方式

目前，教育指标研究侧重现象主义，而教育指标在表达方式从其有效性上看，必须关注意义。从意义的维度看指标可以分为深描性的教育指标和浅描性的教育指标。吉尔伯特·赖尔在其两篇文章《思考与反思》和《对思想之思考》中讨论了"深描"的问题。他提出眨眼（张合眼睑）、挤眼（有意地张合眼睑）、假挤眼（对挤眼的恶作剧模仿）、模之练习（在家里对着镜子练习）等几种眼势，对这几种眼势做"浅描"，即"迅速地张合他的右边眼睑"；如果对挤眼做"深描"，则是"练习对一个朋友的模仿，因为这个朋友假作挤眼以欺骗局外人误以为有什么只是当事人才能领会的事"。② 赖尔的研究关键在于在"浅描"与"深描"之间存在的不同等级的意义结构，通过这些结构眨眼、挤眼、假挤眼、模之练习才得以产生。而这里引入的"深描"旨在说明教育指标应该描述出所采集教育指标在教育活动中的真实意义表达，这个指标在教育实践中以什么方式存在或被利用对教育活动才是真正有意义的。如一个初中的图书数量作为初中学校教育指标，现实中存在这样几所初中学校：

A 学校：n 本图书，与初中师生教学无关；

---

① 秦玉友：《均衡化视野中的高中阶段教育改革与发展》，东北师范大学出版社2003年版，第74页。
② 格尔茨：《深描：迈向文化的阐释理论》[A]，文化的解释 [M]，上海人民出版社1999年版。

B 学校：n 本与初中师生教学相关的图书，不向师生开放；

C 学校：n 本与初中师生教学相关向师生开放的图书，没有或很少有人借阅；

D 学校：n 本与初中师生教学相关向师生开放平均被借阅 m 次／（本·学期）以上的图书。

教育指标领域和指标领域中教育指标的作用决不是简单地给教育"量身高"（"浅描"），量完做一个简单的记录就行了。教育指标领域或这些领域内的指标要对教育活动的品质与发展有改进功能。这就要求教育指标体系能够对教育发展进行"深描"，因为教育指标体系对教育发展本身构成一种意义表达。如果教育指标是"浅描"的，只采集初中学校有多少图书，A、B、C、D 四所学校在这一指标上是相同的。如果是"深描"的，那么会发现，仅仅统计 n 本图书这个指标对教育活动没有构成意义表达。

三、农村教育发展指标值确定的依据与方法论

（一）农村教育发展指标值确定的依据

教育发展指标如何确定，确定哪些具体指标？到某一时间应该发展到什么程度，即某一时刻农村教育发展指标的数量刻度是什么？这并不是一个主观问题，必须进行科学测算。要想科学测算必须有测算依据。

我们通过研究确定了三个依据：（1）政策背景，重点考虑党的"十六大"和"十七大"的精神，中央政策教育部的工作规划。（2）现实状况，我们的农村实地调查研究和相关的农村调查研究成果。（3）教育规划的研究成果，参考别国教育规划的研究，研究教育规划，借鉴教育规划的一些理论研究成果。

1. 政策背景

农村教育发展指标体系作为社会大系统的一个组成部分，与社会系统中的政策环境密不可分。在农村教育存在的外部环境中，教育政策环境是农村教育发展的基石，为农村教育的发展提供物质、能力和信息，因此在构建我国农村教育发展指标体系时必须联系我国近期的教育政策和长远的教育规划。我们在构建农村中等职业教育发展指标体系，预测全面建设小康社会时期我国农村中等职业教育发展状况时，在指标选取、权重设定以及指数的核算等方面需要参考国务院关于大力发展职业教育的决定、国家的"十一五"教育规划以及"十六大"报告中关于全面建设小康社会时期的教育目标等教育政策。在指标选取方面，设置教职工数、在校生数、生均教育经费、办学条件的达标率等反映农

村中等职业教育学校规模和办学条件的增长指标，同时还设定专任教师比、师生比、普职比、课程结构、职业教育经费结构、学生的升学率和就业率等反映农村中等职业教育质量和发展能力的指标；在相关指标的数量和比例预测方面，依据我国学龄人口的变动趋势和国家的宏观教育规划，逐渐增加农村中等职业学校的在校生数，力争到2010年农村高中阶段教育普通教育和职业教育学生数达到1∶1，随后职业学校在校生逐年增加到2020年与普职比达到4∶6。①除了教育政策外，国家的政治、经济、文化等方面的政策也直接或间接地影响农村教育的发展，如国家实行社会主义市场经济体制和人才聘用制度，这就要求农村中等职业教育在专业设置、人才培养、学校管理等方面面向市场，在评价和预测农村中等职业教育发展状况时需要加入学校教育成就水平对劳动力市场的参与、毕业生的工作状况和学校的管理水平等指标。当前户籍制度改革和流动人口政策也会影响农村教育的发展规模、财政性教育经费的拨付和学籍管理制度等方面，因此，在构建农村教育发展指标体系过程中必须考虑政策环境为农村教育发展带来的机遇和挑战。

2. 现实状况

管理体制环境等与这些环境之间存在着物质、能量和信息的交换，系统论认为只有引入的能量大于系统内部的能量消耗时才能使系统产生并维持有序结构。② 因此，在构建农村教育发展指标体系时必须考虑到农村教育存在和发展的环境，下面我们重点从政策环境和管理体制环境两个侧面加以分析。

管理体制与农村教育发展指标的关系。与农村教育存在和发展直接相关的是农村各级各类学校所处的行政管理环境。当前，虽然我国农村教育管理体制是"以县为主"，但是乡（镇）人民政府仍有控制义务教育阶段学生辍学、维护学校的治安和正常教学秩序、划拨新建或扩建校舍所必需的土地，经济条件较好的乡（镇）还有积极筹措经费，改善农村中小学办学条件，支持农村义务教育发展等方面的责任。③ 随着农村教育"以县为主"管理体制的实施，在考核和评估政府过程中却逐渐淡化了乡（镇）政府的教育管理责任，而有的乡（镇）政府利用对辖区内农村学校的有限管理权从事一些寻租活动，如2006年夏，我们在东北农村调研中发现，乡政府以极其优惠的价格从该乡初中购买部分校舍和土地用作农产品加工的厂房，使本来宽敞的初中学校变得非常狭小和拥挤，同时农产品加工厂的机器噪音破坏了学校的学习环境，干扰了正常的教学秩序，乡（镇）

---

① 王正惠、任仕君：《农村高中教育发展预测研究》，载《教育科学》2006年第2期。
② 曾天雄：《论布哈林平衡论中的系统论思想》，载《湘潭大学社会科学学报》2003年第6期。
③ 《国务院办公厅关于完善农村义务教育管理体制的通知》（国办发［2002］28号），2002年4月14日。

政府在行使教育管理权的同时忽略了本该承担的教育责任，一定程度上阻碍了农村教育的发展。因此，我们在构建农村教育发展指标体系时必须增加政府管理这一领域，依据各级政府的管理权限和责任设置不同的发展指标，尤其在乡（镇）级政府要设置教育管理的民主化、科学化指标，为农村教育的发展提供一个优越的社会环境。

3. 教育规划的研究成果

从科学性和逻辑关系看问题，教育规划要建立在教育发展指标的研究基础之上，同时，教育指标的构建也要依据教育规划的基本精神和基本思路。二者是相辅相成的关系。但是，事实上我国对教育规划比较重视，对教育发展指标不够重视，这就出现了不均衡性。

严格意义上讲我国还没有建立起农村教育发展指标体系，虽然我国每年发布的教育发展统计公报或是各种教育统计年鉴都有农村维度，但也只是在一定程度上反映了我国农村教育发展的现实状况，既没有对农村教育现实状况的监测、评价作用，更不具备对农村教育未来发展状况的预测功能，所以还不能替代我国的农村教育发展指标体系。因此构建符合我国国情的农村教育发展指标体系对促进我国农村教育的发展具有重要意义。在农村教育发展指标体系的构建过程中关键是教育发展指标的选择，尤其是能反映我国农村教育特点的指标，如义务教育阶段的生均公用经费、师生比、学业成就，高中教育阶段的普职比，高等教育的入学机会等，因此在遴选指标的过程中要遵循科学性、选择性、系统性和时代性原则，通过国际参照、专家咨询等方式保证指标选择的适切性。同时要把系统论的思想方法运用到我国农村教育发展指标体系的构建过程中，研究要素与要素、体系与要素、体系与环境之间的互动关系，分析整个指标体系的结构框架，以促进农村教育发展指标体系整体功能的最优化。

依据教育规划的研究成果，还包括参考别国教育规划文本，以及别国相关的理论研究成果。

（二）农村教育发展指标值确定的方法

我们测算相关指数的方法有四个：

1. 依据人口、经济、社会发展变化进行教育发展状况测算

我国的教育发展指标体系应该在描述我国教育发展的有关情况之前，加入当前我国的人口状况、经济发展状况和社会的发展状况，以说明在此背景下，我国教育目前的发展状况。这是一个严格意义上的教育发展指标体系所不可缺少的组成部分。如1997年OECD教育发展指标体系第一章的内容就是关于教育的人口、社会与经济背景的，分为三个指标，分别是A1：青年人口的相对规模；A2：成

年人口的教育成就；A3：按教育成就水平分的 25~64 岁人群在就业、失业与离开劳动力市场的预期年限。UNESCO 确定世界教育指标的总的理论前提是考虑教育发展与政治经济社会——文化人口的关系。在这一理论前提下，教育的供给与需求状况是决定一个国家或地区教育发展水平的直接因素。在教育资源供给与需求的均衡过程中，教育的质量及教育机会的均等是教育健康发展必须要解决的两个重要的问题。世界上比较著名的教育发展指标体系如世界经济合作与发展组织、美国、八国集团和联合国教科文组织的教育发展指标体系等均是在这样的理论前提下建构的。在构建教育发展指标体系时，由于我们缺乏对这一理论前提的充分考虑，在研究教育发展指标时，缺少对教育发展现状进行全面的调查。许多中国教育发展指标的构建往往是受了国际做法的启发后，对它们的指标稍做改动而形成的。我们在农村教育调研中，注意把农村教育放在它所处的特定的社会经济、政治、文化背景下考查。

2. 加速度假设

以教育投入为例，如果教育投入占国内生产总值的比例相对稳定，国内生产总值呈指数增长，那么教育投入也就呈指数增长，这个指数增长，也就是加速度增长，用数学公式可以表示为：

$$Y_n = Y_0(1+r)^n$$

3. 回归分析

在不知道教育事业未来变化模式的情况下，我们可以根据我国历时数据，国际历时与共时的数据进行回归分析。我们可以用我国近十年来的高中在校生数、初中在校生数和初中升学率相关数据进行回归分析，求出回归方程，以对未来高中发展规模进行预测。

$$Y = F(x, t)$$

其中：Y = 高中在校生数

x = 初中在校生数

t = 初中生升学率

4. 权威的判断

权威专家的研究，可以作为我们进一步研究的起点，任何一个研究，不管它的创新程度多大，前期的权威研究必须有较为全面的把握。证实前面权威专家的研究本身就是这方面研究的应有责任。农村教育发展指标研究中，由于在教育理论界对教育发展指标研究理论成果较少并缺乏系统性和科学性，因此，我们需要借鉴跨学科的和别国的权威专家和权威部门关于教育发展指标的研究方法和结论。

农村教育发展指标值中有一些有特定意义的值叫做农村教育临界值。临界值是物理学中的一个名词，是指物体从一种物理状态转变到另外一种物理状态时，某一物理量所要达到的一个数量水平。农村教育发展指标临界值即是指农村教育发展的某一维度的特定数量值，农村教育发展指标从指标值区间上说是尚未达饱和值的农村教育指标，这一指标可以在一定方向上较长时间地稳定发展。

第四章

农村教育发展指标与教育发展规划

一、教育发展指标与教育发展规划的关系分析

教育发展指标就是全面地衡量、评价、预测教育发展水平和教学质量的一种方法和手段。一系列标准化、系统化的教育发展指标就构成了教育发展指标体系，建立我国教育发展指标体系的目的包括：一方面是通过量化的教育发展指标来监控我国教育的发展状况，同时在与世界发达国家的比较中保持我国教育发展的优点，克服其缺陷和不足；另一方面，通过有效的反馈信息逐步完善我国有关教育方面的政策，解决教育发展中存在的问题，真正提高人才的培养质量和教育系统的效率。依据研究领域的不同，教育发展指标又分为农村教育发展指标、城市教育发展指标和全国教育发展指标。

教育发展规划，又称教育事业发展规划，狭义上的教育发展规划是国家或地方各级政府根据国家的教育方针、政策和法规，为实现一定的教育目标，促进国家和地方经济及社会发展，对有关教育事业的发展目标、规模、速度，以及实现的步骤和措施所做的部署、设计和安排；广义上的教育发展规划还包括国家或地方政府的教育发展纲要、教育发展计划等。教育发展规划有助于教育发展与国民经济和社会发展相互协调、有助于教育发展的连续性，教育发展规划有助于集中分散的教育资源，提高教育资源的功效、有助于教育改革，统一思想，群策群力发展教育事业。

教育发展指标与教育发展规划都强调教育发展的走向和要达到的目标，都是

在教育现实发展的基础上，通过一些指标领域或具体的指标，对可预见的未来教育发展情况进行预测，因此，前瞻性和预测性是二者的共同特征。同时由于教育发展指标与教育发展规划的制定主体不同，教育发展规划主要由政府或国家权利机构制定，而教育发展指标主要由研究机构、学术组织、社会团体等研究制定，因此在研究和制定过程中他们相互借鉴和参考，教育发展指标的选取和教育发展目标的确定需要参考政府教育规划的内容，而教育发展规划在制定过程中也要参考教育发展指标的研究方法和研究成果，尤其要考虑农村教育发展相关指标。

二、教育发展规划中农村教育发展指标的缺失

以往的教育发展规划在研究视角上缺少城乡维度，农村教育作为整个教育体系中的一个重要组成部分，其特殊性和发展要求没有得到充分体现，在具体的规划中，农村教育发展常处于一种被忽略的境地。

比如，教育部《面向21世纪教育振兴行动计划》中提出，要实施"跨世纪园丁工程"，大力提高教师队伍素质，"3年内，对现有中小学校长和专任教师进行全员培训和继续教育，巩固和完善中小学校长岗位培训和持证上岗制度。加强中小学教师继续教育的教材建设。2010年前后，具备条件的地区争取使小学和初中专任教师的学历分别提升到专科和本科层次，经济发达地区高中专任教师和校长中获硕士学位者应达到一定比例。要加强和改革师范教育，提高新师资的培养质量。实力较强的高校要在新师资培养及教师培训中作出贡献。"（《面向21世纪教育振兴行动计划》第8条）这里只规划了"具备条件的地区"和"经济发达地区"教师学历的发展目标，而欠发达地区和广大农村地区的教师学历却不在规划之列，教育发展规划的城市偏向加剧了城乡的教育发展差距，农村教育问题最终突现出来。

另外，《计划》中还提出"重点加强中小学生骨干教师队伍建设。1999年、2000年，在全国选培10万名中小学及职业学校骨干教师，开展本校教学改革试验、巡回讲学、研讨培训和接受外校教师观摩进修等活动，发挥骨干教师的带动和辐射作用。"（《面向21世纪教育振兴行动计划》第9条）这里所定的骨干教师队伍建设目标未能以教育发展指标为依据，没有考虑到教师结构的现状，规划缺乏科学性。此外，中小学骨干教师培训计划没有充分关照到农村地区，参加国家级和省级培训的教师多为城市重点中小学骨干教师，这些教师接受培训以后很难将后续培训继续下去，使得农村地区中小学教师的培训链条发生中断，因此，农村中小学教师队伍在培训机会、培训层次、培训时间、培训条件等方面都得不到可靠保障，他们在此计划中未能充分受益。

近年来，由于农村教育各种问题突现，教育发展规划开始关注农村教育，但是在农村教育发展规划目标的设定上多以描述为主，缺少量化分析，实施过程中又缺少可操作性的步骤；在农村教育发展规划内容上，虽然涉及到农村教育各个层次和领域，但都是一点带过，缺乏深入的基线调查和科学分析。

在《国家教育事业发展"十一五"规划纲要》中，虽然对欠发达地区、中等发达地区和发达地区在区域和城乡维度上规划了各级各类教育不同的发展目标，对农村教育给予了较多关注，同时也提出了一些量化发展目标，但这些目标的确定仍然不是建立在科学发展指标基础上的，仍带有较强的主观性和随意性。比如在该《纲要》中所提出的农村地区义务教育重点工程包括西部地区农村寄宿制学校建设工程：2004～2007年，中央安排资金100亿元，重点支持尚未实现"两基"的西部农村地区，新建和改建7 700余所农村寄宿制学校。中西部农村初中校舍改造工程："十一五"时期，中央安排资金100亿元，推动未纳入"两基"攻坚计划实施范围的中西部地区农村初中校舍改造，改善办学条件，提高初中三年保留率。农村中小学现代远程教育工程：2003～2007年，中央和地方共同安排资金100亿元，为中西部地区3.75万所农村初中建设计算机教室，为38.4万所农村小学配备卫星教学接收设备，为11万个小学教学点配备教学光盘播放设备和成套教学光盘。各项工程的提出就缺少现实数据的支撑，在西部地区农村寄宿制学校建设工程方面就没有2004～2007年间西部地区义务教育阶段学龄人口的变动趋势分析，缺少西部地区义务教育基本需求的依据，容易造成专项资金的浪费或短缺。在中西部农村初中校舍改造工程方面就没有考虑到不同地区农村初中办学条件的差异，不能与各县域自身的教育发展规划进行有效结合。本课题组在与中部地区某县的教育局长座谈中了解到，初中学校的部分校舍已经失去了维修和改造的价值，需要重建，但缺少基建资金，国家的初中校舍改造专项资金数额较少且又不能挪用，这就造成了一些县初中校舍的危房率居高不下，办学条件长期得不到改善。因此该局长提出国家在设置专项资金过程中要考虑到不同地区、不同县域的教育条件差异，有针对性地拨付专项资金，才能有效解决各地区教育中的突出问题。

2004年，教育部出台了《2004～2010年西部地区教育事业发展规划》，其中关于学前教育的发展目标和任务是"积极发展学前三年教育，重视儿童早期教育，逐步提高入园（学前班）率，努力使已实现'两基'地区的绝大部分城乡儿童都能接受多种形式的学前教育，城市地区基本满足学龄前儿童入园（学前班）需求。"这里对于西部教育发展目标和任务的规划主要以描述性的叙述为主，缺乏一定的量化分析，如2010年西部地区学前一年和学前三年的入园率应该达到多少，规划中没有具体的数量指标。《规划》中关于西部教育信息化工程的表述是"积极推进西部教育信息化基础设施建设。加大对西部地区教育信息化基础设施的投入力度；加快中国教育和科研计算机网升级和中国教育卫星宽带传输网的扩容，加强管理、服务体系及运行机制建设，形成教育信息化的'天罗地网'。加快构建农村中小学现代远程教育体系，实现农村教育的跨越式发展。推进普通中小学和中等职业学校的信息化建设，继续加强高等学校信息化环境建设，促进优质网络教育资源的整合与共享，使学校在当地信息化进程中发挥'龙头'和载体作用。加强符合西部教育信息化需要的教育信息化的标准建设和教育、教学资源开发。支持西部高校开展现代远程教育。促进中东部优秀网络教育资源向西部的传输，向西部地区提供优质教育资源。努力探索现代信息技术基础上的教育方式，促进教育全方位的深刻变革。"这里对2010年西部教育信息化的规划也只是简单描述为"形成教育信息化的天罗地网"、"加快构建农村中小学现代远程教育体系，实现农村教育的跨越式发展"，西部地区教育信息化发展过程中各级各类教育在生机比、校园网覆盖率、微机室数量、卫星教学接收设备数量、教学光盘播放设备数量、成套教学光盘数量等方面都没有具体的数值。教育发展规划中如果没有确定性的衡量和监控指标，那么规划的目标和任务就很难完成，也人为地减缓了教育发展的速度。

三、依据农村教育发展指标的教育发展规划新视野

农村教育发展指标体系的建立为规划农村教育发展提供了一个新的视野。

首先，农村教育发展指标为规划农村教育发展的内容提供了一个重要的参考。农村教育发展指标的确立是一个复杂的过程，需要参考内因论和外因论的思维方式，按照比较性、简约性、影响性、公平性、量质结合等原则，同时还关注共同发展的价值导向、关注利益者导向和成本效率导向，因此，农村教育发展指标的确定具有很强的科学性，也为农村教育发展规划提供重要的参考。课题组在做《D县2007~2020年教育事业发展规划》时，在规划的内容上主要参考了农村教育发展指标，同时结合D县教育发展现状，选取学校、学生、教师、办学条件、教育经费作为规划的主要领域，学校领域重点规划县域内各级各类学校的数量和布局；学生领域重点规划县域内各级各类学校的学龄人口数、毛入学率、在校生数、小学五年巩固率、初中三年巩固率；教师领域重点规划县域内各级各类教育教师的数量、师生比、教师的学历结构、年龄结构和职称结构；办学条件领域重点规划县域内各级各类教育的生均校舍建筑面积、生均图书量、生机比、体育运动场（馆）面积达标学校比例、体育器械配备达标学校比例、音乐器械配备达标学校比例、美术器械配备达标学校比例、教学自然实验仪器达标学校比

例、建立校园网学校比例；经费领域重点规划县域内各级各类教育经费来源比例、支出比例，各级各类教育生均预算内事业经费和公用经费数额。而原有的《D县教育事业"十一五"规划》在内容上分为基础教育、职业技术教育、成人教育、教师队伍建设、教育投入、教育管理六大部分，对各部分的发展规划主要以描述为主，如在基础教育部分，规划指出"进一步巩固提高两级成果和水平，全面提高农村教育质量，把'控辍'工作做实，使农村初中辍学率降到最低……积极稳步推进农村中小学布局调整……到2010年力争完成10所寄宿制学校。不断改善两所高中办学条件，逐渐扩大办学规模，力争五年内将D县二中办成省级示范性高中。加快农村信息化建设，力争5年内农村中小学实现计算机、语音室全部到位……进一步强化农村中小学教育教学管理，完善各项规章制度，遵循学生身心发展规律，努力提高教育教学质量。"从中我们很难找出"十一五"期间D县基础教育发展的明确目标，为达成目标所需要的工作部署更是无从着手，因此，这类的教育发展规划只是应付上级的工作检查，没有现实的操作性，更不具备教育规划应有的前瞻性、导向性功能。与以往的教育发展规划相比，依据农村教育发展指标制定的教育发展规划板块清晰、目标明确，在实施中具有较强的操作性，同时易于监控，更能有效发挥教育发展规划的前瞻性、预测性和导向性功能。

其次，农村教育发展指标为规划农村教育发展提供科学的研究思路和研究方法。农村教育发展指标体系的构建包含了一套科学的研究思路和研究方法，如发展指标的量化分析、基于教育需求和教育供给的预测方法、基于共同发展的研究思路等，参考农村教育发展指标的研究方法，我们在制定《D县2007~2020年教育事业发展规划》时，首先研究D县的社会经济发展背景，在这个宏观的背景之下，通过文献、调查、访谈等研究方法，从学校、学生、教师、办学条件、经费和教育管理体制这几个方面来掌握D县的教育事业发展现状；其次通过对D县2007~2020年各级各类教育学龄人口的预测来反映该县未来基本的教育需求，同时参考该县的教育供给能力来规划2007~2020年D县各级各类教育在学校、学生、教师、办学条件、经费等方面的发展目标和实现策略。最后，依据D县当前的教育管理体制和管理模式研究实现规划目标的各项保障措施。

在具体的规划内容上采用量化指标和描述指标相结合的原则，如对D县2004~2020年小学适龄人口预测和学校布局调整的对策设计中，运用量化指标对2004年、2010年、2015年、2020年D县小学适龄人口数、在校生数、校均规模、每校各年级平均班数、平均班额、所需学校数以及与2004年相比学校数的余缺等给予预测和规划，具有较强的科学性（见第十八章）。

行政区域变化对中小学校布局调整的影响很大。例如，D镇在2000年时有

10 所学校，包括中心小学、初中、普通高中、职业高中和独立设置的民族学校五种类型。随着 D 县行政区域的改建，2003 年 D 镇先后合并了镇郊乡和仁合乡，行政区域扩大，中小学校的布局也进行了调整，学校类型也发生了变化。描述这种变化过程，再附之以一些图示，将直观地反映了教育指标中相关要素的变化，也是教育发展规划中不可缺少的组成部分。

  D 县原有的"十一五"教育事业发展规划在制定过程中缺少科学的研究方法，研究思路也比较程式化，规划中各种指导思想和宏观教育目标占有较大篇幅，在教育发展目标的设定上缺少现实依据，具有较强的主观性和随意性。如在表述教育事业发展的主要目标中指出："……实现农村小学适龄人口入学率100%，初中适龄人口入学率97%，高中普及率达到60%以上，实现县城学前三年教育率达85%以上，乡村普及学前一年教育。加大政府对教育的投入，进行 D 县二中等中小学达标建设，建筑面积 20 万平方米。促进教育协调、均衡、可持续发展。"规划中量化指标的设定既没有考虑当前教育发展的现状，又没有对未来教育发展状况作科学合理的预测，只是套用和借鉴省级或其他地区的教育发展规划中的相关数据，很不符合自身教育发展的现实，其教育规划的结果也是纸上谈兵，没有实效性。同时描述性指标多属于高度概括性的话语，指标领域过于宽泛，缺乏针对性，实施中更不具有操作性。

  因此，教育发展规划需要参考和借鉴教育发展指标的内容、研究方法和思路，尤其要重视农村教育发展指标对于教育发展规划的意义，为制定科学的教育发展规划提供新的研究视野。

指标专题研究

第五章

分城乡学龄人口变动趋势分析

中国自20世纪50年代以来，曾相继出现了三次较大规模的生育高峰，学龄人口数量与结构的波动曾对教育事业产生巨大的冲击力，使得师资、经费等教育资源短缺问题频频发生，对教育的稳定发展产生较大影响。[①] 当前我国每年有1 400万左右的出生人口，各级教育仍面临十分庞大的学龄人口基数，而且各个阶段的人口出生波动情况不尽相同，对学龄人口进行超前预测，对于合理规划教育投入、优化教育资源，具有重要意义。同时，对于规划小康社会的教育发展目标，分析未来各级教育需求变动趋势，分城乡的学龄人口预测也是一项基础性研究工作。

一、预测方法与参数设定

对于未来人口进行预测的模型较多。目前在人口预测实践中常运用的、具有代表性的模型有年龄移算模型、凯菲茨矩阵方程模型、莱斯利矩阵预测模型和王广州系统仿真结构功能模型。[②] 本书采用王广州系统仿真模型，运用中国人口信息中心开发的中国人口预测系统（CPPS）软件，进行学龄人口预测。由于城乡之间存在明显的差别，因此我们对全国、农村和城市各级教育适龄人口数的未来

---

① 徐坚成：《我国不同地区未来学龄人口波动与基础教育发展》，载《教育发展研究》1999年第8期。

② 李永胜：《人口预测中的模型选择与参数认定》，载《财经科学》2004年第2期。

变化趋势分别进行预测与分析。根据课题研究需要,本书所定义的城市包括设区市的市区、不设区市的市区。农村包括镇和乡村,即县及县以上人民政府所在建制镇的镇区、其他建制镇的镇区、集镇和农村。预测使用的基础数据来源于《中国2000年人口普查资料》(上、中、下),《中国人口统计年鉴(1995~2000年)》。

中国人口预测系统的基本思想是,通过对年龄别人口状况的研究、模拟和分析,了解人口系统的发展过程,从而满足特定研究对精确和细致的人口分析与预测的需求。该系统提供的人口预测的主要方法是分要素人口预测方法。分要素人口预测方法是采用系统仿真的思想,根据需要设定不同的参数,对人口的年龄结构的动态变化趋势和过程进行模拟分析。

在进行适龄人口预测的过程中,需要对总和生育率,平均预期寿命、出生性别比和生育模式、城市化规模和城市化模式6个参数进行设定,以确定预测方案。对于中国总和生育率的估计,不同的机构研究结果各异。以1998年的总和生育率为例,中国人口信息研究中心的估算为1.85,中国人民大学人口所的估算为1.76,美国人口咨询局和亚太经社会的估计为1.8。[①] 由于我国具有显著的城乡二元结构,城市和农村的生育模式差异很大,因此在总和生育率的设定上进行城乡区分更为妥切。我们在比较众多机构研究的基础上,主要参考段成荣等学者在预测各级学校适龄人口数量时设定的总和生育率,[②] 将农村总和生育率定为1.96,城市定为1.52。在咨询了专家意见以后,认为这种设定对城乡学龄人口的预测较有现实意义。城乡分性别平均预期寿命由系统根据2000年年龄别死亡率为出发点计算。城乡出生性别比和生育模式假设各自维持在2000年水平并保持稳定。城市化规模根据1995~2000年的城市新增人口的经验速率进行推算。城市化模式假设与农村的人口性别和年龄结构相同。

二、预测结果与趋势分析

根据以上设定的方案,我们进行了分年龄和分性别的人口预测,预测终止年份为2020年。依据当前我国的学制特点,我们将小学适龄人口定义为6~11岁人口;初中适龄人口为12~14岁人口;高中适龄人口为15~17岁人口;大学适龄人口为18~22岁人口。依据人口预测结果,全面建设小康社会时期我国各级

---

① 国家计划生育委员会"中国未来人口发展与生育政策研究"课题组:《中国未来人口发展与生育政策研究》,载《人口研究》2000年第3期。

② 段成荣等:《21世纪上半叶我国各级学校适龄人口数量变动趋势分析》,载《人口与经济》2000年第4期。

学校适龄人口数如表 5-1 所示：

表 5-1　　全面建设小康社会时期我国各级学校适龄人口数　　单位：人

年份	小学			初中		
	全国	农村	城市	全国	农村	城市
2005	88 291 456	68 133 575	20 157 881	56 627 149	44 691 989	11 935 160
2010	96 683 645	67 204 964	29 478 681	43 447 242	30 556 253	12 890 989
2015	108 451 578	71 776 992	36 674 586	53 919 446	34 025 780	19 893 666
2020	114 112 325	76 928 130	37 184 195	54 289 020	32 008 514	22 280 506

年份	高中			大学		
	全国	农村	城市	全国	农村	城市
2005	75 751 878	60 925 942	14 825 936	109 898 510	83 917 490	25 981 020
2010	51 082 334	36 811 304	14 271 030	114 088 557	87 262 047	26 826 510
2015	38 867 511	23 390 444	15 477 067	80 336 159	52 631 972	27 704 187
2020	52 796 031	29 466 566	23 329 465	74 843 438	40 711 357	34 162 081

由表 5-1 可知，从 2005~2020 年，全国各级教育适龄人口除小学阶段有所增长外，初中、高中和大学阶段教育适龄人口都呈下降趋势。在全国各级教育适龄人口总的趋于减少的同时，城市和农村适龄人口规模变动的方向并不相同，除小学阶段适龄人口城乡都呈上升趋势外，初中，高中和大学阶段的适龄人口，农村持续下降，而城市一直处于上升状态。

从总体上来看，全国学龄人口从 2005~2014 年一直处于下降状态。从 2015 年之后开始回升，2020 年达到 28 223.3 万人。农村学龄人口大致呈下降趋势，而城市的学龄人口则一直处于上升状态。城乡学龄人口变动的差异受城市化进程影响，同时城市人口和农村人口原有的年龄结构，以及迁移人口的年龄结构都将影响并导致了城市和农村学龄人口的波动。

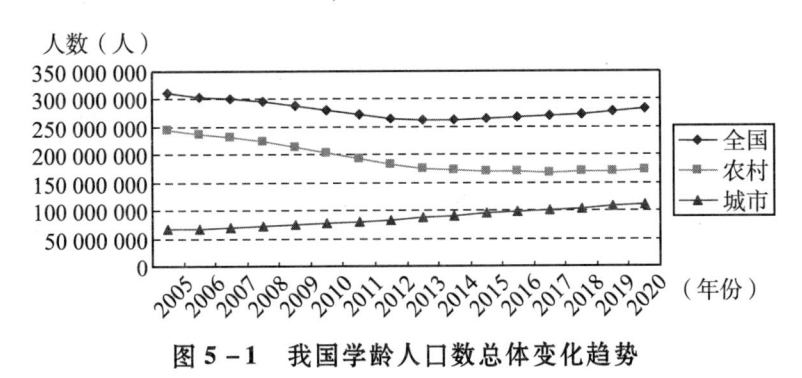

图 5-1　我国学龄人口数总体变化趋势

(一) 小学适龄人口数变化趋势分析

从小学适龄人口变化折线图上看，全国小学适龄人口从 2005 年的 8 829.1 万人下降到 2006 年的 8 547.3 万人，然后开始上升，2019 年达到最高峰值为 11 411.3 万人，与 2006 年相比上升了 33.4%。农村小学适龄人口从 2005 年的 6 813.4 万人下降到 2008 年的 6 489.1 万人，下降了 4.7%。但从 2009 年后呈持续上升状态，2020 年达到 7 692.8 万人，连续上升了 16.7%。城市小学适龄人口自 2005 年以来一直处于上升状态，2016 年达到 3 701 万人，上升了 83.6%。自 2016 年开始，上升趋势变缓，2020 年达到 3 718.4 万人。由此可见，全国小学阶段的教育需求近两年内较为稳定，但从 2006 年开始，随着小学适龄人口的增加，小学教育需求将随之而增大，因此，小学教育供给的压力在从 1997 年缓和以来又出现了增大的趋势。

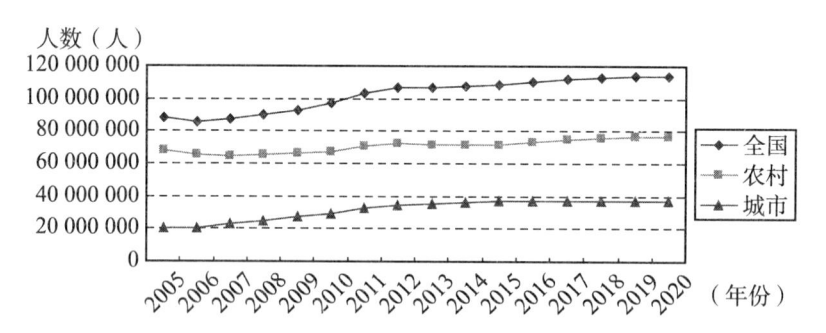

图 5-2 我国小学适龄人口数变化趋势

(二) 初中适龄人口数变化趋势分析

从初中适龄人口变化折线图上看，全国初中适龄人口总体变动趋势较为复杂，大致可分为三个阶段。第一阶段从 2005 年的 5 662.7 万人下降到 2012 年的 3 891.8 万人，下降幅度为 31.3%，达到最低谷，这是 2006 年小学适龄人口的低谷推移到初中阶段的结果。第二阶段，学龄人口呈上升趋势，从 2013 年上升到 2015 年的 5 391.9 万人。第三阶段，基本保持平稳状态，平均学龄人口为 5 335.4 万人。农村初中适龄人口变化趋势与全国的基本相同，从 2005 年的 4 469.2 万人持续下降到 2012 年的 2 555.6 万人，下降了 42.8%，下降幅度较大。然后开始有所上升，2015 年达到 3 402.6 万人。自 2016 年后波动幅度较小，平均的学龄人口为 3 196.5 万人。城市初中适龄人口数从 2005～2020 年一直处于上升状态，从 2005～2012 年上升趋势一直较缓，但自 2012 年开始急速上升，到 2015 年达到 1 989.4 万人，比 2012 年上升了 48.9%，然后上升趋势又开始变缓。从总体上来看，一直到2012年，初中教育的各方面供给压力不大，而且呈减缓趋势。这段时间是提高初中教育质量的有利时机。同时，农村初中的教育资源如教师可能出现饱和或"过剩"，其中"过剩"教师可以转移到小学中来，缓解小学适龄人口增多带来的压力，并不断提高小学的教育质量。

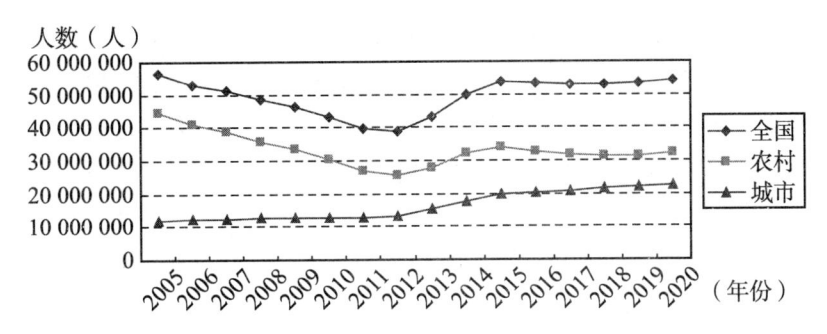

图 5-3 我国初中适龄人口数变化趋势

（三）高中适龄人口数变化趋势分析

从高中适龄人口变化折线图上看，全国高中适龄人口从2005年的7 575.2万人一直下降到2015年的3 886.8万人，下降了48.7%，达到最低峰值，这是2012年初中适龄人口的低谷推移到高中阶段的结果。2016年开始回升，2019年达到5 311.0万人。农村高中适龄人口从2005年的6 092.6万人急剧下降到2015年的2 339.0万人，下降了61.6%。自2016年开始回升，2018年达到3 166.2万人后又开始下降，2020年为2 946.7万人。城市高中适龄人口总体规模处于上升趋势，而各年段之间的变化又不尽相同，从2005~2008年，城市高中适龄人口从1 482.6万人下降到1 366.0万人，然后开始上升，尤其是2015~2018年上升的幅度较大，从1 547.7万人上升到2 218.8万人，上升幅度为43.3%。由于20世纪90年代我国的人口控制政策效果的逐步体现，全国高中阶段适龄人口在2006~2015年之间一直处于下降状态，并且下降幅度很大，因此全面建设小康

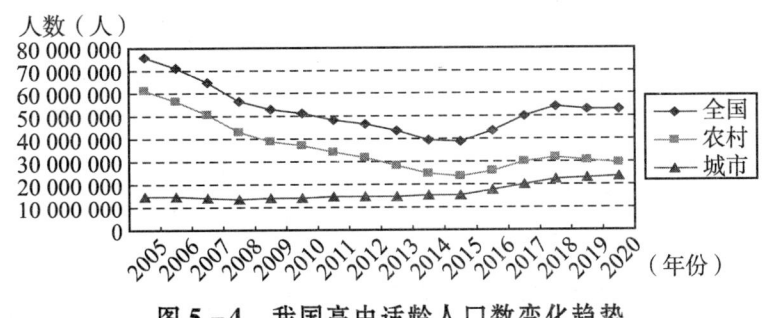

图 5-4 我国高中适龄人口数变化趋势

社会时期基本普及高中阶段教育，将高中毛入学率提高到85%的目标应该可以实现。

（四）大学适龄人口数变化趋势分析

从大学适龄人口变化折线图上看，全国大学适龄人口从2005年的10 989.9万人上升到2008年的12 477.7万人，上升幅度为13.5%。这段时间，我国高等教育面临规模扩大的压力仍然很大。但是从2009年开始，大学适龄人口的规模将有大幅度下降，2018年达到谷底，为6 817.0万人，与2008年相比下降了45.4%。这将为我国高等教育事业的发展创造一个良好的条件，因为适龄人口的减少，将会从根本上减轻我国高等教育事业自20世纪90年代末外延型发展的压力，从而走向内涵型发展的道路，集中力量提高教育质量。农村大学适龄人口变化趋势与全国的大体相当，从2005年的8 391.7万人上升到2008年的9 802.7万人，然后自2009年开始持续下降，2018年达到最低值为3 899.1万人，与2008年相比下降幅度为60.2%。然后从2019年开始回升，2020年达到4 071.1万人。城市大学适龄人口变化趋势较为复杂，从2005~2008年与同年段的全国和农村大学适龄人口数变化趋势一样处于上升状态。自2009年开始下降，2012年下降到2 673.7万人，然后一直上升，2020年达到3 416.2万人，与2012年相比上升了27.8%。

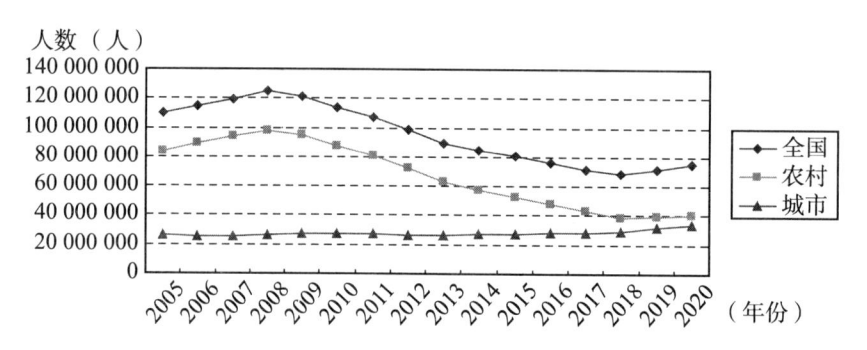

图5-5 我国大学适龄人口数变化趋势

三、结论

从以上分析中可以看出，全面建设小康社会时期我国学龄人口从总体上将减少，但是表现在各级学校上的变化趋势很不相同，除小学外，都将伴随有相当大的波动。而在每一级学校上，城市和农村的变化趋势也有较大的不同。城市的学龄人口的增长趋势将对城市教育规模的扩张产生巨大的挑战。对于从农村转移出来进入城市的群体，其子女的受教育问题已经不可回避地摆在我们面前。在这段时期，农村的各级学龄人口几乎处于下降状态，这给农村教育的发展和质量的提高提供了良好的人口环境。同时下一代农村人口素质的提高也将为中国健康与稳定的城市化进程做好铺垫。

学龄人口的变化既反映了未来教育需求的变动，又反映了潜在的人力资源供给的变动。知识经济时代，国家的核心竞争力不在人口数量扩展，而在于人口质量提升，将庞大的学龄人口转换成丰富的人力资源是我国教育面临的重大任务。长期以来，我国的教育投资的比例始终低于与其经济发展水平相应的国际平均水平，欠债很多，人力资本存量微薄。① 未来这段时期学龄人口总体上的减少，如若配合人力资本投资，尤其是教育投资的加大将会使我国的人口质量从根本上获得提升，为国家的现代化提供坚实的人力资源基础。

---

① 王蓉等：《努力构筑我国公共教育财政体制（上）》，载《北京大学教育评论》2003年第1期。

第六章

农村适龄人口人均预期受教育年限展望

人口素质既是衡量一个国家教育发展状况的重要指标，也是衡量一个国家未来发展潜力的重要标尺。而衡量未来人口素质高低的一个重要指标就是人均预期受教育年限。早在 20 世纪 80 年代，美国经济学家保罗·罗默（Paul Romer）[1]、罗伯特·卢卡斯（Robert Lucas）[2] 等人就提出了"新经济增长"理论，阐述了"人力资本的投资"是经济持续增长的源泉。这里所说的人力资本是指具有一定知识水平，并具有一定劳动能力的成年人。而他们所获得的知识与能力在他们未成年时就已经开始了。所以，预测未来人口的人均预期受教育年限或预期学龄（School Life Expectancy）不仅可以看到未来经济的增长趋势，也可对未来教育事业的发展做出科学规划。

有关人均受教育年限的概念最早是由拉雅德等人于 1966 年提出来的，"人均受教育年限"是由各层次受教育人口加权平均组合构造的一种统计指数，用它可以表征教育增长的综合水平，并以此进行国际、地区间以及不同时间序列的比较，它是反映人口文化素质最基本的综合指标。但它属于历史型指标，只是计算前人的受教育年限，却不计算未来人口的受教育年限。因此，后人又在此基础上，提出了另一个概念——"预期受教育年限"，它是一种反映人口受教育水平的预测型指标。虽然两个指标在时间的指向上、受众群体上都不同，但其效果基

---

[1] Romer, D. (1996). *Advanced Macroeconomic*, The Mc Graw-Hill companies, Inc. 苏剑、罗涛译：《高级宏观经济学》，商务印书馆 1999 年版。

[2] Lucas, R. E. (1988). On the Mechanics of Economic Development, *Journal of Monetary Economics*, 22 (1).

本相同，即都是计算某一特定人群的受教育年限问题。因此，本书将从预测型指标这一角度来探讨一下我国农村适龄人口人均受教育年限问题。因为这部分人口的数量不仅多，而且也是我国 2006~2010~2020 年提高全民科学素质目标中四大重点人群的主体——未成年人的科学素质、农民的科学素质。

一、人均受教育年限的城乡差距

近年来，我国教育事业的发展突飞猛进。到 2005 年年底，全国普及九年义务教育的人口地区覆盖率超过 95%，高中阶段毛入学率已达到 52.7%。高等教育实现了历史性跨越，在学总人数超过 2 300 万人，高等教育毛入学率达 21%。青壮年文盲率下降了一个百分点，控制在 4% 以内。6 岁以上人口的平均受教育年限已达 8 年，比 2000 年提高 0.4 年。[①] 同时，据 2005 年全国人口 1% 抽样调查显示，与第五次全国人口普查相比，每十万人中具有大学程度（指大专及以上）的人口增加了 2 193 万人。所有这些都揭示着我国人口的整体素质正在逐步提高。但我们也看到，与世界各国一样，我国教育发展也存在不均衡性。我国广大的农村是教育发展的薄弱地区，城乡教育不论在规模上，还是在质量上都存在较大的差距。这就使得农村适龄人口的平均受教育年限远不如城市人口，这不仅是教育发展不公平的体现，也是社会发展不公平的直接结果。通过下面这些数据的对比分析，我们可看到二者之间的差距。

表 6-1　　全国城乡每十万人拥有的各种受教育程度人口数　　单位：人

年份	大专及以上		高中和中专		初中		小学	
	城镇	农村	城镇	农村	城镇	农村	城镇	农村
2000	8 899	492	21 265	5 316	35 233	33 266	23 488	42 756

注：以上及以下基础数据均来源于 2000 年第五次全国人口普查结果，[②] 及 2001、2002、2003、2004 年全国教育事业发展统计公报或中国教育事业发展状况。[③]

从表 6-1 中的统计数据中，我们已看出城乡人口受教育程度的差异，如果

[①] 中华人民共和国教育部：《2004 年中国教育事业发展状况》[EB/OL]，http://www.edu.cn/20050301/3129837.shtml。

[②] 国家统计局人口和社会科技统计司编：《中国人口统计年鉴》，中国统计出版社 2002 年版。

[③] 中华人民共和国教育部：《2000、2001、2002 年全国教育事业发展统计公报》[EB/OL]，http://www.edu.cn/HomePage/zhong_guo_jiao_yu/jiao_yu_zi_xun/shu_zi/index.shtml。

中华人民共和国教育部：《2003 年中国教育事业发展状况》[EB/OL]，http://zjzj.zje.net.cn/news/31/200458144124.htm。

我们根据这一结果及2000年全国城乡总人口数我们就可以进一步计算出城乡人口平均受教育年限。在这里我们姑且把相应的受教育年限规定为：大专及以上为16年（虽然有超过四年的，读硕士或博士，但这部分人所占比例很小，而且还有读三年的专科，所以将二者统一为四年）、高中和中专为12年、初中为9年，小学为6年。根据这一假设，计算结果如下：

表6-2　　　　　　　　　城乡人均受教育年限

年份	总人口（万人）	市镇人口（万人）	乡村人口（万人）	人均受教育年限（年）	
				城镇	乡村
2000	126 583	94 823	31 760	7.3	6.3

这里我们没有把市镇分开，如果分开，农村的人均受教育年限比这还要低。即便如此，城乡人均受教育年限仍存在一定差距。虽然经过多年的发展，城乡人均受教育年限的这种差距依然存在，甚至有扩大的迹象。2004年，上海市新增劳动力受教育年限达13年，已接近发达国家的水平。而目前我国农村人口，平均受教育年限不足七年。虽然有学者较为乐观地认为，我国农村人口平均受教育年限已达7.6年，但这与我国发达地区相比还有很大的距离，更不要说与经济发达的国家相比。这种差距我们是不可否认的。但已统计的结果准确吗？如果不准确，我国农村人口平均受教育年限到底是多少？未来又可能是何种状况？我们正努力缩小城乡差距，加快现代化建设步伐，建设小康社会，如果我们忽视对我国建设具有重要影响的农村人口素质问题的关注，我们一切美好的理想都可能成为华丽的空中楼阁。而对这一问题的研究既要有科学的态度，也要有科学的方法，对此要进行详细的计算，而不能仅凭我们的主观想象去妄加猜测。

二、农村适龄人口人均预期受教育年限的远景

计算农村适龄人口人均预期受教育年限这一问题有相对精确的和科学模糊的两种计算方法。对适龄人口人均受教育年限历史情况的计算用第一种方法较为合适，而对未来适龄人口人均预期受教育年限的预测要两种方法结合起来更为妥当。因为，有许多因素对人均预期受教育年限的影响我们是不能不考虑的，但又很难将它量化为一个精确的数值加以计算，所以只能在相对模糊，但又是科学的情况下，测算人均预期受教育年限。

（一）计算方法

计算总前提：

人均受教育年限各国都有计算值，但各国文化、经济等社会背景不同，其结果不具可比性。抛开横向上的一些影响因素，我认为应以历年的人口出生率为基础，分年段计算人口的人均预期受教育年限。这种按年分段法要比按中、小学等级别分类法更精细，计算结果也更准确。当然这里应充分考虑适龄人口的入学率、辍学率、死亡率等问题。除此以外，我们还应满足以下假设条件：

（1）农村人口指我国的镇与乡村总人口。

（2）这里预测的人口是指农村6~18周岁人口。因为我国目前农村对高等教育需求人口数及入学率较难确定。高等教育的入学率还是一个较为模糊的概念，不够准确。至于农村人口的高等教育入学率既不能从全国的平均数值推算，更不可能估算出一个较为合理的数值。同时，高等教育的需求人口还包括往年的高中毕业生及社会人员。所以，在对高等教育需求人口与入学率都不确定的情况下，我们是不可能准确地推算出农村未来接受高等教育人口数及受教育年限的。

（3）假设入学年龄是一致性的，即小学、初中、高中的入学年龄分别为6、12、15周岁。

（4）不考虑各年龄段由于辍学或没能升入上一级学校在社会中接受的再培训或教育年限。

①相对精确的计算方法

农村适龄人口的人均受教育年限为：农村适龄人口的人均受教育年限＝农村人口所受普通教育的年限总和÷农村适龄人口总数。这样，可用以下公式得出：t 年农村人口人均受教育年限 E_t 为：①

$$E_t = \frac{\sum_k w_k L_k(t)}{L(t)}, \quad k = s, j, p$$

式中：k 表示各类教育（其中：s——高中，j——初中，p——小学），w_k 表示农村适龄人口接受教育的年限（其中：$w_s = 12$，$w_j = 9$，$w_p = 6$，），$L_k(t)$ 为 t 年接受过各类教育的人口数，$L(t)$ 表示 t 年农村适龄人口总数。

这种方法是一种相对静止的计算方法，我们不仅要确保收集的数据是真实、可靠、全面的，而且还要排除或忽略各种其他因素的干扰与影响，显然这是很难的。但它却是一种简单易行较为粗略的方法。

---

① 张晓雪等：《劳动人口人均受教育年限的预测分析》，载《教育与经济》2002年第1期。

②科学模糊的计算方法

这里主要是指灰色系统建模方法。灰色预测指以 GM（1，1）模型为基础进行的预测。我们所使用的就是灰色预测中的数列预测。数列预测是对数据大小进行的预测，如交通运输量、银行存款等。就其计算起来还是有严格的公式和计算程序的。这里我们主要不是探讨其具体的计算方法，而是利用其他学者用此种方法计算出的有关人口预测结果。

这种方法虽较为复杂，但却充分考虑了一些其他影响因素，因此其结果也就更加科学。但影响农村人口受教育年限的因素有很多，我们不可能将所有影响因素都进行量化，并获得精确的数据。但如果我们能将农村各级教育中辍学率、入学率、人口死亡率及国家有关农村教育政策的变化等内容都考虑进去，再结合第一种方法，其结果可能会更准确，更具说服力。所以，我们主张将第一种方法与第二种方法结合起来，预测农村适龄人口人均预期受教育年限，既方便快捷，又不失科学性。

下面我们就以这两种方法预测一下未来15年农村适龄人口的人均预期受教育年限。

（二）农村适龄人口人均预期受教育年限可能的目标

有学者根据我国各省区经济发展水平与农村人口文化水平的回归关系，认为在经济发展达到全面小康水平时，农村人口平均受教育年限为 8.7~9.1 年。再根据我国教育发展目标、农村劳动力向城市流动以及人口年龄结构变化预测，认为农村人口平均受教育年限有可能在 2020 年达到 9 年。因此，将 9 年以上确定为农村人口平均受教育年限的目标值。这一目标能否成为衡量我国教育现代化的一项发展指标，通过以下的计算，我们就可一目了然。

1. 未来15年人口总数

中国未来农村人口数的绝对值还会继续增加，但在总人口的比重中却会不断下降。通过对历年中国人口城乡结构的变化情况，我们可预测出未来城乡人口结构的走势。

中国城乡人口比例从1952年有记载以来，以1978年改革开放为转折点。1978年以前城乡人口比例呈不规则发展状态，1978年以后农村人口的比例除1998年出现极小的增幅外，其余各年份内，均呈明显的下降趋势。随着我国城镇化进程的推进，这种下降趋势还会继续。所以，我们以1978年为起点，直到2000年，将历年的城乡人口的比例进行推算，就可得到未来农村人口数。我们假设1998年人口的增幅为0，进而我们就可推算出农村人口占总人口年递减的比例大约为1.97%。再根据利用灰色系统模型测算出的我国未来15年人口数量的变化情况,① 我们就可以推算出未来15年农村人口数。

表6-3　　　　　　　　2006～2020年农村人口数

年份	2006	2007	2008	2009	2010	2015	2020
总人口（万人）	131 146	131 697	132 206	132 676	133 110	134 831	135 989
自然增长率（‰）	4.56	4.20	3.86	3.56	3.27	2.17	1.45
农村人口比重（%）	50.11	49.12	48.15	47.20	46.27	41.89	37.92
农村人口（万人）	65 717	64 690	63 657	62 623	61 590	56 481	51 567

2. 未来15年各年龄段人口数

在计算这一问题之前,我们必须了解我国历年及未来的人口出生情况。根据中国人口统计年鉴显示的我国近十年人口出生率情况,我们可以算出我国人口出生率的年递减率为3.7%。同时,我们再根据表6-3中我国人口自然增长率的变化（计算结果为年均递减8%）,以及总人口和农村人口的比重,在假设8岁以前人口死亡率为6‰,8岁以后死亡率为0.4‰的前提下,我们就可以计算出未来农村各年龄段人口数量。(随着医疗技术的提高,我国人口死亡率可能会逐步降低,但从中国人口统计年鉴中的人口死亡率的变动情况来看,不会有太大变化。)

表6-4　　　2006～2020年农村小学及初中适龄人口预测值　　　单位：万人

预测值\年龄\年份	6	7	8	9	10	11	12	13	14
2006	885	918	972	1 020	1 035	1 032	1 056	1 067	1 064
2010	735	738	760	785	818	847	897	942	955
2015	564	583	603	623	643	665	667	687	710
2020	430	446	461	476	493	510	527	545	563

---

① 门可佩等:《中国未来50年人口发展预测研究》,载《数量经济技术经济研究》2004年第3期。

表 6-5　　　　　2006~2020 年农村高中适龄人口预测值　　　　单位：万人

年份＼年龄	15	16	17
2006	1 135	1 192	1 196
2010	948	967	977
2015	737	763	808
2020	582	602	604

3. 未来 15 年农村各级教育的入学率及辍学率

计算农村各级教育的适龄人口，不能仅从人口自然增长这一单一途径上去分析，我们还应充分考虑各级教育中辍学率、入学率等因素。尤其是农村初中的辍学率我们不能不考虑，这在农村尤为突出。有关农村初中辍学率问题，目前全国还没有统一、公认的数据，通过作者参与的东北师范大学农村教育研究所对辽宁、吉林、黑龙江、河南、山东、湖北等 6 省 14 县的 17 所农村初级中学进行的调查及其他学者的研究表明，农村初中辍学率相当高，有的甚至达到 75% 左右，这虽是个别现象，但我们从一个农村学校都较为接受的比例来计算，假设为 10%。农村小学辍学率较低，我们假设与全国水平一致，而我们取的值为届辍学率，也就是六年内总共流失学生的比率。从目前现有的教育事业统计公报来看，其数据只能为我们提供一个参考。未来各级教育的入学率及辍学率不可能呈匀速发展态势，可能发展很快，也可能出现徘徊，甚至倒退。此外，农村高中入学率也无公认的统计，所以，我们只能一半推算、一半估算农村各级教育的入学率及辍学率。

表 6-6　　　　　2006~2020 年农村中、小学入学率及辍学率　　　　单位：%

年份	小学入学率	小学辍学率	初中毛入学率	初中辍学率	高中毛入学率
2006	99.2	0.5	95	9	36.15
2010	99.4	0.4	97	5	55.21
2015	99.7	0.3	99	3	66.00
2020	100	0.2	100	2	70.00

表 6-6 中很多数据是估算值，虽然我国会不断加大对义务教育的投入，但到 2020 年我国小学、初中教育的发展虽然仍会存在不均衡现象，还会有因各种原因不能入学的，但这部分人已相当少。所以，假设小学与初中到 2020 年入学

率均为100%。其间各年入学率呈匀速递增。高中的毛入学率以东北师范大学农村教育研究所的研究结果为基础。小学辍学率是根据教育部公布的历年教育事业统计公报中的数据推算而来，初中辍学率是根据作者参加的东北师范大学农村教育研究所调查结果及相关研究统计而来。尽管我国义务教育发展水平会逐步提高，但由于有难以解决和不确定因素的影响，辍学问题可能会始终存在，并在一定范围内徘徊。所以，中小学辍学率即使到2020年也没有假设归为0。

4. 未来15年各级教育中适龄人口人均预期受教育年限

由于我国《义务教育法》规定：凡年满六周岁的儿童，不分性别、民族、种族，应当入学接受规定年限的义务教育。条件不具备的地区，可以推迟到七周岁入学。但随着我国义务教育的发展，目前大多数农村地区的儿童也是6岁入学。所以，我们假设6岁入学即为受教育年限为一年，以此类推，在前面计算的基础上，我们就可以计算出农村适龄人口的人均预期受教育年限。计算结果如下：

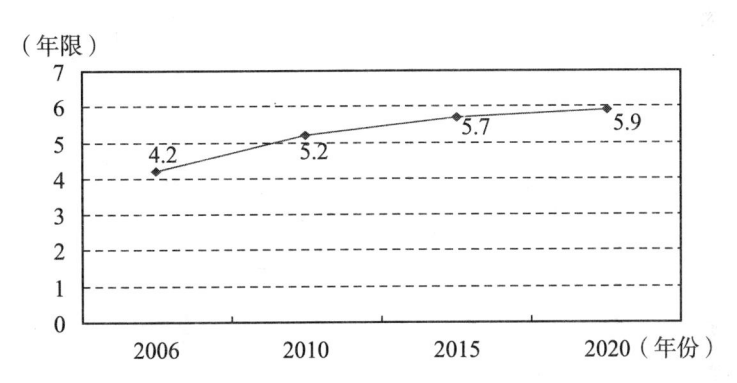

图6-1 2006~2020年农村适龄人口人均预期受教育年限

通过表6-1最终统计结果表明，我国农村适龄人口人均预期受教育年限并不乐观。随着年份的增加，人均预期受教育年限虽然逐年增加，但越往后年均增加幅度越小，这说明人均预期受教育年限的提高是一项艰巨、复杂而长期的工作。此种计算虽然与有的学者在计算方法及计算结果上不尽相同，但这一结果还是能真实地反映出当前我国农村各级教育中适龄人口人均预期受教育年限状况的。尽管在计算中有些数据是估算的，但对整体结果不会有太大影响。而且我们估算时都是尽可能地取高值，如小学及初中的入学率取的是全国的平均水平，高中的入学率取的是毛入学率，所以实际情况应比计算结果还低一些。这里我们没有计算18周岁以上人口受教育年限，如果包括这部分人，由于历史的原因，他们的受教育年限肯定比现在适龄人口的要低，最终计算出的农村6岁及以上总人口的人均受教育年限会更低。

三、建议与对策

(一) 各级政府应担当起发展教育的主要责任,建立起较为完善的教育问责制

教育发展得好与不好,其主要责任是政府。衡量政府作为及有效性的标准有两个:一个是政府是否发挥了它对教育应有的宏观调控作用;再一个就是其内部是否有一个较完善的管理体系。虽然近年来,我国教育管理不断放权,给了学校很大的自主权,促进了学校的发展,但在放权的同时,也在卸责。如农村学校中长期存在的代课教师问题,多年得不到解决。国家虽下发了许多相关文件,可问题依旧。症结何在?其关键还是在教育管理上缺少相应的监督机制。因此,建立较为完善的教育问责制就显得非常必要。只有这样各级政府才不会相互推脱责任,实现对教育的有效管理。才能给更多的适龄儿童提供更多的、高质的教育机会。才能为我国建设创新型国家培养更多的创新人才。

(二) 教育公共政策的制定应以教育公平为价值取向

多年来我国教育事业发展的不均衡现象有目共睹。国家虽经过多方的努力,但这种差距却依然存在,在有的方面或地区甚至还有扩大的趋势。究其原因就是我们制定的教育政策存在不公平现象。如我国农村义务教育管理体制是"以县为主",因此2002年我国全社会投入教育的经费虽达5 800多亿元,而占总人口近60%的农村所得到的教育投入却只占23%。事实上城市学校经费的筹措能力远高于农村,而国家的投入又大大向他们倾斜,他们自然发展迅速,不断壮大。农村不仅自身的造血能力差,又缺少国家的大力扶持。这种马太效应只会因国家教育政策的不公而不断扩大。所以,在提高农村适龄人口预期受教育年限的问题上,我们只有在制定教育政策时保证公平性,农村适龄人口预期受教育年限才能快速、稳步提高,这也是农村教育健康发展的根本保证。如果政策真的要倾斜,也应向农村倾斜。这是许多国家在解决教育不均衡发展方面的成功做法,以弥补原来教育政策不公平性所带来的差异。

(三) 加快农村高中建设,办出特色,提高农村高中的招生能力

通过我们的预测,即使到2020年我国农村适龄人口高中的毛入学率也仅为70%。这一比例是很低的。而要大幅提高农村适龄人口预期受教育年限,从小学入手的可能性已不大。2005年小学入学率就已达99%以上,只有不到1%的增

长点。而初中随着辍学率的不断降低,其对提高受教育年限的影响会越来越小。因此,提高农村适龄人口预期受教育年限的重点在高中。一方面我们要不断扩大农村已有高中的招生规模,同时还应建设或改造一批有特色的农村高中。扩大农村高中的招生规模不能靠简单地增加高中数量来实现,这仅是途径之一。最重要的一点还是要把高中办出特色,这在农村尤为重要。因为即使到 2020 年我国高等教育的毛入学率高估也只为 40%,而这还是全国的平均值,农村要比这低得多。因此,农村高中要想扩大招生,并能招来学生,其关键在于能吸引学生。如果仅靠高等教育入学率的提高,是达不到目的的。农村高中的教育方向应更多地考虑大多数上不了大学的学生,使他们感觉到即使上不了大学,但高中并没有白上,学到了对他们今后生活有价值的东西——提高生存能力、生活品质的东西。

(四) 学校布局调整不能完全以经济效益为导向,要有前瞻性

学校布局的调整要随人口的变动进行机械的调整。这主要是从经济效益,教育资源利用率角度去考虑的。但教育作为一项公共事业,不能完全以经济效益为导向,还应以如何提高全民族素质责任为己任,给更多的适龄人口提供受教育的机会。虽然从我国各级教育中的适龄人口总数变动情况来看,在逐年减少,有的学校已出现招生不足的现象。但如果我们仅仅考虑经济效益,撤并一些学校,就有可能造成更多的学生由于身体的承受能力及交通不便等原因而辍学,最终影响农村适龄人口的人均预期受教育年限。同时在计算过程中,我们也发现适龄人口存在波动性,有些年份,适龄人口反而比上一年高,如果我们只是主观地认为适龄人口在逐年递减,减少一些学校和教师,可遇到人口峰谷时,就有可能无法满足适龄人口对教育的需求,或以降低教育质量为代价来解决这一问题。因此,在这方面既需要教育行政部门的支持,更需要教育财政部门的密切合作,要尽量保障更多的适龄人口能接受到相应阶段的教育。这既是提高农村适龄人口预期受教育年限的有效途径之一,也是提高农村整体人口素质的重要保证。

(五) 分区域、分阶段科学合理制定人均受教育年限发展指标

人均受教育年限是衡量一区域内教育发展的重要指标,因此,在我国加快教育现代化的进程中,许多地区都制定了自己的人均受教育年限指标。如到 2005 年,北京预计新增劳动力平均受教育年限达到 14 年以上。上海使新增劳动力受教育年限达到 14 年。深圳普及教育年限为 12 年,70% 的户籍人口新增劳动力预期教育年限达到 14~15 年。吉林省到 2007 年,国民平均受教育年限接近 10 年,城市新增劳动力平均预期受教育年限基本达到 14 年。黑龙江省的《全面建设小康社会纲要》要求,到 2010 年,人均受教育年限要达到 10 年,到 2020 年,要

达到 12 年等等。这些指标有的实现了，有的我们还要去期待。而在制定或表述一阶段人均受教育年限指标时，用了新增劳动力或较为模糊的概念，掩盖了人均受教育年限的真实情况。如果我们充分考虑了农村人均预期受教育年限的实际情况，我们再制定人均受教育年限指标时会更理性、更科学。尤其对农村人均受教育年限指标的制定不要过高，应立足现实，遵循可实现性原则，根据各地区经济发展的差异性，分区域、分阶段制定指导性的人均受教育年限发展指标会更符合实际，更易落实。

　　人均预期受教育年限只是众多人口素质指标中的一个，而要提高人均预期受教育年限却涉及各级教育规划中的方方面面的诸多问题，需要用具有前瞻性的视角、高度责任感及多学科的理论基础科学审视、规划各级各类教育的发展，这是一个复杂的系统工程。在刚刚颁布的《全民科学素质行动计划纲要》中要求，在 2006~2010~2020 年期间：农民的劳动人口素质有显著提高，城乡居民科学素质水平差距逐步缩小。[①] 而要实现这一目标，我们的任务还是相当艰巨的。

---

　　① 国务院：《全民科学素质行动计划纲要》［EB/OL］，http://www.sxkp.com/Article/ShowArticle.asp?ArticleID=7885.

第七章

我国政府教育经费投入指标研究与预测

一、我国政府教育经费投入现状与反思

长期以来,我国政府在教育经费投入方面呈现出总量不足、结构不合理的现状。其突出表现就是在投入总量上,财政性教育经费占 GDP 比重 4% 的目标尚未实现;"三个增长"在实施中很难以保证。在投入结构上,高等教育扩建耗资巨大,义务教育普及经费短缺、区域教育投入不均衡,城乡预算内生均教育经费差距拉大。我国政府教育经费投入的现状与其较强的财政供给能力相比,政府教育经费投入尚存有努力的空间。我国政府教育投入努力程度不足的主要障碍在于,一方面,我国现行的教育管理和教育财政体制不健全。在"地方负责,分级管理、以县为主"的体制下,政府间的教育财权与事权极为不对称,政府教育投入卸责现象普遍。另一方面,教育投入指标尚未纳入政府政绩考核范畴,地方政府的教育投入激励不足。当前以"经济为中心"的政绩考核观使得地方政府热衷于投资见效快、凸显形象的工程,而教育作为"百年树人"的事业,其投资的长效性对地方政府投资的激励不足。但是,教育作为公共产品或准公共产品,由政府来提供已成为国际的共识,因此,进一步研究和预测我国政府未来教育投入的应然状态具有一定的前瞻性和政策咨询价值。

党的十六大从经济、政治、文化和可持续发展四个方面,提出了全面建设小康社会的奋斗目标,在论述全面建设小康社会目标中明确提出了教育的发展目标:"形成比较完善的现代国民教育体系","人民享有接受良好教育的机会,基本普及高中阶段教育,消除文盲。形成全民学习、终身学习的学习型社会,促进

人的全面发展。"报告还明确提出:"造就数以亿计的高素质劳动者、数以千万计的专门人才和一大批拔尖创新人才。"前教育部部长陈至立解读教育发展目标认为按照"十六大"提出的要求,我们要在未来10~20年内,使国民受教育程度显著提高。到2020年,全国每十万人口中,专科及以上学历者要达到13 500人左右;高中阶段学历者达到3.1万人左右;文盲半文盲比例降到3%以下;人口平均受教育年限接近11年。"十一五"教育规划以普及和巩固九年义务教育、大力发展职业教育、提高高等教育质量为主要任务。其主要目标是:全面普及九年义务教育,"普九"人口覆盖率接近100%。学前教育和特殊教育得到进一步发展。高中阶段教育毛入学率争取达到80%左右。中等职业教育招生人数与普通高中大体相当。高等教育毛入学率达到25%左右。各类职业技术培训和多样化的继续教育、成人教育得到较大发展。构建学习型社会取得阶段性进展。

为确保实现"十一五"教育规划和2020年教育目标,同时为解决我国当前义务教育免费以及农村教育经费短缺等问题,2005年11月10日,教育部发布《中国全民教育国家报告》,正式提出了实行免费义务教育的日程表,即争取到2007年全国农村义务教育阶段家庭经济困难学生都能享受免费教科书和住宿生活补助,力争到2010年在全国农村地区全部实行免费义务教育,2015年在全国普遍实行免费义务教育。2005年12月24日国务院颁发了《关于深化农村义务教育经费保障机制改革的通知》,要求逐步将农村义务教育全面纳入公共财政保障范围,建立中央和地方分项目、按比例分担的农村义务教育经费保障机制。为保障教育经费按时、足额、均衡的投入做了政策性的导向。因此,无论是"十一五"的短期教育规划,2015年全国实行免费义务教育的中期目标抑或是2020年长期教育蓝图的设想,教育经费投入是其轴心,为此对2003~2020年我国教育经费投入状况的规划和预测的意义甚为重大。以下部分分别从衡量政府教育经费投入的总量指标和结构指标两个维度出发,试图以教育公平和缩小城乡教育差距为准则,以动态的方式来规划2003~2020年国家财政性教育经费总投入占GDP的合适比例,初、中、高三级教育生均经费以及三级教育财政性经费比重,农村教育生均教育经费及其财政性教育经费投入比重等,期望通过提高政府教育投入的努力程度最终实现全面建设小康社会的教育发展目标。

二、2020年我国政府教育经费投入总量指标:教育经费占GDP合理比重的确立与预测

(一)确定教育经费占GDP合理比重的依据

确定财政性教育经费投入占GDP的合适比重,可以参考国际经验。从纵向

上和横向上进行国际比较来探讨财政性教育经费投入与经济发展水平的关系，需要考虑两个因素，产业结构和技术水平。对世界各国的产业结构的分析将会十分复杂。对此可以通过其他途径来进行简化处理。秦宛顺和厉以宁认为，人口超过1 000万的国家，其产业结构会相对正常，而一些人口较少的国家，其产业结构的片面发展的可能性相对较大。由于我国的人口数量特别庞大，在进行国际比较时，选取人口超过1 000万的国家来进行分析可能更有意义。同时期各国的技术水平，或一个国家的不同历史发展阶段的技术水平的差异也将会影响教育经费的支出水平。随着技术水平的提升，培养一个适合一定岗位的劳动力的平均费用将会增长，从而就有可能导致教育经费支出水平的提高。从另一个角度来讲，技术水平的提升，也将导致教学活动中仪器设备等固定资产投资的增加，从而导致劳动力平均教育成本的增长。因此，纵向上分析不同历史阶段教育经费投入与经济发展水平的关系的变化，引入技术水平变迁这一解释变量十分必要。尤其是从20世纪90年代以来的以计算机的普及为表征的信息技术革命，从很大程度上改变了经济结构和增长方式，这对人才素质以及教育提出更高的要求。另外，学校也逐渐配备了电化器材和其他一些价值不菲的现代教学设备。这两种趋势将从根本上抬升劳动力的平均教育成本。培养同样数量的劳动力，在不同的技术水平下，需要的教育经费投入是不一样的。

国际比较可以发现教育经费投入和国家经济发展水平的一般关系。确定我国未来教育经费投入总量，从而进一步确定财政性教育经费投入占国民生产总值的合适比重则要考虑我国的具体情况。具体情况中，有四个因素必须考虑：国家的经济发展目标；国家的预期财政能力；国家的社会发展目标；国家的人口变动趋势[①]。

首先，教育事业必须为一国经济社会发展服务，这决定了教育发展规划必须考虑国家经济社会发展的宏观规划，与经济社会发展的宏观规划相契合。在预测的基础上确定一个合适的国家经济发展目标是确定财政性教育经费投入占国内生产总值的比重前提。未来国家的经济发展水平决定了对各行业各层次人力的需求，也决定了对教育经费的需求。一个特定的财政性教育经费占GDP的比例之所以被认为是合理的，首先就在于它实现了国家既定的经济发展目标。

其次，国家的预期财政能力直接决定了政府教育经费投入的上限。如果政府的预期财政能力过高，用于教育发展的财政资金的比例太大，就会挤占政府的固定资产投资，从而阻碍既定经济发展目标的实现。教育事业培养出来的劳动力就可能没有充分的工作岗位而大批失业。如果政府的预期财政能力过低，用于教育

[①] 厉以宁：《试论教育经费在国民收入中合理比例的依据》，载《中国社会科学》1984年第4期。

发展的财政资金比例过小,结果是教育部门在一定时期内对适合特定工作岗位的劳动力的供给不足,从而在长期内影响国家既定经济发展目标的实现。因此,国家财政能力的预测对确定政府教育经费投入十分关键。对国家财政能力的预测是建立在一个合适的、能够实现的国家经济发展目标之上的。同时,确定国家的预期财政能力还必须考虑国家的财政体制和税收制度等因素。

再次,一个国家的发展仅仅以经济增长来衡量是不充分的,国家的社会发展目标仍将是政府教育经费投入规划必须考虑的因素。社会发展目标中有许多指标,比如平均受教育年限,文化生活设施发展状况,居民健康状况,妇女文盲率等与教育的发展密切相关。同经济发展目标和国家预期财政能力一样,社会发展目标的确定也直接关系到政府教育经费投入占 GDP 的合适比例的确定。如果社会发展目标(如平均受教育年限)确定得太高,就会出现国家财政能力能否承担的问题。为了实现社会发展目标而使教育事业以一个不切实际的速度发展还将遇到另外一些问题,如各级学校的师资供给可能无法得到保证。

最后,国家未来的人口变动趋势也是确定政府教育经费投入占 GDP 合适比例必须考虑的因素。我国自 20 世纪 50 年代以来,曾相继出现了三次较大规模的生育高峰,学龄人口数量与结构的波动曾对教育事业产生巨大的冲击力,使得师资、经费等教育资源短缺问题频频发生,对教育的稳定发展产生较大影响。当前我国每年有 1 000 万以上的出生人口,各级教育仍面临十分庞大的学龄人口基数,而且各个阶段的人口出生波动情况不尽相同,对学龄人口进行超前预测,对于合理规划政府的教育经费投入具有重要意义。

(二) 教育经费投入占 GDP 比重的三个预测方案

为了确定财政性教育经费占 GDP 的合理比重,我们根据上文理论分析,涉及三个预测方案(如图 7-1 所示)。首先是国际比较方案,通过与其他国家的横向比较来寻求和人均 GDP 相匹配的财政性教育经费投入的合适比例。其次是教育需求方案,即通过各级教育在校生数和生均教育经费来预测我国全面建设小康社会时期教育经费需求状况,并以此来确定财政性教育经费的比重。最后是财政供给方案,通过对近年来我国政府财政收入增长速度和财政性教育经费增长速度的比较来预测 2020 年我国财政收入对教育经费的供给能力,并据此确定财政性教育经费的合适比例。通过以上三个方案的预测结果,确定我国财政性教育投入的高、中、低三档比例,联系我国当前教育发展的现状和设定的 2020 年教育发展目标,最后选择最优方案来确定我国教育经费投入的合理比例。

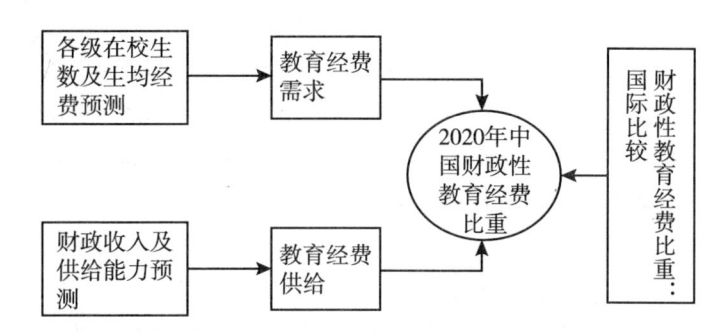

图7-1 财政性教育经费占GDP比重的预测方案

1. 财政性教育经费占GDP的比重：国际比较角度

进行教育投资比例的国际比较时，我们选择人均国内生产总值（GDP）作为反映一国经济发展水平的指标，公共教育经费占GDP的比重作为教育投资水平的指标，使用计量经济学方法，建立回归模型，求出对应不同经济发展水平的，可供国际比较的教育投资国际平均水平。以 Y_t 表示第 $t(t=1, 2, 3)$ 年公共教育经费占国内生产总值的比重，X_t 表示第 $t(t=1, 2, 3)$ 年人均国内生产总值，取若干国家的 Y_t 和 X_t 为样本值进行回归，则回归曲线上的函数值就是不同经济发展水平X下的公共教育投资比例的国际平均水平。

依据陈良焜等人研究20世纪60年代和70年代教育投资比例时采用单边对数函数，从近30年的数据来看，此函数的统计特性较好。同时岳昌君等人也试验了简单线形函数，双对数函数，但从结果上来看，单边对数函数的拟合性质相对较好。我们借鉴以往的研究经验也采用单边对数函数作为回归函数的形式。

$$Y_t = a_t + b_t \ln X_t$$

本研究所使用的资料分别来自《国际统计年鉴》，世界银行《世界发展报告》的有关数据，同一年数据在各种资料中不一致时，均采用最近的数据。本研究所选用的样本国家来自31个人口超过1 000万的大国。因为大国的产业结构比较稳定，同时中国也是大国，便于比较。这31个国家包括11个高收入国家：美国、加拿大、澳大利亚、英国、德国、法国、意大利、西班牙、荷兰和韩国；8个中高收入国家：马来西亚、波兰、捷克、巴西、阿根廷、墨西哥、委内瑞拉和南非；7个中低收入国家：泰国、菲律宾、伊朗、斯里兰卡、罗马尼亚、土耳其和埃及；5个低收入国家：印度尼西亚、印度、越南、巴基斯坦和孟加拉国。样本数据的年代为1990年、1995年、2000年。为了便于进行国际比较，各国在1990年、1995年、2000年三个不同年度的人均GDP均换算成了2000年美元不变价格。

1990年、1995年和2000年单边对数回归方程依次如下，其中n为参加回归的样本数，sigF 为各年回归方程 F 检验的显著性水平：

$$Y_1 = -0.020867 + 0.007371 LnX_1 \quad n = 26 \quad sigF = 0.0008$$
$$Y_2 = -0.012392 + 0.006389 LnX_2 \quad n = 27 \quad sigF = 0.0000$$
$$Y_3 = 0.007750 + 0.004139 LnX_3 \quad n = 25 \quad sigF = 0.0020$$

中国共产党第十六次全国代表大会报告中提出，未来 20 年中国的经济发展目标是到 2020 年中国的国内生产总值（GDP）总量与 2000 年相比翻两番，人均 GDP 达到 3 050 美元（2000 年价格水平）。为此，把 2020 年我国人均 GDP 3 050 美元代入上述三个回归方程，即可得到我国 2020 年公共教育投资比重的国际平均水平：

$$Y_1 = 3.83\% \quad Y_2 = 3.89\% \quad Y_3 = 4.10\%$$

由三个回归方程得到的 2020 年教育投资比例的国际平均水平不尽相同，并呈上升趋势。笔者认为，造成这种状况的主要原因是，一方面随着技术水平的提升，培养一个适合一定岗位的劳动力的平均费用增长，从而导致教育经费支出水平的提高；另一方面，技术水平的提升导致教学活动中仪器设备等固定资产投资的增加，从而导致劳动力平均教育成本的增长。从以上回归分析中可以看出，随着社会的发展和技术水平的提升，政府必须提高教育经费的投入占 GDP 的比例。

依据上述结果，我国 2020 年教育投资比例应该在 4% 左右，但这个比例只是对给定人均 GDP 下对教育投资国际平均水平的一种估计，是潜在的变化趋势。从现在到 2020 年，我国的各个产业的技术水平将会有较大的提升，对劳动力的知识技术水平会有更高的要求。随着教育事业的发展，教育活动中使用的技术设备也将不断改进，固定资产投资将会有较大的增加。尤其是国家将信息化程度列为教育发展的重要指标后，教育经费支出将会有大幅增长，劳动力平均培养成本将会继续提升。因此，若按 2000 年的技术水平不变，到 2020 年我国政府教育经费投入占 GDP 比重相应的国际平均水平为 4.1%。若考虑到未来产业技术水平的提升等因素，我国政府的教育经费投入占 GDP 的比重必须高于 4.1%。

2. 财政性教育经费占 GDP 比重：教育经费需求角度

国际比较可以发现教育经费投入和国家经济发展水平的一般关系。确定我国未来教育经费投入总量，从而进一步确定财政性教育经费投入占国民生产总值的合适比重则要考虑我国的具体情况。从教育经费需求角度来确定未来财政性教育经费占 GDP 比重需考虑几个因素：国家经济发展目标；国家社会发展目标；国家学龄人口变动趋势。国家的经济社会发展目标，党的十六大已有明确规定。基于第五次人口普查数据，我们对未来学龄人口变动趋势进行了预测。[①]

---

① 袁桂林、宗晓华、陈静漪：《中国分城乡学龄人口变动趋势分析》，载《教育科学》2006 年第 1 期。

下面我们从教育经费需求角度对未来财政性教育经费占 GDP 比重进行预测。预测的具体过程如下。

（1）全面建设小康社会时期各级教育生均经费预测。对于我国 2020 年各级教育生均经费指数的预测可参照 OECD 国家 2000 年的水平。

表 7-1　　　　　　　2000 年各国生均经费指数比较

	学前教育	小学	初中	高中	高等教育
OECD 国家平均水平	17	19	23	26	42
法国	16	18	28	33	33
德国	20	16	21	37	42
日本	13	21	23	25	42
韩国	13	21	24	29	40
澳大利亚	—	19	26	29	50

资料来源：OECD. Education at a Glance (2003). Paris，OECD.

由表 7-1 可知，2000 年 OECD 国家小学生均经费指数平均为 19，初中为 23，高中为 26，高等教育阶段生均教育经费指数平均水平为 42。参照这个水平，并依据 1996 年以来我国小学阶段生均经费指数的增长趋势，我们选取 1996～2003 年七年的生均经费指数作回归分析，依据低方案的预测结果，我们设定普通小学生均经费指数 2010 年达到 17，2020 年达到 OECD 国家 2000 年的平均水平，为 19。设定普通初中生均经费指数 2020 年达到 23，为 OECD 国家 2000 年的平均水平。依据我国当前的教育政策即 2010 年全国农村地区实现全部免费的义务教育，2015 年全国普遍实行免费的义务教育，考虑到我国义务教育阶段经费以政府投入为主，非财政性教育经费比例不高，基于政府教育财政的供给能力，我们对全面建设小康社会时期小学生均经费的指数的预测具有现实的可能性。

高中阶段教育生均经费指数近几年来一直处于上升趋势，2003 年普通高中的生均经费指数为 44，中等职业学校为 41，高中阶段生均经费指数之所以居高不下，主要因为近年来非义务教育阶段社会团体和个人投入比例提高，尤其是民办普通高中数量增长较快而没有形成规模效应，生均成本较高。随着高中阶段学龄人口的下降，可以通过规模效益来降低生均成本。同时高中阶段还包括各类中等职业教育，随着劳动力市场的日渐成熟，产业界的行会制度也逐步确立，学校的职业教育与企业界联合解决了学生实习培训以及将来的就业难题，大大降低了职业学校的教育成本。同时应当积极倡导城乡联合办学，达到区域间和校际的教育资源共享，有利于降低城乡职业学校的生均经费。因此，我们设定高中阶段

（普高与职高）生均经费指数下降为30，随着我国高等教育毛入学率的提高，近年来高等教育生均经费指数一直处于下降趋势，但其相对指数仍然较高，综合多种因素，从未来发展趋势来看，我们设定高等教育生均经费指数以每年2个百分点的速度下降，2020年降为130。

当前我国再教育/再培训人均经费较低，约为220.25元（2000年价格水平），人均经费指数仅为2.44，不能满足当前的实际需求，需要大幅增长。我们设定2010年其人均经费指数为10。到2015年增长到15，并保持不变。

依据以上确定的各级教育生均经费指数和我国未来各年人均GDP（2000年的价格水平）可得出2010年、2015年和2020年我国各级各类教育的生均经费（如表7-2所示）。

表7-2　各级各类学校的生均教育经费（2000年价格水平）　　单位：元

		2003	2010	2015	2020
普通小学		1 281.07	2 321.57	3 313.8	4 797.1
普通初中		1 650.79	2 731.21	3 958.15	5 807.02
高中阶段	普通高中	3 940.61	5 157.22	6 250.01	7 574.37
	中等职业学校	3 721.98	4 986.93	6 145.96	7 574.37
普通高等学校		14 801.78	20 485.37	25 407.44	31 958.792
再教育再培训		220.25	1 365.6	2 761.5	3 787.185

资料来源：教育部发展规划司编：《中国教育统计年鉴2003》，人民教育出版社2004年版、教育部发展规划司编：《中国教育经费统计年鉴2004》，人民教育出版社2005年版。

（2）全面建设小康社会时期各级教育发展规模预测。依据我们已有的对未来各年龄段学龄人口预测结果，全国各年段，各级教育的适龄人口变化趋势如图7-2所示：

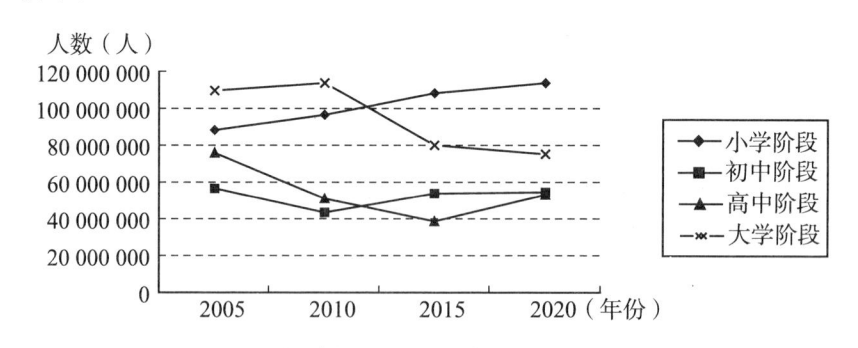

图7-2　我国未来各级教育学龄人口变化趋势

资料来源：袁桂林、宗晓华、陈静漪：《中国分城乡学龄人口变动趋势分析》[J]，载《教育科学》2006年第1期。

从现在到 2020 年学龄人口除小学阶段有所增长外，高中和大学阶段都有较大幅度的下降，高中阶段适龄人口从 2005 年的 7 575.2 万人一直下降到 2015 年的 3 886.8 万人，下降幅度为 48.7%，2009 年开始，大学阶段适龄人口的规模也有大幅度下降，2018 年达到谷底为 6 817.0 万人，与 2008 年相比下降了 45.4%。学龄人口的下降为提高高中阶段和高等教育的毛入学率提供了契机，依据各级教育学龄人口的变化以及我国"十一五"规划和全面建设小康社会的教育目标，同时参考本课题其他子课题的相关研究，我们设定 2020 年小学和初中阶段的毛入学率分别为 102%、98%，高中阶段的毛入学率 2010 年达到 80%，2015 年为 90%，并保持不变。高等教育阶段的毛入学率 2010 年达到 25%，2020 年达到 40%。

依据子课题之一的"我国农村高中教育发展指标体系研究"中关于全面建设小康社会时期我国普通高中和职业高中在校生比例测算的成果，设定 2010 年普通高中在校生数占整个高中阶段教育的 50%，2015 年为 44.72%，2020 年为 40%，再根据以上对各级教育适龄人口和毛入学率的测算，我们可以得到全面建设小康社会时期各级学校的在校生数，从而预测出了我国未来各年各级教育的发展规模（见图 7-3）。

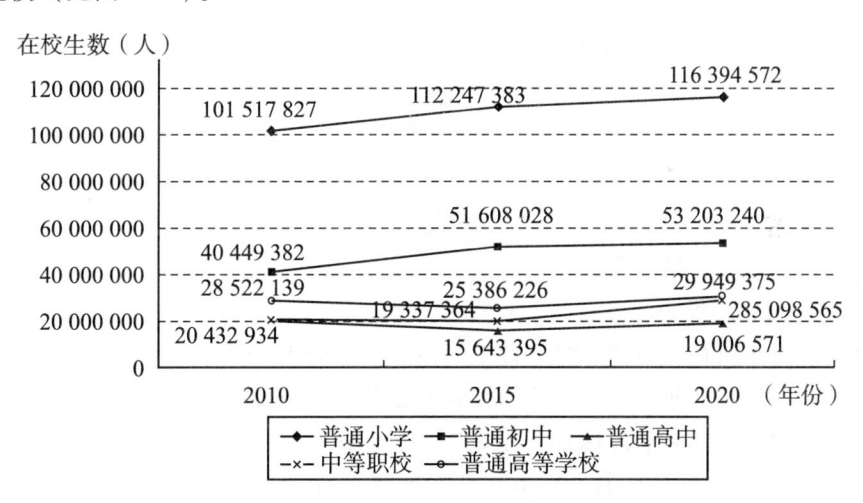

图 7-3　全面建设小康社会时期各级学校在校生数

从图 7-3 可见，随着各级教育毛入学率的提高，全面建设小康社会时期各级各类学校的在校生数都呈增长趋势。由于义务教育阶段的学龄人口数量较多，毛入学率虽有降低趋势，但相对于高中教育和高等教育而言比例仍然较高，所以义务教育阶段的在校生数占绝对优势并且增长也较快。由此可见，全面建设小康社会时期义务教育阶段对教育经费的需求量仍然在增加。依据我们对未来高中阶段普通教育与职业教育的比例预测，中等职校的在校生数有所增加，而普通高中的在校生数将相对减少。从普职教育未来发展趋势看，中等职校的经费投资将有所提升。虽然高等教育阶段的学龄人口在2010年后呈下降趋势，但随着高等教育阶段毛入学率的提高，2010~2020年间普通高等学校的在校生数仍处于缓慢的增长状态。

除图7-3中各级教育在校生规模预测外，还要考虑到再教育/再培训的需求。首先是农村富余劳动力转移就业问题，目前，我国农村有1.5亿富余劳动力，每年还要新增600万农村劳动力。《2003~2010年全国农民工培训规划》提出培训目标：2003~2005年，对拟向非农产业和城镇转移的1000万农村劳动力开展转移就业前的引导性培训，对其中的500万人开展职业技能培训；对已进入非农产业就业的5000万农民工进行岗位培训。2006~2010年，对拟向非农产业和城镇转移的5000万农村劳动力开展引导性培训，并对其中的3000万人开展职业技能培训。同时，对已进入非农产业就业的2亿多农民工开展岗位培训。其次是城镇下岗职工的再就业工程。劳动和社会保障部按照国家就业再就业工作的部署安排，总结第一、二期"三年千万"再就业培训计划实施经验，决定在2004年和2005年，实施主题为"提高你的再就业能力"的再就业培训计划。其目标任务就是从2004~2005年，要对800万以上下岗失业人员开展技能培训，培训合格率达到90%，培训后再就业率达到60%；对其中的60万人开展创业培训，培训合格率达到80%，创业成功率达到50%。

随着2003~2010年全国农民工培训规划、"三年千万"再就业培训计划的实施，2003年再教育/再培训人次已达6482万人次，以后的教育与培训人次将逐年增加。因此，我们设定到2010年再教育/再培训达到1亿人次，2015年达到2亿人次，并保持不变。

(3) 全面建设小康社会时期教育经费占GDP合理比重预测。由以上关于我国全面建设小康社会时期各级教育生均经费、发展规模以及结构指标中三级教育财政性经费比重等相关因素的预测，我们容易得到全面建设小康社会时期我国教育经费需求总量及其财政性教育经费与非财政性教育经费的比例构成。

由图7-4可知，2003~2020年我国教育经费需求总量一直增长，且涨幅较大，这是各级各类教育发展的需要，也是国民经济发展对各类人才在质与量方面需求的增加。在教育经费需求总量的构成上，财政性教育经费比例一直处于55%以上，主要是因为从2005~2020年我国义务教育阶段的学龄人口处于增长状态，高中阶段的学龄人口虽有下降，但幅度不大，总体而言基础教育阶段对经费的需求量一直很大，而基础教育又是财政性经费投入的重点，因此对我国全面建设小康社会时期教育经费需求及其构成的预测符合了我国教育现状及其未来发展趋势。

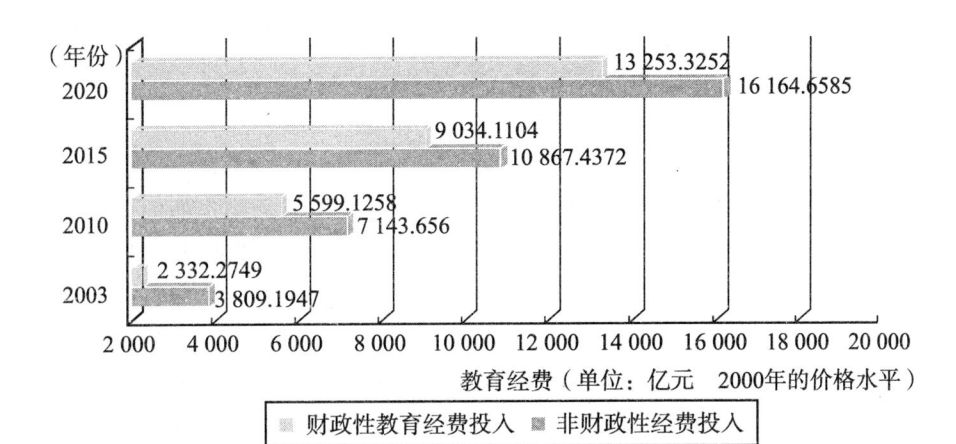

图 7-4 教育经费总需求及其构成

"十六大"报告中对 2020 年我国经济发展相关指标的预测是国内生产总值比 2000 年翻两番，人均 GDP 达到 3 050 美元。以全面建设小康社会的经济发展水平为背景，依据我国自 1998 年以来财政性教育经费投入比重的增长趋势，以及我们对 2010 年、2015 年和 2020 年各年财政性教育经费投入总量的预测，预计 2010 年财政性教育经费占 GDP 的比重将达到 3.84%，2015 年达到 4.2%，2020 年达到 4.5%。

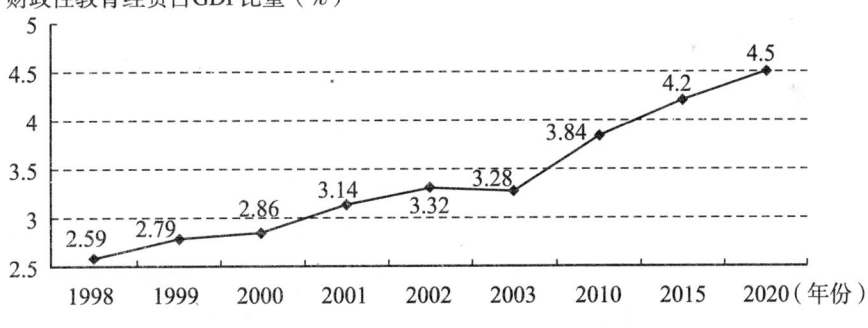

图 7-5 财政性教育经费占 GDP 的比重

从教育需求上看财政性教育投资比重，到 2020 年我国财政性教育投入应该达到 4.5% 才能满足当时社会经济发展对教育的需求。从图 7-5 来看，我国财政性教育经费投入的重点年段为 2003~2010 年，主要因为这个阶段我国小学和大学适龄人口数处于缓慢增长的状态，初中和高中的适龄人口虽然有所下降，但下降的幅度都不大，也就是说原有教育规模对经费需求的绝对数量还是很大。同时 2006~2010 年是我国广大农村逐步实行免费义务教育的重要阶段，又是大力发展高中教育的阶段，加之我国在前期的"普九"过程中欠债过多，教育经费的缺口较大，因此国家需要在这一期间重点加大教育投资，为后期教育的发展和实现 2020 年 4.5% 的财政性教育经费的投入奠定基础。

3. 财政性教育经费占 GDP 比重：教育经费供给角度

考察财政性教育经费问题，一国的国力大小是其教育经费投入的上限，而一国国力的大小用政府财政收入来衡量更为恰当。所谓教育支出不能超过国力所能承担的程度，就是教育支出超过了在现实既定经济增长目标的前提下政府财政性收入所能承担的程度。所以从政府财政收入即教育供给角度来预测教育经费的投入比重具有现实意义。

根据《中国统计年鉴》的有关数据可知，我国财政收入占 GDP 的比重从 1995 年以来稳步增长，从 1995 年的 10.7%，增加到 2003 年的 18.5%，年平均增长速度为 7.1%。与此相对应，教育投资的比例也从 1995 年的 2.41% 增长到 2003 年的 3.28%，平均增长速度为 3.93%。

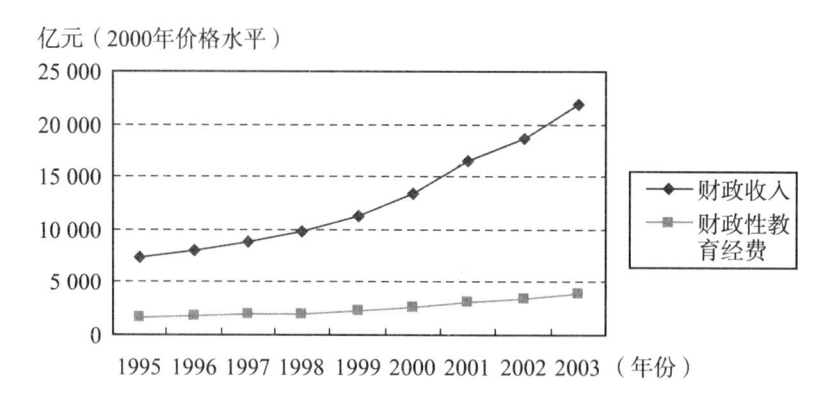

图 7-6 财政收入与财政性教育经费变动趋势

数据来源：教育部发展规划司：《中国统计年鉴 2004》，人民教育出版社 2005 年版。

"十六大"报告中预测到 2020 年我国国民生产总值翻两番，人均 GDP 将达到 3 050 美元，财政收入占 GDP 比重的增幅按原有速度的一半来计算，到 2020 年我国财政收入占 GDP 的比重也将达到 33.5%。如果财政性教育经费投入按照以往 3.39% 的速度增长，到 2010 年我国财政性教育投资占 GDP 的比例可达到 4.29%。如果按这个速度的 1/3 来计算，2015 年我国财政性教育投资的比例为 4.58%，2020 年将达到 4.89%。因此，从国力上来看，从教育需求角度预测的 2010 年、2015 年和 2020 年的教育投入比重是具有现实可行性的（如图 7-7 所示）。

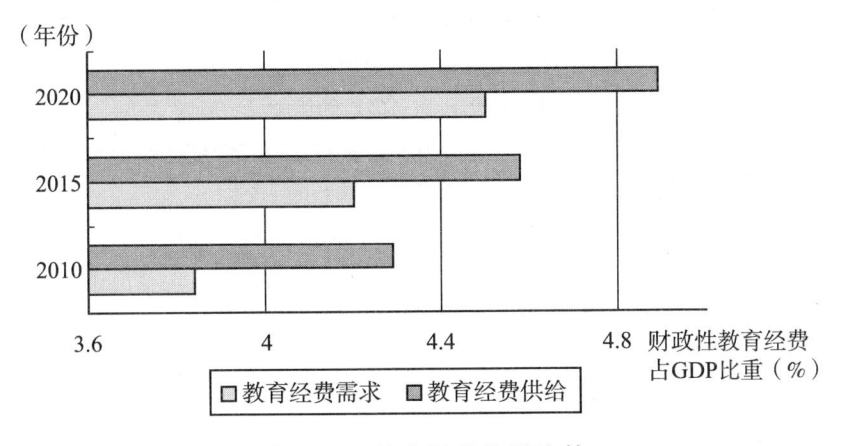

图 7-7 教育经费供需比较

(三) 三个预测方案的比较与财政性教育经费投入占 GDP 的合适比重的确定

由于分析角度不同，所以三个预测方案结果各异，所表征的内在意义也各不相同。第一个方案从国际比较的角度预测 2020 年我国 GDP 达到 3 050 美元时，财政性教育经费应占 GDP 的比例，按 1990 年的同等经济发展水平下的国际平均水平为 3.83%，按 1990 年的同等经济发展水平下的国际平均水平为 3.89%，按 1990 年的同等经济发展水平下的国际平均水平为 4.10%。对于三个不同的预测结果，我们引入了技术发展这个变量来解释。技术水平的提升对教育经费支出的影响表现在两个方面：一方面，随着技术水平提升，经济发展中对适合一个特定岗位的劳动力的知识、技术和能力的要求提高，劳动力的平均培养成本随之而增加；另一方面，随着技术水平提升，教育活动中使用的技术设备也将不断改进，固定资产投资将会有较大的增加。在这两个方面影响的共同作用下，教育经费支出会逐渐增长。因此，若考虑到教育存量现状和未来产业技术水平的提升等因素，我国政府的教育经费投入占 GDP 的比重必须高于 4.1%。

第三个方案从财政收入和财政性教育经费的供给能力角度预测，未来我国财政性教育经费占 GDP 的比例分别为 2010 年为 4.29%，2015 年为 4.58%，2020 年为 4.89%。国家的预期财政能力直接决定了政府教育经费投入的上限。因此，政府教育经费支出必须低于这个比例。

第二个方案从学龄人口变动和教育发展规划入手，以国际生均经费指数为参考，从社会经济发展的宏观背景出发来预测公共教育经费需求量，较为符合我国的发展实际情况。而且，从预测的结果看，第二个方案高于第一个方案所确定的财政性教育经费投入下限，又低于从财政性教育经费供给能力角度确定的上限，因此我们最终确定财政性教育经费支出占 GDP 的合适比例为第二个方案预测的结果，即 2010 年财政性教育经费投入占 GDP 的合适比例为 3.84%；2015 年财政性教育经费投入占 GDP 的合适比例为 4.2%；2020 年财政性教育经费投入占 GDP 的合适比例为 4.5%。

三、2020 年我国政府教育经费投入结构指标：三级教育财政性经费比重的确立与预测[①]

（一）我国三级教育财政性经费比重确立的依据

1. 缩小差距与教育均衡发展

历史上伴随着计划经济体制向市场经济体制的转轨，教育管理和财政体制经历了三次较大的改革，在基础教育阶段形成了"分级办学，地方为主"的体制，高等教育以中央和省级政府管理和投入为主，同时家庭也承担高等教育部分费用，而作为受益者之一的企业和社会在高等教育投资方面地位缺失，造成的结果就是政府在高等教育方面耗资巨大，而义务教育普及经费短缺。同时由于历史和社会原因中国的城乡二元结构长期存在，在教育发展上"城市中心主义"倾向严重，也造成了教育的区域和城乡差距巨大。缩小差距是教育均衡发展的内在动力，中国教育发展均衡化进程从其实质而言，即是义务教育齐一化，高中教育普及化，和高等教育大众化的过程。就中国当前的教育国情而言，基础教育在城乡、区域、学校层级、人群间教育机会和教育资源不公平分配问题凸显，基础教育均衡化即成为基础教育发展的政策导向和国家公共义务教育体系的价值追求。教育均衡发展作为全新的教育理念和科学的教育发展观，具有丰富的内涵。教育均衡发展在空间结构上主要指区域间，城乡间，同一区域不同学校之间，同一学校不同群体之间的教育均衡问题；在时间进程上主要是所有的适龄儿童在接受教育的起点、过程和结果方面拥有相对平等的入学机会、大致均等的教育资源和教育条件，其实质而言就是保障受教育者的教育权利，教育民主和公平。教育均衡发展需要在意识层面关注每个儿童潜能的最大发挥，并为之提供最适宜的发展环境；在制度层面保证受教育者权利的平等，在教育起点，过程和结果方面获得相对平等的权利。同时还包括给予弱势群体和不公平的教育结果一定的补偿措

---

① 2003 年基础年份中的农村不包括县镇，预测年份中的农村包括县镇。

施。① 教育均衡发展的保障因素就是物质层面的教育资源均衡配置。在区域、城乡、学校、个体之间达到办学设施，教师素质，生均经费等方面的均衡。教育均衡具有教育公平的内涵，在社会主义市场经济中只能依靠政府的调节来实现，政府作为基础教育资源的主要供给来源，应提高在义务教育和高中阶段财政性教育投入比重，同时保障区域、城乡间基础教育阶段办学条件和生均教育经费的均衡；政府作为教育政策的制定和推行者，应保证教育政策内容的公平性，把教育均衡发展作为教育政策制定和实施的基本原则。

2. 政府职能的转换与公共财政体制的构建

我国加入 WTO 以后，政府职能转换进一步加快。与政府的职能转换相适应，传统的生产性财政模式必须转移到公共财政模式上来。国际经验和理论分析都充分表明，公共财政模式最能切合市场经济的内在要求，也是迄今为止唯一成功地实现了与市场经济体制相互兼容、相互促进的模式。根据公共财政模式的理念，公共财政有两个重要支出领域，其一为提供具有较强正外部性的公共产品，如基础教育；其二为进行收入再分配，促进社会公平，如对贫困地区的儿童教育进行专项资金的转移支付。在公共财政模式下，政府必将为城乡提供大致均衡的义务教育资源。农村义务教育是具有较强正外部性的公共产品，对农村义务教育的供给是政府义不容辞的责任。随着农村基础教育"以县为主"管理体制的建立，农村义务教育的投资主体实现了从农民向政府的转移。但是，义务教育阶段财政性经费支出的城乡差异仍然很大。这个问题将随着我国政府职能的转换和公共财政体制的建立而逐渐消解。②

3. 市场经济体制的完善与劳动力市场的理性化

劳动力市场的人才高消费是我国教育资源配置脱离社会经济需求，基础教育投资不足，高校却大规模扩招，造成了一种扭曲现象。我国是一个尚未实现工业化的发展中国家，我国大部分的人口生活在落后的农村，虽然有沿海地区若干现代化的大都市和城乡一体化区域，但就全国而言，经济社会发展和产业技术进步还是相当缓慢的，内地的许多中小城市经济凋敝，失业率非常高。另一方面，我国企业急需的中等专业人才和高级技工极为短缺，并且已经制约了企业工艺的改进和生产率的提高。随着市场经济体制的完善和劳动力市场的理性化，用人单位将不会盲目地追求高学历，而是依据岗位所需要的技能和知识水平来选择成本合适的人才，对中等职业教育的毕业生的需求空间将会进一步扩大。中等职业教育与劳动力市场的良性互动将会使高中阶段教育获得大发

---

① [美] 约翰·罗尔斯：《正义论》，中国社会科学出版社 1988 年版。
② 栗玉香：《公共教育财政制度生成与运行》，中国财政经济出版社 2004 年版。

展。2005年《教育部关于加快发展中等职业教育的意见》指出要"充分认识加快中等职业教育发展的重要性和紧迫性","必须看到,在我国基本普及九年义务教育的条件下,如果不加快中等职业教育的发展,必将影响我国高中阶段教育发展目标的实现,制约我国走新型工业化道路、解决'三农问题'和城镇化建设的进程,不能适应全面建设小康社会对高素质劳动者的需要。"同时随着社会主义市场经济的完善,借鉴国外高等教育发展的成功经验,逐步扩大企业和社会力量对高等教育的投入力度,政府集中力量提高义务教育质量和普及高中阶段教育。

(二) 我国三级教育财政性教育经费比重预测

1. 农村各级教育相关指标预测

(1) 农村基础教育生均经费预测。生均经费指数是衡量生均经费的一个重要尺度,所以对农村生均教育经费的预测首先要从农村教育生均经费指数入手。生均经费指数的设定需要考虑多种因素,通过国际比较,参考OECD国家的平均水平的同时,还要考虑到未来我国学龄人口的变化趋势以及当前我国关于农村教育的多项政策等。

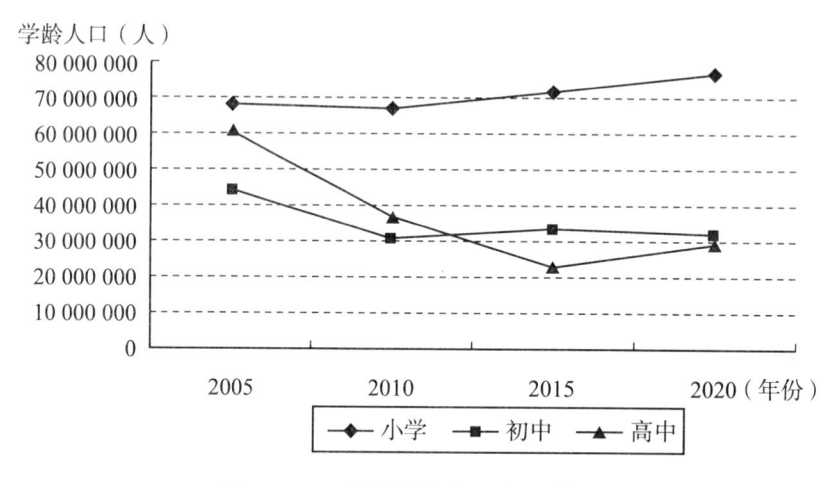

图7-8 农村学龄人口变动趋势

从我国农村各级教育适龄人口数变化趋势看,从现在到2020年,我国农村各级教育的适龄人口除了小学阶段有所增长外,初中和高中阶段的适龄人口都呈下降趋势。农村初中适龄人口从2005年的4 469.2万人下降到2012年的2 555.6万人,下降了42.8%,高中适龄人口也从2005年的6 092.6万人下降到2015年的2 339.0万人,下降了61.6%,农村学龄人口的下降表明教育需求会相应减少，这为缩小城乡教育差距和农村基础教育的发展提供了契机[①]。同时2005年末教育部发布《中国全民教育国家报告》，国务院颁发了《关于深化农村义务教育经费保障机制改革的通知》给出了我国农村实行免费义务教育的日程表。依据缩小城乡义务教育阶段生均经费差距和城乡基础教育均衡化发展的理念，同时参考OECD国家生均经费指数的平均水平，我们设定农村小学和初中生均财政性教育经费2020年达到全国平均水平，以此推算2020年我国农村小学生均经费指数为18，初中为21.75。即2020年农村小学生均经费为4 544.62元（2000年的价格水平），初中为5 491.41元，与全国平均水平相比，在政府确保城乡义务教育阶段生均财政性经费一致的前提下，农村中小学的生均教育经费仍然要低于全国平均水平，主要是因为我国农村义务教育阶段非财政性经费来源比例较低，城乡生均教育经费差别在短时期内还很难消除。

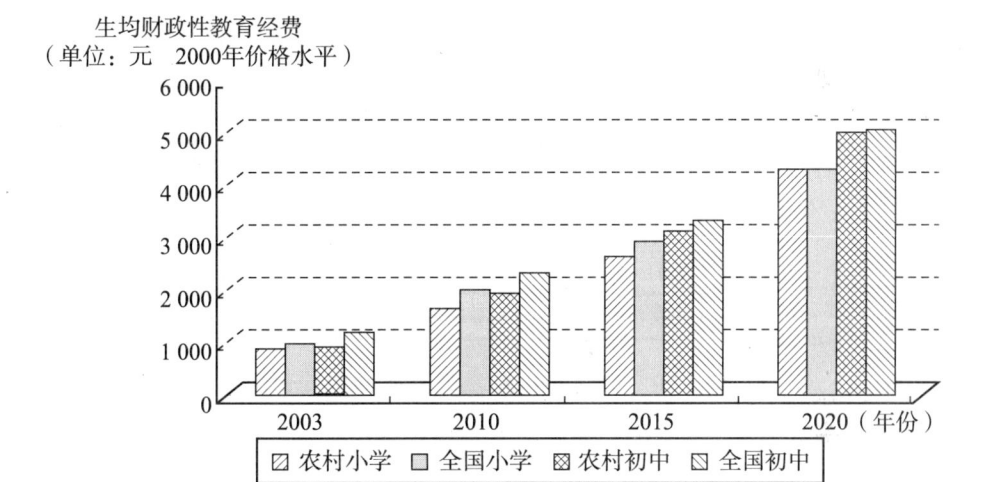

图7-9 农村义务教育阶段生均财政性经费预测

2003年农村小学阶段的生均财政性经费为894.75元（以下均为2000年的价格水平），初中阶段为962.13元，与全国小学阶段和初中阶段生均财政性经费分别相差137.15元、264.41元。农村义务教育阶段生均财政性教育经费与全国义务教育阶段生均财政性教育经费平均水平的差距与1998年相关数据相比出现了扩大的趋势，照此趋势发展，城乡义务教育均衡发展较长时期内很难实现。因此，依据义务教育均衡化发展的理念，在全面建设小康社会时期，以国家先农村后全国的顺序逐步推行免费义务教育的政策为契机，加大中央和省级政府对农村教育的投入力度，逐步缩小城乡义务教育阶段生均经费差距，力争到2020年农

[①] 袁桂林、宗晓华、陈静漪：《中国分城乡学龄人口变动趋势分析》，载《教育科学》2006年第1期。

村义务教育阶段生均财政性教育经费达到全国平均水平，小学为 4 317.39 元，初中为 5 052.1 元，实现城乡义务教育均衡发展。

在确定农村高中阶段生均经费方面，由于没有农村高中阶段生均经费的统计数据，我们参照农村普通初中与全国普通初中生均经费比例关系，来确定农村高中阶段的生均经费与全国普高和职业中学的生均经费比例关系。依据计算结果，2003 年我国农村普通高中生均经费指数为 31.8，职业高中为 27.3。依据我国农村高中阶段教育发展现实，设定 2020 年我国高中阶段生均经费指数降为 26，缩小与全国高中阶段的生均经费差距，同时与国际水平接轨。

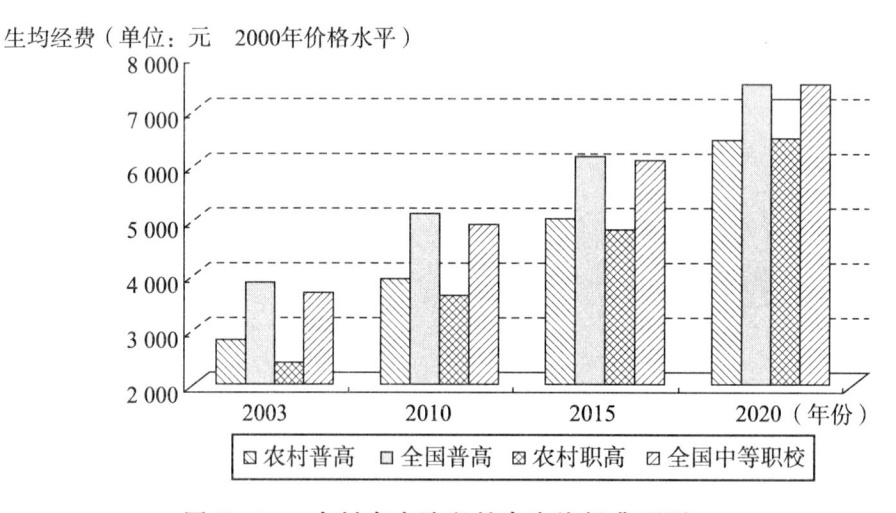

图 7-10　农村高中阶段教育生均经费预测

高中阶段属于非义务教育阶段，但对于提高国民素质具有基础性的作用，同时又是连接义务教育与高等教育不可或缺的纽带。农村高中阶段教育既是高中阶段教育问题，又是农村教育问题。依据国家关于高中阶段教育和农村教育的相关规划，在高中阶段生均经费的预测上，逐步缩小普高与职高的生均经费差距，争取到 2020 年全国普高与中等职校的生均经费达到一致，为 7 574.37 元，农村的普高与职高生均经费也均达到 6 564.45 元。同时缩小农村普高与全国普高、农村职高与全国中等职校的生均经费差距。

（2）农村基础教育财政性经费比重预测。国家财政性教育经费投入比重应考虑各级各类教育的性质、城乡教育发展现状以及整个国民经济发展宏观规划等因素在各级教育以及城乡之间而各有轻重。

在城乡教育投入方面，农村教育尤其是农村的义务教育问题突出，主要表现就是生均教育经费量少，与全国平均水平相比还存在较大差距，教育总经费供给不足，同时社会团体和个人办学角色缺失，社会捐资集资比例较低，除了财政性经费投入和学杂费外其他渠道筹资困难。

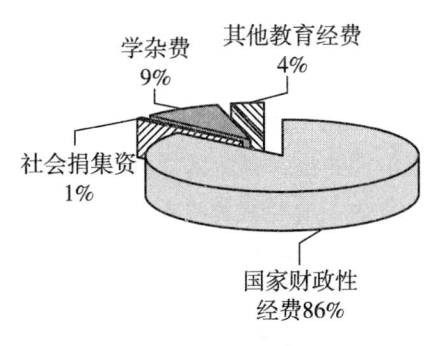

图 7-11 2003 年农村小学教育
经费来源比例

资料来源：教育部发展规划司：《中国教育统计年鉴 2004》，人民教育出版社 2005 年版。

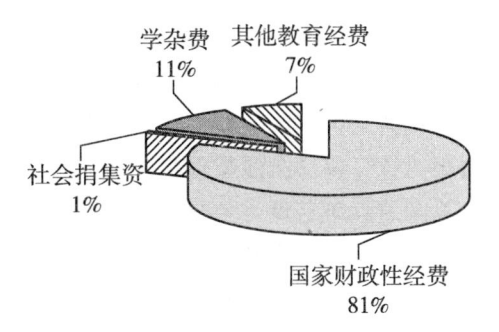

图 7-12 2003 年农村初中教育
经费来源比例

资料来源：教育部发展规划司：《中国教育统计年鉴 2004》，人民教育出版社 2005 年版。

由 2003 年农村初中和小学教育经费来源图可知，除了学杂费和国家财政性教育经费以外，农村小学教育阶段的社会捐资和其他教育经费投入仅有 5% 的比例空间。农村初中教育阶段的社会捐资和其他教育经费投入也只占 8%。2005 年 12 月 24 日，国务院颁发的《关于深化农村义务教育经费保障机制改革的通知》规划 2010 年在农村地区实现免费的义务教育。因此要实现 2020 年农村义务教育阶段生均经费达到全国平均水平就要提高政府教育投资的比例和总量。我们设定 2010 年农村小学和初中阶段财政性经费比重都达到 90%，2020 年小学和初中阶段财政性经费比重分别达到 95%、92%。高出全国的平均水平。

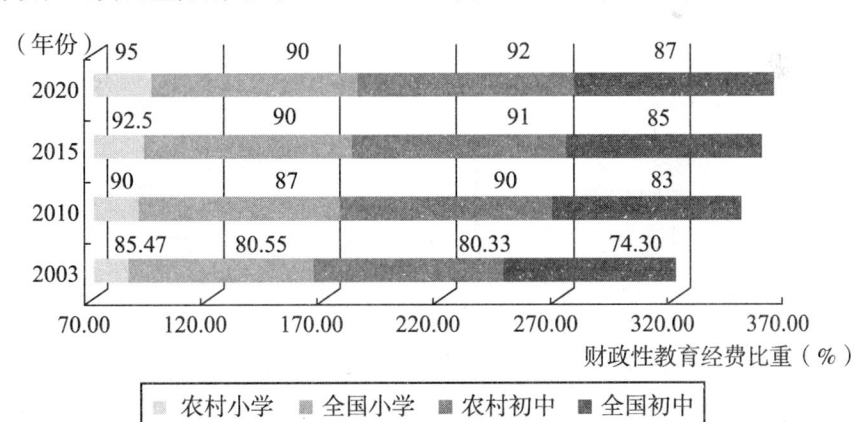

图 7-13 义务教育阶段财政性经费比重预测

在农村高中阶段教育财政性经费比重的设定上参考的是全国高中阶段教育财政性经费比重的平均增长速度，依据测算结果，我国农村高中教育阶段财政性经费比重 2020 年普通高中达到 65%，职业高中达到 68%。

2. 基础教育与高等教育财政性经费比重预测

由于各个阶段教育正外部性存在差异，政府教育经费投入比例应随着教育层次的提高而降低。一般而言义务教育近似于公共产品，应该成为公共财政支出的重要方面，高中阶段教育是准义务教育，尤其是高中阶段的中等职业教育是培养国民经济后备劳动力的中坚力量，国家应当加大人、财、物的投入力度。高等教育阶段应该以个人和企业投入为主，国家投入主要是有效调节和弥补个人与企业投入的不足。

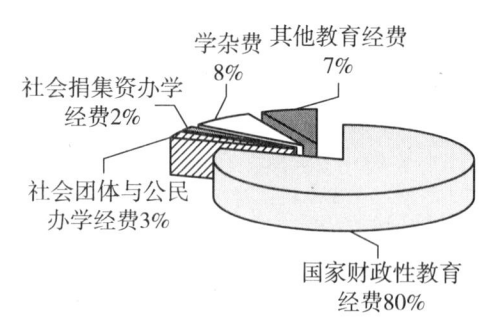

图 7-14　2003 年全国小学教育经费来源比例

资料来源：教育部发展规划司编：《中国教育统计年鉴 2004》，人民教育出版社 2005 年版。

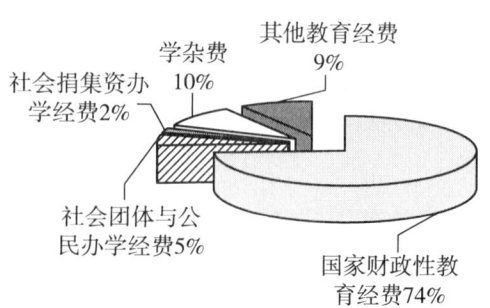

图 7-15　2003 年全国初级中学教育经费来源比例

资料来源：教育部发展规划司编：《中国教育统计年鉴 2004》，人民教育出版社 2005 年版。

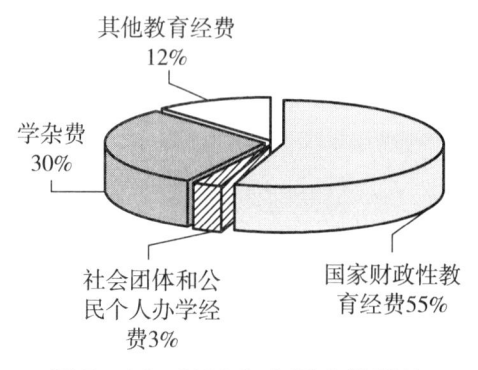

图 7-16　2003 年全国中等职校经费来源比例

资料来源：教育部发展规划司编：《中国教育统计年鉴 2004》，人民教育出版社 2005 年版。

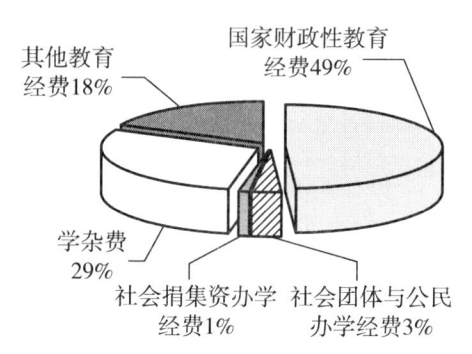

图 7-17　2003 年全国普通高等学校经费来源比例

资料来源：教育部发展规划司编：《中国教育统计年鉴 2004》，人民教育出版社 2005 年版。

在财政性教育经费的设定上，从各级教育经费来源图可知，在小学阶段至少还有10%，初中至少有15%的非财政来源比例，虽然义务教育阶段经费以政府投入为主，同时教育部也发布了《中国全民教育国家报告》，争取到2015年全国普遍实行免费的义务教育。但我们仍然要支持社会团体和公民个人捐资集资的办学行为，即使在义务教育阶段也要给非财政性教育经费留有一定的空间，以满足人们教育的多样化需求。所以我们设定小学教育阶段的财政性经费比例2015年达到90%并保持不变。初中财政性经费比例2015年为85%，2020年为87%。

当前高中阶段属于非义务教育阶段，社会团体和个人以及其他教育经费来源比例较大，但若从未来教育发展趋势看，普及十二年义务教育是各国公共教育的追求目标，因此，高中阶段的财政性教育经费应占据半数以上的比例。"十一五"规划中教育发展目标要求大力发展职业教育，尤其是发展中等职业教育，同时国家财政划拨100亿元来资助家庭困难学生，以及加强职业教育的能力建设。同时计划重点建设好2 000个职业教育实训基地、1 000个县级职教中心、1 000所示范性中等职业学校。说明政府正加大对职业教育的投入力度，借鉴国际经验，并从我国教育发展的需求趋势来看，高中阶段（普高与职高）财政性教育经费2020年应达到60%。

新中国成立以来直至20世纪末政府几乎包揽了高等教育巨额的经费支出，以延缓义务教育的普及为代价优先发展高等教育。事实证明高等教育具有很强的外溢性，个人和企业的收益更大。因此高等教育阶段除了一些特殊院校和专业（军事、国防、研发周期长的高科技等领域）国家在经费投入方面需要包揽或占绝对优势外，一般的高等院校应该以个人、企业以及社会团体投入为主，国家的

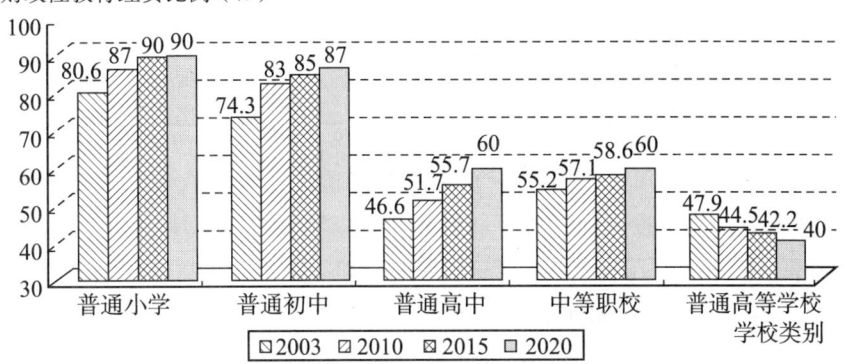

图7-18 三级教育财政性经费比重预测

数据来源：2003年由教育部发展规划司编：《中国教育统计年鉴2004》整理得到，人民教育出版社2005年版。

投入只是个人、企业和社会团体投入的有效补充。依据国内外的相关研究，我们设定 2020 年国家财政性教育经费投入在高等教育阶段降为 40%。[①]

再教育/再培训是我国教育投资的一个重要组成部分，对于提高全民族的文化素质和全面建设小康社会目标的达成都具有重要的意义。我们依据国家的"三个三分之一"的标准即培训费用国家，个人和用人单位各出三分之一，确定国家财政性教育培训经费投入比重为 33% 并保持不变。

当前我国在初、中、高三级教育生均财政性经费方面差距较大，2003 年全国初等、中等和高等教育生均财政性经费之比约为 1∶1.7∶6.9，这与我国经济发展水平相关，同时也说明我国高等教育发展水平还不高，多元化的融资渠道没有形成。2020 年我国将基本上达到全面小康的目标，人均收入达到中等发达国家水平，依据我们对三级教育生均财政性经费支出的预测结果，2020 年我国初等、中等和高等教育生均财政性经费之比将降低为 1∶1.1∶3.0，与 1998world development indicator 统计的世界中等收入国家三级教育生均支出的比例基本一致（1∶1.2∶2.9），说明在全面建设小康社会中我国公共财政制度日趋完善，教育资源配置以社会主义市场经济和劳动力市场需求为导向，能有效满足各级各类教育需求。

四、进一步提高我国政府教育经费投入的政策建议

随着一系列教育政策和法规的出台，政府正努力加强教育投入的努力程度。基于目前我国教育投入面临总量不足和结构不合理的现状，要实现 2020 年全面建设小康社会教育投入目标，政府还应当从以下几个方面加强努力：

（一）制定和完善教育财政法规，依法加强教育管理和投入

我国现行的教育法规和财政法规中，有关政府教育投入方面的规定很少，或者很不具体。在无法可依的情况下政府的教育投入就有很大的随意性和不稳定性。我国现行的教育投入和管理体制既存在财权和事权不对称的矛盾，又凸显出区域经济的差异，其结果就是造成中西部地区基础教育经费短缺，区域教育发展失衡，基础教育的基础性和公平性难以体现。当前应当尽早制定《教育投入法》，依据利益获得、能力支付以及财权与事权对称原则明确各级政府的教育财政责任，同时在中央和地方教育财政权责分配方面应考虑教育经济的区域差异，

[①] 王蓉、岳昌君、李文利：《努力构筑我国公共教育财政体制（上，下）》，载《北京大学教育评论》2003 年第 2、3 期。

把公平优先作为各级政府间财政转移支付的分配原则。另外把是否落实"三个增长"作为评价各级政府绩效的重要指标，把教育优先发展和政府对教育的重视程度以及努力程度量化到政府对教育需求的满足程度之中，通过定量评价来填补因教育作用的长效性和间接性而带来的对政府教育投入激励不足的缺陷。最后还要建立保障教育投入法规执行的监督检查机制和责任追究机制，建议政府教育经费预算决算以及学校收支情况透明化，建立以群众为主的监督机制，以确保有法必依，保证教育经费投入渠道的顺畅。

（二）建立农村义务教育经费保障机制，规范义务教育专项转移支付制度

农村税费改革以后，我国确立了"在国务院领导下，由地方政府负责，分级管理，以县为主"的农村义务教育管理体制，逐步将农村义务教育纳入公共财政保障范围。尽管各级人民政府按照新增教育经费主要用于农村的要求，进一步加大了对农村义务教育的投入力度，但我国农村义务教育经费保障机制方面，仍然存在各级政府投入责任不明确、经费供需矛盾比较突出、教育资源配置不尽合理、农民教育负担较重等突出问题，在一定程度上影响了"普九"成果的巩固。依据我国区域经济发展水平和各地政府财力的差异以及农村义务教育投入现状，应当建立中央和地方分项目、按比例的农村义务教育经费保障机制。为了避免中央和地方的财政博弈，如教师工资、危房改造等信息透明程度较高的项目可以按各地经济发展水平由中央、省和县级政府分类承担。而中央和地方信息不对称的项目，如中小学学杂费、公用经费等可由各级政府按比例来分担。这样不仅可以明确各级政府的教育职责，调动地方政府发展教育的积极性，而且避免了下级政府对教育财政的"挤出效应"，减少中央和地方的财政博弈，增强各级政府的教育投入努力程度。有人研究表明，义务教育阶段生均教育经费城乡差距更多是由省内差异引起的，因此在平衡城乡教育差距中应当加大省级政府的义务教育专项转移支付财政责任，在义务教育经费预算上采用"因素法"确定县级政府义务教育经费的标准收入和标准支出需求，从而确定上级政府转移支付的数量。[①] 在平衡区域义务教育投入差距中应当加强中央政府的教育专项转移支付力度，中央和省级财政在转移支付时，除一般转移支付外，专项转移支付不能仅局限于如危房改造与设备购置等临时性的项目，而应该加大对农村基础教育急需的经常性经费（包括人员经费与公用经费）的转移支付，这也是解决农村教育经费问题的重要举措。

---

① 王蓉：《我国义务教育经费的地区性差异研究》，载《教育经济学年会论文》2001年1~17。

（三）建立适合国情的高等教育财政模式，合理调整政府教育投入结构

20世纪90年代以来，随着高校扩招与合并，我国实际形成了高收费公立高校加少量私立高校的高等教育财政模式，这一模式对于近年来我国高等教育的快速发展起到了重要作用，不仅高校规模迅速扩张，高等教育毛入学率也迅速提升。但是学费的上涨超出了多数居民的承受能力，严重妨碍了高等教育公平的实现，同时也加大了政府教育财政负担，最后是以延迟义务教育的发展为代价来维持高等教育的持续扩张。因此，建立适合我国国情的高等教育财政模式是调整当前政府教育投入结构的重要内容。依据国际经验，我国应当采用东亚南美的高等教育发展模式，即公立高校承担维护高等教育公平和培养社会精英的职责，教育经费由政府、家庭和社会共同承担，同时鼓励社会捐资助学，依据利益获得原则对企业和用人单位征收一定比例的人才教育税，以拓宽公立高校教育融资渠道；私立高校承担高等教育数量扩充的大众化职责，教育经费由学校法人承担，这既保持了适度的教育公平，又在较短的时期内，在政府高等教育投资较少的情况下，实现了高等教育的大众化。[①]

[①] 王善迈、袁连生、刘泽云：《我国公共教育财政体制改革的进展、问题及对策》，载《北京师范大学学报（社会科学版）》2003年第6期。

第八章

农村教师发展指标体系研究

一、农村教师[①]队伍现状分析

(一)农村教师的数量

2004年,全国小学专任教师5 628 860人,农村为4 691 365人,占83.34%。全国普通中学的教职工总数为5 623 981人,农村为4 171 211人,占74.17%。专任教师为4 667 465人,农村3 530 367人,占75.64%。农村教师在整个教师体系中占据绝对地位。[②]

1. 农村小学教师总量达到编制要求,教师数量由上升趋势转为下降,但结构性不足

表8-1   1994~2003年份城乡小学专任教师数量   单位:人

年份	农村	城市	全国
1994	4 807 083	804 241	5 611 324
1995	4 815 029	849 028	5 664 057
1996	4 865 641	871 149	5 735 790

---

① 如无特别说明,本书中的小学和初中分别指普通小学和普通初中,高中指普通高中,农村包括县镇。故本书中的教师指基础教育阶段普通学校的老师。

② 教育部发展规划司:《中国教育统计年鉴(1990~2003年)》,人民教育出版社1994~2003年各年版。

续表

年份	农村	城市	全国
1997	4 900 674	892 887	5 793 561
1998	4 917 121	902 269	5 819 390
1999	4 941 750	918 705	5 860 455
2000	4 933 161	927 155	5 860 316
2001	4 922 789	874 957	5 797 746
2002	4 873 693	905 160	5 778 853
2003	4 766 354	936 396	5 702 750
2004	4 691 365	937 495	5 628 860

资料来源：教育部发展规划司：《中国教育统计年鉴（1994～2004年）》，人民教育出版社1995～2005年各年版。

农村小学教师数量在1994～2000年稳步上升，2000～2004年则逐渐下降（如表8-1所示）。城市专任教师数量则基本保持稳定发展趋势，除2001年数量比前年低外，其他年份均比上年度有所增长。全国的教师则在2001年后呈下降趋势。教师的变化与适龄人口的高峰期转移相关。适龄人口高峰期向高中阶段转移，小学学龄人口减少，教师需求与数量相应减少。如图8-1所示，农村小学在校生1999年后出现了较大幅度的下降，城市在平缓下降。

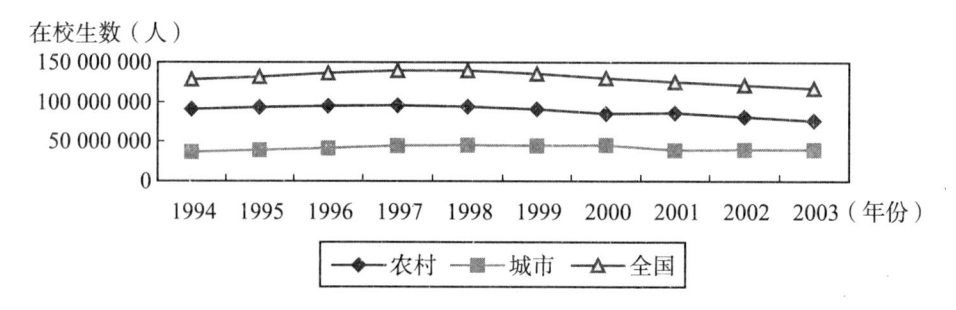

图8-1 1994～2003年份城乡小学在校生数对比

农村小学教师数量基本饱和。2001年颁布的《关于制定中小学教职工编制标准的意见》对专任教师与学生比制定了标准。根据文件精神，小学生师比在县镇、城市皆为22∶1～25∶1，计算农村教师的应在编数我们以22为计算标准。农村学生与教职工的比为23∶1，小学教职工中其他人员不得超过9%，据此数将小学农村的生师比统一规定为25∶1。在这个标准下计算教师的应在编数，小学教师超编现象较为严重。

小学教师整体超编，农村小学教师超编比较严重（图8-2所示）。随着适龄人口减少，农村小学教师超编现象越来越严重。超编现象有以下几点原因：一是教师编制过紧。2002年国家教育督导团调查反映各地普遍认为中小学教职工编制过紧，尤其是农村地区。在实际执行中，农村加大了编制标准。[①] 二是适龄人口高峰期向高中阶段转移，小学学龄人口减少，对教师需求减少。由于教师系统内目前更多遵循计划经济体制的一套管理，教职员工是"准公务员"身份，基本上是终生的，如果教师没有违法犯罪行为和严重违反教育教学纪律的行为，教育机构是不能辞退教师的，因此教师队伍不能马上得到缩减。

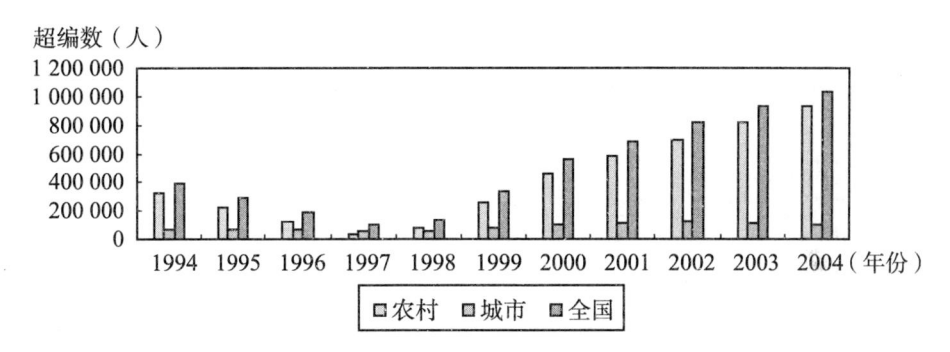

图 8-2　1994~2003 年小学专任教师超编数

这里值得注意的是，本书中统计的教师只是记入国家编制的公办教师，农村中还存在其他类型的教师。2000年取消民办教师后，代课教师依然存在。农村存在大量的代课教师，而代课教师是不记入编制的。2003年小学代课教师农村有391 853人，城市32 004人。[②] 农村存在代课教师主要是缺乏教师的缘故，而城市中存在代课教师则常常出于成本的考虑，如深圳市存在大量的代课教师。代课教师的存在表明教师超编的现象比实际统计的数据更为严峻。

农村教师存在结构性不足的状况。农村教师结构性不足表现在这样几个方面：一是按照农村实际教学情况来看，教师数量不足。农村地区人口分散，农村地区学校规模小，班额小。教师承担了较大的工作量。2003年农村共有2 959 471个班，按照每班配备专任教师1.8人，需要专任教师5 327 048人，这样算来农村教师不是超编而是缺编。城市有404 623个班，需教师728 321人，城市教师仍然超编。二是地域分布不合理。关于教师地域分布不合理还没有全国统一性的数据（由于计算的复杂性，目前还不能得出比较精确的结论），但不少小范围的调查和研究表明，不发达地区、边远地区非常缺教师；有的省份虽然整体上教师数量得到满足，但在一定的区域范围内缺乏教师。王世军在《我国当

---

① 教育部：《中国教育年鉴2003》，人民教育出版社2003年版。
② 教育部发展规划司：《中国教育统计年鉴2003》，人民教育出版社2003年版。

代农村教师队伍建设研究》对教师地域分布不合理的调查表明：经济发达地区较经济落后地区相对充足；东部、中南省份较西北省份相对充足；平原地带较山区相对充足。就一个县来说，县城和乡、镇中心学校待遇和条件较好，教师就比较多，甚至超编，而在条件艰苦的偏远山区和偏远农村，教师缺编现象很严重。[①]

结构性不足还表现在教师的学科分布上，将在下文分析。

2. 农村初中教师数量有一定缺口，城市教师略有超编

表8-2　　　　1999～2004年份城乡初中专任教师数　　　　单位：人

年份	农村	城市	全国
1999	2 519 117	629 000	3 148 117
2000	2 601 224	647 384	3 248 608
2001	2 710 054	638 342	3 748 396
2002	2 763 829	666 478	3 430 307
2003	2 777 092	689 643	3 466 735
2004	2 787 990	688 794	3 476 784

注：根据国家2001年颁布的《关于制定中小学教职工编制标准的意见》，初中学生与专任教师的比为16.7∶1～18.5∶1之间，我们以16.7∶1为计算标准。

资料来源：教育部发展规划司：《中国教育统计年鉴（1999～2004年）》，人民教育出版社2000～2005年各年版。

初中缺编现象集中在农村。从农村教师的实际需求及初中教师的编制标准来计算教师数量，农村初中教师均存在一定的缺口。初中学生和教师数量在1999～2003年间呈增长趋势，个别年份教师变动幅度较大。2003年农村初中已缺编54万，城市略有超编。虽然我国已经基本完成九年义务教育，但实际的入学率和巩固率不容乐观。考虑到适龄人口总数与在校生人数之间的差别，农村教师缺口大大超过54万。具体教师超/缺编情况如图8-3所示：

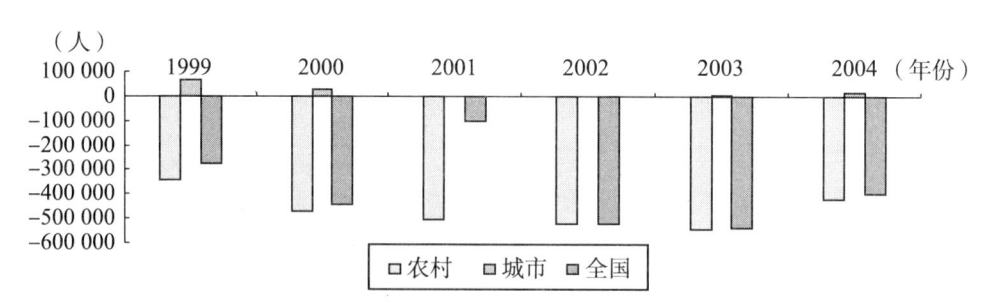

图8-3　1999～2003年份城乡初中教师缺编（-）/超编（+）数

[①] 王世军：《我国当代农村教师队伍建设研究》，硕士学位论文，西南师范大学2005年。

3. 农村高中教师缺编严重，全国高中教师普遍短缺

表 8-3　　　　1999~2003 年分城乡高中实有教师和
　　　　　　　超编（+）/缺编（-）教师数　　　　单位：人

年份	地域	实有专任教师数	缺编（-）/超编（+）教师数
1999	农村	422 931	-6 145
	城市	269 508	-1 222
	总计	692 439	-7 366
2000	农村	460 069	-32 516
	城市	296 781	-11 477
	总计	756 850	-43 993
2001	农村	526 261	-74 644
	城市	313 766	-21 977
	总计	840 027	-96 621
2002	农村	592 836	-133 253
	城市	353 159	-43 293
	总计	945 995	-176 545
2003	农村	663 512	-173 642
	城市	407 063	-65 668
	总计	1 070 575	-239 309
2004	农村	742 377	-205 723
	城市	448 304	-83 843
	总计	1 190 681	-289 566

注：根据国家 2001 年颁布的《关于制定中小学教职工编制标准的意见》，高中学生与专任教师的生师比为 15:1~16.7:1，以 15:1 为计算标准。

资料来源：教育部发展规划司：《中国教育统计年鉴（1999~2003 年）》，人民教育出版社 1999~2003 年各年版。

普通高中各年份各区域均出现了缺编现象，且缺编呈上升趋势。2003 年，农村缺编 17 万多，城市缺编 6 万多，农村高出城市 11 万，全国总计缺编近 24 万。随着学龄人口高峰期向高中的转移，高中缺编教师的现象会越来越严重。高中教师需要大量补充。

农村初中和高中教师不仅存在数量不足的问题，结构性不足的情况更加严重地存在。地域分布学科分布不足将在后文得到说明。

（二）农村教师学历结构

随着教师发展重点由数量向质量转变，教师学历提升成为发展教师素质的标准之一。我国教师学历标准相对发达国家而言是较低的。尽管如此，在初中和高中阶段，教师合格率尚未达到较高比例。农村与西部地区尤其如此。教师学历需要进一步提高。

1. 农村小学教师合格率基本达成，高学历教师与城市有较大差距

表8-4　2004年分城乡小学具有专科及以上学历教师数及学历合格率

区域	学历合格人数（人）	学历合格率（%）	专科及以上学历教师数（人）	专科及以上学历的教师比（%）
农村	4 601 466	98.08	2 075 802	44.25
城市	932 343	99.45	668 823	71.34
总计	5 533 809	98.31	2 744 625	48.76

资料来源：教师学历数来自教育部发展规划司：《中国教育统计年鉴2004》，各学历比率由《中国教育统计年鉴2004》中原始数据计算所得。

小学阶段教师合格标准是达到中等师范水平或同等学历水平。2004年，农村小学教师学历合格率为98.08%，基本合格。高学历教师（本书将专科及以上学历定为高学历教师）为44.25%，城市为71.34%，两者相差27.09个百分点，差别很大。表明农村与城市小学教师之间存在较大差距。农村高学历教师比例仍需提高。

2. 农村初中学历合格率有待提高，初中学历不合格教师集中在农村。高学历教师与城市有很大差别

表8-5　2004年分城乡初中具有本科及以上学历教师数及学历合格率

区域	学历合格教师数（人）	学历合格率（%）	本科及以上学历教师数（人）	本科及以上学历教师所占比例（%）
农村	2 587 650	92.81	633 736	22.73
城市	673 107	97.72	379 023	55.03
总计	3 260 757	93.79	1 012 759	29.13

注：初中教师合格以专科学历为准，高学历教师以本科及以上学历为准。

资料来源：教师学历数来自教育部发展规划司：《中国教育统计年鉴2004》，各学历比率由《中国教育统计年鉴2004》中原始数据计算所得。

2004年农村初中教师合格率为92.81%，教师合格率有待提高。农村初中高学历教师为22.73，比2003年上升5个百分点。城市为55.03%，二者相差32.3个百分点，和小学相比，初中高学历教师的城乡差距更大。

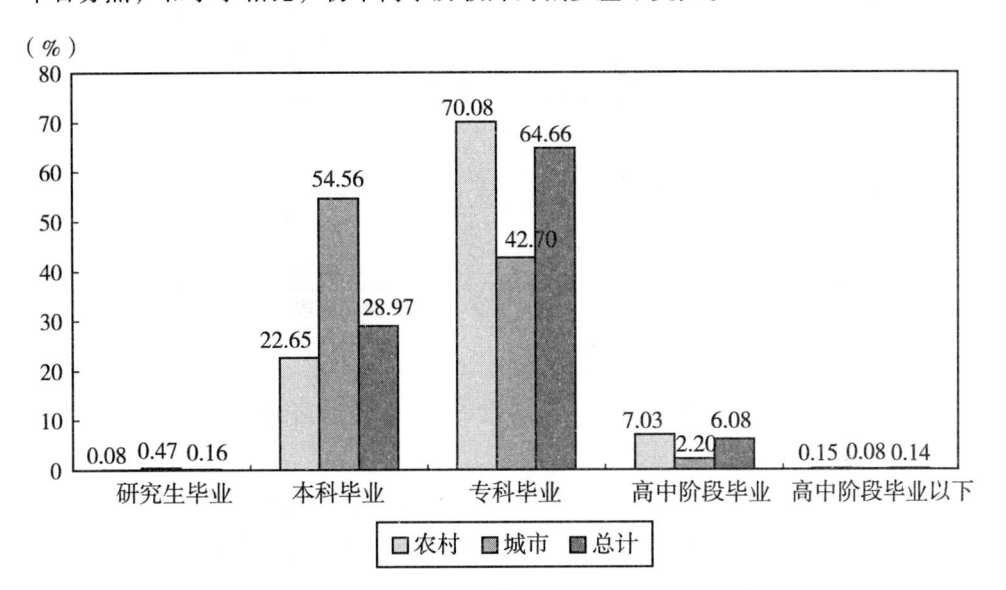

(%)

	研究生毕业	本科毕业	专科毕业	高中阶段毕业	高中阶段毕业以下
农村	0.08	22.65	70.08	7.03	0.15
城市	0.47	54.56	42.70	2.20	0.08
总计	0.16	28.97	64.66	6.08	0.14

图8-4　2004年分城乡初中教师各阶段学历对比

资料来源：各学历比率由《中国教育统计年鉴2004》中原始数据计算所得。

具体讲，农村初中专科学历教师比例为70.08%，城市为42.70%。本科学历教师农村为22.65%，城市为54.56%，两者差别大。研究生学历教师普遍都低，农村为0.08%，城市为0.47%。学历不合格教师主要集中在农村，为0.15%，全国为0.14%。

3. 农村高中教师学历合格率亟须提高，研究生学历教师比例有待发展

表8-6　2004年分城乡高中教师研究生学历教师数及学历合格率

区域	学历达标数（人）	学历合格率（%）	研究生学历教师数（人）	研究生教师学历比例（%）
农村	549 262	73.99	4 782	0.64
城市	398 438	88.88	7 547	1.68
总计	947 700	79.59	12 329	1.04

注：高中教师合格以本科学历为准。

资料来源：各学历教师数来自教育部发展规划司：《中国教育统计年鉴2004》，学历比率由《中国教育统计年鉴2004》中原始数据计算所得。

2004年农村高中学历合格率为73.99%，城市为88.88%，全国为79.59%。

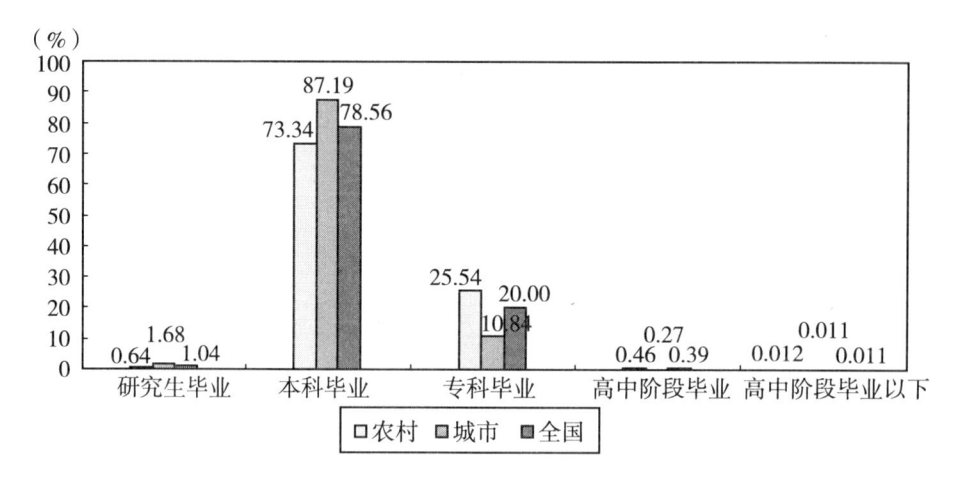

图8-5　2004年分城乡高中教师各学历阶段对比

注：高中教师合格以本科学历为准。

资料来源：各学历教师数来自教育部发展规划司：《中国教育统计年鉴2004》，学历比率由《中国教育统计年鉴2004》中原始数据计算所得。

其中，农村高中本科阶段学历教师为73.34%，城市为87.39%，相差14个百分点。研究生学历教师农村为0.64%，城市为1.68%，城市研究生学历在绝对数量上超过农村2765人。总体而言，高中研究生学历教师都有待发展，农村高中教师尤其如此。

从上述数据来看，学历合格率与高学历教师比率的城乡都存在着一定的差距。其中高学历教师比率城乡之间的差距比较大。当然，单一的学历指标不能全面反映出城乡教师素质之间的差别。由于我国继续教育体制的不完善性及其他原因，农村教师学历与实际的素质并不是直接相关的。现在的农村中小学教师中有很多是"民转公"的教师，还有大部分是中师毕业，虽然很多人通过各种渠道也获得了大专或本科学历，但事实上并没有接受大专或本科的教育，有其名而无其实，所以农村中小学教师的真正学历结构还会更低，正规院校毕业的大中专生只占少部分。由此可见，城乡中小学教师素质的实际差距，比学历结构中表明的应该更大。

（三）农村教师年龄结构

农村教师年龄结构存在一定的问题，在不少研究都有反映。以往研究与相关报道都反映了农村教师老龄化的问题，而本研究表明，农村教师老龄化现象主要存在于小学阶段，农村初高中教师整体比较年轻。

1. 农村小学老龄教师比例较大

表8-7　　　　　　2004年全国小学教师年龄结构

年龄	25岁及以下	26~30	31~35	36~40	41~45	46~50	51岁以上
比例（%）	15.19	16.88	14.26	12.31	12.32	14.48	14.56

注：小学教师年龄统计中没有分城乡的数据来源。
资料来源：各年龄阶段比率由《中国教育统计年鉴2004》中原始数据计算所得。

小学教师年龄结构老龄化倾向严重，51岁以上教师超过14.56%，41岁以上教师比为41.36%，超过全体教师的1/3。

据调查研究，农村老龄教师占多数，中青年教师少。其原因有这样几方面：一是因为这一年龄段的教师积累了丰富的教学经验，做出了一定的成绩，调到城里或经济较发达地区的学校了；二是由于老师工资长期拖欠，中青年教师不堪忍受经济压力，打工去了。农村小学教师年龄断层的现象较为严重。①

2. 农村初高中教师整体比较年轻

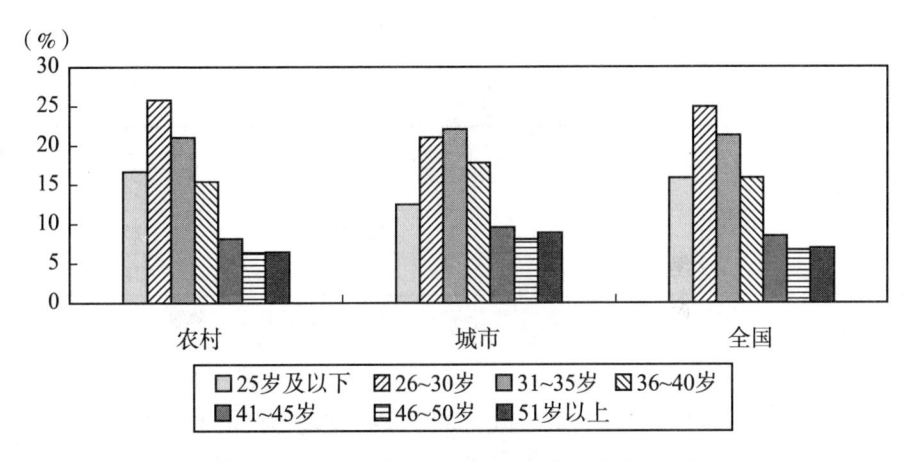

图8-6　2004年分城乡初中教师年龄结构

农村初中教师年龄结构总特征是教师队伍比较年轻，且年轻比例超过城市。以40岁为分界点，40岁以下教师比例明显高于40岁以上教师。高中阶段也是如此，年轻化程度超过初中，这与中学的迅速发展相关。

---

① 教育部：《国家教育督导报告2005》，www.xinhua.net.2006-2-23。

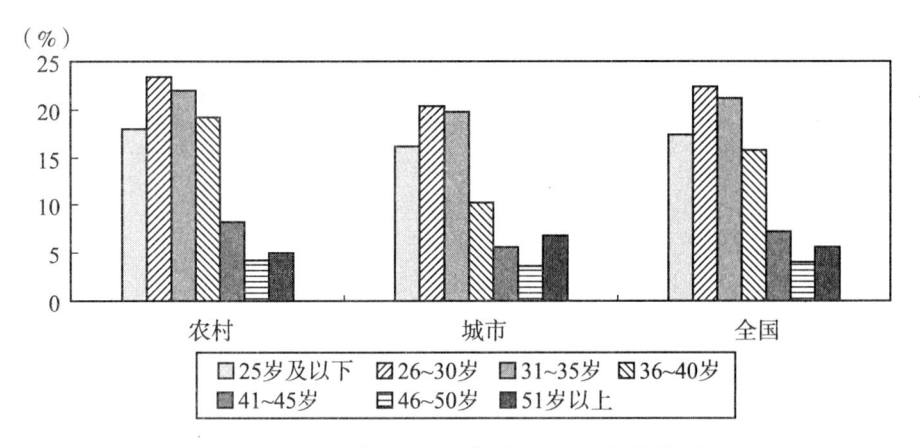

图 8-7 2004 年分城乡高中教师年龄结构对比

(四) 农村教师职称结构

1. 农村基础教育阶段教师高级职称比例大大低于城市，农村高级职称教师亟须发展

表 8-8　　　　　基础教育阶段分城乡高级职称对比　　　　　单位：%

区域	小学	初中	高中
农村	44.96	3.63	14.19
城市	39.26	13.71	25.61
全国	44.01	5.63	18.49

资料来源：各职称比率由《中国教育统计年鉴 2004》中原始数据计算所得。

2004 年，农村基础教育阶段高级职称教师比例大大低于城市和全国水平。小学为 44.96%，城市为 39.26%。但 2003 年农村小学为 34.37%，低于城市约 10 个百分点。这个数字的巨大变化值得探究。初中为 3.63%，低于城市 10.08 个百分点。高中为 14.19%，低于城市 11.42 个百分点。同时，相对中级职称来说，高级职称在城乡比例都较低，基础教育阶段高级职称应该加大比例。

根据 2005 年督导调查结果，认为义务教育学校的中级及以上职务教师比例，城乡间、地区间差距较大。2004 年，全国农村小学高级教师的比例为 35.9%，农村初中一级及以上职务教师的比例为 32.3%，分别比城市低 8.9 和 14.5 个百分点。小学高级教师的比例、初中一级及以上职务教师的比例，东、西部地区都相差 12 个百分点。这一结果与我们的研究差别不大。[①]

---

① 教育部：《国家教育督导报告 2005》, www.xinhua.net. 2006-2-23.

2. 农村基础教育阶段教师以中级职称为主，高级职称比例低于城市，未评职称教师比例则高于城市

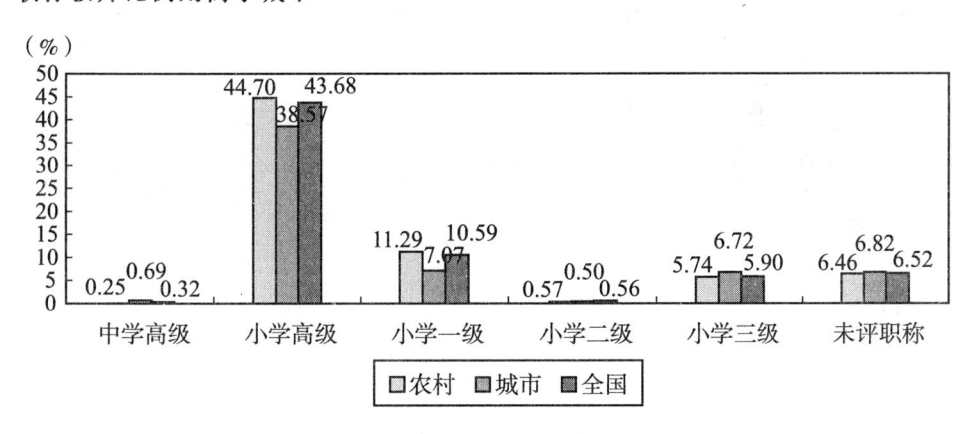

图 8-8 2004年分城乡小学教师各级职称对比

农村基础教育阶段教师职称有以下特征：一是高级职称比例低。中学高级、小学高级均低于城市，其中小学高级低于城市约10个百分点。二是中级比例大。农村小学一级教师占45.37%，小学二级占13.08%，比城市高，未评职称比例农村初高中教师均高于城市。整体而言小学教师高级职称比例有待提高。全国小学高级职称以上为36.01%，中学高级为0.28%，评上中学高级职称对许多小学教师是不可能的事。初高中农村教师职称与此相仿。职称评定中还存在的一个重要问题是：职称通常与年龄相关大，与业绩相关小。高级职称多为老年教师，中级职称多为中老年教师，初级职称多为青年教师。这种评价的不合理性阻碍了教师工作的积极性。

农村教师高级职称比例低与社会大背景下的城乡差别有关，同时，农村本身的教育质量对农村教师高级职称评定有一定的影响，其中农村骨干教师少是重要的原因。王世军对农村教师高级职称评定的影响因素分析比较合理，他认为：由于受到一些客观条件和职称评聘的影响，中小学骨干教师多集中在县镇，乡村学校好不容易培养出来的骨干教师，也会被城镇学校挖走，因为农村学校生活条件和待遇较差，有点能力的骨干教师都会千方百计地调往条件和待遇较好的城镇学校，造成了乡村学校的骨干教师数量偏少。另外由于农村中小学在地理环境上相对分散，受每一个学校的学生人数和层次所限，学科教师人数有限，很难在每一个乡村学校都产生学科带头人。所以造成了学科带头人主要集中在县城或乡镇所在地，且数量不足，尤其是一些小学科，教师多数为非专业，因而也就根本没有学术带头人。而且在语文、数学、物理、化学、外语、历史、地理、政治等几个主要学科，学术带头人多为年龄大的教师，年龄结构偏高。这些问题使得农村中小学的教学质量、科学研究及教师队伍的整体

素质受到一定的影响。①

表8-9　　　　　分城乡2004年初高中教师各级职称对比　　　　单位：%

职称类别	农村 初中	农村 高中	城市 初中	城市 高中	全国 初中	全国 高中
中学高级	3.63	14.19	13.71	25.61	5.63	18.49
中学一级	32.38	33.98	42.15	35.02	34.32	34.37
中学二级	44.03	35.13	33.01	28.26	41.85	32.54
中学三级	10.65	4.14	3.80	1.50	9.30	3.15
未评职称	9.30	12.56	7.33	9.62	8.91	11.45

资料来源：由教育部发展规划司：《中国教育统计年鉴2004》的原始数据计算所得。

（五）农村教师的学科结构②

各科课程的教师数关系到课程能否顺利开设，影响学生的全面发展。由于长期应试教育的结果及师范学校培养的影响，农村各学科之间的教师数出现了不平

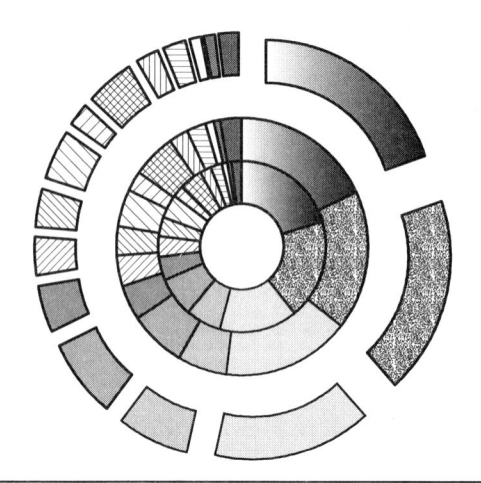

■语文　■数学　□外语　□政治　□物理　□化学　□生物　□地理
□历史　□信息技术　⊠体育　□音乐　□美术　□劳动技术　□其他　■当年不任课

图8-9　2004年分城乡初中各学科教师比例

注：内环图示为农村各科教师比，中环为城市各科教师比，外环为全国各科教师比。

资料来源：各学科教师比率由教育部发展规划司：《中国教育统计年鉴2003》原始数据计算所得。

---

① 王世军：《我国当代农村教师队伍建设研究》，硕士学位论文，西南师范大学2005年。
② 小学没有专任教师分科比较统计指标，故不分析。

衡状态，制约了农村课程的正常开设。

总的来说，农村初高中各学科教师分布不平衡，部分学科教师少。

初中各科教师数量差别大，对农村来说尤其如此。以语文和劳动技术为例：语文有 567 313 人，劳动技术则只有 34 093 人，相差 16.64 倍。总的来说，文化课教师多，语文、数学、外语的比例较大。培养各方面综合素质音、体、美职业劳动等职业类、艺体类和综合活动课程的教师偏少，如信息技术、劳动技术、体育、音乐教师比例很小。高中也存在这种情况。化学、生物等文化课开设比例小与其在初中阶段课程开设的时期有关。高中也存在这种情况。图 8-10、8-11 更鲜明地体现了学科之间的这种差别。

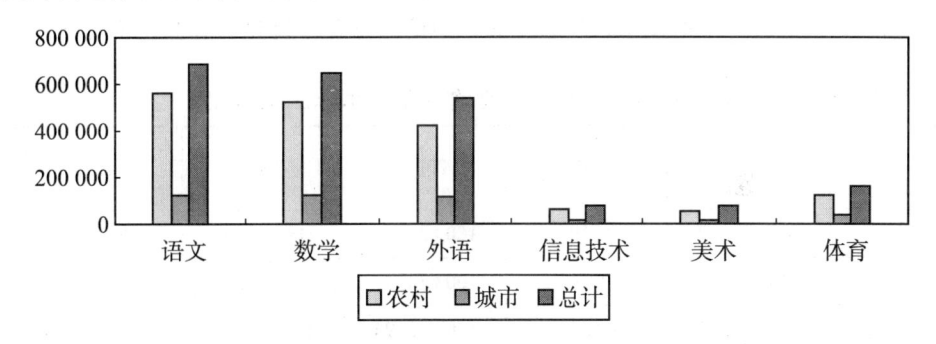

图 8-10　2004 年份城乡初中部分学科教师数对比

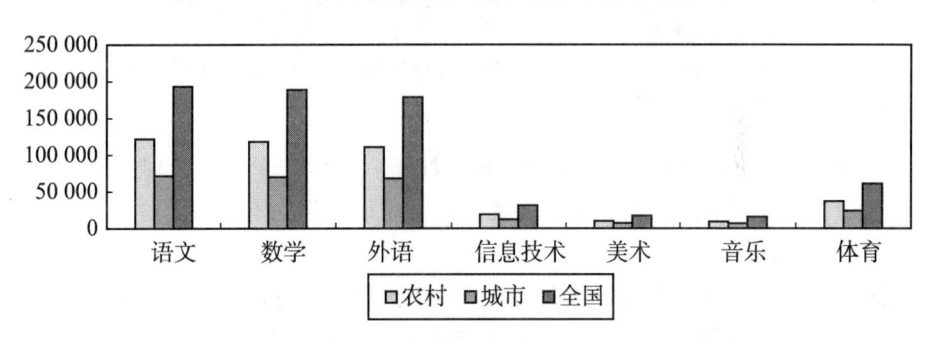

图 8-11　2004 年份城乡高中部分学科教师数对比

（六）农村教师人员构成

中小学教职工包括专任教师、职员、教学辅助人员和工勤人员。专任教师直接进行教育、教学工作，职员、教学辅助人员、工勤人员则主要为教学的正常运转提供条件和保证，不直接进行教学。① 专任教师与其他人员的比例反映学校的

---

① 中央编办、教育部、财政部：《关于制定中小学教职工编制标准的意见》，2001 年 10 月 8 日。http://www.jyb.cn/info/jy2ck/200604/+20060404-14519.html。

教学效益。职工人数过多会给学校正常运转带来经济等各方面的负担。2001年国家颁布了新的教职工编制标准。

1. 全国小学中职工在教职工总数中的比重呈下降趋势，比例较为合理

表8-10　　　　　　1990~2003年全国小学教师职工比

年份	1990	1993	1995	1997	2000	2001	2002	2003
全国	100∶11.79	100∶12	100∶11.65	100∶11.09	100∶10.14	100∶10.03	100∶9.71	100∶9.7

资料来源：教育部发展规划司：《中国教育统计年鉴（1990~2003年）》，人民教育出版社1991~2004年各年版。

2. 农村普通中学中职工在教职工总数中的比重呈下降趋势，且比例低

表8-11　　　1999~2003年分城乡普通中学教师职工比对比

年份 区域	1999	2000	2001	2002	2003
农村	100∶20.67	100∶19.62	100∶20.16	100∶19.24	100∶18.6
城市	100∶33.93	100∶32.3	100∶32.43	100∶30.68	100∶29.12
全国	100∶23.77	100∶22.62	100∶22.95	100∶21.91	100∶21.14

注：《中国教育统计年鉴》中普通中学职工数是统计在一起的，故计算教师职工比只能计算普通中学，不能分开计算初高中的。

资料来源：教育部发展规划司：《中国教育统计年鉴（1990~2003年）》，人民教育出版社1994~2003年各年版。

在2001年的编制标准中，编制是按照城市、县镇、农村三级划分的，并且普通高中和普通初中的差别较大。因此不能简单以其作为本书中教师职工比的参照标准。

从表8-11看来，农村普通中学教师职工比有以下特征：一是教师职工比例较低。农村的教师职工比低于城市和全国水平。2003年农村普通中学教职工比为100∶18.6，城市为100∶29.2。比例低反映农村教师工作量较大，也表明农村其他各项后勤服务和管理没有城市完善。二是教师职工比逐年下降。城市下降快，与近年学校管理提高效益，后勤服务渐渐社会化有关。农村比例一直低，也在下降。

3. 代课教师[①]

20世纪末期，曾一度严重阻碍义务教育事业发展的民办教师问题得到了有

[①] 参见任仕君：《农村义务教育发展指标体系研究》，教育部哲学社会科学研究重大课题攻关项目"我国农村教育发展现状调查及农村教育发展指标体系研究"中期成果汇编（二）。

效解决。1993~2000 年 8 年间，小学民办教师从 34.8% 降到 4.73%，初中从 8.6% 降到 2.96%，这是教师队伍建设的一个重大突破。但与此同时，变形的"民办教师"——"代课教师"问题也突出出来，2003 年全国小学代课教师多达 42 万人（1998 年曾达到 84 万人，专任教师与代课教师的比例达到 100∶14.47），其中绝大多数（39 万人）分布在农村。初高中代课教师虽然比例相对较小，而且城乡差别不大，但总数也超过 10 万人。且绝大多数（39 万）分布在农村。无论从绝对数量，还是从相对比例来看，代课教师都是影响义务教育质量的严重阻碍因素。

表 8-12　　普通中小学代课教师与专任教师比例统计

年份	1990	1999	2000	2001	2002	2003
小学	7.63∶100	12.06∶100	9.41∶100	10.02∶100	8.25∶100	7.43∶100
普通中学	4.16∶100	2.94∶100	2.61∶100	2.96∶100	2.73∶100	2.62∶100

注：原始数据来自《中国教育统计年鉴（1990~2003 年）》，表中的百分比是用代课教师数量除以专任教师数量计算得出。

（七）农村教师流动

教师流动是指教师在不同地域，不同学校之间进行流动。教师的流动，有利于教育资源优化配置，产生较好的教育和经济效益。在当前我国城乡差距较大的情况下，教师流动有利于人才交流，促进资源的合理分配，尤其可以促进农村教师素质的改善。

在区域流动上，目前农村教师向城市流动的愿望较强，实际流动的人数也较多。农村流向城市的教师有两种方式：一是通过调往城市，这部分教师流向城市不再返回农村。由于目前这部分农村教师的流动给农村教育带来了更大困难，通常把这种教师流动现象称为农村教师的流失。二是农村教师在城市接受一定时期的培训。除了接受继续教育外，上面提到"两个工程"中的农村教师在城市挂职锻炼也是接受培训的方式。北京师范大学 2003 年的调研报告反映农村教师工作变动频繁，稳定性较差。城市教师则一般不愿调往农村。单向的农村教师流向城市给农村教育发展带来了严重影响。一是使原本就师资不足的农村学校教师严重不足。二是农村流向城市的教师往往是农村优秀的骨干教师，是农村教育的主导力量和先进分子。骨干教师流向城市使得城乡优质教育资源差距进一步拉大，农村教育质量更差。合理流动应该是城乡之间、经济发达与经济不发达地区之间建立双向流动机制，促进教师互相流动。

城市教师流向农村的教师非常少,一般以各种对口支援的形式在农村短期任教。目前城市人才(流向农村支教的人有各种身份,不仅仅包括城市教师,故用"人才"一词)流向农村教师队伍的有以下方式:各部门组织的支教或对口支援活动;师范学校的教学实习;师范学校农村教育方向研究生的培养。

支教或对口支援活动是城市人力资源流向农村的主要方式,分为中央部门组织或地方政府两个层级。团中央、教育部支持的"青年志愿者计划"队伍发展迅速。2003~2005 年大学毕业生支援西部共达 11 300 名,部分进入学校任教。在"东部地区学校对口支援西部贫困地区学校工程"和"大中城市学校对口支援本省(自治区、直辖市)贫困地区学校工程"中,2001~2003 年初期间,城市支援贫困地区教师和管理人员总计 10 200 多人,接收受援地区培训的教师和挂职的管理人员 5 100 多人。①

各省市相继出台了本地区的教师流动制度或对口支援政策。这些政策的特征是:(1)以行政力量为主导对教师流动进行组织和控制,并主要对城市教师流向农村进行引导。(2)将教师支教与教师业绩和评价建立联系,规定城市学校的教师评职称尤其是高级职称必须有支援农村学校或薄弱校的经历。(3)年限必须在一年及以上,个别地方要求教师必须达到 3 年。这些政策将在一定程度上促进城市教师向农村的流动。

少数师范学校通过学生实习来解决农村教师师资不足的问题。2001 年始,西南师范大学与香港救助儿童会合作实施了"小松树"计划:师范大学学生到西部农村学校顶岗实习。一批学生实习结束后另一批学生接替,填补了农村教师的数量空缺。目前这项计划实施的范围还小,但可以成为师范院校尝试的一种方法。②

为了培养农村高素质教师,教育部 2004 年启动了为农村高中培养教育硕士师资工作专项计划,现在这一计划仍在持续,并且培养制度越来越完善。华中师范大学在 2005 年开始招收农村教育硕士研究生。根据计划,这批硕士研究生先在农村任教一年,回到学校进行一年学习。之后继续任教过程中完成学业。毕业后在所任教中学必须继续任教一段时期。这个计划主要是为了培养高中优质教师。③

在我国城乡发展不平衡,地区差异大的情况下,以上的各种计划都促进了农村教育的发展,但这些计划还存在一些明显的缺点。一是目前的城乡教师流动尚

---

① 教育部:《中国教育年鉴 2003》,人民教育出版社 2004 年版。
② 张学敏:《师范院校能为农村教育做什么》,载《中国教育报》2004 年 4 月 5 日。
③ 教育部:《农村高中教育硕士培养计划启动》,新华网 2004 年 5 月 17 日。

未成为长期的、稳定的制度,城市流向农村的教师在一定时期后都会返回城市。教师流动缺乏连续性。二是各级政府部门参与组织,加大了教师流动的成本。三是流动比例太小。流动教师的绝对数和比例都很小。

(八) 农村教师工作量

生师比反映每个教师负担学生数,是反映教师工作量的重要指标。我国生师比标准要高于国外,这与我国经济发展水平及地理环境等有关,不能完全认为是我国教师工作量低的表现。

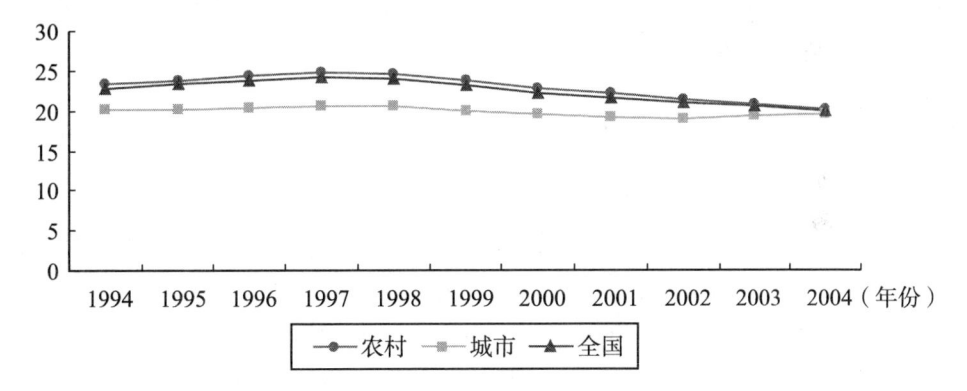

图 8-12　1994~2003 年分城乡小学生师比对比

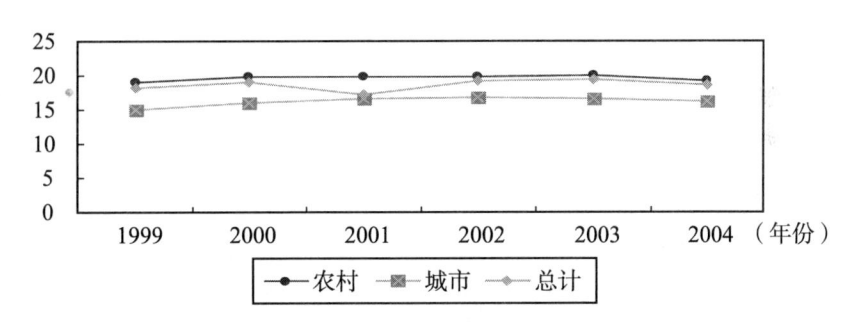

图 8-13　1999~2003 年分城乡初中生师比对比

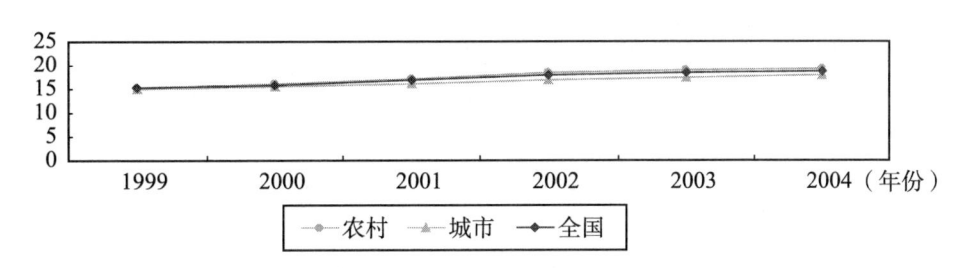

图 8-14　1999~2003 年分城乡高中生师比对比

由图 8-12、8-13、8-14 可知，农村生师比一直高于城市和全国水平，农村教师工作量大于城市教师。农村基础教育阶段生师比均高于城市和全国水平，农村教师工作量较大。2003 年小学生师比为 20.7∶1，城市为 19.4∶1，农村小学教师比城市多负担 1.3 个学生。初中为 20.0∶1，城市为 16.6∶1，农村初中教师比城市教师多负担 3.4 个学生。高中为 18.9∶1，城市为 17.4∶1，农村高中教师比城市教师多负担 1.5 个学生。在不同的教育阶段，教师负担发展趋势有所不同。小学教师工作量在下降，初中略为上升，高中则一直在上升。这与适龄人口数密切相关。随着小学入学人数减少，农村小学生师比可能进一步减小，小学教师的工作量有望得到减轻。农村初中教师缺编约 50 万，教师工作量大还将持续一段时间。高中适龄人口呈增长趋势，高中教师若不能得到及时补充，教师工作量将继续增大。

（九）农村教师继续教育

继续教育对教师素质和能力的提高十分重要，并日益为政府和个人所接受和认可。1999 年教育部决定实施"中小学教师继续教育工程"。这项工程为教师接受继续教育和提高学历创造了机会。2002 年 10 月，国家教育督导团对 11 省市进行"中小学教师继续受教育工程"检查，反映工程执行比较得力。如表 8-13 所示：

表 8-13　　　　中小学继续受教育工程各项培训情况

培训类型	受教育对象在全体教师中的比例
全员培训	80% 以上
省级骨干教师培训	95% 以上
地（市）级骨干教师	90% 以上
计算机培训	90% 以上
培训者培训	15% 以上

在实施"继续教育工程"中，城乡差别依然存在。农村教师接受继续教育机会少，层次低，经济负担重。根据东北师大农村所 2002～2003 年调研报告，农村在继续受教育中存在这样一些问题：机会少、层次低、培训形式单一、培训内容与教育教学实际脱离。北京师范大学 2003 年调研报告反映农村教师继续受教育也存在这些问题。

从表 8-14 看来，城市（包括直辖市、省城、地级市、地区）的新教师培训、骨干教师培训、外语培训、教材教法培训、其他专题培训高于农村，农村

(县、乡、镇、农村)的职称培训、学历进修高于城市，表明城市继续教育更多注重教师内涵和高层次能力提高，而农村则侧重外在技能和低层次提高。

表 8-14　　　　　　　　各地区教师培训情况　　　　　　　单位：%

	直辖市、省城	地级市、地区	县	乡、镇	农村
新教师培训	71.9	73.7	58.3	62.5	37.5
职称培训	15.6	15.8	37.5	31.3	62.5
骨干教师培训	81.3	94.7	87.5	87.5	62.5
学历进修	90.6	94.7	95.8	93.8	100.0
全员岗位培训	53.1	78.9	66.7	62.5	87.5
外语培训	43.8	36.8	33.3	31.3	12.5
计算机培训	96.9	100.0	91.7	93.8	100.0
教材教法培训	96.9	94.7	75.0	93.8	75.0
其他专题培训	68.8	68.4	50.0	37.5	50.0
其他	12.5	5.3	0	0	0

资料来源：北京师范大学教育学院"中国教育发展报告·变革中的教师与教师教育"课题组：《2003年中国中小学教师教育现状调研报告》。

由于继续教育的经费主要由教师个人承担，农村教师的继续教育形式和机会都受到制约，与城市教师存在着一定差距。

（十）农村教师待遇

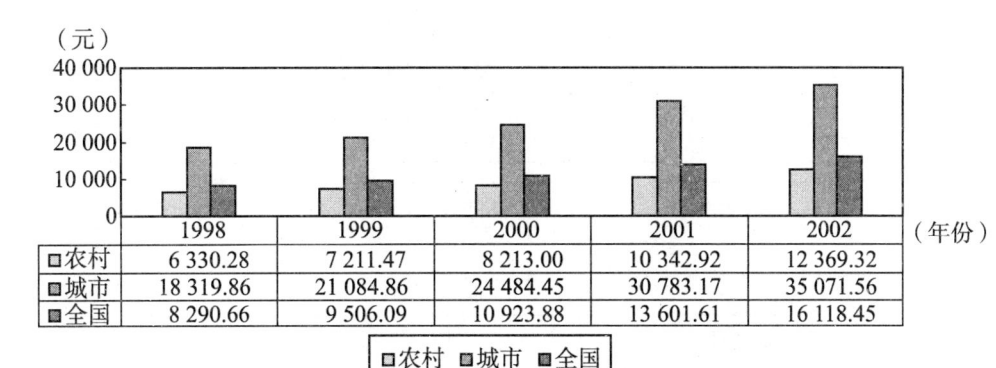

	1998	1999	2000	2001	2002
农村	6 330.28	7 211.47	8 213.00	10 342.92	12 369.32
城市	18 319.86	21 084.86	24 484.45	30 783.17	35 071.56
全国	8 290.66	9 506.09	10 923.88	13 601.61	16 118.45

图 8-15　1998～2002年份城乡小学教师待遇对比

资料来源：教育部财务司、国家统计局人口和社会科技统计司：《中国教育经费统计年鉴(1998～2002)》，中国统计出版社1999～2003年各年版。

根据《中国教育经费统计年鉴》计算教师待遇，包括基本工资、补助工资、其他工资、职工福利费、社会保障费、奖贷助学金，基本上等于教师能获得的所有收入。

由统计结果来看，农村教师待遇提高迅速，但与城市教师有较大差距，也低于全国教师待遇水平。

农村教师待遇在 1998～2002 年间增长迅速，共增长 6 039.04 元，将近翻番。但城市教师待遇也增长较快，由 1998 年的 18 319.86 元增长到 35 071.56 元，增长了 91%。农村教师和城市教师待遇依然差别巨大。农村教师的待遇也低于全国水平。农村教师待遇亟待提高。

东北师范大学 2002 年报告和北京师范大学 2003 年的调研报告也反映城乡教师待遇差别大。东北师范大学调查表明，城乡基本工资差别不大，但其他待遇有较大差别，使得城乡教师实际收入有差别。城乡实际相差奖金 500 元/月。[①] 北京师范大学调查情况如下：

表 8-15　　　　　　　　　被调查学校教师月收入情况

所在地区		教职工月平均工资（元）			专任教师月平均工资（元）		
		省份			省份		
		北京	河南	宁夏	总体	北京	河南	宁夏	总体
小学	直辖市	2 134	1 206	1 000	1 749	2 429	1 226	1 000	1 932
	地级市、地区		1 000	1 133	1 100		1 000	1 100	1 067
	县	1 575		955	1 068	1 550		1 029	1 124
	乡、镇	1 530	965	975	1 111	1 515	1 065	967	1 151
	农村	1 100		859	907	1 200		902	962
	均值	1 894	1 120	968	1 298	2 085	1 158	999	1 401
初中	直辖市、省城	2 346		1 064	2 090	2 588		1 193	2 309
	地级市、地区		1 098	1 355	1 184		1 108	1 308	1 199
	县	1 480	600		1 040	1 500	600		1 050
	乡、镇	1 551	529	1 000	843	1 583	568	1 000	920
	农村	1 671		950	1 311	1 600		1 050	1 325
	均值	1 955	819	1 180	1 252	2 077	865	1 231	1 341

注：由于教育经费统计年鉴中只有初中教师待遇有城乡差别，而教育统计年鉴中教职工数是初高中合计的，故中学教师城乡待遇无法计算。

资料来源：《2004：中国教育发展报告——变革中的教师与教师教育》。

[①] 东北师范大学农村所：《农村教师调查报告3》，东北师范大学2003年版。

农村教师收入还存在的一个重要问题是农村教师工资拖欠的现象。不少报道与研究表明农村教师工资拖欠现象严重。20世纪90年代初期的一段时间内，我国许多地区曾发生过大面积拖欠教师工资的现象，后经各级政府高度重视，这一问题在20世纪90年代中期得到一定程度的缓解。但在20世纪末，许多农村地区又一次陷于大面积拖欠教师工资的境地。据教育部统计，至2002年7月份，全国累计拖欠教师工资总计距国家规定标准还有127.06亿元，涉及24个省。仅2002年1~4月份，全国新欠教师工资就达14.6亿元，涉及21个省，420个行政县。到2002年年底，全国农村中小学教师工资拖欠累计达到了150亿元，2003年又新增20亿元。全国除了8个省市地区，包括广东、江苏这些发达地区都有拖欠教师工资的现象。

二、农村教师发展指标预测

（一）农村教师发展指标体系的理论依据

1. 农村教师发展指标的选择

农村教师发展指标体系的选择是建立在对现实的认识上的，主要依据这样几点：一是严峻性。农村教师发展现状中的各方面都是比较重要的，在现实中问题都比较突出，但是有些方面的问题更加严峻，在当下已经到了刻不容缓的时候，而有的问题则可以稍稍放慢节奏。二是影响性。各个问题的地位和作用是存在不同的，有的问题是根本性的，全局性的，对其他问题的解决有重要影响，如教师数量的问题直接影响到其他问题，教师数量解决后，教师学科分布，生师比也就得到了解决。这些问题就应当作为发展指标。三是持续性。教师的不少问题是一定历史时期的产物，随着社会的发展和政策的改变，将在较短时间内消失，在未来发展中不会产生持续性的影响，这类问题就不作为指标，如教师职工比在目前已经处于较低水平，随着学校后勤服务的社会化，这一问题将得到较好的解决。四是可预测性。有的问题比较重要，如小学农村教师年龄上出现断层问题，这个问题非常重要，并且预测年龄结构可以直接判断教师离退休数量从而预测新补充教师数量，具有十分重要的意义，但年龄问题难以预测，目前统计资料中关于农村教师具体的年龄结构数据没有，这一指标只能在统计资料更加完备，指标体系理论更加完善时才能科学地进行研究。[①]

---

① OECD. Education at A Glance：OECD Indicator 1997，Paris：OECD，2001.134 – 135.

2. 农村教师发展指标的政策解读

教师发展指标有两方面的依据：一是客观依据，社会对教师发展提出的客观要求，具有必然性和客观性，即上面提到的主要依据；二是主观依据，教师发展能否实现，需要国家、政府和各部门的重视和支持，具有主观性。[①] 从我国的社会尤其是农村社会的现实来看，主观依据对教师发展的影响很大。农村教师作为整个教师队伍发展的滞后环节，需要重点发展，以缩小与城市教师之间的差距，并促进农村教育的整体发展。在2005~2006年间，各级政府颁布了一系列发展农村教育的文件，这些举措将有利于保证目标的实现，也是指标预测的现实依据。

最新关注农村教育的文件主要有：《义务教育法修订草案》、《教育部关于大力推进城镇教师支援农村教育工作的意见》。国家领导人及教育部的重要人士发表了各种讲话，重视农村教育。各省市相应制定了比较详细的发展本地区农村教育的政策，有上海、湖南、湖北、辽宁等。在国家政策的导向下，一些师范院校积极参与到农村教育的发展中来，如华中师范大学、东北师范大学。这些举措的详细措施各有不同，但主要着眼点和发展方向是一致的，集中在这样几个方面：

（1）强调和重视农村教育及农村教师发展的意义。温家宝总理在2005年9月9日视察北京郊区潭柘寺中小学关于"城市支援农村教育"的两条建议中指出："构建和谐社会，要求城乡教育发展要和谐；实现社会公平，要使城乡孩子们公平接受教育。要关心农村教育，把农村教育摆在整个教育的重要位置，这是统筹城乡发展的一项重大任务，也是构建和谐社会的一项重大任务。提高农村教育质量，关键在教师。为了提高农村小学教学质量，让城镇教师到农村支教。[②] 这样，不仅可以使城市的教师得到锻炼，也可以使农村教育质量得到提高。"周济部长在出席联合国教科文组织第三十三届大会中的讲话中谈道："农村教育是当今中国教育事业的重中之重"。[③] 他代表国家在多次场合和会议上发表讲话，关切农村教育和农村教师发展，要提高认识，明确农村教育的重要地位，全面提高农村义务教育质量，提高农村教师待遇。政府和教育部门从不同的角度强调了重视农村教育、发展农村教师的意义。指导思想上的认识和澄清，为实践中农村教育的推进提供了保障。

（2）对农村教育尤其是农村义务教育的经费拨给进行了改革，以确保资金到位。义务教育修订案中对经费的标准、保障、来源、使用和管理进行了规定。

---

① Sherman, Joel D., Honegger, Steven D., McGivern, Jennifer L.. Comparative Indicators of Education in the United States and Other G-8 Countries: 2002., U. S. District of Columbia, 2003, 78-97.
② 《温家宝教师节前夕考察京郊乡村中小学纪实》，新华网，2005-9-10。
③ 《农村教育是中国教育的重中之重》，新华网，2005-10-06。

在标准上，国家要制定并适时调整适应义务教育基本需求的教职工编制标准和工资标准、学校建设标准、学生人均公用经费标准。中央和各级政府共同负责经费，省、自治区、直辖市政府负责统筹落实的体制，明确了省级政府的责任。义务教育经费应当实现"三增长"。在加强义务教育经费的使用和管理上，要求使用的透明度更高，部分情况应当向社会公布，并加强检测。① 这些措施都有利于保障义务教育的发展，同时也有利于教师工资的按时发放和待遇的提高。

（3）为农村教师队伍发展制定详细的措施。一是从来源上进行了准入要求：清退代课教师，鼓励大学生进入农村。原教育部发言人王旭明在 2006 年 3 月 27 日讲话中提出清退代课教师的决定。② 这一决定是为了提高农村教师整体队伍的素质，将不合格的教师辞退。同时，在补充农村教师方面，政府鼓励高校毕业生进入农村教学。二是对在职教师进行继续教育，提高在职教师的素质。政策规定要大力发展教师教育，尤其是县级以上政府要加强老师培养工作。三是加强教师流动，促进城镇教师支援农村。在《教育部关于大力推进城镇教师支援农村教育工作的意见》中提出了八点措施。对城市教师支援农村进行了详细的规定。

已出台的相关政策表明，我国在未来相当长的一段时间内，将把农村教育和农村教师作为发展重点。缩小城乡教育差距，提高教育质量，发展农村教师是关键，政府将为农村教师发展提供有力的制度保障。

（二）农村教师各发展指标预测

1. 农村教师数量预测

教师数量预测需要根据在校生数、生师比、毛入学率来确定，即教师数 = 在校生数 × 生师比 × 毛入学率。在校生变动由适龄人口的变动决定。由于实行了计划生育，人口的出生率得到了控制。③ 但我国长期以来在不同阶段呈现波动状态，这种情况还将在一定时段内存在。我国适龄人口在 2005～2020 年间有一定的波动，对教师数量发展有较大影响。

（1）农村小学教师近年需求下降幅度较大，2009 年后需求将有所上升。1998～2003 年全国小学在校生呈下降趋势，农村小学在校生下降快，全国小学教师出现了不同程度的超编。农村小学教师超编尤其严重。

---

① 储召生：《解读义务教育法修订草案修改重点》，载《中国教育报》，2006 - 2 - 269；《王旭明关于代课教师的讲话》，中国网 2006 - 3 - 27。

② 教育部 3 月 27 日新闻发布会文字实录．http：//www.qjedu.com.cn，2006 - 3 - 29。

③ UNESCO, International Inst. for Educational Planning：Development of Indicators for Educational Planning：Brazil, Cambodia, Estonia, Gambia, Lithuania, Thailand, France, 2001. 112 - 114.

根据预测,全国小学适龄人口在 2005~2006 年下降,然后开始上升,2019 年达到最高峰值为 11 411.3 万人。农村小学适龄人口在 2005~2008 年下降,2009~2020 年后呈持续上升状态。城市小学适龄人口 2005 年后一直处于上升状态,自 2016 年开始,上升趋势变缓。① 因此农村小学在校生数近 2 年将有所减少,2008 年后需求将增加。

2003 年小学毛入学率为 107.2%,表明小学重复入学的人数较多,资源有一定浪费,需要进行优化。毛入学率要在现有的基础上进行一定控制。我国重视义务教育的发展,在"普九"完成后将重点转移到义务教育发展的巩固上,因此小学阶段的入学率会维持在较高水平,这也是势之所趋,民心所向。结合 2003 年净入学率(98.65%),将 2020 年毛入学率定为 102% 较为妥当。

2003 年农村生师比为 20.73∶1,城市为 19.3∶1。农村生师比高于城市。在全国关于教师编制的文件中,通常农村教师编制要高于城市。实际上,由于农村特殊的地理环境,经济发展速度和水平都低于城市,农村不能像城市一样集中教学。农村的学生分散,小班化教学等情况要求制定农村教师编制时酌情考虑。关于增大农村教师编制的呼声和提议经常出现,新的编制标准在近年期望出台。在《义务教育法修订案》中,规定要科学制定教师编制标准。发达国家小学生师比为 24.6∶1。② 据此,将农村小学的生师比确定为 20∶1 较为合理。城市则可以提高教师利用效率,比例为 23∶1。

表 8-16　　分城乡小学教师 2010~2020 年教师预测

	年限	适龄人口数（人）	毛入学率（%）	生师比	在校生数（人）	教师数（人）
农村	2003	—	109.1	20.73∶1	98 820 540	4 766 354
	2010	67 204 964	106.1	20∶1∶1	71 304 467	3 565 223
	2015	71 776 992	104.04	20∶1∶1	74 676 782	3 733 839
	2020	79 628 130	102	20∶1∶1	78 466 693	3 923 335
城市	2003	—	102.9	19.3∶1	18 076 855	936 396
	2010	29 478 681	103.34	23∶1	30 464 738	1 324 554
	2015	36 674 586	102.7	23∶1	37 679 053	1 638 220
	2020	37 184 195	102	23∶1	37 927 879	1 649 038

---

① 袁桂林、宗晓华、陈静漪:《中国分城乡学龄人口变动趋势分析》,载《教育科学》2006 年第 1 期。

② Document of The World Bank Report No. T-6483-RW. http://www-wds.worldbank.org.

初中教师略有缺编,农村初中教师在 1999~2003 年缺编数有增长之势。2003 年农村初中教师缺编约 50 万人。随着适龄人口的下降,这一状况有望得到改变。

在 2003~2010 年间,随着农村初中在校生的下降,初中教师需求出现了较大幅度的下降。2003 年全国初中教师 46 岁以上有 473 506 人,农村有 353 753 人,城市有 121 553 人,预计 2010 年农村退休人数至少有 30 万。2010 年农村初中需要教师 1 697 669 人,在现有的教师系统内,加上目前的缺编教师数,预计农村初中教师将有约 25 万人超编,加上新补充的教师,超编教师将超过这一数目。2003~2010 年间农村初中教师数量需要调节好现有教师过多和需求数减少的矛盾。2010 年后农村教师平稳发展。2010 年城市退休老师至少有 12 万人,而城市初中教师一直在缓慢增长,故城市初中教师需要有计划地增加教师。

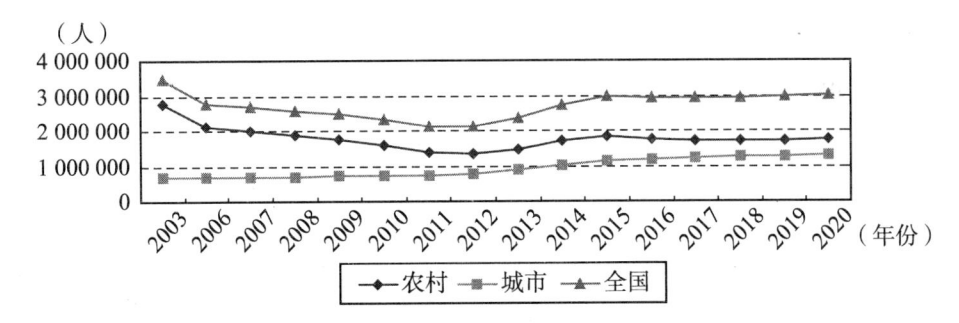

图 8-18 分城乡 2003~2020 年初中教师数量预测

(3) 农村高中教师目前短缺,数量需要发展。到 2010 年后需求缓慢下降,之后有所上升。近年普通高中迅速发展,其在高中教育阶段的比重已超过中等职业教育比重。中等职业教育发展速度有所下降,职业高中亟须发展。

高中教师目前处于缺编状态,需要得到补充,尤其是中等职业教育的老师。随着 2005 年后适龄人口高峰曲线的改变,对教师需求数会有所改变。

2003 年生师比农村、城市、全国分别为 18.9:1;17.4:1;18.4:1。发达国家中学阶段生师比为 18:1。[①] 根据国家 2001 年颁布的《关于制定中小学教职工编制标准的意见》,高中学生与专任教师的生师比为 15:1~16.7:1。结合农村高中阶段适龄人口数将下降的趋势,我们将高中生师比定为 15:1。

从高中适龄人口变化曲线来看,全国高中适龄人口从 2005 年开始下降,2016 年开始回升。农村高中适龄人口从 2005 年开始急剧下降。2016~2018 年上升,2018 年后又开始下降。城市高中适龄人口总体规模处于上升趋势,但各年

---

① Ron Clark. The Essential 55 Rules-Discovering the Successful Student In Every Child, http://www.teachers.net, 2006-2-12.

段之间变化不尽相同,但上升幅度比较平缓。

随着国家社会经济的发展,职业教育将得到大力发展,尤其是城市有经济上的优势和就业市场的导向,职业教育将得到更快的发展。

表8-18　　　分城乡高中教师2010~2020年教师预测

	年份	适龄人口数（人）	毛入学率（%）	普高占高中阶段的比重（%）	在校生数（人）	教师数（人）
农村	2010	36 811 304	60.40	64.9	14 430 738	962 049
	2015	23 390 444	66	67	10 343 254	689 550
	2020	29 466 566	70	62	12 788 490	852 566
城市	2010	14 271 030	130.55	28.6	5 328 330	355 222
	2015	15 477 067	126.27	27.12	5 300 142	353 343
	2020	23 329 465	115.3	23.1	6 218 081	414 539
全国	2010	51 082 334	80	50	20 432 934	1 362 196

由表8-20可知,虽然高中适龄人口下降,但高中发展迅速,高中教师数在2003~2010年仍然呈上涨趋势,高中教师需求大。到2015年间则有所下降,之后回升。城市教师则一直处于平缓的上升趋势中。

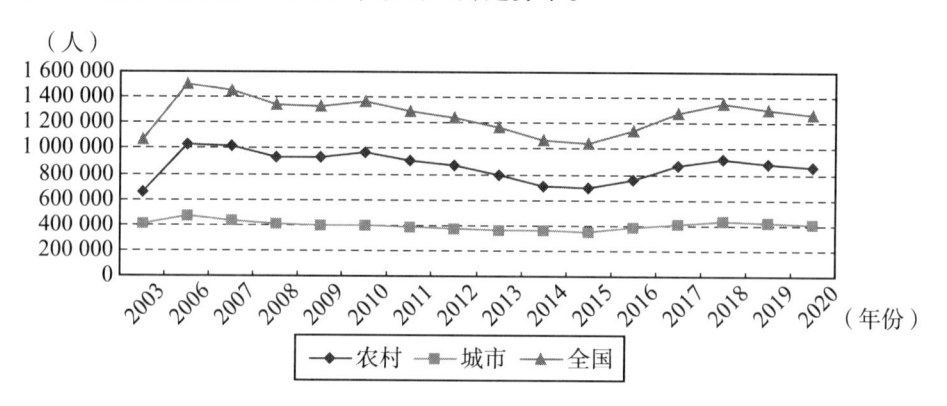

图8-19　分城乡2003~2020年高中教师数量预测

2. 农村教师学历预测

学历的提高是提高教师素质的重要条件之一。新中国成立以来我国教师学历合格率得到了很大的提升。但我国教师学历相对于发达国家而言偏低。教师学历提高在教育事业发展中具有重要意义。尤其当前城乡存在较大差距。提高农村教师学历,对提高农村教育质量,促进农村发展有重要意义。提高农村教师学历具有其必然性和重要意义。

（1）学历提高的重要意义。教师学历提高是国际教师教育发展的趋势。我国《教师法》规定，小学、初中、高中教师的合格学历以中师、专科和本科为起点。不少国家对学历的要求比我国要高。

表8－19　世界主要国家和地区提出小学教师本科化时间[①]　　单位：年

国家和地区	澳大利亚	巴西	法国	韩国	美国	墨西哥	日本	中国台湾	印度	英国
时间	1969	1996	1979	1980	1942	1984	1971	1987	1988	1963

世界主要国家和地区在20世纪就提出了小学教师本科化。不少国家对中学教师的要求是硕士学历。相对而言，我国教师学历要求偏低，教师学历应该得到发展。

我国经济发展，教师待遇提高，为吸引高学历人才从事教育事业提供了客观条件。一般说来，受教育程度越多，或教育程度越高，其工资收入便越高；受教育越少，其工资收入便越低。我国作为发展中国家，从业人员受教育程度有较大差别，因而工资待遇也有差别。近年来，我国为了鼓励优秀人才从事教育事业，不断提高教师待遇，为高学历人才从事教育创造了条件。

师范大学正由三级师范向二级师范过渡，正加快向一级师范过渡，培养了高学历的教师队伍接班人。目前来说，中师培养正在迅速减少，并且中师培养的毕业生进入小学任教难度非常大。新补充的小学教师以专科学历毕业生为主体，初中和高中也相应地提高了学历标准。

农村小学和初中教师数量已经饱和，教师在一定时期内需要转移，为提高教师学历创造了好时机。上面的分析中，可知农村小学和初中教师数量基本满足，尤其是小学整体上超编较为严重。而2003～2010年教师需求也大大减小，仅在现有的教育系统下，教师队伍就已经不需要补充了。而师范院校还在继续培养教师队伍接班人。2010年后对教师的需求重新加大。近期内不能光靠转移教师解决教师超编问题，可以利用这段时期大力发展教师继续教育，提高教师素质，在需要教师时再将教师纳入教育口。

综上所述，教师学历提高具有必然性和客观性。农村教师作为我国基础教育教师主体，作为农村环境中的人力资源，素质更应该得到发展，缩小与城市教师的差距。

（2）我国农村教师学历预测。综合考虑我国农村中小学教师的学历现状，参考近10年教师学历发展速度，在不考虑教师增员和减员，只考虑教师整体发

[①] 根据相关资料整理而成。

展的条件下，以2003年教师学历为基数，增长速度按照年平均增长率计算，预测2020年发展目标。测算公式为：高学历教师比=（全国教师数×全国高学历教师比－城市教师数×城市高学历教师比）/农村教师数。因为关于全国和城市教师学历在不少文件中均有相关表述，而农村教师学历则因为其发展难度及研究状况等原因，少有清楚的描述。在教育发展的过程中，应当确立农村教育发展的重要地位。一般说来，全国发展水平是没有脱离农村实际的，故将城市和全国水平作为重要的参考标准。

2003年农村小学教师学历合格率为97.58%，城市小学教师学历合格率为99.24%[①]。小学阶段教师学历合格率不再成为影响教师素质的基础。城乡差距也不明显。但在高学历教师比较上，城乡小学教师学历出现了较大差距。因此，应当加快农村专科及以上学历教师比例。《全国教育事业"九五"计划和2010年发展规划》中要求加强师资队伍建设中指出"进入下世纪后，通过增补高学历教师等方式，逐步提高骨干教师比重"。2002年《教育部关于加强专科以上学历小学教师培养工作的几点意见》中指出："坚持按需适度发展方针，科学规划专科以上学历小学教师的培养"。[②] 结合目前小学教师学历现状和各级政府在教师队伍上的投入与要求，预计到2020年全国小学专科及以上水平将达到80%，农村将达到73.60%，城市则达到95%。2003年农村高学历小学教师与城市相差28.57个百分点。2020年这一差距为21.4个百分点，农村与城市的差距缩小。高学历教师比例及其发展如表8－20所示。

表8－20　　　　分城乡小学高学历教师2010~2020年预测　　　　单位：%

年份 区域	2003	2010	2015	2020
农村	35.83	45.38	57.04	73.60
城市	64.40	75.8	84.74	95
全国	40.52	53.62	65.49	80

对小学教师高学历比进行预测有这样几点依据：一是现有的高学历教师农村为35.83%，城市为64.40%，农村有了一定基础并有较大的发展空间。二是目前小学教师老龄化比较严重，他们也是主要的低学历者，2003年40岁以上的教师占到40.53%，这部分教师在未来20年将离开教育系统。新补充的教师一般要求至少有专科学历。三是教师继续教育逐渐得到重视和肯定。根据2002年国

---

① 根据前文的统计结果。
② 教育部：《教育部关于加强专科以上学历小学教师培养工作的几点意见》，教育部网站2002－9－10。

家教育督导团对 11 省市进行"中小学教师继续教育工程"检查，1999~2002 年间小学高学历教师平均提高 18.24%，年均增长幅度较大。① 因此表 8-20 中高学历教师比是可以达到的。但是应当看到，农村与城市依然有较大差距，提高农村教师素质是个极大的挑战。

2003 年农村初中教师学历合格率为 90.79%，城市为 97.09%。城乡之间有一定差距。高学历教师差距很大，相差 30 个百分点。农村初中教师高学历要大力发展。2003~2010 年间农村初中教师需求大量减少，这部分教师可以转移出去接受学历培训方面的继续教育。"继续教育工程"中抽样检查初中教师高学历提高在 1999~2002 年间提高了 8.48%。② 本科师范学校近年规模和数量得到迅速发展，本科院校的发展为初中教师队伍补充提供了条件。

表 8-21　　分城乡初中高学历教师比 2010~2020 年预测　　单位：%

年份 区域	2003	2010	2015	2020
农村	17.66	26.08	36.09	53.30
城市	48.64	56.51	62.89	70
全国	23.83	34.85	45.73	60

目前高中教师面临数量和素质双重提高的挑战。农村高中教师学历合格率与城市教师学历合格率有较大差距。2003 年农村初中教师学历合格率为 68.97%，城市为 86.69%，相差近 20 个百分点。全国高中教师学历合格率普遍不高。《教育事业"十五"规划和 2015 年发展规划》中提出 2010 年目标之一是"高中阶段毛入学率有较大提高，在城市和发达地区普及高中阶段教育"，高中阶段教育的发展必然对教师学历提出更高的要求。③

表 8-22　　分城乡高中教师学历合格率与研究生学历教师数预测

	年份	学历合格率（%）	研究生教师数（人）	研究生教师比（%）
农村预测	2003	68.97	3 898	0.59
	2010	76.25	19 467	2.02
	2015	81.98	24 820	3.6
	2020	88	64 529	7.6

---

①② 国家教育督导团对河北等 10 省（自治区、直辖市）实施"中小学教师继续教育"工程情况的通报，http://www.cer.net，2004-11-26。

③ 国家教育部：《教育事业"十五"规划和 2015 年发展规划》，http://www.edu.cn，2004-06-27。

续表

	年份	学历合格率（%）	研究生教师数（人）	研究生教师比（%）
城市预测	2003	86.69	5 346	1.31
	2010	90.02	12 681	3.57
	2015	92.48	25 865	7.32
	2020	95	62 181	15
全国预测	2003	75.71	9 244	0.86
	2010	81.30	32 148	2.36
	2015	85.54	50 685	4.86
	2020	90	126 710	10

2004年举行的"首届全国教育厅局长论坛"上，教育部师范教育司副司长宋永刚预测，通过教师攻读硕士的计划，最终实现高中教师队伍硕士学历将达到"863"目标，即在三类地区分别为80%、60%和30%。我们测算，到2010年全国平均为2.36%，2020年为10%。可见"863"目标是更遥远的目标。

3. 农村教师职称预测

教师职称不受数额限制，只受标准限制。但由于职称评聘与工资奖金甚至住房等挂钩，教师职称评定中存在一定的问题。农村教师职称比尤其是高级职称低于城市高级教师职称比，不仅与农村教师素质有关系，也与管理等各方面有关系。现有的教师职称体制存在这些问题：一是高级职称的"封顶现象"。中小学教师一旦评上高级职称，就没有后顾之忧，也没有其他更大动力，阻碍了教师的进一步发展；二是高级职称很难评上。2003年小学阶段的中学高级职称农村仅有0.22%，城市也只有0.59%，这使得大多数教师对高级职称望而却步。目前不少地方正在实行职称体制和职称评定的改革。中小学教师应当加大高级职称的评定，政府对此也十分重视，《中小学教师队伍"十五"计划》中规定2005年全国小学教师中具有中、高级职称的比例应分别达到38%和2%以上；初中教师中具有中、高级职称的比例应分别达到38%和6.5%以上；高中教师中具有中、高级职称的比例应分别达到46%和22%左右。① 农村距离这个目标差距较大，城市则已经超过（除小学教师高级职称低于这一目标外）。农村高级职称与城市之间差距较大，在发展过程中应当加大比例。

对于农村教师高级职称的评定，在前文中已谈到与农村教育质量、农村骨干教师的培养有关。提高农村教师素质，加强骨干教师的培养有助于改变这一现

---

① 教育部：《中小学教师队伍"十五"计划》，http://www.jxjy.com.cn，2002-1-23。

实。有的地方采取一些倾斜措施提高农村教师高级职称的比例。如天津大岗规定每年从城区校拿出10%的评职指标增投农村校,同等条件下农村校教师优先晋职。①

近年高级职称比例发展较快。高中、初中、小学教师中具有高级职务的比例分别由1995年的15.7%、2.0%、0.07%提高到2000年的16.3%、3.3%、0.1%。城市已经超出这一比例,主要是农村比例较低。根据社会经济发展状况、高级职称与教师素质发展的相关性,未来高级职称发展态势如表8-23所示。

表8-23 　　　　　分城乡基础教育阶段高级职称对比　　　　　单位:%

	年份	小学一级职称及以上比	初中中学高级职称比	高中中学高级职称比
农村预测	2003	34.38	3.03	13.52
	2010	41.02	5.85	17.41
	2015	44.60	9.37	20.87
	2020	50	15	25
城市预测	2003	44.34	12.36	25.05
	2010	48.45	15.07	26.98
	2015	51.62	17.36	28.45
	2020	55	20	30
全国预测	2003	36.01	4.88	17.90
	2010	42.30	8.73	19.33
	2015	46.74	12.46	23.44
	2020	51.48	17.14	26.63

但是,由于目前农村大量优秀教师流向城市,同时城市教师继续教育的机会优于农村,城市教师素质高的比例的确优于农村,加之客观环境等影响,城市教师比农村教师更易出成果,在实际评价中,要提高农村教师高级职称的比例,还需要具体的政策支持。

4. 农村中小学"代课教师"② 问题将逐步得到解决

现状分析发现我国中小学代课教师现象很严重,并且存在较大的城乡差异,需要着力解决。从总体上看,小学代课教师比例较高,农村为8.22:100,城市

---

① 《天津大港区多举措向农村教育倾斜》,载《中国教育报》2005年10月1日。
② 这里所说的"代课教师"是指那些有合格学历但没有编制的在岗教师。

为3.42∶100。中学代课教师比例较小（2.62%），城乡差别不大，但绝对数量也不小（将近12万人）。基于此现状，我们设定了代课教师与专任教师比这一指标。

　　代课教师是由于公办教师数量不足，根据事业发展的需要招聘的临时顶岗教学人员，他们虽然是顶岗代课，但无论是人数上还是他们所承担的工作任务，代课教师这支年轻的队伍都称得上是一支重要的、在普及教育当中必不可少的师资力量。解决代课教师问题在近年逐步成为我国继解决民办教师问题以后亟待解决的一个新问题，同民办教师的产生一样，代课教师是在几乎相同的特殊历史条件下所产生的特殊现象。在我国尤其是广大农村地区师资不足的情况下，代课教师已成为补充中小学教师队伍的重要组成部分。2006年3月27日，教育部发言人称将清退40多万代课教师。在舆论界引起了热议。

　　为了保证代课教师队伍的质量，要加强对代课教师队伍的管理，特别是那些对代课教师长期放任自流的地方，应对现有的代课教师队伍进行一次全面的清理整顿，对考核不合格的代课教师要坚决清退，绝不能再误人子弟。在调整布局、定编定员的基础上，根据工作需要，严格控制代课教师人数，同时在聘用新的代课教师时，必须经过县教育行政部门批准，进行严格考试和考核，在公平竞争的基础上，择优聘用。

5. 农村教师流动率预测[①]

　　在当前我国城乡教育差距较大的情况下，城乡教师双向流动可以在一定程度上缓解农村地区师资不足和师资素质较低问题。对教师流动尤其是城乡教师的流动作出预测具有重要的意义。"教师定期流动制度不仅可以实现农村教师的校本培训，而且可以在一定程度上解决农村地区义务教育师资不足问题，特别是对偏远地区薄弱学校教师状况的改善可以起到显著的作用。"[②]

　　日本教师的"定期流动制"对我国城乡教师双向流动有重要的启示作用。日本的教师定期流动按流动地域可以分为两种情况：一是在同一行政区域内的学校间流动，即在同一市、町、村之间的流动；二是跨行政区域间的流动，相当于我国跨省流动。前者所占比重很大。教师既可以在同级同类学校之间流动，如从小学流向小学，从高中流向高中等；也可以在公立基础教育各类学校之间流动，如从高中流向特殊教育学校，从初中流向小学等。据日本文部省1995年统计，当年小学与初中有95 853名教师实行了流动换岗，流动率为16.9%；其中从偏

---

　　① 本部分的研究引用了课题组的研究成果：《提高农村教师素质，完善城乡教师流动机制》。
　　② 北京师范大学教育学院"中国教育发展报告·变革中的教师与教师教育"课题组：2003年中国中小学教师教育现状调研报告《中国教育发展报告——变革中的教师与教师教育》，北京师范大学出版社2004年版。

僻地学校向其他地区学校流动的有 5 951 人，从其他地区学校流动到偏僻地学校的有 5 544 人，交流比例大致平衡。

同时，日本对偏僻地尤其是流向偏僻地的教职员采取优厚待遇政策。在日本，义务教育教职员的工资据法律规定必须高于普通公务员。在 1954 年的《偏僻地区教育振兴法》（1974 年第四次修订）中又规定，市、町、村的任务之一就是"为协助在偏僻地区学校工作的教员及职员的住宅建造和其他生活福利，应采取必要措施。"在该法中，还专门设有"偏僻地区津贴"一项，其中规定："指定的偏僻地区学校或与其相当的学校教职员工，发给偏僻地区津贴。"一般来说，月津贴额在本人月工资和月扶养津贴总额的 2.5% 以内；当教职员因工作变动或随校搬迁到偏僻地任教时，从变动或搬迁之日起三年内，对其发给迁居补贴，月补贴额在本人月工资和月扶养津贴总额的 4% 以内。此外，还有其他各种形式的津贴，如寒冷地区津贴，单身赴任津贴等。[①]

目前我国城乡教师流动是一种不合理的单向流动，农村教师流向城市实质是农村优质教育资源的流失。而现有的经济条件下，城市教师流向农村后一般会返回原所在地。农村教师流向城市主要接受各种形式的培训，应当尽量返回农村，成为当地的教育主导力量。我国的城乡差异、地区差异尽管会缩小，但在相当长的一段时间内还将存在。目前存在的各种对口支援的形式仍将作为十分重要的教师流动形式存在。根据我国实际，我们有必要对城乡教师流动的概念做出不同的界定。"城—乡教师流动"特指城市教师到农村学校支教一年以上的过程。而"乡—城教师流动"则特指农村教师到城市学校交流一年以上并返回农村学校的过程。农村教师流向城市学校后不再返回农村任教的，即为教师流失。

农村教师流失比较普遍，乡镇教师和县级高中教师流失最为严重，各占其专任教师总数的 8.4% 和 6.5%，其次为乡镇小学和地区高中，分别占 5.4% 和 4.2%。

表 8-24　　　　　县以下各级学校教师流失情况

所在地区	学校级别	平均每校流失人数（人）	流失教师占专任教师数的比例（%）
县	小学	1.5	0.4
	初中	1	0.6
	高中	10	6.5

[①] 王俊明：《日本教师"定期流动制"对解决我国偏贫地区义务教育师资问题的启示》，万方数据 2005-5-1。

续表

所在地区	学校级别	平均每校流失人数（人）	流失教师占专任教师数的比例（%）
乡、镇	小学	8	5.4
	初中	16.5	8.4
农村	小学	0	0.0
	初中	3	3.1

资料来源：北京师范大学教育学院"中国教育发展报告·变革中的教师与教师教育"课题组：《2003年中国中小学教师教育现状调研报告》。

"乡—城教师流动"由于教学任务、经费、食宿等条件的限制，实施尚存在很大困难。

"城—乡教师流动"存在的问题主要表现在三个方面：第一，尚有多数省区没有形成长期、稳定的制度，而且保障机制不健全。这些文件在规定"城镇教师必须有在农村支教的经历，教师支教经历与职称评定等挂钩"的同时，其他配套的措施，如城市教师向农村流动的评价机制、户口关系、比例、组织形式、管理机构及形式、工资发放等均无说明。与教师切身利益相关的问题没有得到落实，教师向农村流动的物质保障不能得到保证，教师向农村流动的积极性就减弱了。同时没有对流动教师相关处理做出规定。如何对不遵守规定的教师在职称评定、待遇方面等相应的限制没有说明。最根本还在于文件还只停留在政策层面，没有上升为法律，使得这些政策缺乏约束力。在日本，教师流动制度的真正落实并不是在制度开始后，而是在地方教育行政组织出台《关于地方教育行政组织及营运的法律》后的事，并且还有系列相关法律作保障。第二，城市教师资源浪费严重。现行的优质学校建设，即以其师资队伍的"豪华阵容"来渲染自己的实力，与农村学校师资质量低下的窘境形成鲜明的反差。因此，城市教师支援农村学校的潜力很大。第三，城市教师超编与农村教师结构性不足并存（上文已有说明）。所以，现阶段我们考察教师流动应以"城—乡教师流动"为主。

建立长期的流动制度，要遵循以下几个基本原则：一是要在鼓励教师自由流动同时要有政策导向。目前相当比例的教师流动是在行政力量引导下进行。在未来相当长的时期内，靠人的自觉实现教师自由流动有一定困难。日本政府在出台教师"定期流动制"时也制定了相关的法律法规要求教师承担流动的义务。我们国家也可以采取相关的措施来促进"教师流动制度"的建立。二是把流动与教师的切身利益联系起来。城市教师流向农村的经历应当与教师职称评定、待遇等联系起来，尤其是在待遇方面，对城市流向农村的教师应该提高给予一定的补贴。农村教师流向城市则需要政府和各级教育部门努力创造条件，鼓励农村教师到城市提高锻炼，同时采取一定的优惠政策，为教师返回农村创造客观条件。三是有合适的年限。时间太短对教学效果的影响不大。一般来说至少应该有1年。当然也不能太长，1~3年的时间比较适中。四是加大同一行政区域内的流动。在我国现有的机构设置下，以地级市和省内流动为主。目前出台教师流动政策的主体也是这两者，表明了这一趋势。

根据以上研究，我们将流动率分为两种。用公式表示如下：城—乡教师流动率＝在农村学校支教一年以上的城市教师人数/城市教师总数。乡—城教师流动率＝到城市学校交流一年以上的农村教师人数/农村教师总数。关于教师流动率的确定可以借鉴国际经验。例如，日本1995年中小学教师流动率为16.9%，城乡交流比例大致平衡。基于我国现实，到2020年城—乡教师流动率达到15%为宜。并且把城—乡教师流动率作为教育督导评估的重要内容，教师流动率应成为检验地方各级政府教育资源配置合理程度的一项重要指标。

在义务教育阶段，农村教师的主要问题是素质低，城市教师则出现了一定的数量超编，因此城市教师可以加大流向农村的比例。高中阶段城乡都面临着教师短缺的问题，农村高中教师数量需求下降较快，而城市教师下降比例缓慢，高中阶段教师流动比例将小于义务教育阶段。在城乡教师流动比较上，城市教师流动比可以大于农村教师。

目前关于教师流动的政策中，教育部提出了《教育部关于大力推进城镇教师支援农村教育工作的意见》，这一意见提出了八点举措：积极做好大中城市中小学教师到农村支教工作；认真组织县域内城镇中小学教师定期到农村任教；探索实施农村教师特设岗位计划；积极鼓励并组织落实高校毕业生支援农村教育工作；组织师范生实习支教；积极开展多种形式的智力支教活动。这些措施在不同程度上有利于促进城镇教师支援农村，城—乡教师流动率将进一步加大。关于其他促进城乡及乡—城教师流动的建议，都可以在实践中进行积极的探索。[①]

6. 农村教师继续教育机会预测

1966年国际劳工组织和联合国教科文组织提出的《关于教师地位的建议》中指出："应把教育工作视为专门的职业，这种职业要求教师经过严格地、持续地学习，获得专门的知识和特别的技术。"1972年，英国的詹姆斯在《教师与教育训练》的报告中，将教师教育分为普通高等教育、专业培训和在职培训，强调了教师在职培训的重要地位。20世纪80年代后，教师专业化的观念逐渐成为社会各界的共识。教师作为教学专业人员不仅要依靠工作之前阶段的培养，更要

---

① 北京师范大学教育学院"中国教育发展报告·变革中的教师与教师教育"课题组：2003年中国中小学教师教育现状调研报告《中国教育发展报告——变革中的教师与教师教育》，北京师范大学出版社2004年版。

接受工作之后教育。下项调查表明了继续教育的重要性。

表 8-25　　　　我国中学教师各种能力形成时间的分布　　　　单位：%

各种专业能力	大学前	大学期间	职后
教学科研能力	18.18	11.11	70.71
教育机制	19.19	11.11	69.70
教学组织和管理能力	19.59	11.34	69.08
对教育内容的处理能力	18.95	12.63	68.42
与学生交往能力	21.43	10.21	68.37
运用教学方法的手段的能力	21.65	12.37	65.98
语言表达能力	34.69	20.41	44.90

资料来源：叶澜：《教师角色与教师发展新探》，上海教育出版社 2001 年版，第 281 页。

教师继续教育对教师素质发展有重要作用。农村教师继续教育机会需要增强。一是农村教师素质与城市教师有一定差距，与世界主要发达国家的差距更大。二是农村教师数量过剩，为教师继续教育提供了契机。三是信息技术的发展，为教师接受继续教育提供了客观条件。

目前不少省市加强了对教师继续教育的关注与投入。新一轮中小学教师全员培训中，重视教师继续教育，加强了经费投入和制度保障。

在教师继续教育经费上，各政府对继续教育给予了专门的经费保证。湖北、浙江、湖南、新疆、河北等地狠抓教师培训经费的落实。浙江从 2004~2007 年，政府每年下达 2 000 万元教师培养、培训专项经费，并要求各地政府按不少于教职工工资总额 3% 的比例安排教师培训专项资金。河北提出，从 2005 年起，省级财政设立中小学教师培训专项经费，并要求市、县两级也要设立相应的专项经费。湖南、新疆也提出了类似要求。

在教师培训制度上，山东、新疆、河北、辽宁等省区在教师培训制度建设方面进行了积极的探索。山东将建立教师培训证书制度、教师培训管理档案和学分管理制度，以及学历培训和非学历培训部分课程、学分互认机制。新疆、河北、辽宁等加强对地方政府组织实施新一轮全员培训的考核，将目标落实情况作为省政府对地方政府教育工作的考核指标之一。

在教师继续教育过程中，政策向农村方面倾斜。如湖北、陕西、辽宁、河南、四川等省将农村中小学教师培训和学历提高摆在突出位置。湖北启动了新中国成立以来规模最大的一次农村教师培训计划——"湖北省农村中小学教师队伍整体素质提高工程"。从 2005 年起斥资 2 亿元，在 5 年内免费培训 10 万名年龄在 45 周岁以下的农村中小学骨干教师。辽宁专门制定并实施了"2004 年至

2007 年农村中小学教师队伍整体素质提高工程"。河南和浙江也实施了各种促进措施。

从中央和地方对继续教育的重视和事实来看,继续教育制度会逐渐规范化,经费的承担主体逐渐由个人转向政府或相关机构,预计农村教师继续教育机会在将来有较大程度的提高。

教师继续教育机会以五年为一个限度,计算教师五年中接受的总课时数。《中小学教师继续教育工程方案》中规定大部分地区的中小学教师在 1999～2003 年通过多种形式普遍完成不少于 190 学时的培训,贫困地区的教师至少接受 1 次有组织的培训(面授时间不少于 40 学时)。[①] 国家在促进继续教育发展时,应该对农村教师实行倾斜政策。则农村教师继续受教育学时应该高于城市。全国教师在五年内以各种形式接受继续受教育机会不应该少于 300 学时,农村教师则应该达到 400 学时。教师继续教育类型应该有多种:包括教师岗位培训、骨干教师培训、提高学历培训等等。

7. 农村教师待遇预测

判断某人口集团或行业收入水平高低,通常采用两种相对指标。一是该集团人均收入与国民生产总值 GNP 或国内生产总值 GDP 之比较。二是该集团人均收入与其他行业或同类人员平均收入指标。根据世界各国发展经验,发达国家阶级差别不会太大,教师收入相对较低。发展中国家教师工资收入则明显高于教育水平很低的人口集团,教师收入水平相对较高。由于我国的社会性质,各职业间的收入差别不能太大,但为了突出对教育和教师地位的重视,教师工资收入应该略高于人均水平。

在上面的分析中已知农村教师待遇低于城市教师,我们来看看与全国职工水平和人均 GDP 的比较状况。

表 8-26　　　　农村小学教师与全国工资对比　　　　单位:元

年　份	1998	1999	2000	2001	2002	2003
农村小学教师工资	6 330.28	7 211.47	8 213.00	10 342.92	12 396.32	13 293
全国职工平均工资	7 479	8 346	9 371	10 870	12 422	14 040
人均 GDP	—	—	—	7 542	7 997	9 057

注:2003 年为全国中小学年平均工资,农村小学教师应当低于这一数目。

资料来源:农村小学教师工资来自于《中国教育经费年鉴 2003》,全国平均工资 1998～1999 年来自于《中国统计摘要 2001》。2000～2003 年来自于《中国区域经济统计年鉴 2004》。人均 GDP 来自于《青海统计年鉴》2002～2004 年。

---

① 教育部:《中小学教师继续教育工程方案》,教育部网站 2000-3-6。

由表 8-26 可知，农村小学教师工资一直低于全国职工平均工资，2001 年、2002 年、2003 年其与 GDP 的比值分别为 1.37∶1；1.55∶1；1.47∶1。根据北京师范大学曲恒昌老师的研究，我国目前经济条件下教师平均收入与人均 GDP 为 2∶1，与非农业部门平均收入之间为 1.5∶1 是比较合理的。[1] 以这个标准来看，我国农村教师工资收入是比较低的，这给教师发展带来了阻力。教师的真正发展必须有坚实的现实利益作为基础。当然，近年来我国政府加大了对教育的投入，也加快了提高教师工资的步伐。表 8-27 中，小学教师年增长率以超过 10% 的速度增长。其中 2000~2001 年竟分别高达 25.93%、25.73%。农村教师工资收入总体来说增长较快。

表 8-27　　　　　　分城乡小学教师待遇增长率对比　　　　　　单位：%

年份	1998~1999	1999~2000	2000~2001	2001~2002
农村	13.92	13.89	25.93	19.59
城市	15.09	16.12	25.73	13.93
全国	14.66	14.91	24.51	18.50

资料来源：根据《中国教育经费统计年鉴 2003》原始数据计算所得。

根据预算，2010 年人均 GDP 为 13 656.1 元，2015 年为 18 410 元，2020 年为 25 247.90 元（均以 2000 年物价水平）。[2] 以曲恒昌老师的标准作为参照，我国农村中小学教师工资收入 2010 年为 27 312.2 元，2015 年为 36 820 元，2020 年为 50 495.8 元，将比现在有较大幅度的增长。在最近的《义务教育法》修订草案中，政府采取了多方面措施提高和保障农村教师的待遇。随着经济的增长，教师待遇提高可以期待。

同时，解决农村教师工资拖欠问题后，教师实际收入将有所增加。农村教师工资拖欠在一定时期内存在。这与我国的教育体制有关系。尤其是"费改税"导致农村教育经费出现了巨大缺口，而中央财政和省级财政的专项转移支付又很少，这使得教师工资拖欠的问题愈演愈烈。目前中央表示拿出专项资金用来提高农村教师待遇，这将有利于农村教师工资拖欠问题的解决。

---

[1] 曲恒昌：《关于我国中小学教师工资收入的几个问题》，http://www.52blog.net，2006-1-15。
[2] 人均 GDP 预测见本书第七章。

表8-28　农村教师发展指标体系总表

一级	二级	三级	农村发展趋势预测				城市发展趋势预测			
			2003年	2010年	2015年	2020年	2003年	2010年	2015年	2020年
专任教师数	小学专任教师数（人）	—	4 766 354	3 565 223	3 733 839	3 923 335	936 396	1 324 554	1 638 220	1 649 038
	初中专任教师数（人）	—	2 777 092	1 603 355	1 815 086	1 735 881	689 643	727 431	1 143 301	1 304 065
	高中专任教师数（人）	—	663 512	962 049	689 550	852 566	407 063	355 222	353 343	414 539
教师结构	学历结构	小学专科及以上学历的教师比（%）	35.83	45.38	57.04	73.60	64.40	75.8	84.74	95
		初中本科及以上学历的专任教师比（%）	17.66	26.08	36.09	53.30	48.64	56.51	62.89	70
		高中学历合格率（%）	68.97	76.25	81.98	88	86.69	90.02	92.48	95
		高中具有研究生学历的教师比（%）	0.59	2.02	3.6	7.6	1.31	3.57	7.32	15
	职称结构	小学一级及以上教师比（%）	34.48	40.02	44.60	50	44.34	48.45	51.62	55
		初中中学高级教师比（%）	3.03	5.85	9.37	15	12.36	15.07	17.36	20
		高中中学高级教师比（%）	13.52	17.41	20.87	25	25.05	26.98	28.45	30
	教师流动率	义务教育阶段城市流向农村教师比（%）	—	—	—	—	—	10	15	15
继续教育	五年中教师接受继续教育的总课时	—	—	400	400	400	—	—	—	—
待遇	基本工资（元）		—	27 312.2	36 820	50 495.8	—	27 312.2	36 820	50 495.8

141

三、政策建议

（一）协调农村教师数量

在过去的一段时期，教育的发展重点是扩张规模，使孩子有接受教育的机会。以后教育的发展重点应当转移到提高教育质量上来。教师也应当由数量扩张转变到提高质量。

但是教师数量发展在相当长的一段时间里将影响教师队伍的稳定。从现状来看，除高中阶段城乡教师都存在数量短缺的问题外，教师总量是饱和的。农村教师存在结构性不足，但结构性不足主要与教师素质结构有关系，总体上而言，农村教师数量饱和的问题很严重。根据人口预测结果，适龄人口的总体趋势是下降的，教师需求将渐渐减少。由于我国教师尚未完全实行聘用制方式，教师是准公务员的身份，其任用通常是终生的。尤其对于合格教师，不能采用简单清退的方法。同时，随着师范教育不断发展，教师待遇的逐渐提高，社会竞争加剧，教师职业越来越吸引人，新教师将不断地补充到教师队伍中来。根据对现阶段教师年龄结构的分析，除小学老龄教师较多外，初高中都是以中青年教师为主体，退休教师数量不多。上述因素都在客观上使得教师队伍将逐渐壮大。教师需求减少，教师数量客观增多，这将成为未来一个严峻的问题。

结合教师发展重点由数量扩张转变到提高质量趋势，需要妥善解决教师数量发展问题。笔者认为可以采取这些措施：一是在教师准入上，提高教师资格标准，确保高质量人才进入教育系统；二是对现有的农村教师进行科学的考核，辞退不合格教师。农村教师在最近十年发展迅猛，其学历提高速度十分惊人。但教师素质实质性的提高与学历提高并不完全匹配。应该对现有庞大的教师队伍进行科学的考核，对于其中确定不能胜任教学工作的，妥善处理好调动关系，使其脱离教学岗位。三是改革教师人事制度，实行聘用制。《教师法》中规定"学校和其他教育机构应当逐步实行教师聘任制"，正是出于聘任制对人才合理竞争的肯定。

（二）提高和保障农村教师待遇

目前我国教师工资其他收入主要是以县为单位进行管理。由于各县之间经济状况差别较大，使得各地区教师收入差别较大。而县级财政通常比较紧张，加之教育财政转移支付不透明等，使得教师工资常常被挪用或拖欠。首先要提高农村教师待遇。在前面分析中我们知道教师尤其是农村教师待遇与全国平均水平是有较大差距的。《教师法》中规定，"教师的平均工资应当不低于或者高于国家公务员的平均工资水平。"但由于我国各地差别大，使得这一规定在实际的操作中具有一定的局限性。教师待遇既应当在现有的水平上得到提高，也应当随着社会的发展逐年增长。笔者认为教师待遇提高标准可以参照曲恒昌老师的研究，以人均GDP与非农业部门平均收入之间的比值来确定标准。

教师待遇提高需要建立稳固的教师工资发放体系。袁桂林教授认为对待像义务教育这样的公共事业，中央财政直接作用更加有效。专款专用，封闭管理对经费投入的直接到位，防止地方政府挪用有重要作用。因而，国家、省、地、县、乡、村各级财政中，国家和省级财政应承担起对教师工资支付的更大责任。教师工资至少由省里统一发放。以专款形式拨到县财政，由县负责直接发放到每位教师。

为了保证教师工资的及时发放，在实践中需要建立责任制和责任追究制，加强监督和操作的透明度。对于不能按时发放教师工资的县，要依照法律和相关规定进行行政处罚甚至法律制裁。

考虑到农村其他因素，信息闭塞、交通落后、医疗、卫生不发达，这些方面的条件远不及城市，应当给予农村教师一定的补偿待遇，边远地区和艰苦地区可以建立固定的教师津贴制度，使待遇适当高于城市，从而吸引优质教师去农村任教。

（三）加强和改革教师制度建设

专家认为提高农村教师素质，要从制度重建的角度思考农村教师问题。这里主要就教师编制制度和教师职称制度谈谈。教师编制是关系教师数量的标准，而教师职称则直接关系到教师实际利益获得。这两种制度在当前都存在不同程度的问题。目前各级学校的教师编制主要根据2001年中央编办、教育部、财政部的《关于制定中小学教职工编制标准的意见》，其标准主要考虑生师比这个维度，而这对复杂多变的农村来说并不科学。袁桂林教授认为教师编制制度改革可以从以下两个维度考虑：其一，以农村学校为单位核定教师编制。学校是教育的直接实践机构。教师一般不可能跨学校工作，因此，教师编制要服从教育工作实际的要求，就应该以学校为单位核定。这是实践的逻辑。其二，核定教师编制要多维度考虑。教师编制除了考虑教职工和学生比之外，还要考虑任课门数与教职工比，周课时与教职工比等因素。规模小的农村学校还要考虑年级数与教职工比。

在职称评定中，农村教师明显劣于城市，当然城乡教师职称评定都存在问题。改革教师职称评定制度，可以考虑这样几个方面：一是加大高级职称评定比例，让部分教师通过努力可以评上高级；二是改变"封顶现象"。应当确立有效的激励机制，在高级职称外建立其他的鼓励措施，以促进教师的不断进步。当然，改革农村教师职称评定制度，需要有配套的措施，如加强农村骨干教师的培养。

（四）完善教师继续教育机制

教师继续教育对教师发展有重大意义，但农村教师继续教育还几乎是空白，一方面没有机会出来进修学习，另一方面无力承担继续教育过程中的费用，农村教师参加继续教育经费自理的占绝大部分。加强农村教师继续教育既是必要的也是客观决定的。尤其我国未来20年，教师需求将出现几次大波动。在教师需求减少时，可以利用教师继续教育转移部分教师。当教师需求增加时，把这部分教师又返回学校。这样既可以提高教师素质，又可以缓解教师数量饱和的矛盾。同时，我国高等教育的连续扩招和高等教育大众化趋势的发展，使高校入学率大幅提升，高等学校在校生人数和毕业生数急剧增长，大大改善了中小学教师供给状况。这客观上将给在职教师带来竞争压力，促进在职教师加强继续教育。而成人教育、社区教育等机构的完善，将为教师继续教育提供客观条件。

完善继续教育机制，应当设立农村教师继续教育专项基金，为农村教师提供政策和经费支持。在培训过程中，要加强骨干教师的培养。

同时，教师继续教育的政策之所以不能得到坚定的贯彻与执行，是由于还没有上升到法律的角度，可以制定相关的法律法规，在一定程度上要强制执行农村教师继续教育。

（五）促进城乡教师双向流动

我国城乡教师存在极大的差别，教师之间互相流动可以在一定程度上解决农村地区义务教育师资不足问题，同时为农村教师向城市教师学习提供了机会，有利于农村教育发展。

政府应当积极建立教师转任制度，促进城乡教师合理流动。国外如韩国、日本都有相关的教师转任制度，我国在这方面还是空白。教师转任制度主要是为了促进教师流动，教师可以在同类学校流动，也可以在低一级学校之间流动，可以在本省内流动，也可以跨省流动。

鼓励城乡教师流动机制采取这样一些措施：第一，制定相应的法律法规，提供政策支持。目前相当比例的教师流动是在行政力量引导下进行。在未来一段时期内，靠人的自觉实现教师自由流动有一定困难。日本政府在出台教师"定期流动制"时也制定了相关的法律法规要求教师承担流动的义务。在我国，也可以制定相关的政策法规来促进"教师流动制"的建立。目前有些地区在进行这方面的尝试和探索。如辽宁省沈阳市规定："从2006年起，凡中小学申报职务晋升的教师，必须有交流任教一年以上的经历"。1998年浙江、黑龙江等省也有类似规定。第二，采取措施防控农村教师流失。优秀、骨干教师流失问题是影响农村师资队伍稳定的一个大问题，也是危害农村教育发展的一个大问题。提高农村中小学教师待遇是稳定农村师资队伍的关键。城乡教师待遇的巨大反差是导致农村骨干教师流失的最主要因素。要从根本上解决这一问题，必须加大对农村教育的投入力度，提高农村教师的福利待遇，缩小城乡教师的经济收入差距。第三，实施舆论引导。鼓励城乡教师流动交流，除了政策规定外，还要靠积极的舆论引导。在当代社会，新闻媒体是引导社会舆论的重要力量，直接而广泛地影响着人们的思想和行为。尤其当前多种思想和观念流行甚至混乱，拜金主义盛行，人们的主体意识在一定程度上缺乏，进行积极的舆论导向，可以激发人们的使命感。因此，要加大对教师主动到农村地区特别是贫困地区任教事迹的宣传工作，把奉献精神和责任意识发扬光大。

第九章

农村中小学教育信息化发展指标体系研究

一、农村中小学教育信息化发展指标的构建视角

党的十六大提出"我国的国内生产总值到2020年要力争比2000年翻两番"的发展目标,这也意味着对我国教育事业的发展提出了更高的要求。报告中明确指出:"全民族的思想道德素质、科学文化素质和健康素质明显提高,形成比较完善的现代国民教育体系、科技和文化创新体系、全民健身和医疗卫生体系。人民享有接受良好教育的机会,基本普及高中阶段教育,消除文盲。形成全民学习、终身学习的学习型社会,促进人的全面发展。"党的十六大报告是在信息社会背景下提出的新世纪的政治宣言和行动纲领,体现了信息化时代对教育的新要求和信息化教育的特点。因而我们在构建农村中小学教育信息化发展指标的过程中,一方面要考虑到教育信息化本身发展的特点和内涵,另一方面也要考虑到教育信息化的背景和发展趋势,这样才能构建出一套合理而有效的发展指标体系。

(一)教育信息化的社会背景

1. 教育信息化与后现代教育

信息化通常被认为是工业化进一步发展的产物,其理念目标是对以工业化为主要特征的现代性的一种超越。信息化理念的实践来源是信息技术的革命和信息经济的发展,从根本上说信息化是关切实际的,但我们也发现目前的信息化建设

还缺乏自己的世界观和方法论。没有正确的世界观和方法论的指导，信息化对工业化的超越就很难落到实处，而容易沦为一般的技术性建设，从而导致不能从根本上适应未来信息社会对当前信息化建设的要求。因而越来越多的学者开始关切信息化的哲学内涵这一重要问题。国家信息化测评中心常务副主任姜奇平认为，"信息化和后现代追求的共同目标都是重建未来社会个人的自由而全面发展的信心"，"正因为现代化过程是破坏与建设的统一，信息化与后现代，完全可以在扬弃这个意义上取得统一"。后现代哲学强调异质性反对同质性、强调个性反对整齐划一、强调分布式反对集中式。后现代哲学的这些特点只有在信息技术革命和生物技术革命这样的生产力条件的支持下才能实现。只有在信息社会中，整齐划一的工业化生产才能变成个性化的定制服务，集中式管理才能演变为分布式管理，同质性才能逐步向异质性复归。从某种意义上来说，信息化是实践后现代哲学的理想方式，信息化可以推动社会从工业化的机械状态向后现代的生命状态的不断演变与复归。

教育信息化作为一种利用信息技术来提高教育质量和教学效率的过程，其信息化的表现形式决定了教育信息化具有与信息化相通的哲学内涵，即教育信息化理念与后现代教育理念在教育哲学层次上的暗合。数字化教育信息资源具备存储量大、覆盖面广、资源共享容易、交互性良好和使用不受时空限制等优势，这给我们提供了一个在教育上赶超发达国家、缩小国内城乡差距的有利契机，正体现了后现代哲学对"去中心化"的诉求。在教育信息化过程中可能产生文化碰撞甚至文化冲突，后现代教育理念对教育文化包容性的认识有助于我们解决教育信息化过程中出现的文化整合问题。教育信息化强调教师与学生在信息化平台上的沟通与交流，不单纯地强调"教师中心"或"学生中心"，而是强调一种"师生互动"、"生生互动"，这实际上是后现代教育观所提倡的"去中心化"思想在教育教学实践中的具体体现。教育信息化还为学生提供了充分的自由探究的空间，反对传统教育的填鸭式教学和传授，学生在探究活动以及师生互动中不仅掌握了知识，更重要的是获得了生命体验，这与后现代教育理念对生命教育、生活教育的认识有着异曲同工之妙。教育信息化更重视教育的过程，重视为学生提供学习环境和学习资源，而后现代教育观也认为重视教育过程，才能使教育更有活力，更丰富，才能还教育以本来面目。总而言之，教育信息化有助于我们更好地理解和实践后现代教育理念，促进教育质量的提升。

2. 教育信息化与教育公平

巨大的城乡教育差距是我国当前教育发展面临的严峻现实，教育是经济社会发展的基础，教育的差距会严重制约社会其他方面的发展。城乡教育差距的产生同时也是一个长期、复杂而缓慢的过程，分析城乡教育差距产生的原因，我们可以看到除了教育投入的不均以外,另一个重要原因就是教育资源分配的不平等和受教育条件的不平等。正如有的学者所说,"贫困地区最大的问题就是缺钱,从学术上讲是最拙劣的解释",仅仅解决投入问题是不足以达到缩小城乡差距的最终目标的,教育信息化的建设从提升教育质量的根本目的出发,解决教学中存在的实际问题,提高了教学的效果、效益和效率。从这个意义上来讲,教育信息化虽然不是解决教育问题的充分条件,却是促进教育发展、缩小教育差距的必要条件。如果不能解决教育资源和条件的不平等问题,还将直接导致未来城市和乡村居民在知识结构、经济地位和收入方面差距的进一步扩大,使城乡多年来累积的文化资本的差距进一步拉大,造成文化资本分配的不平等。而教育信息化的普及,特别是通过国家政府向广大贫困的农村地区进行教育信息化的强力普及,可以大大改善农村学生获得信息的手段,缩小地区之间文化水平、文化资本的差距,促进教育公平和社会公平。

另一方面,我国义务教育也已基本普及,当前义务教育发展的主要任务是提升教育质量。从义务教育的属性来看,义务一词本身就蕴涵着一种"政府责任"的意味,义务教育作为一项公共产品,其发展原则应该是公平优先,兼顾效益,因而缩小教育差距,保证教育公平是发展义务教育的必然要求和应有之意。

此外,我国的教育水平以及教育信息化的发展水平还与发达国家存在着很大的差距,而教育信息化给我们提供了一个超越发达国家、缩小国内城乡差距的有利契机,如果不能很好地掌握这一契机,不仅不能实现预期的目标,还会进一步加大国际间、城乡之间的差距,造成难以弥合的"数字鸿沟"。

(二) 学校教育信息化的阶段特征

学校教育信息化是教育信息化的重要组成部分,信息技术走进学校经历了几个不同的阶段:最初阶段,信息技术作为学习与教学的支持工具在学校教育中发挥作用,此阶段诞生了诸多媒体辅助教学和学习的理论,其要旨是在教学中合理地应用技术,其实质是一种"技术中心观"。20世纪90年代中期,教育信息化的浪潮从欧美日逐渐蔓延到了我国。基于信息技术对社会的深刻影响,教育信息化作为对未来教育的一种期望,被赋予了浓厚的理想主义色彩。在政府的强力推动下,各个学校的信息化工程纷纷上马,基础设施和网络环境得到了极大的改善。这一阶段的发展进程中,"教育系统观"已经初现端倪,但由于部分学校管理者和教师对学校教育信息化的认识不够,出现了"重硬件轻软件"、"重建设轻应用"等错误观念,使学校教育信息化偏离应有的发展轨道,学校教育信息化发展矛盾重重,这种现状促使人们对教育信息化如何进一步发展、以什么指标来衡量发展、谁是信息化应用过程中的真正决策者、未来要发展到什么程度等问题进行更多的思考。这也正是我们提出构建教育信息化发展指标体系的直接原因。同时，按照我们的预计，到21世纪20年代左右，随着我国小康社会的建成，我国的学校教育信息化也将迈入一个更高的发展阶段，这一阶段中信息化作为建设目标的历史任务已经完成，而将开始作为学校现代化发展的重要背景和支持平台，以支持学校的不断发展和改进，促使学校完成教育范式的创新性变革。

学校教育信息化的发展历程中有三条线索尤为引人注目：其一为教学技术的改进，其中信息技术的作用是作为学习和教学的技术支持；其二为信息技术课程的演进，在此过程中，人们对信息技术课程的看法发生了从计算机文化到信息素养的转变；其三为学校的办公自动化，信息技术的应用从最初的文字处理、表格应用开始逐步向宏观和微观两个方向来发展，微观应用包括学生注册系统、网络学习系统、教师备课系统、办公自动化系统，宏观应用则包括教育科研、教育规划、教育决策、教育管理信息化等，其宏观应用的作用范围已经超出了学校本身，从一个更高的角度对学校教育来产生作用和影响。

依据学校教育信息化发展轨迹的三条线索，我们可以将我国学校教育信息化的发展现状及其未来发展趋势大致划分为四个阶段：

学校教育信息化的萌芽期（20世纪80年代~20世纪90年代中期）。

学校教育信息化的硬件建设期（20世纪90年代中期~21世纪初）。

学校教育信息化的整合过渡期（21世纪初~2020年）。

学校教育信息化的成熟期（2020年以后）。

目前我国学校教育信息化还处于整合过渡期，这段时期既要继续加强对硬件设施的建设与维护，还要充分考虑教育资源的建设与利用以及对信息化人才的培训与教育。党的十六大报告中指出，到2020年要实现全面建设小康社会的宏伟目标，要形成全民学习、终身学习的学习型社会。其中实现全面的学校教育信息化是必不可少的重要环节，因而我们初步把学校教育信息化整合过渡期的结束时间定为2020年，在2020年以后，随着小康社会建设的进一步深化，学校教育信息化也将进入第四阶段，即成熟发展的新阶段。

（三）发展指标的内涵

一般来说，发展指标具有五项基本的功能：

描述功能，对研究对象予以完整客观地呈现，如实反映情况。

解释功能，对研究对象进行全面深入地分析，说明问题的原因。

评价功能，对研究对象的发展变化进行测量和分析。

监测功能，通过监测研究对象，对其发展进行宏观调控。

预测功能，探索研究对象的发展规律，并对其发展态势作出合理预测。

总结起来，发展指标的主要作用是通过定量分析，来衡量、预测研究对象某方面发展的数量、质量、等级、程度等特性，以帮助人们了解事物要素的现状及变化趋势。它更多体现的是对未来事业发展的预测以及期望达到的阶段性目标，是对未来发展应然状态的一种构想。而以往研究中所论及的指标多为评估指标，评估指标是描述评估对象所处状态和特征的科学语言，其实质是为评估对象做出事实判断和价值判断，其作用是实现不同评估对象之间的相互比较。评估指标必须要体现出客观性、导向性、可行性和效用性，发展指标更多地要体现出监测性和预测性，这是发展指标与评估指标的主要区别所在。

还需要说明的是，在我国农村教育信息化发展的过程中，农村义务教育阶段的中小学信息化建设一直是教育信息化发展中的重中之重。从《教育部关于在中小学实施"校校通"工程的通知》，以及教育部、国家发展改革委、财政部印发的《2004～2005年农村中小学现代远程教育工程实施方案》等重要文件精神来看，国家在农村中小学进行信息化建设的主要对象也是农村义务教育阶段的中小学。因此，本研究将主要研究对象界定为农村普通初中和小学。有鉴于中国学术界对中国城乡的划分主要有三种划分方式：一是城市、县镇、农村（乡村）；二是城市（包括县镇）、农村；三是城市、农村（包括县镇）。本课题研究遵循第三种划分方式，在数据统计分析时除特别注明外，农村的各项数据均包含县镇的数据。

二、农村中小学信息化发展现状

就我国的国情来说，加速农村中小学教育信息化进程具有重要的现实意义。可以说，农村中小学教育信息化是缩小城乡之间"数字鸿沟"、"文明鸿沟"、"发展鸿沟"的希望所在。但是，在国家宏观政策到位的前提下，如何保证农村中小学教育信息化真正起步和持续发展，目前还存在许多基本的问题和具体困难。我们必须从我国农村中小学的发展现状出发，正视困难，研究问题，探索出解决问题的途径与方案。

（一）我国中小学教育信息化发展状况概述

我国教育信息化的开展最早可以溯源到1982年，教育部做出了在清华大学、北京大学和北京师范大学等5所大学的附属中学开设计算机选修课的决定，它标志着我国教育信息化萌芽的产生。计算机课的开设虽然不能代表全面的教育信息化，但"星星之火，可以燎原"，这一最初的决定也为教育信息化的进一步发展打下了基础。20世纪90年代中后期，面对世界信息技术的迅速发展和信息技术在教育中的广泛应用，同时也为了尽快缩短我国与世界发达国家教育水平的差距，我国正式启动了教育信息化全面建设的进程。1999年末，教育部宣布我国中小学从2001年9月份开始逐步开设"信息技术课程"，并公布了《中小学信息技术指导纲要》。2000年底，教育部发布《关于在中小学实施"校校通"工程的通知》。2000年10月召开的"全国中小学信息技术教育工作会议"上，宣布从2001年起，要用5~10年的时间在全国中小学基本普及信息技术教育，努力实现基础教育跨越式发展。

在这一系列政策的有力推动和引导下，我国中小学教育信息化得到了极大的发展。1982年底，我国开展计算机教育的学校只有19所，全国中学拥有计算机共150台，从事计算机教育的教师只有20人，累计参加学习计算机的学生仅为1 000人左右。而20年后的2003年，全国普通初中拥有计算机2 118 469台，初中信息技术教师达到了70 136人，建立校园网的学校数达到了10 132所，2004年全国普通初中拥有计算机2 453 378台，初中信息技术教师达到了77 409人，建立校园网的学校数达到12 872所，接受信息技术教育的学生更是不计其数。这20多年来全国中小学的教育信息化建设从无到有，发展迅猛，为教育教学的效果、效率、效益的提高奠定了良好的基础。

（二）我国农村中小学教育信息化发展现状

据《中国教育统计年鉴2004》的最新资料显示，我国普通中小学信息化发展迅速，普通中学计算机台数达到2 453 378台，小学达到3 182 886台，共计5 636 264台。建成校园网的普通初中学校数为12 872个，小学数为22 241个，共计35 113个。同时普通初中信息技术教师达到77 409人，平均每个普通初中拥有信息技术教师1.228个。详细情况如表9-1和表9-2所示。

表9-1　　　　2004年全国普通初中信息化发展基本数据

	计算机（台）	建立校园网的学校数（所）	学生数（人）	学校数（所）	教师本科以上学历所占比例（%）	信息技术教师（人）
合计	2 453 378	12 872	64 750 006	63 060	29.13	77 409
城市初中	662 693	3 755	11 196 865	8 747	55.03	17 984
县镇初中	773 241	4 125	21 870 482	16 218	28.01	26 470
农村初中	1 017 444	4 992	31 682 659	38 095	19.00	32 955

资料来源：《中国教育统计年鉴2004》。

表 9-2　　　　　　2004 年全国小学信息化发展基本数据

	计算机（台）	建立校园网的学校数（所）	学生数（人）	学校数（所）	教学点数（个）	教师专科及以上学历所占比例（%）
合计	3 182 886	22 241	112 462 256	394 183	101 508	48.76
城市小学	1 079 925	7 539	18 314 007	23 445	771	71.34
县镇小学	762 253	4 835	20 362 265	33 420	2 641	58.41
农村小学	1 340 708	9 867	73 785 984	337 318	98 096	40.14

资料来源：《中国教育统计年鉴 2004》。

我们对其中几个比较关键的数据分析如下：

2004 年，全国普通初中的平均生机比达到了 26.39，比 2003 年的 31.24 降低了 15.5%，2004 年城市初中的生机比为 16.90，比 2003 年的 19.63 下降了 13.91%，2004 年农村初中则为 29.91，比 2003 年的 35.65 下降了 16.1%。由以上分析我们可以看到，一方面我国教育信息化的发展速度迅猛，这是与国家积极的教育信息化政策密不可分的，另一方面我们还要看到农村初中的生机比近似于城市生机比的两倍，尽管近年来我国教育信息化发展速度很快，并且农村的发展速度高于城市发展速度，城乡差距呈现出缩小的趋势，但不可否认的是城乡差距依然十分巨大。

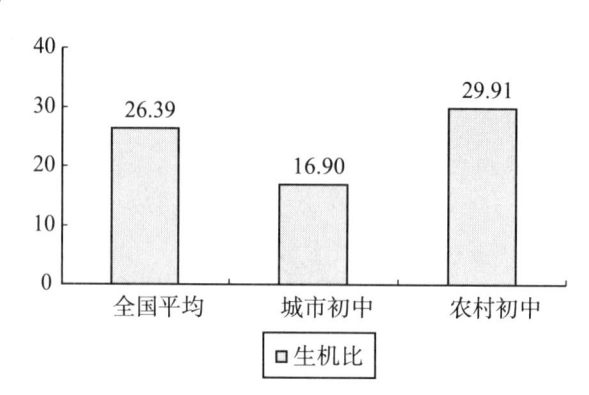

图 9-1　2004 年普通初中生机比

2004 年，全国小学平均生机比为 35.33，比 2003 年的 43.64 下降了 19%，2004 年城市小学的生机比为 16.96，比 2003 年的 19.02 下降了 11%，2004 年农村小学的生机比则为 44.77，比 2003 年的 57.18 下降了 22%。一方面我们看到，我国小学的教育信息化发展迅速，尤其是农村小学的发展速度约为城市小学发展速度的两倍，而另一方面农村小学的生机比约为城市小学生机比的 3 倍，仍然存在着巨大的城乡差距，且小学生机比的城乡差距比初中生机比的城乡差距更为严重。

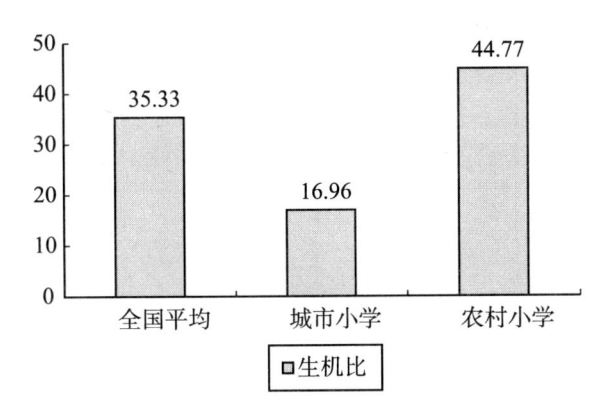

图 9-2　2004 年小学生机比

2004 年，全国初中平均建立校园网的学校所占百分比为 20.41%，比 2003 年的 15.90% 增长了 28%，城市初中建立校园网学校所占百分比为 42.93%，比 2003 年的 35.83% 增长了 20%，农村初中建立校园网学校所占百分比则为 16.79%，比 2003 年的 12.63% 增长了 33%。城市建网学校百分比是全国初中平均建网学校百分比的两倍多，是农村建网学校百分比的 2.6 倍，表现出明显的城乡差距。

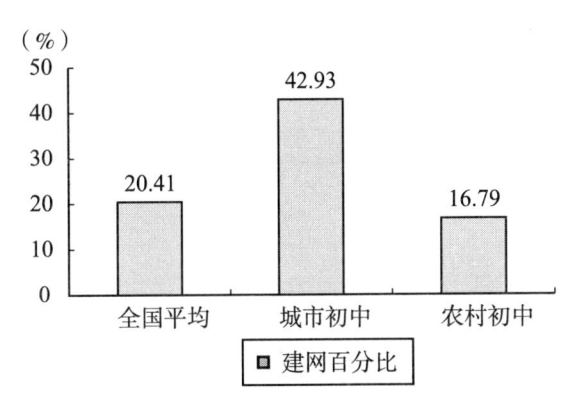

图 9-3　2004 年初中建校园网的学校所占百分比

2004 年，全国小学平均建立校园网的学校所占百分比为 5.64%，比 2003 年的 4.11% 提高了 37%，城市小学建网百分比为 32.16%，比 2003 年的 24.32% 提高了 32%，农村小学的建网百分比则为 3.97%，比 2003 年的 2.82% 提高了 41%。城市小学建立校园网的学校所占百分比为全国小学平均建立校园网学校所占百分比的 5.7 倍，是农村小学建网百分比的 8.1 倍之多，由此可见，我国在建设校园网方面存在着巨大的城乡差距，且此差距在小学阶段要比在初中阶段更为严重。

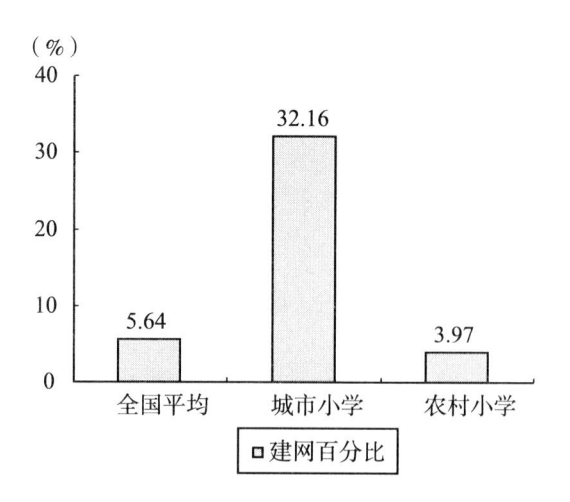

图 9-4　2004 年小学建校园网的学校所占百分比

2004 年，在全国普通初中信息技术教师中学历以专科和本科为主，其中信息技术教师学历研究生为 134 人，占信息技术教师总人数 0.17%，本科毕业数为 20 016 人，占总人数的 25.86%，专科毕业的为 52 443 人，占总人数的 67.75%，专科毕业及以上所占百分比达到了 93.78%。在小学中，学历以高中和专科毕业的信息技术教师为主，其中本科毕业仅占 10%，专科和高中毕业的信息技术教师分别占了 62.39%、26.75%，高中毕业及以上所占百分比达 99.76%。

表 9-3　2004 年全国普通初中、小学信息技术教师学历情况

初中教师合计（人）	研究生毕业（人）	本科毕业（人）	专科毕业（人）	高中阶段毕业（人）	高中阶段毕业以下（人）	本科及以上学历所占百分比（%）
77 409	134	20 016	52 443	4 758	58	26.03
小学教师合计（人）	研究生业毕（人）	本科毕业（人）	专科毕业（人）	高中阶段毕业（人）	高中阶段毕业以下（人）	专科及以上学历所占百分比（%）
71 593	61	7 548	44 664	19 148	172	73.01

资料来源：《中国教育统计年鉴 2004》。

表 9-4　2004 年全国普通初中、小学教师学历情况

初中教师合计（人）	研究生毕业（人）	本科毕业（人）	专科毕业（人）	高中阶段毕业（人）	高中阶段毕业以下（人）	本科及以上学历所占百分比（%）
3 476 784	5 426	1 007 333	2 247 998	211 291	4 736	29.13
小学教师合计（人）	研究生毕业（人）	本科毕业（人）	专科毕业（人）	高中阶段毕业（人）	高中阶段毕业以下（人）	专科及以上学历所占百分比（%）
5 628 860	1 395	257 650	2 485 580	2 789 184	95 051	48.76

资料来源：《中国教育统计年鉴 2004》。

由表9-3和表9-4的数据对比可知，我国信息技术教师的学历水平高于其他科目教师的平均学历水平，尤其是小学信息技术教师的高学历水平，远远高于其他科目教师的平均水平，这是与国家对信息技术课程以及整个教育信息化的重视密不可分的。

（三）存在的问题

由以上数据可以看出，虽然近年来我国教育信息化取得了巨大成就，城乡教育信息化的差距呈现出一定的缩小趋势，但由于农村教育信息化发展的基础十分薄弱，城乡差距仍然十分巨大，并成为阻碍我国教育信息化进一步发展的痼疾，制约我国教育信息化整体发展的瓶颈。此外，在城乡教育信息化的发展过程中还存在许多具体的问题和困难需要解决。下面从宏观、微观以及城乡的角度对问题作一简单的分析。

从宏观角度来看，当前我国教育信息化中存在着四大不平衡问题：（1）城乡教育信息化发展不平衡；（2）地区间教育信息化发展不平衡；（3）校际间教育信息化发展不平衡；（4）教育信息化中硬件、软件、"人件"的投入水平和发展程度不平衡。农村中小学教育信息化的发展在这几方面均处于劣势，如果不及时解决农村中小学中存在的诸多问题，就根本谈不上全国教育信息化的普及与提高。

从微观角度来看，当前我国农村中小学信息化发展中存在的主要问题包括：农村教育信息化发展的支撑体系单一，学生可接触信息技术的机会少，硬件设施投入不足，软件资源严重缺乏且形式单一、结构性短缺，信息技术教学的利用率低、方式单调、效益低下，针对信息技术的教师专门培训力度不够，领导信息化意识不足等。我们知道教育信息化有三项基本任务：一是基础设施、设备建设；二是信息资源建设；三是开展信息技术教育应用。信息技术教育的有效开展以前两项建设为前提条件。在每一项基本任务中，我们都需要大量的经费投入，而资金短缺是最为基本也是共同的问题，更是个瓶颈问题，尤其在教育信息化的初期尤为突出，那么，在这种情况下农村中小学如何对待教育信息化，如何实施教育信息化，领导者如何做出决策以及如何最大化地利用有限的资源（不让计算机成为摆设和装饰）和资金就成了问题研究的重点。

从城乡的角度来看，农村中小学与城市中小学在信息化发展过程中遇到的问题是相似的，只不过程度有轻有重，时间有先有后。当前农村中小学信息化的发展无论从时间上还是从应用效果上来看都落后于城市中小学，吸取城市中小学信息化发展的经验教训，及时对自身的发展方向做出调整是农村中小学信息化发展的合理取向。上海教科院蒋鸣和教授指出，行业信息化的生命周期一般可分为四个阶段：第一阶段，完成理论探讨，启动小规模试验；第二阶段，试点完成，进入大规模的信息基础设施建设阶段；第三阶段，大规模的信息基础设施建设基本完成，进入应用创新阶段；第四阶段，新的应用带动新的发展和投资，IT 投资与应用基本匹配，进入协调发展阶段。目前我国农村教育信息化基本上都处于大规模信息基础设施建设的第二阶段，只有少部分发达地区的农村进入了第三阶段，能进入第四阶段的农村中小学微乎其微。为了加速我国农村中小学信息化的发展，我们在对未来发展做出预测的时候，试图超越这种阶段的划分，避免"先硬件后软件，最后才是教师培训"的信息化建设方式。只有努力促进硬件、软件、"人件"三者的协调发展，才能使我们的教育信息化系统发挥最大的效用，以更快地缩小城乡差距。

三、农村中小学信息化发展指标体系的构建

（一）构建农村中小学教育信息化发展指标体系的基本原则

在制定农村中小学教育信息化发展指标体系时，我们必须遵循一些指标构建原则才能制定出科学、合理的发展指标。

（1）符合国家教育信息化的方针政策和城乡共同发展的价值导向原则。农村中小学教育信息化不仅是教育信息化的重要组成部分，也是国家信息化的一个重要组成部分，因此，在制定指标体系时不但要考虑国家信息化指标体系及信息化的要素，而且还要考虑国家的教育方针政策，根据我国农村教育信息化活动中的实际和特点，选择最具有代表性的指标，构造出反映我国农村中小学教育信息化水平和发展程度的完整的指标体系。

教育信息化发展指标指数的设定还必须以城乡教育信息化共同发展为价值导向。没有城乡教育信息化的共同发展，我国教育信息化的整体水平就不可能提高，农村教育的大力发展是今后我国教育事业发展的生长点。在共同发展的基础上，逐渐缩小城乡教育信息化的差距，促进我国教育信息化事业的均衡发展，是本课题研究的核心理念。为充分体现这些理念，我们在进行指标预测研究时，按照分步规划的思想，以五年左右为一个教育发展阶段，在设定指标分段发展目标时，会考虑逐步缩小城乡教育信息化发展指标的指数差距，最终实现某些指标到 2020 年城乡指数值达到相等的目标，但绝对的城乡平等是近期不可能实现的。

（2）符合国情并能进行国际和地区间的比较。各国政府都在紧紧抓住信息高速公路和互联网这一信息技术发展的大好时机，大力推进教育信息化的建设工作，教育信息化程度已成为国家信息化水平高低的重要标志。一些国家也开展了

教育信息化程度和水平的比较研究工作。因此，我国农村中小学教育信息化发展指标体系的确定，既要符合我国的国情，又要考虑能进行各国和各地区间的教育信息化水平的比较，尤其是合理借鉴发达国家的教育信息化历程中的先进经验。

（3）具有时代性和导向性。教育信息化是一个动态的发展过程，一些指标只能反映某阶段的信息化水平，对未来教育信息化的发展无法起到引领作用。例如，幻灯片、投影仪等如果作为指标就明显具有阶段性，应当用最能代表时代特征及未来发展趋势的指标如生机比、建立校园网的学校比例等代替。为了推动农村教育信息化的发展，缩小城乡差距，其指标体系应从促进基础设施建设、信息资源开发利用和管理、信息技术应用、信息人才培养、提高教育信息化在国民经济发展中的主导作用的效果等方面加以引导，使指标体系建立在科学、可靠和可行的基础之上，建立在促进我国教育信息化水平快速提高、尽快缩小城乡差距以及与发达国家差距的基础之上。

（4）选取上升空间大的发展性指标。合理、准确地选择有代表性的、信息量大的教育指标，以便正确监控和评估我国教育的发展，是我们选取指标的重要原则之一，但另一方面，教育信息化发展指标还要能反映一定时期内各地教育信息化发展的速度和发展动态，如果所选的指标没有足够的上升空间，就说明这个指标已经丧失了时代性和导向性，不能很好地反映未来的发展趋势，对未来发展起不到引领作用，这样的指标就不适合作为发展指标。这也是发展指标不同于绩效指标和评价（督导）指标的特点之一。

（5）具有独立性、科学性、可操作性。要求选取具有相对独立性的指标来衡量教育信息化的发展，那些受外在力量影响大的指标尽量不要选取，避免受政策不稳定性、学生个体因素等的负面影响。同时尽量选取独立性强的相对指标，如生机比、建立校园网的学校比例等，避免选取绝对指标，这样才能将不同地区的教育信息化发展水平放在同一层面上进行比较。发展指标体系不仅应围绕评价目的，全面完整地反映教育信息化的整体情况，发展指标还要具有一定的预测性，能对未来事业的发展做出预测，它是对未来发展应然状态的一种构想，所以指标含义还要清楚、科学，不能含糊不清。最后，对于每一具体指标应尽可能简便实用、便于收集和运用计算机进行汇总和整理等，即要具有可操作性。

（二）农村中小学信息化发展指标体系的内容

根据上述农村中小学教育信息化发展指标体系建立的原则以及我国中小学教育信息化发展的现状，我们构建出了农村中小学教育信息化的发展指标体系（如表9-5所示）和全国平均发展指标（如表9-6所示）。该指标体系将中小

表9-5 中小学信息化发展指标

一级指标	二级指标		农村发展趋势预测				城市发展趋势预测			
			2004年	2010年	2015年	2020年	2004年	2010年	2015年	2020年
信息化条件	小学	生机比	44.77	26.55	16.29	10.36	16.96	13.78	11.12	9
		建立校园网的学校比例（%）	3.97	11.19	31.55	88.88	32.16	46.14	65.99	95
	初中	生机比	29.91	19.02	12.11	7.71	16.90	11.95	8.47	6
		建立校园网的学校比例（%）	16.79	29.83	53.10	94.18	42.93	56.91	75.69	100
教师与课程	小学	信息技术教师大专及以上学历所占比例（%）	66.03	74.14	83.04	93.48	95.60	97.04	98.99	100
		信息技术课程开课率（%）	8.43	29.03	100	100	40	63.25	100	100
	初中	信息技术教师本科及以上学历所占比例（%）	22.73	34.13	51.20	76.97	55.03	64.84	76.51	90
		信息技术课程开课率（%）	62.91	100	100	100	80	100	100	100

注：信息技术教师学历的比例和信息技术课程开课率根据全国平均水平的数据推算。

表9-6　全国平均发展指标

一级指标	二级指标		全　　国		
		2004年	2010年	2015年	2020年
信息化条件	小学	生机比	35.33	23.18	15.15	9.92
		建立校园网的学校比例（%）	5.64	14.16	35.54	89.25
	初中	生机比	26.39	17.00	10.89	7
		建立校园网的学校比例（%）	20.41	34.08	56.91	95
教师与课程	小学	信息技术教师大专及以上学历所占比例（%）	73.01	79.71	86.88	95
		信息技术课程开课率（%）	10.32	32.12	100	100
	初中	信息技术教师本科及以上学历所占比例（%）	26.03	37.85	54.88	80
		信息技术课程开课率（%）	65.32	100	100	100

注：信息技术课程开课率的基础数据来源于《中国信息年鉴2003》。

第九章　农村中小学教育信息化发展指标体系研究

学教育信息化的发展划分为信息化条件（主要体现信息资源、信息网络）和教师与课程（主要体现信息化人才、信息技术应用）两个一级指标，每个一级指标又细分为两个二级指标共四项，并在农村教育信息化发展指标体系中增加了城乡两个维度。

1. 一级指标的确立

从已有的研究来看，大部分教育信息化一级指标领域的确定都是依据2000年正式发布的《国家信息化指标构成方案》（信部信［2001］434号）。《国家信息化指标构成方案》中的具体指标值得我们借鉴的东西并不是很多，但它对信息化六大要素的划分方法为许多教育信息化的研究者所接受并采纳。这六要素包括：信息资源，信息网络，信息技术应用，信息技术和产业，信息化人才，信息化政策、法规和标准。在李志涛《中小学信息化评估指标的比较研究与探讨》一文中，将一级指标确定为：信息化基础设施，信息资源，信息技术应用，信息技术队伍，组织管理与经费保障。[①] 显然这些一级指标的确立是直接套用了国家信息化指标，在二级指标中才针对教育信息化的教育性做出了相应的界定。在王唯《中小学学校教育信息化指标构建及价值分析》一文中，虽然以CIPP模式为基础，提出了发展背景、基础环境、管理环境、ICT应用四个一级指标，[②] 但除了发展背景这个一级指标以外，其他一级指标的确定基本上仍然沿用了信息化要素的分析模式。本研究在综合考虑指标的简洁性、系统性、完整性以及本课题与其他子课题研究的兼容性的基础上，拟定了两个一级指标：

（1）信息化条件（信息资源、信息网络）；

（2）教师与课程（信息化人才、信息技术应用）。

2. 二级指标的构建

以城乡一体化发展为基本出发点，在两个一级指标的统领下，从我国中小学信息化发展的现状出发，并以国外教育信息化发展的经验为参考和借鉴，笔者拟定如下的发展指标体系，并对其中部分指标项做出了大胆的预测。

3. 二级指标确立和预测的依据

在对此指标体系的指标指数进行预测时，最重要的基础是城乡义务教育学龄人口预测。[③] 本课题采用王广州系统仿真模型，运用中国人口信息中心开发的中国人口预测系统（CPPS）软件，对各级教育的适龄人口进行了预测。主要方法

[①] 李志涛：《中小学信息化评估指标的比较研究与探讨》，载《中小学信息技术教育》2005年第5期。

[②] 王唯：《中小学学校教育信息化指标构建及价值分析》，载《中国教育学刊》2004年第6期。

[③] 袁桂林、宗晓华、陈静漪：《中国分城乡学龄人口变动趋势分析》，载《教育科学》2006年第1期。

是分要素人口预测方法，共设定了总和生育率、平均预期寿命、出生性别比、生育模式、城市化规模和城市化模式6个参数，预测结果见表9-7。

表9-7　全面建设小康社会时期我国各级教育适龄人口预测数据　　单位：人

年份	小学 全国	小学 农村	小学 城市	初中 全国	初中 农村	初中 城市
2005	88 291 456	68 133 575	20 157 881	56 627 149	44 691 989	11 935 160
2010	96 683 645	67 204 964	29 478 681	43 447 242	30 556 253	12 890 989
2015	108 451 578	71 776 992	36 674 586	53 919 446	34 025 780	19 893 666
2020	114 112 325	76 928 130	37 184 195	54 289 020	32 008 514	22 280 506

年份	高中 全国	高中 农村	高中 城市	大学 全国	大学 农村	大学 城市
2005	75 751 878	60 925 942	14 825 936	89 916 654	70 248 834	19 667 820
2010	51 082 334	36 811 304	14 271 030	89 680 674	68 474 967	21 205 707
2015	38 867 511	23 390 444	15 477 067	62 578 417	40 541 230	22 037 187
2020	52 796 031	29 466 566	23 329 465	61 035 744	33 098 186	27 937 558

下面分别介绍在城乡义务教育学龄人口预测的基础上对教育信息化各项发展指标的预测过程和方法。

（1）生机比。在教育信息化的统计当中，生机比历来都是一个很重要的指标。它可以反映学生在学校期间能够接触到计算机的机会，直接体现了受教育者受教育条件的平等与否。从国际教育的比较来看，各国也都采用了这一指标作为衡量教育信息化程度的重要标尺。

以美国为例，到2002年，99%的美国小学和100%的美国中学都已经连通了国际互联网，而在1994年，这个数字才仅仅是30%的小学和49%的中学。从数字我们可以看出，美国在提高小学联网比例的问题上做出了很大的努力，这一方面是由于他们有强大的经济实力作保障，另一方面我们也可以看到他们的一种价值取向，就是尽力缩小小学和中学在信息技术基础设施方面的差距。从互联网接入方式上来看，截至2002年，93%的小学和98%的中学采用了宽带接入的方式联入因特网，这样一种连通方式能确保更高的连通速度和更好的稳定性。美国学校联网的另一趋势是无线联网，这反映出美国的学校联网已经从"连通"走向了"高速"、"稳定"和"便利"。[①] 美国1998~2002年的生机比如表9-8

---

① 李志涛、李震英：《美国中小学信息化的最新发展》，载《中小学信息技术教育》2004年第2期。

所示。

表 9-8　　　　　　　美国 1998～2002 年的生机比

学校类型＼年份	1998	1999	2000	2001	2002
所有公立学校	12.1	9.1	6.6	5.4	4.8
小学	13.6	10.6	7.8	6.1	5.2
中学	9.9	7.0	5.2	4.3	4.1

注：计算方法为学生数与联网计算机之比。

日本的发展也很有代表性。日本是信息化建设后发式的典型国家之一，1992 年，文部省才首次在报告中提出在教育中应用多媒体计算机的问题。1994 年，文部省成立了多媒体规划政策室。1997 年，制定《教育改革计划》，提出加快全国互联网建设的规划，以确保全国的学校都能接入因特网。1999 年 12 月，制定了《教育信息化实施计划》，并明确指出，到 2005 年全国中小学所有科目都要实现计算机和因特网授课。[①] 在一系列政策的支持和保障下，日本中小学的信息化程度迅速提高，表 9-9 是 2002 年、2003 年日本中小学的教育信息化发展状况。

表 9-9　　　　　　2002 年、2003 年日本中小学生机比

学校类型＼年份	2002	2003
小学	15.0	12.6
初中	9.3	8.4

资料来源：王晓平：《浅析日本的中小学教育信息化的发展》，载《中小学信息技术教育》2004 年第 8 期。

就我国的国情而言，教育部《2003～2007 年教育振兴行动计划》中指出，争取用五年左右时间，使农村初中基本具备计算机教室，农村小学基本具备数字电视教学收视系统，农村小学教学点具备教学光盘播放设备和光盘资源，并初步建立远程教育系统运行管理保障机制。该计划中，农村初中、农村小学、农村小学教学点在教育信息化过程中所采用的不同方式，通常简称为"三种模式"。"三种模式"事实上是我国在建设教育信息化过程中，针对农村的具体情况所采取的一种过渡模式，体现的是一种城乡分别对待的基本思路，但在城乡区别对待的过程中，却没有给予农村教育信息化以政策上足够的倾斜。本研究的初衷之一

---

① 王晓平：《浅析日本的中小学教育信息化的发展》，载《中小学信息技术教育》2004 年第 8 期。

就是缩小城乡差距,因而我们在设置具体指标时,倾向于采用城乡一体化的指标来代替城乡分化的指标,用统一的指标和标准来衡量城市和农村教育信息化的发展。

在以往的研究中,也有一部分涉及到对我国未来教育发展的生机比的预测。在但昭彬、李炎芳《关于构建小康社会教育指标体系的思考》一文中,借用了谈松华先生主持的国家哲学社会科学"九五"重点课题《不同地区教育现代化的理论和实践》的研究成果,① 我国教育信息化水平初级指标为 123 人/台,中级指标为 12 人/台,高级指标为 9 人/台,对应的时间段依次是 2000~2010 年、2010~2020 年、2020~2050 年。从我国中小学信息化 2003 年的发展状况来看,小学全国平均生机比为 43.64,初中全国平均生机比为 31.24,发展状况远远好于预定的教育信息化水平初级指标 123 人/台,因而我们可以适度考虑继续加快发展势头,保持良好的增长态势,本着"适度预测、超前发展"的原则,我们把 2020 年预期的全国平均生机比发展目标定为 9 人/台,使我国更快地进入教育信息化的高级发展阶段。此外,我们还可以看到美国在 1999 年,全国平均生机比达到了 9.1,而我们把 2020 年预期的全国平均生机比预定为 9 人/台,这也与专家们的"我国教育信息化程度比美国落后 20 年左右"的论断基本符合。

同时,以对未来学龄人口和在校生数的预测(如表 9-7 所示)为依据,我们预测并计算出城乡及全国平均的各项具体指标值。

(2)建立校园网的学校所占比例。《教育部关于在中小学实施"校校通"工程的通知》(教基 [2000] 34 号)中指出,"校校通"工程的目标是用 5~10 年时间,使全国 90% 左右的独立建制的中小学校能够上网,使中小学师生都能共享网上教育资源,提高所有中小学的教育教学质量,使全体教师能普遍接受旨在提高实施素质教育水平和能力的继续教育。具体目标是:2005 年前,争取东部地区县以上和中西部地区中等以上城市的中小学都能上网;西部地区及中部边远贫困地区的县和县以下的中学及乡镇中心小学与中国教育卫星宽带网联通。2010 年前,争取使全国 90% 以上独立建制的中小学校都能上网。不具备上网条件的少数中小学校也可配备多媒体教学设备和教育教学资源。《教育部办公厅关于中小学校园网建设的指导意见》(教基厅 [2001] 16 号)中明确指出,校园网指校园内计算机及附属设备互联运行的网络,是由计算机、网络技术设备和软件等构成的为学校教育教学和管理服务的集成应用系统,并可通过与广域网的互联实现远距离信息交流和资源共享。校园网应为学校的教学、管理、日常办公、内外

---

① 但昭彬、李炎芳:《关于构建小康社会教育指标体系的思考》,载《中国教育学刊》2003 年第 11 期。

交流等各方面提供全面、切实的支持。应具备教师备课教学功能、学生学习功能、教务管理功能、行政管理功能、教育装备（含图书）管理功能、资源信息功能、内外交流功能等。校园网是实施"校校通"工程，满足学校信息化教学环境的一项重要的基础设施，是教育信息化建设的重要组成部分，是广大师生顺利接收现代远程教育的依托网络，是全面实现素质教育的重要手段，是教育技术装备现代化的主要体现，也是教育现代化的重要标志之一。根据《教育管理信息化标准》的要求，校园网的总体建设目标包括教学现代化、管理科学化、学习自主化、校园信息资源共享化和信息国际化等几个方面，校园网的重要性由此可见一斑。

对"校校通"与"校校网"的关系的理解可谓是"仁者见仁，智者见智"。有的学者认为"校校通"就是"校校网"，但也有学者提出"校校通"不等于"校校网"，因为每所学校都建设校园网是对教育资源的巨大浪费，是盲目而没有实效的举动。到底"校校网"和"校校通"是一个什么关系呢？笔者认为，校园网建设对于"校校通"工程来说是必不可少的，但是根据我国的基本国情，现阶段坚持"校校通"就要"校校网"的说法是不合时宜的，但"校校网"是"校校通"发展的必然趋势和终极目标。

从信息化的六大要素来看，其中的核心目的就是要实现信息技术的全面应用。在教育中，信息技术的应用主要体现在三大部分：一是信息技术教学应用，其主要表现就是我们常说的"信息技术与课程整合"；二是信息技术课程，这是信息技术在教育内容上的最直接体现，也是学生获得信息技术知识与技能的最直接途径，关于信息技术课程我们在后面有单独的阐述，这里不再赘述；三是信息技术管理应用，目前我国部分中小学采用的是中小学管理信息系统即 MIS 系统。MIS 系统作为一个管理软件，可以实现人事管理、学籍管理、教学管理、教学评估等功能，还可以通过公共接口实现学校、区县教育行政部门、市教委的相关信息流通、交换，构成统一、规范的中小学管理信息网络体系，但这样一套管理信息系统，以 e 校园－校园管理信息系统（中小学版）和清华同方开发的校园 MIS 系统（中小学版）为例，价格都在 4 万~5 万元之间，这样的价格成本对于贫困地区的农村中小学来说是无力承担的，我们也并不鼓励农村中小学一味盲目地与城市学校相互攀比、搞建设，但要实现教学管理的基本功能，我们也可以通过校园网加上教学办公管理软件的方法来解决，所以说校园网的教学管理应用功能也是必不可少的。

在指标体系中，我们把建立校园网的学校所占的比例作为一个重要指标来提出，主要是综合考虑了我国中小学信息化未来发展方向的要求、校园网与"校校通"工程的紧密联系，以及校园网的教育教学管理功能之后，才拟定的这样一个指标。可以说，这一指标集中体现了硬件、资源、管理三大要素，内涵比较丰富，能较好地反映教育信息化的现状和未来发展趋势。

（3）信息技术课程开课率和信息技术教师学历层次。《教育部关于在中小学普及信息技术教育的通知》（教基［2000］33号）中明确指出，在中小学开设信息技术必修课的阶段目标是：2001年底前，全国普通高级中学和大中城市的初级中学都要开设信息技术必修课。2003年底前，经济比较发达地区的初级中学开设信息技术必修课。2005年前，所有的初级中学以及城市和经济比较发达地区的小学开设信息技术必修课，并争取尽早在全国90%以上的中小学校开设信息技术必修课。但2004年底的一项调查显示，农村地区还有高达41%的中小学生所在学校没有开设信息技术课程，同时西部地区（农村和城市）约有24%的中小学生所在学校没有开设信息技术课程，[1] 这与文件所制定的目标还有很大的差距。因此考虑到目前为止该文件在现实中的执行状况及文件对信息技术课程开课率的具体要求，我们拟定了关于信息技术开课率的未来发展目标。

教师学历提高是国际教师教育发展的趋势。我国《教师法》规定，小学、初中、高中教师的合格学历分别以中师、专科和本科为起点。世界许多国家和地区在20世纪就提出了小学教师本科化的问题，不少国家还要求中学教师为硕士学历。相对而言，我国对教师学历要求偏低，因而在未来发展中对教师学历的要求应该有所提高。目前全国小学信息技术教师学历达标率达到99.76%，全国初中信息技术教师的学历达标率虽然仍有待提高，但也已经达到了93.78%，发展的空间不是很大，显然，用过去定义的学历达标率已经不能真正反映信息技术教师的现有水平和对其未来的发展要求，为此我们设定了小学专任信息技术教师为大专及以上学历教师所占比例和初中信息技术专任教师为本科及以上学历教师所占比例这两个指标，并分别进行了预测。设置这样的指标既是提高信息技术教育质量的一个有效途径，同时还能反映出信息化要素中信息化人才的水平。

4. 各级指标的计算方法说明

信息化条件一级指标下包含两个二级指标：生机比和建立校园网的学校所占的比例。计算所需要的中小学在校生数、计算机台数、建立校园网的学校数、学校总数在《中国教育统计年鉴》上可以直接获得，数据具有比较高的权威性和十分广泛的覆盖面，且区分了城乡维度。

教师与课程一级指标下包含两个二级指标：信息技术教师学历层次和信息技术课程的开课率。依据《中国教育统计年鉴》上可以提供的数据，经过计算，

---

[1] 王珠珠、刘雍潜、黄荣怀、赵国栋、李龙：《中小学教育信息化建设与应用状况的调查研究报告（上）》，载《中国电化教育》2005年第10期。

我们可以获得全国分城乡、平均的教师学历达标率（如表9-10所示）。

表9-10　　　　全国分城乡、平均的教师学历达标率

	研究生及以上学历（人）	本科毕业（人）	专科毕业（人）	高中阶段毕业（人）	高中阶段毕业以下（人）	合计（人）	教师学历合格率（%）
小学城市	772	125 940	542 111	263 520	5 152	937 495	99.45
小学县镇	225	53 934	561 231	428 974	9 128	1 053 492	99.13
小学农村	398	77 776	1 382 238	2 096 690	80 771	3 637 873	97.78
初中城市	3 224	375 799	294 084	15 170	517	688 794	97.72
初中县镇	1 220	322 308	773 040	57 239	1 189	1 154 996	94.94
初中农村	982	309 226	1 180 874	138 882	3 030	1 632 994	91.31

资料来源：《中国教育统计年鉴2004》。

由此可见，学历合格已经不是关键所在。为了提高教育信息化水平，提高教师学历层次是一个重要手段，为此我们设定了小学专任信息技术教师为大专及以上学历的教师的比例和初中信息技术专任教师为本科及以上教师的比例这两个指标，但对于中小学城乡各自的信息技术教师的学历层次，由于缺少直接的相关数据，我们只能根据全国平均中小学信息技术教师学历的数据来估算的方法获得。在计算中的一个前提假设是信息技术教师的学历达标率不低于全国教师的平均水平，再分别用城乡的信息技术教师数量做出相应的加权，得出城乡各自的信息技术教师的学历要求的比率。

信息技术课程开课率的全国平均数据来源于《中国信息年鉴2003》，在计算城乡各自的信息技术课程开课率的时候，我们采取的是类似的方法，用城乡各自的学校数量做出相应的加权，得出城乡各自的信息技术课程的开课率。

综上所述，为了促进农村中小学教育信息化健康发展，第一，要确保农村中小学教育信息化的资金投入。中央及地方政府部门仍需增加对农村和西部地区的教育信息化投资，并继续扩大投资的覆盖面，同时还应从政策上鼓励、引导企业加入到教育信息化建设事业中来，避免数字鸿沟的进一步扩大。第二，加强农村硬件设施建设的同时，将投入重心逐渐偏向软件资源建设和教师教育技术培训，提高信息技术教师专业对口率，加强信息技术教师培训。第三，现阶段要综合运用三种模式，突出卫星接收教学的作用。第四，强化学校领导推动整个学校教育信息化的发展起着关键作用。第五，把农村远程教育工程与全国文化信息资源共享工程结合起来，发挥农村教育资源共享的特色。

义务教育现状调查与指标研究

第十章

农村义务教育现状调查

一、调查的背景

根据总课题设计，课题对我国义务教育现状进行了重点研究。

从 2001 年开始，东北师范大学就组织了大规模的农村学校调查研究，并且一直延续下来，其调查数据被各章分别采用，为课题组的深入研究奠定了基础。在课题实施期间，上海财经大学组织的对农村义务教育现状进行的百余县调查直接为课题提供了数据。

2006 年 7~8 月，上海财经大学课题组老师、研究生、本科生近百人分赴中西部地区 24 个省、自治区的 110 个县（市）进行义务教育情况调研（见表 10-1）。这次调研对象的选择主要根据省内各县经济状况和人均 GDP，分高、中、低三个层次，选取 3~5 个县，再从每个县里选取两所初中（城乡初中各一所）、三所小学（城乡小学至少各一所），收集资料，提取财务数据，努力使样本数据具有代表性，以便更好地了解各地义务教育的全貌。

表 10-1　　　　　　　　调查地区分布

省份	县（市、地区）								
安徽	肥东县	肥西县	淮南市	宿州县	长丰县	岳西县	宿松县	铜陵县	太和县
重庆	沙坪坝区		江津市	涪陵区	大足县	忠县			
贵州	安龙县	息烽县	正安县	铜仁县					

续表

省份	县（市、地区）						
广西	桂平市	德保县	大新县	临桂县			
甘肃	兰州西固区	永靖县	敦煌市	古浪县			
黑龙江	桦川县	宝清县	阿城市				
海南	琼中县	万宁市	临高县	海口市			
河南	方城县	杞县	兰考县	开封县	许昌县	郸城县	淇县
河北	清苑县	肃宁县	赵县	鹿泉市			
湖南	望城县	张家界	平江县	吉首市	桑植县	凤凰县	浏阳	湘西自治州
湖北	监利县	武汉新洲区	十堰市	鄂州市			
江西	余干县	余江县	横峰县	婺源县	广丰县	贵溪市	
吉林	榆树县	延吉市					
辽宁	彰武县	盖州市	瓦房店市				
宁夏	同心县	贺兰县	银川市				
内蒙古	喀喇沁旗	乌兰浩特市	锡林浩特市				
青海	乐都县	化隆县	大通县	城东区	城西区		
陕西	富平县	周至县	黄陵县	宝鸡凤县	西安碑林区	延安甘泉县	
山西	武乡县	祁县	洪洞县	襄垣县	阳城	长治郊区	
山东	平原县	莘县	平度市				
四川	叙永县	资中县	纳溪区	新津县	绵竹市	龙马潭区	
新疆	哈密市	乌鲁木齐县	伊犁州奎屯市				
西藏	那曲市安多县	林芝地区林芝县	拉萨堆龙德庆县				
云南	屏边县	禄劝县	宣威市	曲靖市	玉溪市		

调查期间，访问了当地教育局、财政局、学校老师、学生家长，调查了550多所中小学。其中，对安徽省、河南省和湖南省等，进行了比较综合的调查，此外，有些材料因为填写不符合要求而不得不忍痛割爱，经过筛选，我们在这里主要汇总了部分县的样本资料。还有些资料，因种种原因没有能够被课题组直接利用，但是起到了间接的参考作用。

财政部、教育部十分关心本次调查，发出了有关信函，要求各地给予积极支持和配合。在调查中，大多数地方财政局、教育局积极配合我们，并提供有关资料。

本次调研的任务主要是了解各地农村义务教育总体情况，包括管理体制、教育投入、农村教师、教学质量、学生学习、危房改造等方面。其中，了解各地义务教育经费收支状况是调查的重点。为了做好这次调研，我们设计了经费收支调查表，同时通过走访、座谈等形式了解现状。本报告所用的资料是由当地县教育局或中小学财务负责人提供的。

二、调查的基本结论

（一）中央财政对义务教育转移支付不断加大，学生家长经济负担不断减轻

为规范学校收费行为，治理学校乱收费，减轻农民负担，从 2001 年开始，在贫困地区农村义务教育阶段学校开始实行"一费制"收费办法，从 2004 年秋季新学年开始，在全国义务教育阶段学校推行"一费制"收费办法。

"一费制"是指在严格核定杂费、课本费（包括教科书、作业本费）的基础上，一次性统一向学生收取费用，收费项目包括杂费、课本费和作业本费。杂费包括应由学生家长或个人分担的极少部分办学公用经费，还包括部分信息技术教育、北方地区冬季取暖的补充性费用。国家规定杂费标准按照学生在校学习期间必须开支的公用经费（学校用于开展教学及其辅助活动的费用）的一定比例，并考虑各省根据本地区经济社会发展水平、维持学校正常运转的基本支出以及教育发展的需要，以及学生家庭承担能力后确定。课本费根据教育部颁布的教学大纲和省级教育行政部门公布的地方中小学教学用书目录必须配备的学生用书（不得含教辅材料），按照省级价格、新闻出版管理部门核准的价格测算。作业本费根据教学计划及近 3 年来各年级学生作业本用量情况确定，每本作业本价格不得高于当地市场价格。同时要求杂费和课本费分开核定。每省"一费制"收费的具体标准由省级教育行政部门提出意见，同级价格、财政部门进行审核，并由 3 部门联合报省级人民政府批准后实施。"一费制"在各省的执行情况较好，普遍反映该政策一定程度上抑制了乱收费现象，减轻了学生家长经济负担。

在 2003 年国务院出台的《国务院关于进一步加强农村教育工作的决定》中提出，要建立健全资助家庭经济困难学生就学制度，争取到 2007 年全国农村义务教育阶段家庭经济困难学生都能享受到"两免一补"（免杂费、免书本费、补助寄宿生生活费），努力做到不让学生因家庭经济困难而失学。2005 年 3 月 5 日，温家宝总理又在《政府工作报告》中承诺："完善以政府投入为主的经费保障机制，3 年内要普及'两免一补'，到 2007 年，全部解决贫困地区孩子的义务

教育问题。""两免一补"的实施标准按照国家规定为：免教科书费标准小学每生每年70元，初中每生每年140元；免杂费（不含信息技术教育费）标准为县城（含县级市）小学每生每年152元，初中每生每年184元，地级市城区的小学每生每年190元，初中每生每年240元；补助寄宿生生活费的标准由各市县自行决定。这项政策在各省得到了有力实施，农村家庭特别困难学生普遍受益，大大缓解了这些学生家庭的教育负担。

2006年6月29日，《中华人民共和国义务教育法》在第十届全国人民代表大会常务委员会第二十二次会议上修订通过，并自2006年9月1日开始实行。该法第一次以法律形式确定义务教育阶段学校全免学杂费，由国家建立义务教育经费保障机制，并再次重申"以县为主"的管理机制。该法的第六章对义务教育经费保障进行较为细节的规定。内容包括要求国务院和地方各级人民政府将义务教育经费纳入财政预算，地方各级人民政府在财政预算中将义务教育经费单列等。该法第四十四条还规定，义务教育经费投入实行国务院和地方各级人民政府根据职责共同负担，省、自治区、直辖市人民政府负责统筹落实的体制。农村义务教育所需经费，由各级人民政府根据国务院的规定分项目、按比例分担。

从我们调查的情况来看，"一费制"、"两免一补"的实施较好，如云南省，我们在调研时发现每一个学校里公示栏里都贴着"两免一补"的标准，享受"两免一补"的名单和金额。尤其是"两免一补"大大减轻了学生家庭的经济负担。农民对这些政策都普遍认可。由于我们调研时间是在7、8月份，还没有实行新义务教育法规定义务教育阶段学校全免学杂费，但是当地教育工作者都认为这将大大降低学生家庭的经济负担，真正走向义务教育的公平和均衡发展。

（二）义务教育普及率大幅提升，辍学率明显下降

在调查中，我们发现义务教育普及率大幅提升，辍学的情况明显减少。原因主要在于以下几方面：其一，中小学学生家庭经济负担大幅减轻，从而由贫困而辍学的情况明显改善。以前在中西部地区，尤其是贫困地区，原来辍学率往往相对较高。主要的原因是经济负担重，收入水平低。而近些年国家对义务教育日益重视，采取了众多有力措施，减轻了农民的孩子上学的经济负担。尤其是推行"两免一补"后，现在需要支付的仅仅是给孩子买的练习本及教辅材料的费用，总花费不及原来的1/10，政府和学校对于贫困家庭往往连练习本与教辅材料的花费也会予以补助，平均每个家庭减负130多元。对于离学校较远的中小学生，学校安排住宿，不但不收住宿费，而且给予一定的生活费补贴，这一措施解决了一些远离学校的孩子上学的经济负担及后顾之忧。这样一来，由于经济困难而造成的辍学率大幅下降。其二，各地政府和教育部门对义务教育相当重视。教育局

和学校往往把辍学率作为一个考核学校和班主任老师的基本指标，引起了各方的足够重视。如果一个学生辍学，不管什么原因，学校方面肯定会多次上门了解情况并劝说。另一方面，政府也在大力地宣传义务教育的重要性和强制性。在一些省市，如贵州，政府还采取了强制措施，如果正常的适龄孩童未依法接受九年制义务教育，则会对其监护人进行罚款等处罚，并且在罚款后仍要限期上学。这一措施使得那些对教育不重视和存有重男轻女思想的家长认识到义务教育的严肃性和强制性，从而给适龄孩子公平上学的机会。这些措施都起到了较好的效果。

（三）农村中小学教师工资得到保障，教师工资拖欠问题得到有效解决

2002年6月，国务院出台《关于完善农村义务教育管理体制的通知》明确义务教育体制实行"地方政府负责，分级管理，以县为主"的新模式，取代之前的"三级办学，两级管理"的体制。"以县为主"把义务教育财政投入责任由乡级政府移交给县级政府，以财力相对较足的县级政府的财力保障教育财政的投入，平衡不同乡村间教育的发展。在之前的管理体制下，由于乡级政府财力有限以及教育资金的挪用问题，教师工资拖欠严重，现在"以县为主"的管理机制，把全县正式编制的教师的工资统一收归县级政府管理，每月由县财政按时足额地把工资拨付给教师，由此解决农村教师工资拖欠问题。教师工资得到了及时发放。调查中，我们发现，目前，除了一些偏远学校因为当地没有银行或者银行很远的情况下教师工资仍然通过学校转发现金，中西部各县基本都是县教育局给每个老师开立一个银行账户，每月按时给老师划拨工资。对于这点教师都表示肯定，尤其是原来常被拖欠工资的教师，对此措施更加欢迎。确保了教师工资及时发放，教师的基本生活有了保障，生活水平也得以提高，更能全心地投入教学。如我们采访了云南少数民族学校的一些老师，虽然他们所在学校比较偏远，条件比较艰苦，但对于目前的能够按时足额地领到工资都很满足。

（四）农村义务教育"以县为主"投入体制得以全面落实，学校生存问题基本得到解决

2001年国务院《关于基础教育改革与发展的决定》和2002年国务院《关于完善农村义务教育管理体制的通知》明确了义务教育实行"以县为主"的办学模式。2002年4月，国务院办公厅对"以县为主"作了详细规定，其核心是县级政府负有确保农村义务教育经费的责任，即通过调整本级财政支出结构，增加教育经费预算等途径，做好"三个确保"，即确保农村中小学教职工工资按时足

额发放、确保农村中小学公用经费、确保农村中小学建设和危房改造所需要的资金，这在实践中被通俗化为"保工资、保运转、保安全"。乡镇不再承担义务教育投资责任的重担。下面是"以乡为主"与"以县为主"两种投入体制责任划分比较表。

表 10-2　　　　　　　地方负责、分级管理、以乡为主体制

	中央	省自治区直辖市	县	乡	村
教职工工资				统发教职工工资	
公用经费				负担初中公用经费	负担小学公用经费
校舍维修、建设				负担初中校舍建设	负担小学校舍建设
助学金					
贫困地区专项补助	设专项补助	设配套专项补助			
教学仪器、图书					

表 10-3　　　　　　　地方负责、分级管理、以县为主体制

	中央	省自治区直辖市	县	乡
教职工工资	对困难县教职工工资补助	对困难县教职工工资补助	统发教职工工资	
公用经费			负担部分公用经费	负担部分公用经费
校舍维修、建设	设困难地区危房改造专项补助	要求省区设困难地区危房改造专项补助	筹措新增校舍建设和改造资金	提供新增校舍所需土地
助学金	设专项补助			
贫困地区专项补助	设专项补助	设配套专项补助		
教学仪器、图书			购置图书、仪器	

从新老两种财政体制的对比中，可以发现现行体制的几个突出特点：

从全局上将农村义务教育投资的统筹主体由原来的乡镇提升到县，并撤销了村级的财力负担，从而使农村义务教育政府投资主体发生上移；教师的工资和校舍的维修改造由县及县以上的多级政府负担，县级政府负担主要部分，中央及省

级政府对困难县教职工工资给予补助；中央政府明显加大了对农村义务教育经费的支持力度；日常运转所需公用经费由县、乡两级政府共同分担。

从对比表中还可以看出，在现行体制中中央政府明显地加强了对农村义务教育的转移支付力度，中央财政通过转移支付不仅继续设立对贫困地区和少数民族地区专项补助，而且还对财力困难县教职工工资给予专项补助，对农村中小学校舍危房以及对贫困学生助学金给予专项补助；对于省级财政，现行体制也要求设立同样的专项资金。现行体制一定程度上提高了对农村义务教育的财政供给水平，强化了政府投资责任。虽然在具体的实行过程中面临着总体投入不足的问题，但从总量上看明显加强了财政的转移支付力度。同时，这样一套相对明确的投入体制，有利于保障农村义务教育经费，并且沿此方向不断改善提高。从我们调查的结果来看，虽然面临着发展资金的不足等问题，但这一体制仍然有力地解决了农村义务教育的基本生存问题。

总之，通过调研，对于我国中西部地区的义务教育有了一个全面而深入的认识，取得了很多第一手资料。在看到义务教育改革取得的成就的同时，我们更多地了解存在的困境。在客观反映各省现状的同时，我们对调研数据进行了深入发掘，对农村义务教育存在的主要问题进行了专题分析，并且为中西部农村地区的义务教育改革发展提出初步的政策建议，供决策者和研究者参考。以下各部分内容就是一些专题分析。

三、农村学校财务负担问题

为了发展我国义务教育，尤其是农村义务教育，自2001年以来，我国陆续出台了一系列教育政策，以解决义务教育存在的多种问题，例如"以县为主"的管理体制，"一费制"，"两免一补"，全部免除杂费等，这些政策为农村义务教育解决了很多历史遗留问题，取得了显而易见的巨大成就，但即便如此，义务教育仍然面临着各种困境，既有现存制度本身的问题，还有目前制度无法解决的问题。下文将主要针对现行制度下的义务教育阶段学校的财务困境进行探析。

（一）公用事业经费短缺

在中西部各省市义务教育阶段的学校都普遍反映学校的公用事业经费短缺。各学校的经济来源主要有：政府拨付的教育经费、向学生收取的杂费和其他成本性收费。而支出主要是人员经费、公用经费、建设性经费。上文提到现在农村学校的人员经费由县级政府统一发放，而县级政府普遍财力有限，对学校的公用事业经费心有余而力不足，所以很多学校仅能靠"一费制"收取的资金维持日常经营。而在率先免学杂费地区的农村学校，则依靠政府的杂费补贴和仅对农村学校发放的转移支付维持。这些资金通常只能维持学校的日常运营，一手进资金一手出资金，学校没有多余的资金可用于发展壮大。这样的问题在县城的学校也一样存在，只是农村学校要更为突出一些。

公用事业经费短缺的背后有很多原因。从根本上来讲，我国是"穷国办教育"，并没有能够达到"按需分配资金"，满足社会经济发展所有的需求。这是公用事业经费短缺的最根本原因。虽然我国的财政收入每年的名义增长率都能达到10%以上，但我国社会所面临的需求的增长也同样迅速。在这样的条件下要满足所有义务教育发展的需要，我国政府财政会吃不消。

但是，从另一方面来讲，虽然我国政府自20世纪以来，密切关注义务教育，出台多项政策，但总体而言投入义务教育的财政资金仍然过少，占国家生产总值的份额始终没有突破性进展。早在1995年《中华人民共和国教育法》中就有义务教育经费"三增长"的规定（各级人民政府教育财政拨款的增长应当高于财政经常性收入的增长，并使按在校学生人数平均的教育费用逐步增长，保证教师工资和学生人均公用经费逐步增长），但截至2005年，国家财政性教育经费占国内生产总值的比例为2.82%，比2004年的2.79%仅增加了0.03个百分点，和国家希望的4%的比例，差距悬殊。虽然教育经费占国内生产总值是一个非常笼统的总量指标，而这个指标一直处于低水平的原因也有很多，但从一个侧面很明显地反映出国家教育经费的投入的不足。俗话说："家有七件事，先从紧处来。"能运用有限的资金在国家发展最需要的地方，对于社会经济、人民群众自身的发展都非常必要且必然行之有效。

除去财政资金有限和资源分配不公的原因之外，还有其他一些原因也导致了这个局面。从地方政府的义务教育资金投入障碍来看，"以县为主"这个管理体制是造成地方义务教育资金投入乏力的主要原因之一，这在上一节的分析中已有所体现，县级财政实力有限，而乡级政府积极性受损，另外省级和中央在该体制下扮演的角色过于举重若轻，这是"以县为主"的管理体制的一些弊病。相较于这个体制性问题，地方政府的主观性问题，也造成了地方政府义务教育经费投入不足。由于我国经济发展的需要，中央设立了很多指标提高地方政府发展地方经济的积极性。而在我国经济发展的较早一段时间，这样的指标通常以地方国内生产总值的增长为表现，这要求地方狠抓生产性的公共项目，发展地方经济的同时，展现当届政府的政绩工程，于是属于消费型公共项目的教育容易被地方政府忽略，在做二选一的资金投入时，见效快、收益好的生产型公共项目较容易得到政府的青睐。这就导致了部分较为短视的地方政府义务教育资金投入积极性较差，致使当地义务教育较长时期都没有得到足够的重视，发展乏力。与位处县城的学校相比，农村的学校遇到的冷遇更为严峻。这个主观性问题加剧了县级政府财政实力不足的客观困境，使得农村义务教育的困境雪上加霜。

没有足够的公用事业经费做支撑，学校仅能勉强维持现有规模的正常运转，无法发展壮大，这对我国义务教育发展的未来非常不利，这个问题已然得到了中央政府的高度重视，但现阶段还未有一个行之有效的政策改变这个困境。

（二）学校债务负担沉重

早在 2004 年，国家审计署公布的一个审计调查报告就曾显示基础教育负债严重，增长过快，已经成为县乡政府和学校的沉重负担。自那时起，义务教育阶段学校的教育负债就引起过一阵高度重视。在这次的调研中，各调研小组的调研报告中显示，这一问题仍然没有得到根本的解决，而由于债务拖延，这些债务纠纷甚至演化成一系列威胁学校日常运营的事件，例如承建商长期霸占承建工程威胁到学生人身安全，债务人自行封锁学校大门影响学生上课等等。教育负债问题并没有因为"审计风暴"来袭而得到彻底解决。

现行负债主要是银行贷款、施工队垫款以及其他社会借款等，其中仍以施工队垫款最为普遍。欠款原因有三个："普九"欠债、危改欠债、校建欠债。在每一次依上级要求配备各项设施的同时，学校都有可能为此背上负债。就如前文提到，义务教育经费并没有富余资金，建设性经费更是短缺严重，为了达到各项省级、国家级标准，在正常途径之外，不得不选择负债达标。

通常农村学校获得的资金来源顺序为：政府按章拨款——向乡级或村委会争取资金支持——外债。但实际上由学校出面筹措资金的情况并不多见，因为义务教育阶段学校不允许负债运营。在调研的样本县市，债务资金通常为本级政府出面筹措。例如筹建校舍时，通常由教育局或该级财政局牵头，寻找承建商修建校舍，承建商垫付资金再与该级政府核算。这个过程实际上是政府以实物形式替代现金形式贴补学校发展。按照这样的合同关系，债权债务人均不是学校。但由于学校拥有债务标的，债权人在得不到还款的时候，就直接以学校为债务连带责任人要求学校承担债务，但学校是非盈利性的，没有资金偿还债务，债权人在要债无门的情况下就会采取极端手段威胁学校的正常运转。

产生债务负债的根本原因还是因为地方财力增长速度无法满足地方教育的发展需求。但另一方面可以看到，地方政府在意识到资金短缺的时候，没有能够更好地发挥社会力量发展教育，只一方承担所有的教育负担，就会使得教育负债犹如滚雪球般越滚越大。在经济吃紧的时候，只有开源节流才能渡过难关，地方政府教育资金短缺，就应当充分发挥社会办学的力量，既然无法切断教育需求，就从多渠道筹措资金的方法入手。在各省的调研样本中可以看到，社会办学力量不容忽视，但未发挥出应有的力量，进入义务教育阶段学校的社会捐助资金非常有限。此外，教育负债问题迟迟没有解决也同时暴露出地方政府及其教育机构统筹规划能力较差，负债信用度较低的问题。

（三）教师非工资性福利没有保障

教师的福利待遇问题一直得到各界人士的普遍关注。在这次调研过程中，各调研小组都一致认为教师福利待遇比过去均有较大程度的提高，尤其是教师的基本工资发放，普遍反映都不再存在较为严重的拖延现象。但同时也看到，教师除基本工资之外的非工资性福利没有得到很好的保障。

在教师工资发放方面，除了取得的成就，还看到：在部分省市，教师工资水平在不同地区间、城乡间仍然存在差距。通常较为贫困地区的教师工资比起其他地方待遇要差一些，农村教师的收入一般比县市学校教师的收入差一些。贫困地区和农村学校生活条件比较艰苦，虽然生活消费水平也较低，同样的收入可以消费更多的东西。但是这样一来，贫困地区和农村学校更难以留住好的老师，对农村学校的发展不利。

教师的非工资性福利，例如养老保险、医疗保险、社会保险等社会保障项目缺失。这样的缺失与农村整体社会保障体系未构建是相联系的。要解决这个问题，就要从整个大环境入手。

从上述问题来看，我国义务教育需要做的是在完善现有制度设计和实施的基础上，进行具体问题具体解决的新措施的探讨。第一，调整各级政府教育财政支出结构，调节教育财政投入在各级政府间的责任分配。第二，除了小学低年级段外，农村学校全部集中兴办寄宿制学校。第三，清算教育负债，解决债务纠纷。第四，严格执行新的《义务教育法》，从根本上杜绝教育乱收费现象。

四、农村学生辍学问题

在各调研组深入的调研过程中看到，辍学现象在中西部省市并没有完全解决。虽然在"两基"工程和"普九"工程之后，义务教育阶段学校的辍学率大大下降，但也发现官方低辍学率背后的一些问题。

根据各小组的调研报告可以看到，小学期间的辍学问题基本不存在，较为严重的是发生在初中阶段，尤其是初三年级。而存在辍学问题的省份也呈现出明显的特征：贫困地区的初中辍学现象比富裕的地区严重，女学生的辍学现象比男学生的辍学现象严重。可见，辍学问题与当地家庭的一些封建观念紧密联结在一起。

辍学原因从辍学的特征也能看出一些端倪，具体有以下方面：

第一，家庭经济条件。在调研的中西部地区仍然有许多尚未脱离贫困的农民家庭。虽然现在新的义务教育制度使他们的教育负担大大减轻，但对于他们而言，如何解决家庭的贫困问题才是当务之急。所以他们可以让孩子去上小学，甚至初中，但一旦到主攻升学的初三，要不要去上学就变成一个无关紧要的问题。因为即使能够考上高中，家庭也无力承担上高中的费用。即使读了高中，如果继续读大学，家里面更无法承担；如果考不上大学，高中文凭也未必比初中文凭强多少，所以很多农民家庭选择在初三开始辍学，学生外出打工，提早赚钱养家。这是最主要的原因。

第二，旧观念无法化解。农村家庭重男轻女的旧观念，从封建社会到现在，仍然存在。在家庭条件有限，而且普遍农村育有多个孩子的情况下，女孩子通常是最早被劝说放弃教育的。在一些偏远地区，虽然经过那么多年的经济发展，女孩子的命运仍然比过去并没有多大改变。这种旧观念的存在，使得女孩子的辍学率高于男孩子，也在一定程度上加剧了整个地区的辍学率问题。

第三，学生厌学心理的产生。通常辍学的学生为本来成绩不是最好的学生，在现行应试教育的模式下，比较容易产生厌学心理，在基本完成初中课程后，不愿再继续学习，选择辍学。尤其在初三面对升学压力，及一系列针对升学而设计的各科课程，对于本来成绩就不是特别好的学生的心理压力会进一步加大，在已然放弃升学希望后，离开学校。

第四，教育质量差。在辍学的特征中看到，通常较贫困地区的学生辍学率较高。这与教师教学质量的地域差异也有关联。较贫困地区的学校一般而言教师的素质也比不上较富裕的地方，教学质量也相对较差，在这样的教育资源分配下，学生的流失现象在较贫困地区也会因此比较严重。

为了解决农村学生辍学问题，应该继续加大义务教育宣传力度，采取加大义务教育投入力度，追究辍学儿童家长的法律责任，严查社会用工制度，提高农村学校教师的素质，提高农村义务教育教学质量，把毕业证书与出勤率挂钩等措施。

五、农村教师问题

国家对教师队伍建设问题十分重视，针对教师的人事管理和工资管理发布了很多政策和规定，并在一定程度上取得了成效，特别是在教师工资的发放问题上，全国的教师管理体制自从转变为由县财政局负责教师工资发放、由县教育局负责教师人事管理以后，教职工的工资收入得到了很大程度的保障，这是一个可喜的转变。然而，在看到成绩的同时，我们也不能忽视现实中教师的管理上还是存在相当多的问题，这些问题主要可以归纳为数量、结构、质量和待遇这四个方面。

（一）教师数量问题

在调研的过程中我们发现，按照中央编办、教育部、财政部发布的《关于制定中小学教职工编制标准的意见》的规定，各省都制定了教职工编制标准的具体实施办法，各县也能按照标准和本省的实施办法核定本地区中小学人员的编制，但具体落实到各校，部分学校的人员编制出现了超编或缺编的现象。

第一，有些省存在县城学校的教师超编而农村学校的教师缺编的现象。如河南省一些边远地区条件较差的学校教师严重不足，而县城和乡镇政府所在地学校的教师则普遍富余。县镇学校的教师超编现象严重，近几年来教师人数超常增长，越来越多的教师希望向县城学校或乡镇重点学校集中，而偏远乡镇的村级小学教师资源匮乏，只好就地寻找代课教师。

造成这一现象的主要原因是城乡教师的待遇存在较大差别。虽然随着"以县为主"教育体制的推行，农村中小学教师工资由县级财政统一发放，拖欠教师工资的问题已基本解决，但绝大多数农村中小学教师的处境依然艰难。陕西省的调查发现，农村学校编制外教师每月的收入只有400元左右，编制内教师也只有1 000元上下。许多教师全家住在学校里，人均居住面积只有几平方米，条件非常艰苦。而相对于农村和偏远地区，县城学校的教师待遇比较有保障，而且工作条件好，生源质量好，有更多的机会接受培训、评上职称，发展前景较好，这导致教师从农村学校不断流向县城学校，从而造成县城超编而农村缺编的现象。

第二，有些省存在小学教师超编而初中教师缺编的现象。这是由于人口结构的变化，初中生逐年增多，从而导致初中教师的缺口增大。例如，陕西省由于近几年小学生源减少，初高中生源进入高峰期，造成了小学教师阶段性局部过剩，初高中教师普遍短缺。2004年陕西省小学的平均生师比为19.73∶1，低于国家相应编制标准的平均水平，而初中的平均生师比为19.31∶1，高于国家的相应标准。

第三，有些省部分学校存在教师超（缺）编的现象。在湖南省的调查中，调研组发现，所抽样的中小学中部分存在教师超编现象。其中，超编现象比较严重的有望城的南湖附中，生师比仅为12∶1，而慈利的零溪中学、望城的乔口中学以及岳阳市平江县的长冲小学，生师比为13∶1，这些比例和国家公布的编制标准意见都相去甚远。

造成超编现象的原因，一方面可能是由于我国实行计划生育政策的成效已初步显现，造成入学适龄儿童日益减少，学生生源普遍有所下降，从而造成教师资源相对过剩，另一方面可能是由于有部分人员不合理占用学校编制。例如在"民转公"的过程中，有部分不适宜教课的老师，由于种种原因不能辞退，不得已只能安排在"教管组"内，占用编制但不教学，造成了学校只能超编聘用教师的后果。

第四，有些省存在编制不合理现象。比较典型的是广西和新疆，这些地区的某些偏远学校，教师编制虽然数字上看上去是达标了，有时甚至超编，但由于地广人稀，整个学校的学生人数少，年级多，而教师如果按照一般编制来安排的话，往往是一名教师要带好几个年级的好多门课。在广西地区，有的小学甚至编制内的老师只有一名，这样一个老师既要当校长又得当老师，既要教一年级又要教二至六年级，既要教语文又要教数学、自然、地理等。这样的编制无疑是不合理的，需要适当增加教师编制，以满足学校正常教学的需要，或者也可以通过将零散的教学点合并、重新整合教学资源的方法来解决。

（二）教师结构问题

1. 年龄结构

从教师队伍的年龄结构来看，各省各个学校的教师平均年龄都在 30~40 岁之间，尽管各省的具体情况有所不同，但中小学教师队伍普遍存在老龄化现象或老龄化趋势。

湖南省的教师年龄老化问题目前就已十分严重，尤其是在比较偏远的贫困小学。虽然教师平均年龄在三四十岁，但教师年龄的实际分布却是"两头大、中间小"，真正处在三四十这个黄金年龄段的老师并不多。根据调查数据显示，望城乔口小学的教师中，年龄在 40 岁以上的达到 40%，而在偏远的农村小学，教师的年龄更大，大部分都在 50 岁以上。

山西省的教师队伍中，年龄处于 30~40 岁的教师占大多数，其次是 40 岁以上的教师，年轻教师的数量普遍较少。这样的年龄结构与湖南省的相比，似乎还算合理，但从长远看，教师队伍也将面临青黄不接的危险。由于教师待遇和大学扩招等原因，愿意就读师范类专科院校的学生越来越少，很多学生都选择了上高中考大学，即使选择师范类院校的学生，在毕业时若能谋得其他更好的职业，大多也都不愿意当教师，更不用说前往偏远的地区任教。这使得教师队伍的主要来源大大缩减，随着目前中年教师年龄的不断增长，若没有足量的年轻教师补充进来，教师队伍将逐渐面临年龄老化的问题。

从以上两个具有代表性的省份的情况可以看出，我国目前教师队伍的年龄结构偏老。虽然年龄较大的教师教学经验比较丰富，教学水平较高，但考虑到体力、精力以及适应新变化的能力，年轻教师还是更有优势。另外，老教师也终有要退休的时候，因而，为了应对教师队伍青黄不接的问题，我国亟须培养大量优秀的中青年人才进入到中小学的教师队伍，以保证教育事业的稳定发展。

2. 学科结构

随着新课程改革的全面铺开，英语、信息技术、体育、美术、音乐等学科的新课程对教师的资历提出了更高的要求，但在各省的调研过程中，我们发现，学校普遍缺乏能教授这些新课程的教师，即教师的学科结构配置很不合理，尤其是在农村学校。

造成这一现象的原因，一来是因为符合这些新课程要求的教师本身数量就少，而教师队伍中能教授语文、数学等主课程的教师比较多，这与学校中主副课教师的地位、待遇存在差距有关，二来是因为偏远的农村小学由于条件落后更无法吸引符合条件的专业教师，在这些地区一般都是一名教师兼多门课的教学工作。

由于英语、信息技术、音体美等学科的教师短缺，各校只能纷纷采取主课教师兼带副课或聘请代课老师的方法来应对，而这样做造成的直接后果就是这些课程的教学质量令人担忧。有些学校反映，由于音、体、美、英专业的教师奇缺，学校教师基本上都是"一专多能"型。比如，教数学的还要带体育、音乐课，而有的教师甚至连五线谱都不懂，也得教音乐。电脑课也是，教师自己都不太会用电脑，还要边教边学，在这种情况下，学生又能学到多少电脑知识？而英语课是最致命的，很多农村教师没有太多的英语基础甚至没有学过英语，纯粹靠自学，发音完全不标准就来教，但今后要再让这些学生改掉口音是很困难的。因而，专业教师不足已经严重影响到中小学素质教育的全面展开，这对学生的全面发展是非常不利的。

（三）教师质量问题

教师的质量直接关系着教学的质量，因而教师队伍的整体素质以及业务水平也是我们应该关注的事情。教师的自身素质在一定程度上与教师的学历有关，而教师的业务水平与教师的资格准入、教学培训等有关。

1. 学历方面

为了提高义务教育的质量，各省全面推进提高教师学历的继续教育，加强各级教师的进修，近年来，全国教师队伍的整体情况是高学历教师特别是本科学历的教师人数在增加，而中、低学历的教师人数在减少，目前在中小学教师学历方面，主要存在以下三个现象：

第一，小学教师的学历低于初中教师的学历。以贵州省的调研数据为例，小学教师中高中阶段毕业及以上的占到总人数的93%，专科以上毕业的人数占28%左右，而中学教师中专科及以上毕业的占91%，本科及以上占总人数13%以上。山西省的情况是，小学教师大多达到了专科学历，而初中教师全部是专科以上学历，其中本科学历占了相当的比例。

第二，农村学校的教师学历低于县城学校的教师学历。例如，湖北省的调查情况是，农村小学老师基本是中师、中专学历，部分学校还有一定数量的民办老师和代课老师，相比之下，县城小学教师的学历更高一些，大部分为大专学历。而甘肃省所调研的小学中，教师学历情况最好的是县城小学南街小学，全部教师学历都在中专以上，其中大专占50.79%，本科教师占6.35%；最差的是地处山区的柳条河小学，学历在高中以下的教师占到57.14%，超过半数，本科教师没有。由此可见，农村学校的义务教育质量令人担忧，农村教师学历急需提高。

第三，教师队伍中的高学历者多是后取学历。虽然目前教师队伍的学历水平正在提高，但是，这些教师的本科和专科学历大多是通过函授、自考获得的，原始学历就是本科的教师是少之又少。而在目前我国函授教学还不完善、质量还不高的情况下，这些教师的文凭和实际能力之间是否成正比令人怀疑。

2. 资格准入方面

教师资格制度是国家实行的一种职业资格制度，是国家对专门从事教育教学工作人员的基本要求，是公民获得教师职位、从事教育工作的前提条件。为了提高教师队伍的质量，国家强调要全面实行教师资格制度，下令要严把教师资格认定关，严禁聘用不具备教师资格的人员担任教师，并限期清退农村中小学的代课人员。

但这项政策在具体落实时，并没有想象的那么容易。因为民办教师、代课老师的存在有其一定的历史原因和现实原因，尤其是在农村。一般地，农村学校的教师编制都很紧，教学任务过重，县里面短时间内又派不出教师到农村任教，不得已只能由村里出钱聘请民办教师或代课老师。在有些边远地区，没有教师愿意去，甚至只能由代课老师"挑大梁"，维持日常教学工作。这些民办教师、代课老师大多没有通过教师资格证的考试，参加相关培训也不多，学历方面也不如公办教师，因而教学水平不敢保证。但由于他们的工资待遇比正式教师低，而且愿意在条件艰苦的地区教学，在一定程度上满足了这些地区对教师的需求，因此，除非能在源头上解决农村教师编制不足的问题，否则民办教师、代课老师还会一直存在，清退工作将会有一定的难度。

3. 教师培训方面

为了适应素质教育的推行以及新课程改革的展开，各省都不同程度地加大了对教师培训的投入力度，不少省份的教育部门会定期组织教师参加培训，并建立一定的教师培训制度，以此来不断提高教师队伍的教学水平。

例如，广西对教师培训采取"学分制"，每年都规定教师必须修完一定的学分才能通过，这就使得教师参加培训的课时得到了最大程度的保证。此外，省（自治区）、市、县各级都会组织教师培训，内容多样，有微软培训、校长培训、新课改培训等。与此同时，各个学校也会广泛开展"校本培训"。所谓"校本培训"是指每周定期由本校老师互相交流培训心得，对没有参加以上级别培训的老师进行再培训。

内蒙古的喀喇沁旗也有比较完善的教师培训体系，各校都十分重视教师培训工作。例如锦山三中，教师的培训包括以自学为主的继续教育、每学年利用周末时间（周五周六周日三天）集中进行的学科培训，以及利用平时周末2天时间的不定期教师培训，还有只针对部分教师的"项目工程"培训等等。

总的来说，各省的教师培训工作开展得不错，但也存在以下一些不足：（1）部分省份对教师培训没有进行相应的财政支持，有些省份虽然适当加大了对教师培训的财政投入，但学校方面用于教师培训的费用并不多，教师培训经费得不到很好的保障，并不能满足所有教师的培训需要。此外，许多学校反映，教师参加培训的费用很多时候要自己掏，即使能报销，数额也是十分有限，这在一定程度上也影响了教师参加培训的积极性。（2）教师培训分为省、市、县、校四级，但大多数教师最高只能参加县级的培训，能参加省、市级教师培训的往往是校长或教学骨干，很多学校甚至连校长都未参加过省级培训。这种通过一级培训后，再由参加过培训的教师对未参加培训的教师进行二级甚至三级培训的方法，有些时候往往会影响到培训质量。（3）农村教师参加培训的机会较少。由于经费问题以及其他一些原因，很多农村学校的教师往往没有县城学校的教师参加培训的机会多，然而恰恰是农村学校的大量教师最需要培训。相当一部分的农村教师教育观念陈旧，知识老化，方法落后，难以适应教育改革发展的需要，因此，急需通过培训来提升这些教师的实际教学水平。此外，农村学校中民办教师、代课老师数量较多，加强对他们的培训能增强他们的教学改革意识，提高他们的教学能力，帮助他们实现"转正"，最大限度地利用现有人员资源，解决教师短缺问题。

（四）教师待遇问题

教师的待遇可以分为工资和福利两方面。近年来，在教师工资的管理体制改革方面，我国取得了很大的成就。此次调查的过程中，各省都反映由县级统发工资后，教职工的工资收入得到了保障，基本没有发生新拖欠工资的现象。

然而，对于以前拖欠的教师工资，有些省份还没有及时完成清欠工作。例如，四川省个别县有拖欠以前教师工资的现象。在调查过程中我们了解到，在免除义务教育学杂费之前，拖欠教师工资的现象比较严重，以护国小学为例，每月教师工资应该是 8 万元，但是县财政只拨 5 万元，这样一年下来就有几十万元的拖欠工资，虽然大部分差额已由学校垫付，但县里面却还没有把相应款项拨给学校。

此外，教师福利得不到很好的保障。虽然现在拖欠教师工资的现象基本没有了，但是教师的地方津贴、事业保险费、住房公积金等福利费拖欠的现象却还很多。例如，在湖南省慈利县，由于县财政困难，费用缺口共计有 1 985.4 万元（包括在职教师的生活补贴、误餐补助、少数民族地区补助费、液化气补助费、通讯费等）。而教师的医疗保险金、养老保险金、失业保险金以及住房公积金等也缴纳不足。另外，教师的住房也是一个大问题。据广西的调查小组反映，该自治区有些学校由于经济条件有限，不能解决所有教职工的住房问题，另有些学校虽有住房提供给教师，但却是遗留下来的危房。学生都住上了公寓楼，而老师们只能住危房，甚至连危房都没得住，这样的生存条件实在是很艰苦。

最后，农村学校的教师待遇普遍要低于县城学校。尽管教师的整体待遇水平较以往有所提高，但城乡间的差距还是很明显，绝大多数农村中小学教师的处境还是很艰难。陕西省的调查发现，农村地区编制外教师每月的收入只有 400 元左右，编制内教师也只有 1 000 元上下，许多教师全家住在学校里，人均居住面积只有几平方米，条件非常艰苦。工资待遇偏低，教学环境艰苦，使得农村教师，特别是骨干教师的流失现象严重，而许多优秀毕业生也不愿到农村任教，从而导致了城乡之间教师队伍发展的不平衡。

针对以上分析的教师现状问题，国家要从完善中小学人事管理制度，加强教师编制管理入手，推行新的教师管理体制，实行城乡教师交流制度，落实农村教师"三险一金"（医疗保险、养老保险、失业保险、住房公积金），加大对中小学教师培训的财政投入，建立稳定的、多样的教师培训体系，加大对师资队伍建设的督导检查力度等综合措施加以解决。

六、农村学校硬件设施问题

此次我们调研各省的部分农村中小学就受惠于国家远程教育项目工程，这些学校不仅配备了计算机室，还拥有了少量的多媒体教学设备，学校的信息化教育在一定程度上得以开展。同时也发现了存在的问题。第一，部分学校建设图书室、实验室和仪器室只是为了应付上面的检查验收，很多设施都只注重表面功夫，一旦"普九"、"普实"的牌子挂上了，便"刀枪入库，马放南山"。

第二，用于维护和更新设施的经费保障不足。部分县区的学校"普九"、"普实"达标较早，但由于没有足够的公用经费维护和更新这些教学设施，很多中小学校的实验室及基本仪器设备过于陈旧，损坏严重，而图书资料的内容也跟不上时代，急需更新。第三，农村中小学现代远程教育项目在具体实施时缺乏配套的资金和措施，运转起来存在一定的困难，这造成了教育资源的闲置和浪费。

下面将具体分为图书室、实验室和多媒体教学三个部分作详细介绍。

（一）图书室

基本上所有的学校都配备了图书室，但部分学校的图书室其实只是阅览室，图书只供学生定时阅览，这种情况在农村小学比较多见，其他多数学校的图书学生可以凭借书证外借。各省中小学图书资料的数量和质量普遍不能令人满意，相对来说，县城学校的要好于农村学校，如贵州省的调查数据显示，县城小学人均藏书量是农村小学的1.6倍，而县城小学人均电子图书藏书量是农村小学的4.4倍。但调研的过程中也发现有个别农村学校很重视图书资料的更新与添置，图书数量较充足，内容也比较新。

图书室设施方面，各省反映最多的问题是图书室藏书数量不够，藏书质量有待提高。贵州省的许多学校生均图书量没有达到标准，藏书的更新速度也很慢。很多学校的图书都是旧书，像调查的坝黄县民族小学和金龙小学，40%的图书都是教师们捐献，有一部分还是发动学生从家里带来的。同时，电子图书的藏书量就更少了，大部分农村小学还没有电脑，更别说电子图书了。陕西省中小学的图书室藏书内容也普遍老化，从出版日期看，这些图书基本都是在"普九"验收时购置的，由于学生的阅读兴趣不大，图书室的利用率很低，几年前购置的图书如今仍然崭新。河北省反映的情况是中小学图书室藏书普遍存在复本率高、书本较旧、范围较狭窄的问题。

由此可见，虽然各校基本上都配备了图书室，但现有图书的来源大多是"普九"时集中购买或社会捐助，很大程度上是为了应付"普九"达标或者上级的其他验收而设，图书采购时并没有考虑到要适合学生的阅读口味，激发他们的阅读兴趣，因而有价值的学生读物很少，并不能起到丰富学生课余知识和开阔学生视野的作用。加之学校公用经费不足，一旦一次投入置办了一定量的图书后，便很少再更新，造成书籍内容陈旧，数量不足，许多图书室形同摆设，有的学校干脆也就不对学生开放了。

（二）实验室

中小学实验室的建设直接关系着义务教育阶段的实验教学和新课程改革，是提高教育质量和实现素质教育的关键环节。为了抓好这一环节，在"普实"的过程中，各省分别制定了普及中小学实验教学标准及评估验收办法，以贵州省为例，实验室建设的部分标准如下：（1）实验室、仪器室的数量和面积，按理、化、生实验室数量，一类完中至少分别为二、二、一间；二类初中理化生实验室总数不少于二间；三类初中不少于一间；一类小学自然实验室至少一间，旧房改建的实验室面积不小于本校的普通教室。仪器室按相关学科各一间，一类学校仪器室面积不小于50平方米；二类学校不小于25平方米；边远学校的仪器室可与实验室兼用。（2）高、完中和一类初中应设理、化、生实验准备室。一般学校可用仪器室兼作准备室，但应与仪器、药品陈列处相隔离。（3）每间实验室要有的实验桌凳，数量按规定类别分组数配置，并有一张教师演示实验台。而仪器配备的部分标准如下：（1）仪器设备的配备标准，根据相关学科的仪器设备配备目录进行配备。（2）仪器配备的品种和数量，根据学校的类别、规模、经济条件，除必配演示仪器外，学生实验仪器，仪器配备的品种和数量不低于规定标准的80%，数量不少于50%。

经过"普九"和"普实"，各省中小学实验室的设施水平有了很大的提高。《2005年全国教育事业发展统计公报》中指出，全国普通小学音乐器械配备达标率为41.8%，美术器械配备达标率为39.91%，数学自然实验仪器达标率为52.29%。而普通初中音乐器械配备达标率为56.58%，美术器械配备达标率为55.2%，理科实验仪器达标率为71.84%。各项指标均比上年有所提高。广西的调查结果也显示，该地区多数学校已通过了"普九"和"普实"的验收，所调研的8所初中和12所小学都已达标，学校配有理、化、生实验室和微机房，而且硬件设施基本上都配套齐全。而在此之前，学校的基础设施是很薄弱的。为了迎接"普九"和"普实"，财政给中小学校拨了大量的经费用于改善学校办学条件，提高学校硬件设施水平。

在调研的过程中我们也发现一些问题，那就是初中的实验室设施情况普遍要比小学的好，而县城学校的实验室设施水平一般要高于农村学校。小学不开设物理、化学课，主要是自然课需要有实验室以及仪器设备，而音乐、美术课也需要相应的专用教室。大多数调查的县城小学表示有实验室，条件较好的学校还有专门的音、美教室，或者两者兼用，农村小学则一般不设有专门的实验室或音、美教室。自然课的实验仪器设备方面，县城小学可能有条件让学生仿做实验，而农村小学则一般连演示实验都较少。初中要开设物理、化学、生物课，这些课程比较重要，因而初中的实验室配备情况要好于小学，所调研的县城初中都有理、化、生实验室，但达到一类标准的学校很少，而农村初中的实验室兼用现象较多。实验仪器设备方面，初中学校的达标率要高于小学，而县城初中的实验器材要好于农村。

此外，在实验器材的维护和更新方面，所有学校都存在经费不足的问题。由于财政上没有了拨款，很多学校的实验仪器设备在通过"普九"、"普实"后就没有再更新过，导致实验教学跟不上新课程改革的步伐，而且很多仪器在使用的过程中折旧和损耗现象严重，学校却拿不出钱修缮，只能勉强维持，这在一定程度上影响了实验教学的质量。

（三）多媒体教学

在调查的各省中小学中，虽然还有相当一部分农村学校没有多媒体教室，没有计算机房，但我们发现，农村学校拥有计算机、投影仪、电视等教学设备的数量正在增加。随着"农村现代远程教育项目工程"的实施，越来越多的农村中小学收到了专项拨款，配备了一定数量的计算机和教学光盘播放设备。当然，与县城学校相比，农村学校在拥有多媒体教学设备这方面，总体上还是处于劣势。

就在国家全面实施农村中小学现代远程教育项目工程，加快发展多媒体教学和计算机教育的过程中，也凸现出一些问题。以甘肃和四川省的调查情况为例。对于甘肃的信息化教育情况共调研了12所中小学，这12所学校都有电脑，总共434台。从表10-4可以看出，像南街小学、川北小学和刘家峡中学这样的县城学校，条件都是很好的，不仅拥有多媒体教室，而且电脑都能够上网，学生可以接受到较好的信息化教育。而农村学校的情况虽然有所改善，如小学三年级以上开设了电脑课，有不少学校还配备了卫星小站，但总体来说，还是跟不上发展。学校基本没有多媒体，或者虽然配备了电脑，但电脑的配置却很低，大多是从城里淘汰下来的，不要说上网，就连正常使用都成问题，再加上经费紧张，根本没钱用于信息化教育。此外，敦煌市农村还有22所小学连电脑都没有，古浪和永靖这一现象更加严重，农村学校计算机数量不足、设备陈旧的问题十分突出，普及、提高信息技术教育任务艰巨。

表10-4　　　　　　甘肃省抽样学校信息化教育基本情况

学校名称	电脑（台）	分析内容
新建小学	2	不能上网，一套卫星小站（电视、DVD、投影仪等设备）
大庄小学	20	卫星小站一套（2005年配备）
黄羊川小学	60	电视5台，DVD3台，中英项目配备的部分仪器和电教设备

续表

学校名称	电脑（台）	分析内容
柳条河小学	14	不能上网，都是原来486、586型的，基本没用
南阳沟小学	2	不上网，仅老师用
雷家敦小学	10	2004年从城市淘汰过来，一套卫星小站，学校出20%的钱
陇西桥小学	6	与雷家敦小学类似
黑松驿中学	60	有20台电脑是赊账购买，都不能上网
永靖五中	55	多媒体教室空白
刘家峡中学	110	多功能媒体教室3个，两个微机室，两个电子备课室
南街小学	60	都能上网，建了自己的校园网站和校园电视台，多媒体教室1个，一半老师有笔记本，每个办公室至少1个台式机，每个教室还有一个背投电视
川北小学	35	都能上网，条件相对较好

四川省前些年由于国家大力推行信息技术教育，很多学校趁着这股东风，纷纷举债建起了学校计算机室、多媒体电教室，还联通了因特网，给学生上起了每周两节的信息技术课。校长们负债发展信息技术教育，一方面是看到信息技术教育在当今学校教育中的重要性，另一方面也算了一个账：花十多万元建计算机室，虽然政府投入指望不上，但可以在学生头上每期收取30～40元不等。1 000人的学校，一学期可以收3万～4万元，两三年收回成本，然后就是升级、维护、更新。这个账可以勉强算得过去。可是现在信息技术教育费取消了，而国家又没有出台相应的信息技术教育经费投入政策，这些钱又哪去找？校长们也算了一个账：一个计算机室30台电脑，多开一个小时就多五六度电费钱，一所学校10多个教学班上计算机课，机器得天天从早到晚开着，一天仅电费一项就得二三十元钱；电脑设备硬件软件的维护费用，一年下来也不是一笔小数目；因特网接入费用，一年也要六七千元；电脑产品更新换代太快，两三年下来，就是设备的正常损耗也很大，且不说又该升级了，又该换代了。一些校长后悔地说：想当初，真不该这样积极地负着债去建计算机室。

其他省份也存在着相同的问题：农村学校的多媒体教学设备以及计算机设施不如县城，而且信息化教育的配套经费不足，致使现有教育资源无法得到很好的利用。农村中小学现代远程教育项目虽然为部分农村学校提供了信息化教育的设备，但由于没有专业技术人员负责管理，也没有相应的资金来源去承担远程教育每年需缴纳的一系列费用（包括入网费等），现存的远程教育设备基本处于闲置状态，利用率不高。对于开展信息技术教育的县城学校来说，缺乏信息技术教育的经费保障机制，无法负担信息化教学的高成本，也是影响信息技术教育发展的重要因素。

针对以上学校硬件设施方面的问题，应该继续大力推行"普九"、"普实"，对还未通过验收的县区要注意做好攻坚工作，避免出现学校硬件设施易建配、难维护的现象。要着重增加对农村地区信息技术教育的投入。促进区域内教学资源共享，提高农村学校的硬件设施水平。在加强硬件设施建设的同时，也要提高相关教师实验教学、信息化教学的水平，注重教育资源在教学过程中的应用，注重对相关教师的岗位培训、技术培训，提高教师的知识水平和教学能力。

七、农村学校危房问题

2001~2002年，我国实施了第一期全国农村中小学危房改造工程，2003年，国家又全面启动了第二期工程。第一期全国农村中小学危房改造工程中央和省（自治区、直辖市）共安排专项资金52亿元，其中，中央安排专项资金30亿元，累计改造农村中小学严重危房1 700万平方米。第二期全国农村中小学危房改造工程，国家计划2003年由国家发展改革委安排20亿元，2004~2005年由财政部和教育部共同承担40亿元，3年共计60亿元补助地方实施工程，基本消灭全国农村中小学现有D级危房校舍。

从我们调研各省的情况可以看出，危房改造工程确实取得了不少成就，例如，安徽省2001年之前的农村中小学危房情况比较严重，截至2000年6月底，安徽省有危房校舍160万平方米，危房率为3.6%，有的县危房率甚至超过10%。2001年，全国危改工程开始，安徽省积极配合，计划在"十五"期间筹集资金20亿元用于农村中小学危房改造，其中省级财政10亿元，市、县两级财政按1∶1配套10亿元，并将这部分资金集中到前3年使用，以全部解决全省农村中小学现有D类危房。在教育部、国家发改委和财政部的大力支持下，安徽省从2001年至2004年底，累计投入危改资金29.9亿元，改造危房695万平方米，大规模地解决了农村校舍的危房问题。2005年，省教育厅安排年度危改资金1.9亿元（其中中央专款9 000万元），计划改造D级危房100万平方米。截至2005年6月底，实际已投资19 623万元，新建校舍49万平方米，改造D级危房42万平方米，极大地改善了农村中小学校的基本办学条件。

河南省从2003年起，集中20多亿元专项资金，对历年来积累的480万平方米D级危房进行集中改造。2004年，河南省政府决定，每年从中央补助的降低农业税税率的转移支付中划出4%的比例，专项用于各地新增农村中小学危房改造工作。在财力困难的情况下，河南省通过调整部门资金，加大转移支付力度，甚至动用省长预备费等方式，保证了危改资金的如数到位。为强化管理，确保工程质量，该省还建立了《农村中小学危房改造工程项目学校台账》，严把工程的设计关、招标关、监理关、验收关，确保新建校舍使用寿命在50年以上。截至2005年11月底，全省农村中小学危房改造工程总投资21.3亿元，其中，中央资金3亿元，省级资金6.2亿元，市县及其他资金12.1亿元，全省提前一年完成480万平方米的危房改造工程，工程规划的1.1465万所项目学校全部完工。

总的来说，在中央和地方各级政府的共同努力下，我国农村中小学危房的数量明显减少，而危房增加的势头也被遏制，危房改造工程取得了可喜的成绩和实质的进展。但目前，中小学危房改造形势依然不容乐观。

以湖南省来说，校舍危房率偏高仍是全省义务教育所面临的诸多问题中最严重和最亟须解决的。截至2005年底，湖南省平均每所初中有危房面积173平方米，其中城市、县镇、农村分别为58.8平方米、195.2平方米和177.8平方米，农村是城市的3倍。全省平均每所小学有危房面积73.8平方米，其中城市、县镇、农村分别为82.9平方米、127.6平方米和67.4平方米。全省的校舍危房总面积基数可观，并且以每年2%~3%递增，许多县区的危房面积居高不下，D级危房普遍存在。其中，以国家级贫困县凤凰县为例，其小学校舍建筑面积204 400平方米，危房面积8 264平方米，危房率4%；中学校舍建筑面积195 208平方米，危房面积5 974平方米，危房率3%。

甘肃省的危改工作也仍需加强。从表10-5中可以看到，所调研的学校中仍有4所学校的危房情况严重。其中，黑松驿中学虽然只有1栋危房，但宿舍条件极差，建成三十多年来从没有改造过，40个学生挤在一个横铺上，一个学生只有半米宽的地方，学生反映说，"晚上如果出去上厕所，回来就没地方睡了"。条件最落后的是柳条河小学，全是危房，校长在访谈过程中说到，"今年6月地震时，教室晃动把学生吓得都不敢出来，要不是震级只有3.5，恐怕教室早就倒了"。学生简直就是冒着生命危险去念书。由于山区学校占甘肃学校的较大部分（永靖县山区学校占80%），像柳条河小学这样的情况普遍存在，因而，甘肃的危房改造任务依然艰巨。

表10-5　　　　　　甘肃省被调研学校危房基本情况

学校名称	有无危房	分析内容
新建小学	无	但从1979年来没有再建新楼，也没粉刷过，很旧
川北小学	无	1998年贫困地区第一期义务教育项目建成
大庄小学	无	与川北小学类似

续表

学校名称	有无危房	分析内容
黄羊川小学	无	2005 年中英项目刚建好
柳条河小学	全是危房	20 世纪 50 年代的桌凳还在用
南阳沟小学	全是危房	2002 年鉴定全部为 D 级危房，共 650 平方米
雷家敦小学	无	但也只是每年粉刷一下，教室很旧，还可以用
陇西桥小学	无	与雷家敦小学类似
常丰小学	全是危房	2002 年鉴定全是危房，正在新建
南街小学	无	城市小学，条件很好
永靖五中	无	2005 年项目拨款刚建好
刘家峡中学	无	2000 年华侨捐资新建，朱总理审批
黑松驿中学	1 栋危房	新建了 1 栋新教学楼，其他基本能用，宿舍近似危房

在危房改造的过程中，资金短缺仍是一个值得注意的普遍问题。由于中央安排的专项资金主要是支持中西部地区农村中小学现存 D 级危房的改造任务，而且采用"地方投入为主，中央适当补助"的原则，因而，许多地方财力比较薄弱的市、县由于危改配套资金的投入不足，实行危改的力度和范围都过小，危改拨款往往仅限于 D 级危房，且金额总是小于学校的实际需求，更别说要满足 B、C 级危房改造的资金需求了。而这些 B、C 级危房或条件比较差的校舍若得不到经费及时改造和修缮，就会加速老化，形成新的严重危房，从而不断加大危房改造项目的资金需求，造成恶性循环，这不利于危改工程的有效进行。

从全国的数据分析，虽然农村中小学校危房逐步减少，但是还没有完全消除。因此，各级政府还应该增加危房改造的专项拨款，建立中小学危房改造资金的长效保障机制。加强对危房改造专项资金的监管。逐步建立起中小学校舍管理数据库，对辖区内中小学危房进行实时监测。利用危改工程，促进教育资源的优化。危改工程的任务不仅仅是要为中小学校建起安全的校舍，还要为我国义务教育发展的大局服务，为农村教育资源的优化提供契机。

第十一章

农村义务教育发展指标体系研究

一、我国义务教育事业发展状况分析

(一) 我国义务教育的政策导向及实施概况

《义务教育法》颁布以来,国家把义务教育普及工作作为教育发展战略的重点,投入大量人、财、物力,在党中央、国务院的领导下,在各级党委、政府的重视和支持下,经过教育战线和社会各界的共同努力,到2000年顺利完成"两基"任务,义务教育普及工作取得了举世瞩目的成就。短短的十几年间,我国"普九"人口覆盖率从20世纪90年代初的40%提高到2005年的95%以上,青壮年文盲率控制在4%左右。回顾"两基"历程,我们走过了一段辉煌而不平凡的路。

1986年《义务教育法》开始实施,国家开始大力"普九"。1993年,党中央、国务院颁发了《中国教育改革和发展纲要》,为建设有中国特色社会主义教育体系绘制了蓝图,并把基本普及九年义务教育这一历史任务的完成期限定在20世纪末。同年,全国人大常委会审议通过了《中华人民共和国教师法》,使我国教师队伍建设开始走上法制化轨道。党的十四届三中全会通过《关于建立社会主义市场经济体制若干问题的决定》,进一步为教育改革与发展指明了方向。2001年国务院发布的《关于基础教育改革与发展的决定》,提出农村义务教育实行"在国务院领导下,由地方政府负责,分级管理、以县为主"的新体制。这些方针、政策、法规的颁布、实施,为教育工作注入了新的活力,有力地促进了各级各类教育事业的发展。2006年6月29日通过、9月1日起执行的修订以后的《中华人民义务教育法》成为我国义务教育事业中辉煌的转折点。其中的"两免一补"政策，即对农村义务教育阶段学生免除学杂费，对义务教育阶段农村贫困学生免费提供教科书，对义务阶段农村贫困寄宿生补助生活费，是对过去"一免一补"的修改与更新，它有力地推动了我国农村义务教育的发展，加速了我国农村义务教育的发展进程。

2000年是我国教育事业取得显著成绩的一年，我国教育的改革与发展进入了一个新的阶段。党的十四大提出的"到本世纪末基本普及九年义务教育"的目标如期实现，"普九"人口覆盖率继续提高。到2000年底，全国普及九年义务教育地区人口覆盖率达到85%，通过"普九"验收的县（市、区）总数达到2 541个，11个省市已按要求实现"普九"。2002年召开的党的第十六次全国代表大会，进一步强调了实施科教兴国战略在现代化建设中的重要作用，提出了新时期教育工作的目标、任务、方针和要求，为开创教育事业的新局面指明了方向。到2005年底，全国普及九年义务教育地区人口覆盖率已超过95%，小学学龄儿童入学率达98.95%，初中毛入学率达到97%。随着教育改革不断深化，教育开放进一步扩大，很多方面取得突破性进展。2007年教育部颁发的《国家教育事业发展"十一五"规划纲要》提出，当前素质教育得到进一步推进，教师队伍建设取得新进展，教育投入不断增长，办学条件得到改善，教育信息化建设成效明显，教育质量稳步提升，办学效益进一步提高。

在义务教育事业发展取得辉煌成就的同时，我们也应当充分重视隐藏在这些成就背后的问题和不足。城乡、地区教育发展水平差距大，并且差距在进一步扩大而不是逐渐缩小。农村教育经费投入不足，教师队伍素质不高，办学条件差，农村教育事业整体发展水平不高。长期以来农村教育处在低水平的维持状态之中，虽然数量上成就非凡，质量却不高。一定程度上说，我们是追求数量，牺牲了质量。新世纪随着我们的教育战略重点向"两全"目标转移，农村义务教育的重心已经转移到巩固"两基"成果，实现"两全"目标上来。

（二）我国义务教育发展的成就

1. 入学率持续上升，义务教育普及程度进一步提高

义务教育普及工作取得显著成就。《国家教育事业发展"十一五"规划纲要》指出，"十五"时期15岁以上人口平均受教育年限达到8.5年左右，到2005年，全国普及九年义务教育人口覆盖率和初中毛入学率均达到95%以上。1990年到2005年的数据显示，15年间"普九"人口覆盖率超过95%，小学学龄儿童入学率从97.8%提高到99.15%，初中（包括职业初中）毛入学率从66.7%提高到97%（见图11-1）。1990年到2004年，小学五年巩固率从71.4%提高到

98.8%，每年以2.35%的速度递增，初中三年巩固率从82.8%提高到91.96%，平均发展速度为1.007，比较平稳。同时，在国家相关政策的支持下，西部地区"两基"攻坚取得重大进展，中西部地区农村义务教育普及程度和质量明显提高，农村教育面貌发生深刻变化，义务教育发展进入全面普及的新阶段。

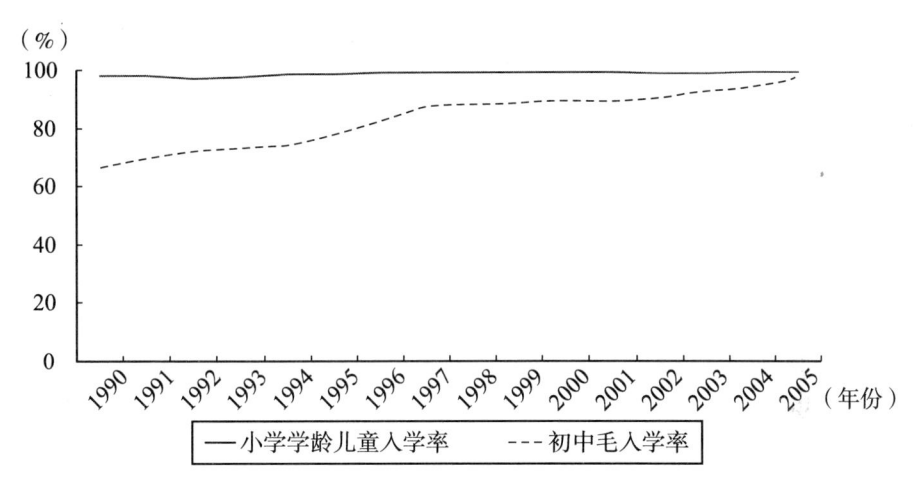

图11-1　1990~2005年义务教育阶段学生入学率变化趋势

资料来源：中华人民共和国教育部：《全国教育事业发展统计公报（1990~2005年）》。

2. 学校布局结构进一步优化，义务教育阶段学校平均规模稳步扩大

学校布局调整初见成效，学校平均规模逐步增大。15年间，小学①学校平均规模从160人增加到297人，平均发展速度为1.042；初中平均规模从561人增加到995人，平均增长率为3.89%（见图11-2）。因此，我国学校的发展规模也在稳步提高。

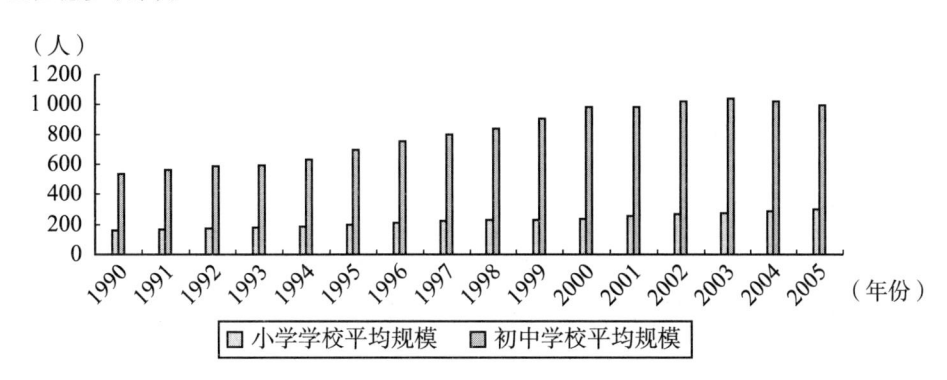

图11-2　1990~2005年义务教育阶段学校平均规模变化趋势

资料来源：同图11-1。

---

① 如无特别说明，本书中的小学和初中分别指普通小学和普通初中。

表 11-1　1990～2005 年义务教育阶段学校专任教师数量统计　　单位：万人

年份	1990	1995	1996	1997	1998	1999	2000	2001	2002	2003	2004	2005
小学专任教师数	558.2	566.41	573.58	579.36	581.94	586.05	586.03	579.77	579.89	570.28	562.89	559.25
初中专任教师数	247	278.37	289.27	298.16	305.5	314.8	324.9	334.84	343.03	346.67	347.68	347.18

资料来源：中华人民共和国教育部：《全国教育事业发展统计公报（1990～2005 年）》。

因为小学在校生数量先升后降，所以小学专任教师数量也经历了一个先升后降的过程，1990～1999 年每年以 5.424% 的比例递增，然后到 2000 年以每年 9.311% 的速度递减。2000～2005 年，6 年间共减少了 26.78 万人。但从总体来看，小学教师队伍比较稳定，变化不大。1990～2005 年的 15 年间，由于初中毛入学率大幅提高，在校生数从 3 868.7 万猛增到 6 214.94 万人，所以初中专任教师数量也相应地从 247 万人增加到 347.18 万人，增加了 100.18 万人。

3. 教师队伍素质不断提升

一是专任教师学历合格率大幅上升，学历层次逐年提升。1990～2005 年小学教师学历合格率从 73.86% 上升到 98.62%，初中从 46.5% 上升到 95.22%（见图 11-3）。虽然截至 2005 年，小学教师的合格率高于初中教师的学历合格率，但初中教师的学历合格率的提升速度高于小学教师，平均发展速度为 1.0489。同时，高学历教师的比例逐年增加，小学教师中拥有大专及以上学历的教师占到 56.34%，初中教师中拥有本科及以上学历的教师占 35.3%，具有本专科学历教师成为新增教师的主体。

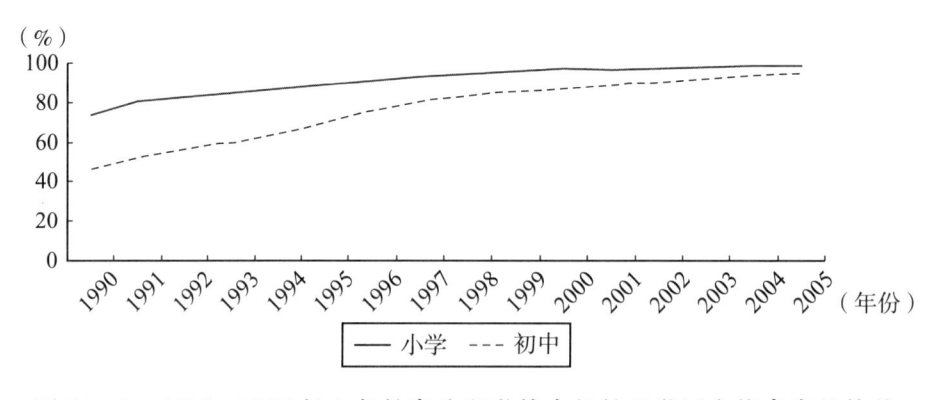

图 11-3　1990～2005 年义务教育阶段学校专任教师学历合格率变化趋势
资料来源：同图 11-1。

二是教师职工比例逐年降低，教职工队伍结构优化。1990~2005年，小学教师职工比从100∶11.79降到100∶9.65，初中从100∶31.63降到100∶19.89，教师职工比例逐年降低。教师队伍总体趋于年轻化，中青年教师成为主体，35岁以上教师占到半数以上；全国普通小学、初中具有高级职务的教师逐年增加。①总体来看，教职工队伍结构趋于优化（见表11-2）。

表11-2　　　　1990~2005年基础教育阶段学校教师职工比例统计

年份	1990	1993	1995	1997	2000	2002	2003	2004	2005
小学教师职工比	100∶11.79	100∶12	100∶11.65	100∶11.09	100∶10.14	100∶9.71	100∶9.7	100∶9.64	100∶9.65
中学教师职工比*	100∶31.63	100∶29.16	100∶28.80	100∶26.61	100∶22.59	100∶21.91	100∶21.14	100∶19.88	100∶19.89

* 因为统计工具书的口径问题，此处教师指普通初中和高中教师，职工指普通初中和高中职工。

资料来源：教育部发展规划司：《中国教育统计年鉴（1990~2005年）》，人民教育出版社1990~2005年各年版。

三是师生比逐步走向合理。从图11-4可以看出，小学生师比先升后降，原因在于1993年至2000年间小学在校生数量增加。由于近年来小学在校生数量减少，所以小学教师超编比较严重。初中生师比逐年上升，主要原因在于初中毛入学率大幅提高，在校生数量大量增加。从总体上看，初中目前的生师比比较合理（见表11-3）。

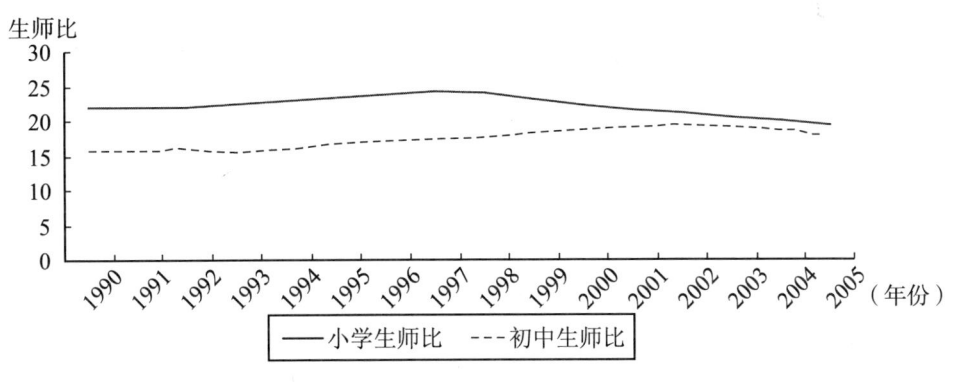

图11-4　1990~2005年义务教育阶段学校生师比变化趋势

资料来源：同表11-2。

---

① 《中小学教师队伍整体面貌逐步发生新的变化》，中国教育和科研计算机网，2007年8月28日。

表11-3　　　　1990~2005年义务教育阶段学校生师比统计

年份	1990	1993	1995	1997	2000	2002	2003	2004	2005
小学生师比	21.9∶1	22.1∶1	22.9∶1	24.2∶1	22.2∶1	21∶1	20.5∶1	20∶1	19.43∶1
初中生师比	15.7∶1	15.5∶1	16.7∶1	17.33∶1	19∶1	19.3∶1	19.13∶1	18.7∶1	17.8∶1

资料来源：同表11-2。

4. 义务教育经费投入逐年上升

表11-4　　　　1995~2005年义务教育阶段生均预算内
公用经费及教育事业费统计　　　　　　　单位：元

年份		1995	1996	1997	1998	1999	2000	2001	2002	2003	2004	2005
小学	公用经费	22.79	28.46	33.97	34.35	35.72	37.15	45.18	60.21	83.49	116.51	166.52
	教育事业费	265.78	302.54	333.81	370.79	414.78	491.48	645.28	813.13	931.54	1 129.11	1 327.24
初中	公用经费	65.96	81.93	93.05	79.82	76.97	74.08	83.4	104.21	127.31	164.55	232.88
	教育事业费	492.04	549.24	591.38	610.65	639.63	679.81	817.02	960.51	1 052	1 246.07	1 498.25

资料来源：中华人民共和国教育部：《全国教育经费执行情况统计公告（1995~2005年）》。

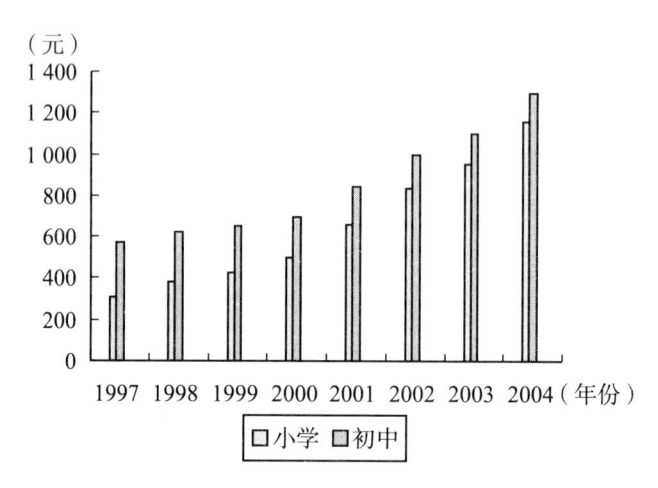

图11-5　1997~2004年义务教育阶段生均预算内教育经费变化趋势

资料来源：《中国教育经费统计年鉴（1997~2005年）》，中国统计出版社1997~2005年各年版。

从表 11-4 的统计数字可以看出，义务教育阶段生均预算内公用经费及教育事业费逐年增加。1995～2005 年，小学生均预算内公用经费从 22.79 元增加到 166.52 元，初中从 65.96 元增加到 232.88 元。小学生均预算内教育事业费从 1995 年的 265.78 元增加到 2005 年的 1 327.24 元，初中从 1995 年的 492.04 元增加到 2005 年的 1 498.25 元。国家在义务教育经费投入上做出了较大的努力。

5. 义务教育阶段学校办学条件进一步改善

图 11-6 显示，小学生均校舍面积逐年上升，初中先降后升，并超过之前的水平。初中校舍面积变化（降低），原因在于近十年初中在校生数量大量增加，教育需求增加，而教育供给能力在短时间内难以大幅提高。但是，我们应该看到，在学生数量增幅如此大的情况下，政府做出了巨大的努力，基本满足了教育需求。

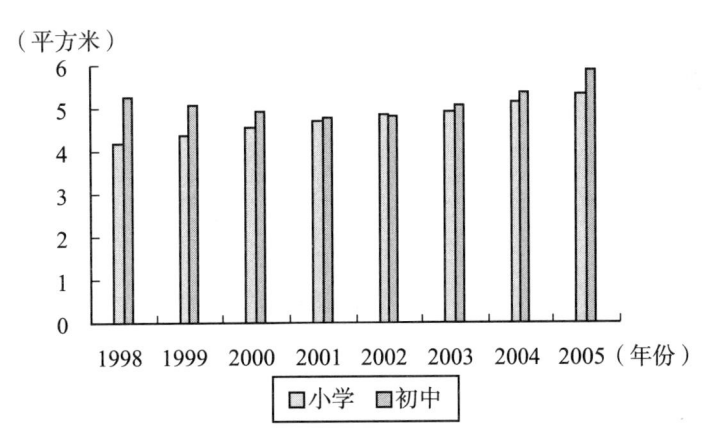

图 11-6 1998～2005 年义务教育阶段学校生均校舍面积变化趋势

资料来源：同表 11-2。

义务教育阶段学校办学条件逐步改善，音、体、美及实验仪器达标率逐年上升。但从总体上看，学校办学条件较差（小学各项达标率在 35%～50%，初中在 50%～70%），改善速度还有待提高（见表 11-5）。

表 11-5 2001～2005 年义务教育阶段学校音、体、美及实验仪器达标率统计 单位：%

年份	小学				初中			
	音乐	体育	美术	实验仪器	音乐	体育	美术	实验仪器
2001	36.62	47.4	34.51	48.55	50.42	69.46	48.84	68.35
2002	37.7	48.79	35.69	49.37	52.46	64.43	50.86	69.45
2003	38.66	50.2	36.69	49.8	53.95	65.68	52.43	70.17

续表

年份	小学				初中			
	音乐	体育	美术	实验仪器	音乐	体育	美术	实验仪器
2004	40.08	51.38	38.17	50.91	55.20	66.38	53.72	70.57
2005	41.8	53.04	39.91	52.29	56.58	67.61	55.2	71.84

注：音、体、美和实验仪器达标率分别指音乐器械配备达标率、体育运动场（馆）面积达标率、美术器械配备达标率和实验仪器达标率。

资料来源：同图11-1。

（三）我国义务教育发展中存在的问题及原因分析

在"普九"事业取得巨大成就的同时，不少问题也逐渐暴露出来。随着政府对义务教育的发力，曾一度严重阻碍义务教育事业发展的民办教师问题基本上得以成功解决（1993~2000年8年间，小学民办教师从34.8%降到4.73%，初中从8.6%降到2.96%）。在东中部地区民办教师几乎已不复存在。但在农村和旷远的西部地区民办教师问题又被代课教师问题取代，它是继民办教师之后，适应普及九年制义务教育的要求及又一轮学龄人口入学高峰而产生的新问题。2005年小学代课教师多达33万（1998年曾达到84万，专任教师与代课教师的比例达到100∶14.47），并且绝大多数（30万）分布在农村和西部地区。据新华社报道，甘肃省现有农村代课教师3.2万多人，占到农村小学教师的28.2%。西北师范大学副校长、教育学学者王嘉毅教授说，西部12省、市、自治区的代课教师共有50.6万人，约占西部农村教师的20%。[①] 初高中代课教师城乡分布差别不大，比例相对较小，但总数也超过11万。无论从绝对数量，还是从相对比例来看（见表11-6），代课教师都是影响义务教育质量的严重阻碍因素。同时，代课教师的素质、工作积极性、教育教学能力等，都影响着义务教育的质量。

表11-6　1990~2005年普通中小学代课教师与专任教师比例统计

年份	1990	1993	1995	1998	1999	2000	2002	2003	2004	2005
小学	7.63∶100	11.32∶100	12.68∶100	14.47∶100	12.06∶100	9.41∶100	8.25∶100	7.43∶100	6.73∶100	5.91∶100
中学	4.16∶100	4.32∶100	4.26∶100	3.68∶100	2.94∶100	2.61∶100	2.73∶100	2.62∶100	2.57∶100	2.45∶100

注：原始数据来自《中国教育统计年鉴（1990~2005年）》，表中比例是用代课教师数量除以专任教师数量计算得出。

---

① 县委副书记上书教育部：70%代课教师月工资40元，http://news.sina.com.cn/c/2005-11-03/10548198616.shtml。

同时，办学条件差，信息化水平低，危房率居高不下。音、体、美和实验仪器达标率不高，2005年小学这几项指标分别只达到41.8%、53.04%、39.91%、52.29%，初中的办学条件稍微好一些，不过也分别只达到56.58%、67.61%、55.2%和71.84%。小学每30名学生才拥有一台计算机，初中的生机比也只达到64∶1。信息技术课程开课率低，合格的专业教师奇缺。危房率逐年上升，绝对面积和相对比例都非常高（见表11-7），严重影响教育教学工作的正常开展。

表11-7　　1990~2005年义务教育阶段学校危房率变化统计　　单位：%

年份 危房率	1998	1999	2000	2001	2002	2003	2004	2005
小学	0.92	0.91	2.50	6.01	6.36	6.68	5.59	5.79
初中	0.83	0.77	2.06	4.72	8.09	4.67	3.73	3.99

注：原始数据来自《中国教育统计年鉴（1998~2005年）》，表中的百分比是用危房面积除以校舍建筑面积计算得出。

城乡、地区教育发展水平差距大，制约着义务教育事业的进一步发展。农村[①]教育经费投入不足，教师队伍素质不高，办学条件差，农村教育事业整体发展水平不高。今后的"普九"攻坚和"两全"目标的实现，工作重点在农村，没有农村教育的大力发展，就不可能有整体教育水平的提升。下面将针对城乡和地区差距，从教师、经费和办学条件三方面分析现状，为确立今后的工作重点和制定发展规划提供基础。

1. 城乡差距大

从教育指标的角度来看，义务教育的城乡差距主要表现为城乡教育指标的"阈值"区间过大。"阈"意指界限或范围。这里借用"阈值"区间，来指称城市和农村义务教育在指标指数上的差额度（如表11-8）。我们承认适当的差距是事物发展的动力，而且考虑到现实国情，城乡教育也不可能均等、同步地发展，所以，个别指标的指数存在一定的阈值区间是正常的。但目前的状况是，城市学校在关键性发展指标上的指数全部都偏高，农村学校都偏低，而且两者差额度过大。

[①] 学术界对中国城乡的划分主要有三种划分方式：一是城市、县镇、农村（乡村）；二是城市（包括县镇）、农村；三是城市、农村（包括县镇）。本课题研究是在第三种意义上使用这一概念的，数据统计分析时除特别注明外，农村的各项数据均包含县镇的数据。

表 11-8　2003 年城乡义务教育阶段学校教育学历指标阈值区间对比

		研究生毕业	本科毕业	专科毕业	高中阶段毕业	高中阶段毕业以下
小学	城市（%）	0.05	9.36	54.99	34.83	0.76
	农村（%）	0.01	1.84	33.98	61.75	2.42
	阈值区间（倍）	+5	+5	+1.6	-1.8	-3.2
初中	城市（%）	0.43	48.21	48.45	2.82	0.09
	农村（%）	0.07	17.59	73.12	9.00	0.22
	阈值区间	+6.1	+2.7	-1.5	-3.2	-2.4

资料来源：《中国教育统计年鉴 2003》，人民教育出版社 2003 年版。

（1）教师。

第一，义务教育阶段城乡教师队伍素质差距很大。2005 年农村小学教师中大专学历占的比例最大，占到农村小学教师总体的 47.89%，而城市小学教师学历的主体也是大专，占总体的 58.7%（见图 11-7）。农村初中专科学历的教师占 65.54%，同比城市为 35.97%，而城市初中教师中拥有本科学历的教师占到 61.76%，农村却只有 28.86%。在学历层次上，城乡差一个档次。在高学历教师[①]方面，农村小学只有 52.2%，城市则达到 77.98%，农村初中高学历教师只占 28.95%，城市则是农村的 2.2 倍，达到 62.45%（见表 11-9）。同时，在调查中我们发现，城乡教师学历获得的方式存在明显差距，农村教师的学历达标主

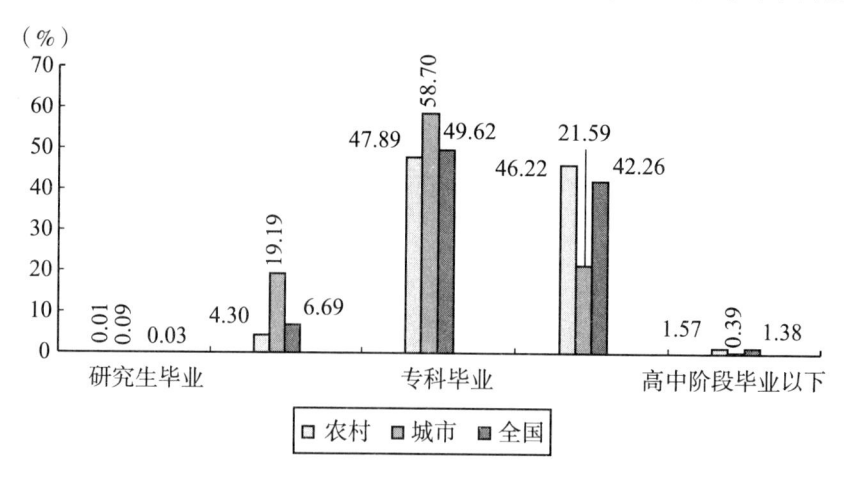

图 11-7　2005 年城乡小学教师学历对比

资料来源：教育部发展规划司：《中国教育统计年鉴 2005》，人民教育出版社 2005 年版。

---

① 小学高学历教师指大专及以上，初中指本科及以上。小学指小学高级和中学高级，初中指中学高级。

表 11-9　　　　2005 年城乡义务教育阶段学校教师学历对比　　　　单位：%

		研究生毕业	本科毕业	专科毕业	高中阶段毕业	高中阶段以下
小学	农村	0.01	4.30	47.89	46.22	1.57
	城市	0.09	19.19	58.70	21.59	0.39
	全国	0.03	6.69	49.62	42.26	1.38
初中	农村	0.09	28.86	65.54	5.38	0.12
	城市	0.69	61.76	35.97	1.53	0.05
	全国	0.20	35.10	59.94	4.65	0.10

资料来源：同图 11-7。

要依托于学历继续教育，第一学历偏低，获取新知、接受新事物的学习能力较低。另外，农村教师年龄结构偏大，由民办教师转为正式教师的数量也较大，又存在大量的代课教师，严重影响了农村义务教育的质量。

第二，在教师职称方面，农村教师与城市教师差距非常显著。农村小学教师中小学一级占的比重最大，达到 43.48%，城市小学教师中小学高级占的比重最大达到 49.58%。初中与小学的情况类似，农村初中教师中比重最大的是中学二级，城市则是中学一级。义务教育阶段城乡学校教师职称也差了一个档次。在高级职称方面，[①] 农村小学教师队伍中高级职称的比例为 41.03%，城市为 50.48%，城市比农村高出近 10 个百分点。初中高级职称农村为 4.46%，城市为农村的 3.5 倍，达到 15.57%（见图 11-8 和表 11-10）。

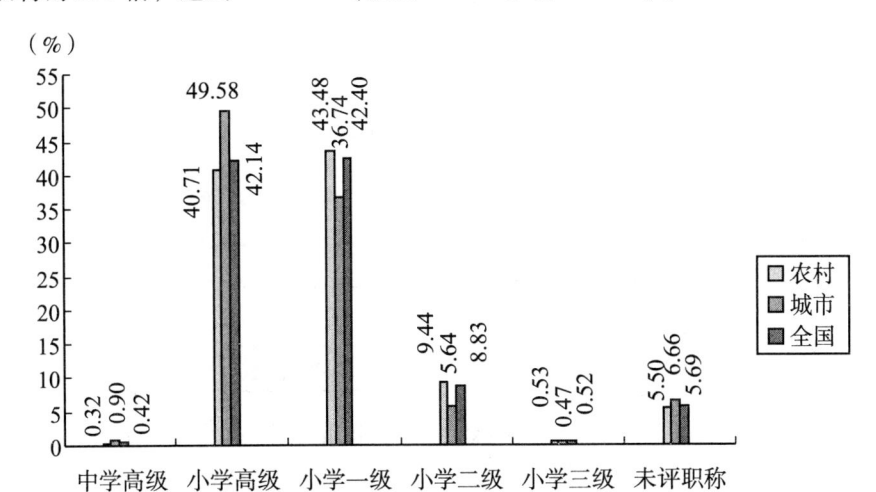

图 11-8　2005 年城乡小学教师职称对比

资料来源：同图 11-7。

[①] 小学高学历教师指大专及以上，初中指本科及以上。小学指小学高级和中学高级，初中指中学高级。

表 11-10　　　　　　2005年城乡初中教师职称统计　　　　　单位：%

	中学高级	中学一级	中学二级	中学三级	未评职称
农村	4.46	34.90	43.01	9.07	8.57
城市	15.57	43.30	31.51	2.98	6.64
全国	6.56	36.49	40.83	7.92	8.20

资料来源：同图11-7。

（2）经费。农村义务教育经费投入不足，城乡差距大，是制约农村教育发展的重要因素。城市义务教育投入在各项指标上都高于农村，尤其明显地体现在生均预算内公用经费上。2005年农村小学生均预算内公用经费为142.3元，城市是农村的1.5倍达209.4元。与此类似，农村初中生均预算内公用经费为192.8元，城市为265.9元，相当于农村的1.4倍。在生均预算内事业费方面，城乡差距也较大。城市小学比农村高出约342元，初中比农村高出约335元（见图11-9和图11-10）。义务教育属于公共产品，为国民提供平等的受教育机会和质量大体相当的教育服务是政府应尽的责任。缩小城乡差距，政府的努力程度最明显的体现在城乡义务教育经费投入上，加大农村教育投入，政府责任重大。

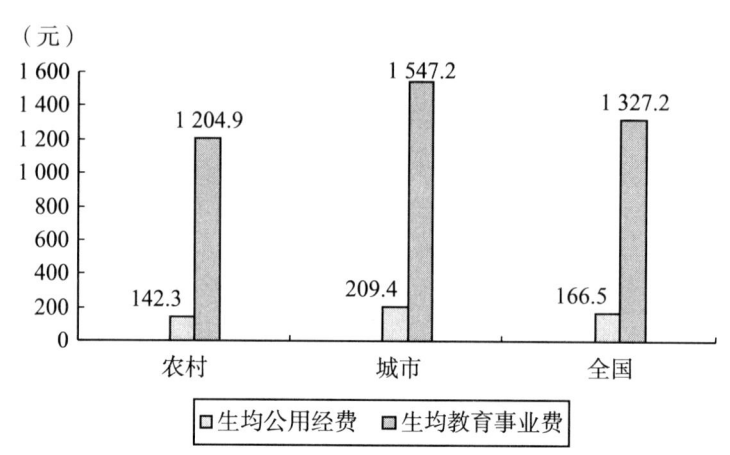

图11-9　2005年城乡小学生均预算内公用经费及教育事业费对比

资料来源：根据教育部2005年《全国教育经费执行情况统计公告》计算，此处的城市包括县镇。

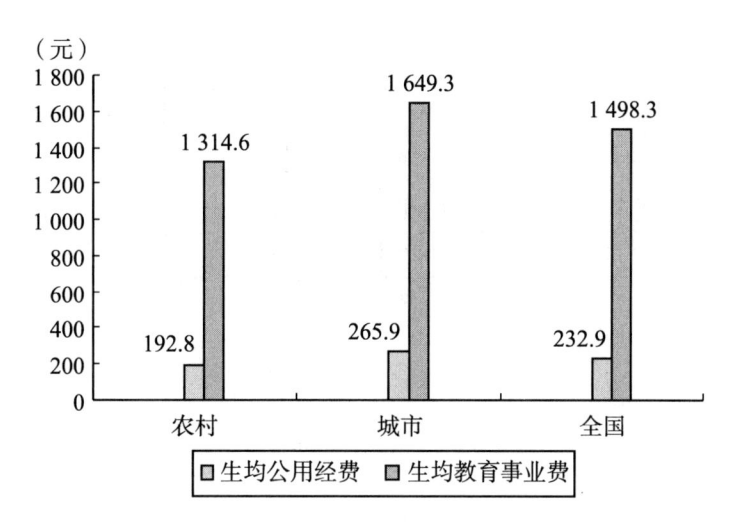

图 11 – 10　2005 年城乡初中生均预算内公用经费及教育事业费对比

资料来源：同图 11 – 9，此处的城市包括县镇。

（3）办学条件。除了初中体育运动场（馆）面积达标率外，其余各项办学条件指标城市都高于农村（见图 11 – 11 和表 11 – 11）。小学办学条件城乡差距大于初中，这在音乐器械配备达标率上表现得更明显。信息社会的到来，使学校的信息化教育成为现代教育发展新的增长点，城乡学校网络建设都是一个从无到有的过程，而信息技术条件也成为当前城乡办学条件差距最为凸显的方面。2003 年，城乡小学建立校园网的比例分别为 24.32% 和 2.82%，此项指标的阈值区间，即差额度为 21.5 个百分点，城市是农村小学的 8.6 倍还多。2005 年农村小学和初中建立校园网的学校比例分别提高为 4.67% 和 23.04%，而城市则分别高达 42.55% 和 52%。农村小学和初中的生机比分别为 36.7∶1 和 24.4∶1，城市则分别为 14.7∶1 和 14.4∶1。农村教育信息化条件逐年改进，但与城市的差距也在逐年拉大。城乡差距不仅仅体现在是否建有校园网，农村学校中网络在教学和管理中的应用以及维护方面差得更远。为了加快农村教育发展速度，国家提出了以信息化带动现代化，实现农村教育跨越式发展的口号，在 2005~2010 年西部地区教育事业发展规划中提出"大力推进教育信息化，积极发展现代远程教育"的设想。为此，国家推动并开始实施"教育信息化建设工程"和"农村中小学现代远程教育工程"，并设定了具体的目标。从现状来看，农村教育信息化任务很艰巨，我们还有很长的路要走。

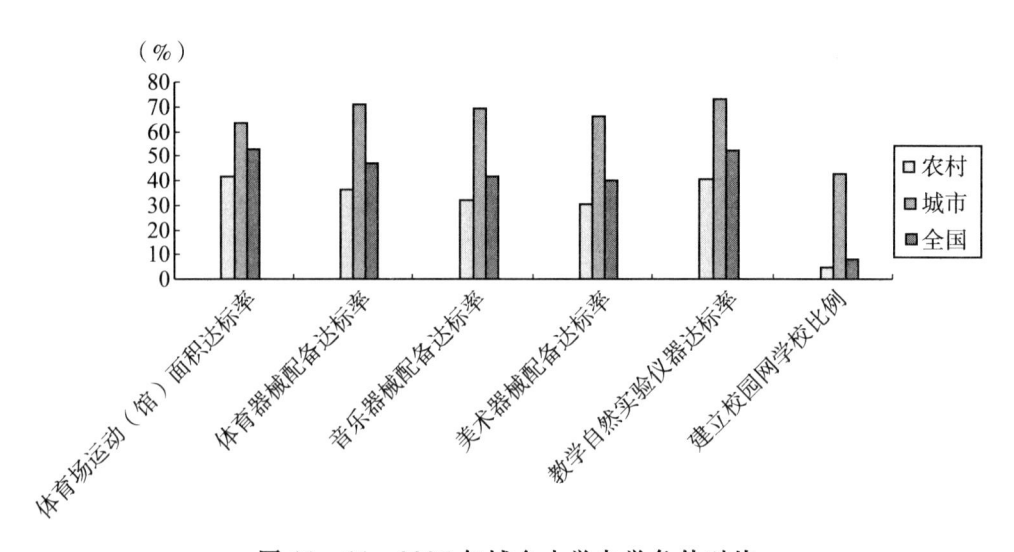

图 11-11 2005 年城乡小学办学条件对比

资料来源：同图 11-7。

表 11-11　2005 年城乡义务教育阶段学校办学条件对比　　　　单位：%

		体育运动场（馆）面积达标率	体育器械配备达标率	音乐器械配备达标率	美术器械配备达标率	教学自然实验仪器达标率	建立校园网学校比例
小学	农村	41.60	36.28	31.87	30.44	40.53	4.67
	城市	63.32	71.09	69.54	66.22	72.81	42.55
	全国	53.04	47.13	41.80	39.91	52.29	7.92
初中	农村	67.70	64.06	54.83	72.09	71.27	23.04
	城市	67.01	71.03	68.14	66.57	75.58	52.00
	全国	67.61	64.98	56.58	55.20	71.84	26.86

资料来源：同图 11-7。

　　危房问题严重，并且主要集中在农村。2005 年农村小学和初中的危房率分别为 5.09% 和 3.3%，同比城市分别为 0.98% 和 0.88%，农村远远高于城市，危房主要集中在农村（见表 11-12）。虽然实施了"国家贫困地区义务教育工程"和"中小学危房改造工程"，但是危房率一直居高不下，并且逐步上升（见表 11-7）。加大农村学校危房改造力度，刻不容缓。

表11-12　　　　2005年城乡义务教育阶段学校校舍情况对比

	小学		初中	
	生均校舍建筑面积（平方米）	危房率（%）	生均校舍建筑面积（平方米）	危房率（%）
农村	5.37	5.09	5.83	3.30
城市	5.22	0.98	6.13	0.88
全国	5.34	4.46	5.88	2.87

资料来源：同图11-7。

2. 地区差距大

（1）教师。

第一，教师学历达标率。从总体上看，小学教师学历达标率比较高，东部和中部小学教师学历状况地区差别不大，但是西部地区与东部以及全国平均水平相比有一定的差距（见图11-12）。西部地区高学历教师比例低于东部和全国平均水平，学历未达标教师比例高于东部和全国平均水平。

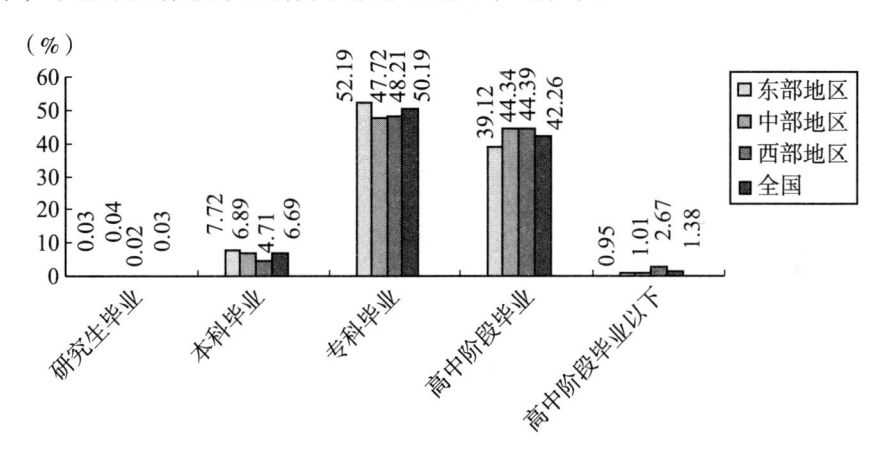

图11-12　2005年分地区小学教师学历对比

研究生毕业：东部0.03、中部0.04、西部0.02、全国0.03
本科毕业：东部7.72、中部6.89、西部4.71、全国6.69
专科毕业：东部52.19、中部47.72、西部48.21、全国50.19
高中阶段毕业：东部39.12、中部44.34、西部44.39、全国42.26
高中阶段毕业以下：东部0.95、中部1.01、西部2.67、全国1.38

资料来源：同图11-7。

从表11-13分析来看，初中教师学历达标率有待进一步提高，东部高学历教师比例高于中部，中部高于西部。西部地区高学历教师比例低于东部和全国平均水平，学历未达标教师比例达到5.4%，高于全国平均水平。

第二，教师职称。全国小学教师职称以小学一级为主，占到42%左右（见表11-14）。从地区职称对比情况来看，并没有出现东部高于中部，中部高于西部的现象。其原因在于小学教师职称评定与年龄结构直接相关，西部地区民办教师较多（绝大多数都已转正），教师年龄结构老化。

表 11-13　　　　　2005 年分地区初中教师学历对比　　　　　单位：%

	研究生毕业	本科毕业	专科毕业	高中阶段毕业	高中阶段毕业以下
东部地区	0.22	40.07	55.90	3.72	0.09
中部地区	0.23	32.15	62.18	5.33	0.11
西部地区	0.14	30.56	63.87	5.29	0.13
全国	0.21	35.10	59.94	4.65	0.11

资料来源：同图 11-7。

表 11-14　　　　　2005 年分地区小学教师职称对比　　　　　单位：%

	中学高级	小学高级	小学一级	小学二级	小学三级	未评职称
东部地区	0.49	46.45	39.93	7.16	0.48	5.49
中部地区	0.51	43.94	42.19	8.16	0.47	4.73
西部地区	0.15	32.31	46.81	12.58	0.68	7.46
全国	0.42	42.14	42.40	8.83	0.52	5.69

资料来源：同图 11-7。

全国初中教师职称以中学二级为主，占到 41% 左右。高级职称比例地区分布，东部高于中部，中部高于西部。西部地区高级教师和一级教师比例低于全国平均水平，中学三级教师比例高于全国平均水平（见图 11-13）。

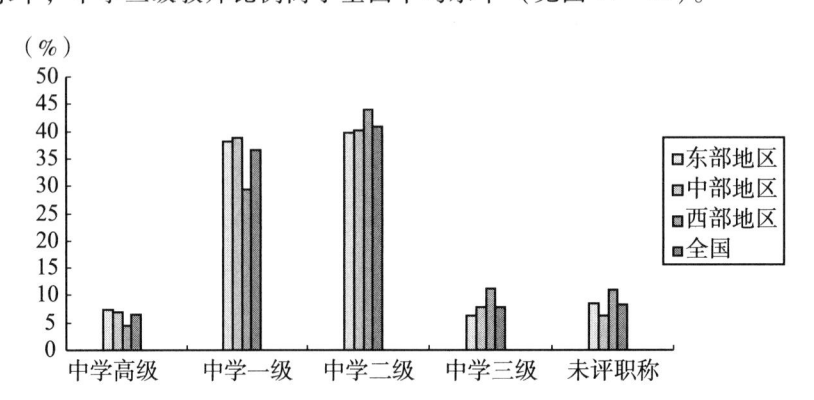

图 11-13　2005 年分地区初中教师职称对比

资料来源：同图 11-7。

另外，西部地区师生比为 1∶40，大大低于 1∶20 的全国平均水平。

（2）经费。小学和初中生均预算内公用经费，东部高于西部也高于全国平均水平，中部低于西部也低于全国平均水平（见图 11-14、图 11-15）。小学生均预算内教育事业费东部远高于中部，中部高于西部，中西部差别不大。初中生均预算内教育事业费东部远高于中部和西部，中部低于西部近 300 元。出现这种情况的主要原因在于，为巩固"普九"成果，打好"普九"攻坚战，国家把农村教育工作的重心放在西部地区。通过各种工程和专项（例如"国家贫困地区义务教育工程"、"农村寄宿制学校建设工程"）加大了对西部地区义务教育经费的投入力度。

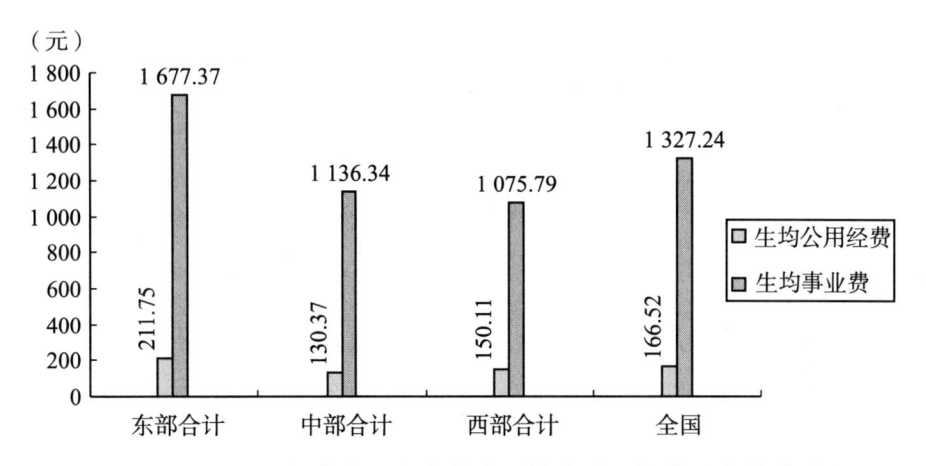

图 11-14　2005 年分地区小学生均预算内公用经费及事业费对比

（元）

地区	生均公用经费	生均事业费
东部合计	211.75	1 677.37
中部合计	130.37	1 136.34
西部合计	150.11	1 075.79
全国	166.52	1 327.24

注：教育经费数据来自教育部 2005 年《全国教育经费执行情况统计公告》，在校生数据来自《中国教育统计年鉴（2005）》。

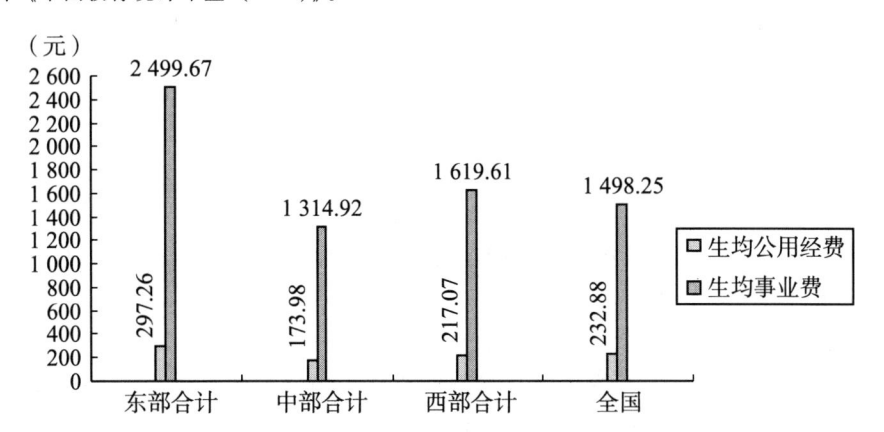

图 11-15　2005 年分地区初中生均预算内公用经费及事业费对比

（元）

地区	生均公用经费	生均事业费
东部合计	297.26	2 499.67
中部合计	173.98	1 314.92
西部合计	217.07	1 619.61
全国	232.88	1 498.25

注：教育经费数据来自教育部 2005 年《全国教育经费执行情况统计公告》，在校生数据来自《中国教育统计年鉴（2005）》。

（3）办学条件。从总体上看，东部地区办学条件好于中部，中部好于西部，西部地区低于全国平均水平（见表 11-15）。在生均校舍建筑面积、生均学校固定资产值、生均体育场馆面积（小学除外）、生均图书拥有量这几项指标上，都是东部高于中部，中部高于西部，地区差距较大。西部小学危房率达到7.41%，远高于东部和全国平均水平，中学危房率与其他地区相比也偏高。因此，西部地区危房改造任务紧迫，需要国家大力投入，高度重视。生机比西部远高于东部和全国平均水平，小学达到42.3:1，初中达到27.6:1，西部学校现代信息技术水平低。

表11-15　　2005年分地区义务教育阶段学校办学条件对比

		生均校舍建筑面积（平方米）	危房率（%）	生均体育场馆面积（平方米）	生机比	生均图书拥有量（册）	生均学校固定资产值（元）
小学	东部地区	5.82	2.30	8.40	20.8:1	16.43	4 087.03
	中部地区	5.36	5.15	9.28	39.5:1	13.69	2 632.80
	西部地区	4.62	7.41	5.32	42.3:1	9.39	2 271.30
	全国	5.34	4.46	7.88	29.6:1	13.62	3 107.27
初中	东部地区	6.61	1.47	7.51	16.9:1	17.23	4 817.09
	中部地区	5.73	3.84	6.72	26.9:1	13.97	3 086.11
	西部地区	4.83	4.40	4.60	27.6:1	9.33	2 646.90
	全国	5.88	2.87	6.56	21.9:1	14.22	3 681.24

资料来源：同图11-7。

3. 城乡差距大、地区差距大的原因分析

人类社会的各个领域之间都是相互依存、相互带动的，教育的发展亦如此，早在1776年，亚当·斯密就确立了"教育即投资"的观念，因此，教育事业的蓬勃发展最终依靠国家财政上的支持，而财政上的支出最终又与国家的政策、体制密不可分。所以，除了一些自然历史原因以外，本书将主要从税费体制和教育管理体制等方面分析我国义务教育城乡差距、地区差距的原因。

（1）自然环境因素。我国幅员辽阔，东部、中部与西部之间，沿海与内地之间的经济、政治及文化发展极不均衡。尤其是西部地区，大多为高原和山区，气候多变，灾害频繁，水土流失严重，很多地区为少数民族聚居地。地域的广袤，地形的复杂，交通的不便以及自然条件的恶劣，势必影响这个地区的经济发展水平，而经济的发展和教育的发展水平往往是休戚相关的。西部地区由于自然环境引发的不良状况，表现在基础教育上极其明显。首先，这种自然地理环境直接导致了西部地区经济的落后。据国家统计局的统计：1995年，东部、中部、西部地区的国民生产总值分别为33 615.4亿元、15 867.4亿元和8 149.74亿元，分别为全国国民生产总值的 57.7%、27.2% 和 16%；从农民人均收入来看，东部为 234 606 元、中部为 142 234 元、西部为 103 301 元。① 经济上的差距必然对教育的成本投入产生影响，这样就加大了西部贫困地区办教育的难度。其次，经济落后地区人们的观念较为保守，思想僵化，不能与时俱进，特别是一些少数民族，认为"读书无用"或者读完小学、初中也不能上大学，这种机会成本的预算更加阻碍了西部地区义务教育的发展。最后，西部地区地域的广阔导致了人口居住分散，给学校布点带来很大困扰，交通的不便也严重影响了学龄儿童按时接受义务教育，导致西部地区义务教育入学率低、辍学率高。

因此，由于自然环境因素引发的一系列问题使西部地区的义务教育远远落后与中、东部地区，义务教育的地区差距明显，需要国家采取有力的措施来逐渐弥补这种差距。

（2）分税制改革的影响。经费不足与政府投入机制不健全是导致我国义务教育地区差距明显的主要原因。1993 年颁发的《中国教育改革和发展纲要》中就提出，到 20 世纪末实现国家财政性教育经费支出占 GDP 的比例达到 4% 的目标。然而，2000 年我国财政性教育经费支出占 GDP 的比重仅为 2.87%，2003 年，这一比重虽增长至 3.28%，但随后几年，却令人遗憾地出现了下滑的趋势。1994 年，国家实行分税制体制改革，其出发点是为了进一步收缩地方的财权与财力，却严重影响了义务教育的经费投入。最直接的后果是，大大削弱了义务教育投入主体——地方政府的财力。1999 年义务教育经费总量中，中央和省级政府的投入不足 3%，这意味着 97% 的义务教育经费是由县乡财政和农民集资负担的。当经济发达的东部农村地区以地方雄厚的财力做保障实现"普九"之时，广大的西部地区，特别是贫困的农村地区以及边远民族地区，却因为自然环境的恶劣以及经济发展缓慢，地方政府没有足够的财政储备，民间资本存量少而无法承担振兴义务教育所需的人力、物力和财力，义务教育的普及程度严重滞后。

（3）城乡二元经济结构的影响。城乡二元经济结构是在计划经济体制下形成的，它在特定的历史时期为加快我国工业化的进程发挥了重要作用。但随着改革开放的不断深入和经济体制的转轨，二元经济结构严重制约了我国经济的全面发展，而受经济发展制约的教育发展不平衡问题加剧，矛盾凸显，城乡教育差距显而易见。这种长期实行的城乡二元结构模式，重工业轻农业、重城市轻农村、重市民轻农民的观念逐步渗透到教育领域，形成了教育制度城乡分野，衍生出二元教育结构。尽管我们很重视农村教育，也一直在努力发展农村教育，但始终存

---

① 吴德刚：《中国教育发展地区差距研究——教育发展不平衡性问题研究》，载《教育研究》1999 年第 7 期。

有突出的"城市取向"。这种二元教育结构在义务教育中表现尤为突出。无论是受教育机会、国家教育资源的配置（尤其是优质教育资源的配置）还是办学管理体制都明显地向城市倾斜而非向农村倾斜。这种办学体制把本来同属于国家公民的受教育者分成两类，城市户口的基本上由国家负担办学经费，受教育者只需缴纳少量的学费、杂费、课本费等，农村户口的基本上由农民负担办学经费（因为县乡政府的办学经费最终也都是由农民买单），受教育者另外还需缴纳同城市相同的学杂费、课本费等。由于农村地区经济发展相对落后，致使长期以来教育经费投入不足，导致城乡教育差距日趋扩大。

（4）农村税费改革的影响。2000年3月，中共中央、国务院正式下发了《关于进行农村税费改革试点工作的通知》，决定先在安徽全省和9个农业大省区个别县市进行农村税费改革试点工作，2002年试点省份扩大到20个，2003年在全国全面推开。农村税费改革调整了国家、集体与农民的利益分配关系，但由于农村税费改革的根本目的是减轻农村负担，理顺分配关系，作为配套改革措施之一的农村义务教育改革，必然也受到减负的影响，使得农村教育多年来因投入不足而积累的深层矛盾显现出来。

农村义务教育在整个国民体系中占有举足轻重的地位，所以，必要的经费投入是保证农村义务教育顺利发展必不可少的条件。然而，教育投入不足多年来一直是制约我国农村教育发展的"瓶颈"问题，农村税费改革后，这一问题变得更加突出。税费改革前，农村教育经费实行的是多渠道筹集的方针，投入主要来源于乡镇两级，即教育附加费、教育集资、财政拨款（乡级政府）。由于国家投入甚少，乡级财力薄弱，农村教育费附加和教育集资实际上是农村义务教育的主要经费渠道，加之学杂费几乎占农村义务教育经费来源的50%。由于新的教育投入政策和法规尚未实施，税费改革取消了乡统筹和农村教育集资等专门面向农民征收的行政事业性收费和政府性基金、集资，改革了农村提留征收办法，因而在一定程度上使得农村义务教育经费目前出现严重缺口。而原在农村教育投资中占有相当大比例的教育费附加、农村教育集资都被取消，却没有规定各级财政如何保障教育投入，造成税费改革后乡镇可支配的财力减少，可用于教育的资金也随之减少，缺口也越来越大。

为了弥补农村税费改革造成的义务教育资金缺口，中央政府出台了的配套措施，"中央和省级政府要加大对农村义务教育的支持力度，通过转移支付支持贫困县的义务教育，并安排专项资金用于贫困地区农村中小学危房改造和校舍建设"。但实际转移支付的规模占实际教育支出的比例很小，更何况对于在半个多世纪里城乡二元结构与政策所形成的巨大差距，是需要很长时间、花费巨额财力才能逐步缩小的，中央的转移支付只是在一定程度上缓解了农村义务教育的经费短缺危机，并未从根本上解决问题。据山东省统计，农村税费改革前该省从乡统筹中安排的乡村两级办学经费为15.17亿元，加上农村教育集资5.34亿元，共计20.51亿元；改革后的2002年，中央、省、市财政三级共安排税费改革转移支付资金25.35亿元。要完全弥补缺口，转移支付用于义务教育的比重需要达到或超过80%。① 另外，转移支付的分配效率低，一部分资金由于各种原因被挪动，致使用于农村义务教育上的资金更加匮乏。因此，转移支付不能从根本上解决农村义务教育经费不足的情况。由于农村义务教育经费严重匮乏，以至于农村的教学质量、教师待遇、办学条件等方面与城市有极大差距，城乡差距没有缩小，反而愈加明显。同时，税费改革加重了西部地区兴办义务教育的负担，仅靠国家的转移支付来拉动，而国家转移支付的数目有限，且当时全国一盘棋，这样是无法缩小与中、东部地区的差距的。

（5）"以县为主"的教育管理体制的影响。1986年我国颁布《义务教育法》，规定"地方负责、分级管理"，农村义务教育完全交给了乡镇，事实上成为中央和省级政府不用举办（投入）农村义务教育的挡箭牌，从体制上造成了农村义务教育的边缘化。这种体制在十多年的义务教育实践中出现许多问题，随之，为解决农村基础教育管理出现的各种问题，切实保证素质教育在农村落实，国家开始把义务教育权限上移。2001年5月，国务院颁布了《关于基础教育改革与发展的决定》，要求进一步完善农村义务教育管理体制，实行在国务院领导下，由地方政府负责、分级管理、以县为主的体制。2002年5月，国务院办公厅《关于完善农村义务教育管理体制的通知》进一步强调县级人民政府对农村义务教育负有主要责任。"以县为主"农村义务教育管理体制提高了义务教育管理的重心，加强了县对区域内教育管理的统筹权，有缓解贫困落后地区办学经费压力的倾向，但效果与作用却不甚明显。

首先，这种体制的确立是基于省域范围内的大致均衡，但经费筹集还是以县为主，而此时各地区甚至全国各县的各方面发展差异很大，且有愈拉愈大之势。我们对全国六省七县的农村教育调查表明，基础教育省际差距与省内县际差距相比，县际差距往往更大，而县域内城乡教育差距更明显。② 实现农村区域教育均衡发展政府却没有在经费保障上采取平等的政策，对教育经费的投入全国一盘棋。

其次，农村教育举债严重。自从1986年以来，全国大规模"普九"，政府

---

① 杨建松、吴亚卓：《对当前农村义务教育投入问题的思考》，载《教育学》（人大复印报刊资料）2003年第11期。

② 梁红梅、刘志、王景英：《"以县为中心"农村区域性基础教育评价探讨》，载《当代教育科学》2004年第3期。

却没有足够的教育投入,以农业为主的县乡,财政运行相当紧张,无力支持农村义务教育的基础设施建设和师资的引进。而为了使"两基"达标,各地农村的村级组织和中小学纷纷举债,向私人、农村信用社或向职工集资建校盖房。据教育部统计,全国农村义务教育举债高达 500 亿元,甚至在经济发达的广东省,农村义务教育负债也很普遍,个别县甚至达到 3 亿元,是其财政收入的 2 倍多。[①] 要补充这种长期贫血造成的营养不良,填平这深之又深的沟壑,需要巨额财力,要偿还这些巨额负债还要维持正常的教育运转,广大农村的县级政府是举步维艰。因此,由于农村教育负债导致的城乡差距很难在短期内缩小。

最后,在现行的"以县为主"的农村义务教育财政体制下,农村义务教育经费投入主要依靠地方政府。由于各地区自然条件、经济发展、文化差异很大,导致了各个县对教育投入和支持力度的差别,尤其在中央的转移支付中体现出来。转移支付是以税收返还为主的,由此,经济水平高的县得到的返还就越多,经济水平越低的县得到的返还就越少,结果是富者愈富,穷者愈穷。

因此,"以县为主"的教育财政可能缓解一县之内的教育不均衡的情况,却难以改变一个市或地区内部、一个省区内部,以及全国范围内极端"贫困不均"的局面,无法消除城乡之间教育的天壤之别。同时,由于各地区经济、文化、教育水平的差距,这种体制不但没有使义务教育达到整体平衡,反而加剧了地区间的差距。我国确定的 592 个贫困县中,东部仅占 72 个,中部占 204 个,而西部达到 316 个。东部的大多数县都能够对本县的义务教育事业自给自足,而中、西部的那些贫困县连最基本的财政支出都难维持,要弥补原来巨大的资金缺口,还要跟上国家对义务教育的政策体制要求,很难保证本地区的义务教育质量。

虽然近几年来,国家加大了对西部地区的扶持力度,增加了对西部地区转移支付的资金数额,制定了一系列政策和规章制度来保证西部地区的义务教育事业,但由于原来的资金缺口大,短期内很难缩小地区间的差距。直到 2005 年,这一差距仍然很大,如图 11-14 和图 11-15 所示,西部地区小学的生均公用经费 150.11 元,初中生均公用经费 217.07 元,而东部地区分别为 211.75 元和 297.26 元;西部地区小学的生均事业费为 1 075.79 元,初中为 1 619.61 元,而东部地区分别高达 1 677.37 元和 2 499.67 元。办学条件方面,西部地区的各项指标都远低于中、东部地区,西部地区的危房率高达 7.41%(见表 11-15)。

因此,要从根本上缩小我国义务教育城乡差距、地区差距,改变我国义务教育不均衡的现状,国家政府还需要在政策上和体制上做出实质性的调整,保证我国义务教育事业朝着更加均衡、健康的方向发展。

---

① 刘宝超:《中小学负债问题探析》,载《教育与经济》2001 年第 1 期。

二、农村义务教育发展指标体系及指标指数预测

（一）义务教育发展指标体系

表 11-16　　　　　　　　　义务教育发展指标体系

一级指标	二级指标		发展趋势预测			
			2003 年	2010 年	2015 年	2020 年
学生	小学	小学在校生数（人）	116 897 395	101 769 205	112 355 835	116 394 572
		学龄儿童入学率（%）	98.65	98.99	99.25	99.5
		毛入学率（%）	107.2	105.26	103.6	102
		五年巩固率*（%）	101.04	100.4	100.02	99.6
		学生健康达标率				
	初中	初中在校生数（人）	66 184 186	41 226 707	52 107 666	53 414 967
		毛入学率**（%）	92.7	95	96.7	98.4
		三年巩固率*（%）	92.2	94.9	97	99
		学生健康达标率				
教师及职工	小学	教职工总数（人）	6 256 200	5 378 755	5 909 265	6 129 610
		专任教师数	5 702 750	4 889 777	5 372 059	5 572 373
		代课教师与专任教师的比例	7.43∶100	3.68∶100	2.23∶100	1.35∶100
		专任教师中大专及以上学历的比例	40.52	53.62	65.49	80
		教师职工比	100∶9.7	100∶10	100∶10	100∶10
		生师比	20.5∶1	20.85∶1	19.78∶1	20.89∶1
		教师工资				
	初中	教职工总数***（人）	5 496 535	2 727 019	3 461 313	3 556 737
		专任教师数（人）	3 466 735	2 330 786	2 958 387	3 039 946
		代课教师与专任教师的比****	2.62∶100	1.76∶100	1.33∶100	1∶100
		专任教师中本科及以上学历的比例（%）	23.83	34.85	45.73	60
		教师职工比****	100∶21.14	100∶17	100∶17	100∶17
		生师比	19.09∶1	17.7∶1	17.6∶1	17.6∶1

续表

一级指标	二级指标	发展趋势预测			
		2003 年	2010 年	2015 年	2020 年
经费	财政性义务教育经费占义务教育经费总量的比例（%）	78.18	85.72	88.23	88.93
	财政性义务教育经费占财政性教育经费总量的比例（%）	51.54	41.54	46.78	47.72
	小学生均公用经费（元）*****	277.25	580.39	828.45	1 199.28
	小学生均教育经费（元）	1 281.07	2 321.57	3 313.8	4 797.1
	初中生均公用经费（元）	472.16	764.74	1 108.28	1 625.97
	初中生均教育经费（元）	1 650.79	2 731.21	3 958.15	5 807.02
办学条件	小学 生均校舍建筑面积（平方米）	4.94	5.7	6.32	7
	危房率（%）	6.68	2.84	1.55	0.84
	音乐器械配备达标率（%）	38.66	46.73	53.52	61.29
	体育运动场（馆）面积达标率（%）	50.2	61.37	70.84	77.5
	美术器械配备达标率（%）	36.69	45.46	52.97	61.75
	实验仪器达标率（%）	49.8	54.43	58	61.81
	生机比	43.64∶1	21.49∶1	14.35∶1	9.65∶1
	校园网				
	生均图书比				
	图书下架率				

续表

一级指标	二级指标	发展趋势预测			
		2003 年	2010 年	2015 年	2020 年
办学条件	初中				
	生均校舍建筑面积（平方米）	5.06	6.11	6.99	8
	危房率（%）	4.67	2.25	1.33	0.79
	音乐器械配备达标率（%）	53.95	68.37	80.97	95.89
	体育运动场（馆）面积达标率（%）	65.68	74.43	80.68	86.93
	美术器械配备达标率（%）	52.43	67.2	80.24	95.81
	实验仪器达标率（%）	70.17	76.93	82.15	87.73
	生机比	31.24∶1	15.82∶1	10.07∶1	6.55∶1
	校园网				
	生均图书比				
	图书下架率				

* 根据1999年和2003年《中国教育统计年鉴》数据计算，与教育部《全国教育事业发展统计公报》公布的数据有出入。

** 包括职业初中。

*** 为初高中教职工总数。

**** 由于统计工具书未将初高中代课教师数以及初高中职工数分开，所以此处代课教师与专任教师的比为初高中代课教师总数比初高中专任教师总数，教师职工比为初高中专任教师总数比初高中职工总数。

***** 所有教育经费数据均调整为2000年价格水平。

表 11-17　城乡义务教育发展指标体系

<table>
<tr><th colspan="2" rowspan="2">一级指标</th><th rowspan="2">二级指标</th><th colspan="4">农村发展趋势预测</th><th colspan="4">城市发展趋势预测</th></tr>
<tr><th>2003 年</th><th>2010 年</th><th>2015 年</th><th>2020 年</th><th>2003 年</th><th>2010 年</th><th>2015 年</th><th>2020 年</th></tr>
<tr><td rowspan="7">学生</td><td rowspan="4">小学</td><td>小学在校生数（人）</td><td>98 820 540</td><td>71 304 467</td><td>74 676 782</td><td>78 466 693</td><td>18 076 855</td><td>30 464 738</td><td>37 679 053</td><td>37 927 879</td></tr>
<tr><td>学龄儿童入学率（%）</td><td>98.4</td><td>98.79</td><td>99.07</td><td>99.35</td><td>98.9</td><td>99.16</td><td>99.42</td><td>99.8</td></tr>
<tr><td>毛入学率（%）</td><td>109.1</td><td>106.1</td><td>104.04</td><td>102</td><td>102.9</td><td>103.34</td><td>102.7</td><td>102</td></tr>
<tr><td>五年巩固率（%）</td><td>99.36</td><td>99.42</td><td>99.46</td><td>99.5</td><td>111.90</td><td>112.35</td><td>112.68</td><td>113</td></tr>
<tr><td rowspan="3">初中</td><td>初中在校生数（人）</td><td>54 744 822</td><td>28 860 381</td><td>32 671 554</td><td>31 245 864</td><td>11 439 364</td><td>12 366 326</td><td>19 436 112</td><td>22 169 103</td></tr>
<tr><td>毛入学率*（%）</td><td>92.3</td><td>94.45</td><td>96.02</td><td>97.62</td><td>93.5</td><td>95.93</td><td>97.70</td><td>99.5</td></tr>
<tr><td>三年巩固率（%）</td><td>90.24</td><td>93.36</td><td>95.65</td><td>98</td><td>102.67</td><td>102.81</td><td>102.9</td><td>103</td></tr>
<tr><td rowspan="7">教师及职工</td><td rowspan="4">小学</td><td>教职工总数（人）</td><td>5 175 254</td><td>3 921 745</td><td>4 107 223</td><td>4 315 669</td><td>1 080 931</td><td>1 675 561</td><td>2 072 348</td><td>2 086 033</td></tr>
<tr><td>专任教师数（人）</td><td>4 766 354</td><td>3 565 223</td><td>3 733 839</td><td>3 923 335</td><td>936 396</td><td>1 324 554</td><td>1 638 220</td><td>1 649 038</td></tr>
<tr><td>代课教师与专任教师的比</td><td>8.22:100</td><td>4.08:100</td><td>2.47:100</td><td>1.5:100</td><td>3.42:100</td><td>2.06:100</td><td>1.44:100</td><td>1:100</td></tr>
<tr><td>专任教师中大专及以上学历的比例（%）</td><td>35.83</td><td>45.38</td><td>57.04</td><td>73.60</td><td>64.40</td><td>75.80</td><td>84.74</td><td>95</td></tr>
<tr><td>教职工比</td><td>100:8.58</td><td>100:10</td><td>100:10</td><td>100:10</td><td>100:15.3</td><td>100:10</td><td>100:10</td><td>100:10</td></tr>
<tr><td>生师比</td><td>20.73:1</td><td>20:1</td><td>20:1</td><td>20:1</td><td>19.3:1</td><td>23:1</td><td>23:1</td><td>23:1</td></tr>
<tr><td rowspan="3">初中</td><td>教职工总数**（人）</td><td>4 080 414</td><td>1 875 925</td><td>2 123 651</td><td>2 030 981</td><td>1 416 121</td><td>851 094</td><td>1 337 662</td><td>1 525 756</td></tr>
<tr><td>专任教师数（人）</td><td>2 777 092</td><td>1 603 355</td><td>1 815 086</td><td>1 735 881</td><td>689 643</td><td>727 431</td><td>1 143 301</td><td>1 304 065</td></tr>
<tr><td>代课教师与专任教师的比***</td><td>2.55</td><td>1.73</td><td>1.32</td><td>1</td><td>2.85</td><td>1.83</td><td>1.35</td><td>1</td></tr>
</table>

续表

一级指标	二级指标	农村发展趋势预测				城市发展趋势预测			
		2003年	2010年	2015年	2020年	2003年	2010年	2015年	2020年
教师及职工	初中专任教师中本科及以上学历的比例（%）	17.66	25.02	34.92	52.49	48.64	56.51	62.89	70
	教师职工比***	100:18.6	100:17	100:17	100:17	100:29.1	100:17	100:17	100:17
	生师比	19.7:1	18:1	18:1	18:1	16.6:1	17:1	17:1	17:1
经费	财政性义务教育经费总量占义务教育经费的比例（%）	83.71	90	91.99	94.03	71.74	80	83.18	81
	小学生均公用经费（元）****	198.33	474.56	727.2	1 136.16	428.93	823.32	1 026.75	1 329.86
	小学生均教育经费（元）	1 046.86	1 898.22	2 908.78	4 544.62	2 854.64	3 293.27	4 106.99	5 319.45
	初中生均公用经费（元）	303.51	623.27	969.1	1 537.6	633.12	1 046.8	1 313.75	1 734.92
	初中生均教育经费（元）	1 197.72	2 225.98	3 461.08	5 491.41	2 087.31	3 738.6	4 691.95	6 196.15
小学办学条件	生均校舍建筑面积（平方米）达标率（%）	4.90	5.68	6.30	7	5.13	5.83	6.39	7
	危房率（%）	7.60	3.30	1.82	1	1.86	1.08	0.74	0.50
	音乐器械配备达标率（%）	36.98	44.82	51.43	59	65.09	68.96	71.87	74.90
	体育运动场（馆）面积达标率（%）	49.61	59.45	67.66	77	59.51	67.39	73.66	80.50
	美术器械配备达标率（%）	35.11	43.78	51.25	60	61.47	65.76	69	72.40
	实验仪器达标率（%）	48.55	52.97	56.38	60	69.47	70.74	71.67	72.60
	生机比	57.18:1	27.9:1	16.7:1	10:1	19.02:1	13.98:1	11.22:1	9:1

续表

一级指标	二级指标	农村发展趋势预测				城市发展趋势预测			
		2003年	2010年	2015年	2020年	2003年	2010年	2015年	2020年
办学条件	初中	生均校舍建筑面积（平方米）达标率（%）	5.00	6.07	6.97	8	5.34	6.31	7.10	8
		危房率（%）	5.33	2.68	1.64	1	1.69	1.02	0.72	0.50
		音乐器械配备达标率（%）	51.99	67.35	81.04	97.50	65.82	76.56	85.28	95.00
		体育运动场（馆）面积达标率（%）	65.89	73.81	80.04	86.80	64.4	72.89	79.63	87.00
		美术器械配备达标率（%）	50.53	66.18	80.24	97.30	63.98	75.29	84.57	95.00
		实验仪器配备达标率（%）	69.51	76.96	82.76	89.00	74.24	79.25	83.03	87.00
		生机比	35.65:1	18.24:1	11.3:1	7:1	19.60:1	12.04:1	8.5:1	6:1

* 包括职业初中。

** 分别为农村和城市初中教职工总数。

*** 由于统计工具书未将初高中代课教师数以及初高中职工数分开，所以此处代课教师的比为初高中代课教师与专任教师总数比初高中专任教师总数，教师教育经费数据均为2000年价格水平。教育经费现状数据中的城市包括县镇，预测数据中的城市不包括县镇。

**** 所有教育经费数据均为2000年价格水平。教育经费现状数据中的城市包括县镇，预测数据中的城市不包括县镇。

（二）指标体系构建原则

反映义务教育发展状况的指标非常多，不能一一罗列，可以有所为有所不为。关键问题不是指标数量多一个还是少一个，重要的是能在当前城乡义务教育发展存在巨大差距的客观前提下，选取核心的和最有价值的指标，能够对城市和农村不同的教育发展水平、速度、状态进行描述、诊断和预测，提供教育发展的数据和信息。[①] 指标和指标体系有很大差别，指标具有单一性，片面性等特点。指标体系是从众多指标中选取部分指标构成的，它反映不同的关注焦点，有一定的内部结构，具有全面性、系统性、科学性等特点。义务教育发展指标体系属于发展性指标体系，与统计和督导评估指标反映、评估现状的目的不同，其目的主要是发展预测、勾画未来。它是在参考国际教育指标体系和我国统计、督导评估指标的基础上，从众多指标中选取部分指标而确立的。

国际上对教育发展指标的学术理论研究由来已久，相应的指标体系也是层出不穷、观点各异。考虑到共性和特性原则，在制定新的中国农村义务教育发展指标评价体系时，我们借鉴了一些国内外研究的先进成果（如 OECD 教育指标体系等），综合考察了多个宏观指标，力求更加全面地反映中国教育发展水平。但由于国际教育指标体系过于宏大，涉及的因素太多，加上其统计口径与我们的口径在某些方面不同，所以其借鉴价值也只是体现在指标体系设计的思想上（如 CIPP 分析模式）。基于以上考虑，依据科学性、选择性、系统性、时代性和可测性等原则，我们设计形成了一个比较完整的、如表 11 - 16、表 11 - 17 所列的"中国义务教育发展指标体系"和"中国城乡义务教育发展指标体系"，具体包括学生、教师及职工、经费和办学条件四大一级指标和一系列二级指标。每一个指标背后都有着坚实的理论框架作为基础，实现中国城乡教育共同发展且逐步缩小城乡之间差距是此指标体系构建过程中我们始终坚持的核心理念。

1. 目的性原则

在确定义务教育发展指标体系中的每一个单项指标时，应认真考虑此项指标在整个指标体系中的地位和作用，依据它所反映的某一特定现象的性质和特征，确定该指标的名称、含义和口径范围。应指出，由于义务教育现象的复杂性和城乡、地区间的不均衡性，在确定义务教育发展指标时，可能会有许多指标可供选择，但究竟应确定哪些指标才能科学地对义务教育发展水平加以反映和分析，就要充分考虑选取该指标的目的和对它的要求，能准确的反映核心问题，具有较强的代表性。

[①] 任仕君、孙艳霞：《义务教育发展指标预测研究》，载《教育科学》2005 年第 21 期。

2. 科学性原则

义务教育发展指标体系应建立在一定的理论基础之上，并且也必须拥有自己的理论分析框架和模式。同时，在确定每一个义务教育发展指标的名称、含义和口径范围时（如对指标含义质的规定等），在理论上必须有科学的根据，在实践上必须可行且有实效。这样，才能真正用来搜集资料并予以数量表现，且具有较高的信度和效度，从而使人们可以据此做出正确的推理和判断。另外，设计的义务教育发展指标要体现义务教育的动态特征、质量特征和公平特征三个最基本的内涵，除具有一般指标的动态性、计量性、可感知性和代表性等特性外，还要体现城乡共同发展的价值导向，选取增值空间大的发展性指标、以独立性指标为主、体现农村的特殊性。我们通过全面地分析中国义务教育现状、回顾中国义务教育发展历程、国际参照、专家咨询、小组讨论等方法保证了指标选择的科学性。

3. 选择性原则

我们力图建立简明、实用的教育发展指标体系。反映义务教育发展的指标非常多，不能一一罗列，必须对其进行选择。在指标体系构建过程中，关键问题不是指标数量多一个还是少一个，重要的是能在当前城乡义务教育发展存在巨大差距的客观前提下，选取核心的和最有价值的指标，能够对城市和农村不同的教育发展水平、速度、状态进行描述、诊断和预测，提供教育发展的数据和信息。

指标的选择性即指对数量庞大的指标进行精简，从众多的指标中选择核心指标和最有价值、最能反映人们的关注焦点的指标构成指标体系。例如，反映义务教育规模的学校数量指标，由于不能准确反映教育规模，不具有代表性，就没有进入此指标体系。

4. 系统性原则

系统性指整个指标体系是一个完整的系统，具有一定的内部逻辑结构，指标之间有较强的联系性和互补性，能全面系统的反映指标体系所针对的问题。此指标体系选取的四个一级指标（学生、教师及职工、经费、办学条件），全面地反映了义务教育概况，具有较强的逻辑性和结构性。一级指标下的二级指标既有规模、数量指标，又有结构、质量指标；既有绝对指标，又有相对指标。在规模和数量方面有在校生数量、专任教师数量、生均教育经费、生均建筑面积等指标，在结构、质量方面有专任教师职工比、生师比、财政性义务教育经费占财政性教育经费总量的比例、财政性义务教育经费占义务教育经费总量的比例、巩固率、大专及以上学历的教师的比例等指标。绝对指标有在校生数、专任教师数等，相对指标有教师职工比等各种比例和比率。

5. 时代性原则

时代性原则要求指标的选择要能反映当前人们对教育的关注重点，能反映国家政策动向和今后的发展趋势，具有诊断性，能一定程度上引领国家政策方向。发展指标要能反映一定时期内各地教育发展的速度和发展动态，所以，要选取增值空间大的指标，选取可以发生积累性变化的指标（即能反映稳定增加还是稳定减少的指标）。分析现状我们发现，危房、代课教师、教育信息化水平、办学条件等问题比较严重，城乡差距大，是农村义务教育发展的重大障碍因素，为此我们在指标体系中专门设计了针对这些问题的指标。

6. 可测性和可比性原则

为了将理论的解释力和实践的实用性有机的结合在指标构建的过程中，在具体选择指标的时候，除了理论的考虑外，我们还顾及到了获得数据的可能性及计算方法和工具的适用性（在指标推算过程中，我们将说明这些技术细节）以及指标的可比性。基于可测性的考虑，我们设计的指标体系的指标选取主要参照我国的统计和督导评估指标，均可查询并做量化处理。同时，只有可比性的指标，才能提供准确的信息资料。可比性有两层含义：一是在不同的时间和空间范围内具有可比性；二是在具体使用方面也具有可比性，不仅包括指标的口径、范围必须一致，而且也要求所使用的相对数、比例数、指数和平均数等也要一致。

指标体系构建过程中，我们根据指标数据的可得情况对所选指标进一步缩减，剔除了那些可测性不强的指标，如学生满意度、在职教师参加继续教育的次数等指标，其实随着我国教育水平的不断提高，这些指标的统计意义也是很大的。但由于这些预选定指标面临着一个共同的问题，那就是虽然指标有着很好的选用价值，但很难测定，加之我们数据的统计时间也较短，所以在构建指标体系时我们就没有采用这些指标，相信随着我国教育质量进一步提高，它们是可以纳入到教育发展指标体系中来的。

在满足以上原则基础上，我们选取一是增值空间大的发展指标，如义务教育巩固率指标，是衡量教育发展水平的重要指标；二是以独立性指标为主。尽量选取独立性强的相对指标来衡量教育发展水平；三是注意农村教育的特殊性。教育指标概念内涵和外延的界定要正视城市与农村割裂的现状，避免指标体系中工业社会概念与农业社会概念的混用，概念的含义、范围要有利于进行本地区纵向比较和不同地区间的横向比较，同时也要明确同一数字对不同地区的特定含义。最后，我们得到了表 11-16、表 11-17 中所列的义务教育发展指标体系。

（三）主要指标推算过程

1. 指标预测方法

此课题最主要的研究方法是政策解读、文献分析、数据分析法，通过分析我国义务教育的历史进程，为研究提供重要的历史依据和背景，通过详尽的现状分析发现问题和症结之所在，为指标选择和指标预测提供方向和依据。本研究以城乡义务教育阶段学龄人口预测为基础，运用回归分析法、指数平滑法、国际比较法、德尔菲法等方法对义务教育发展指标的指数进行预测。设定各指标的分段发展指数时参照了"十六大"报告、教育部《国家教育事业发展"十一五"规划纲要》以及教育部门的发展规划，同时借鉴了国内外学者和研究机构关于教育规划的研究成果。

目前，我国城乡义务教育发展水平差距大，并且这种差距在进一步扩大。在对指标进行预测时，课题组遵循缩小城乡差距、城乡共同发展的价值导向。义务教育发展指标指数的设定必须以城乡教育共同发展为价值导向。没有城乡教育共同发展，我国教育整体水平就不可能提高。同时，我们还树立发展性理念。发展性指无论是农村义务教育还是城市义务教育，在今后的十几年间都将处于稳步发展时期，义务教育规模将扩大，教育质量会逐步提高。在发展的基础上，缩小城乡义务教育的差距，是今后义务教育事业发展的生长点，也是我们工作的重心所在。共同发展同时缩小城乡差距是此指标体系的最重要的原则，也是研究者最核心的教育理念。体现这些理念，我们在进行指标预测研究时，按照分步规划的思想以五年为一个教育发展阶段，在设定指标分段发展指数时，逐渐缩小城乡教育发展指标的指数差距，某些指标到 2020 年城乡指数值达到相等。另外，发展速度的预测充分尊重我国国情和教育发展历史，综合考虑现状和各种制约因素，在社会和教育发展全局和整体层面上，确定农村义务教育各项指标的发展速度。

2. 主要指标指数推算过程

在对此指标体系的指标指数进行预测时，最重要的基础是城乡义务教育学龄人口预测。① 此课题采用王广州系统仿真模型，运用中国人口信息中心开发的中国人口预测系统（CPPS）软件，对各级教育适龄人口进行预测。主要方法是分要素人口预测方法，共设定了总和生育率、平均预期寿命、出生性别比、生育模式、城市化规模和城市化模式 6 个参数，预测结果如下。②

表 11 - 18 适龄人口数据显示，从 2005 ~ 2020 年，我国各级教育适龄人口除小学阶段有所增长外，初中、高中和大学阶段教育适龄人口都呈下降趋势。除小学阶段适龄人口城乡都呈上升趋势外，初中、高中和大学阶段的适龄人口，农村持续下降，而城市一直处于上升状态。城市学龄人口的增加将对城市教育规模的扩张产生巨大的挑战，而农村各级学龄人口下降，将给农村教育事业的发展提供

---

① 袁桂林、宗晓华、陈静漪：《中国分城乡学龄人口变动趋势分析》，载《教育科学》2006 年第 22 期。

② 根据我国现行学制，我们将小学学龄人口定义为 6~11 岁人口；初中学龄人口为 12~14 岁人口；高中为 15~17 岁人口；大学为 18~21 岁人口。

良好的机遇。

表 11-18 全面建设小康社会时期我国各级教育适龄人口预测数据　　单位：人

年度	小学			初中		
	全国	农村	城市	全国	农村	城市
2005	88 291 456	68 133 575	20 157 881	56 627 149	44 691 989	11 935 160
2010	96 683 645	67 204 964	29 478 681	43 447 242	30 556 253	12 890 989
2015	108 451 578	71 776 992	36 674 586	53 919 446	34 025 780	19 893 666
2020	114 112 325	76 928 130	37 184 195	54 289 020	32 008 514	22 280 506

年度	高中			大学		
	全国	农村	城市	全国	农村	城市
2005	75 751 878	60 925 942	14 825 936	89 916 654	70 248 834	19 667 820
2010	51 082 334	36 811 304	14 271 030	89 680 674	68 474 967	21 205 707
2015	38 867 511	23 390 444	15 477 067	62 578 417	40 541 230	22 037 187
2020	52 796 031	29 466 566	23 329 465	61 035 744	33 098 186	27 937 558

（1）学生、教师及职工。通过历史分析、国家教育发展规划参考（例如《全国教育事业"十五"规划和2015年发展规划》、《2004~2010年西部地区教育事业发展规划》、《国家教育事业发展"十一五"规划纲要》)、教育供给能力预测和德尔菲法等方法，设定2020年小学和初中的毛入学率。用毛入学率乘以学龄人口数，得出在校生数，再根据预测的生师比，求出小学和初中的专任教师数。在专任教师数的基础上，确定教师职工比，教职工总数，代课教师与专任教师比以及专任教师中大专、本科及以上教师的比例。

生师比。这是计算其他数据的基础。确定该项指标的指数时，主要参考国家教职工编制标准和国际标准（小学为25:1，初中为18:1）。根据中央编办、教育部、财政部2001年颁布的《关于制定中小学教职工编制标准的意见》的规定，小学教职工与学生比在城市、县镇和农村，分别为1:19、1:21、1:23，初中分别为1:13.5、1:16、1:18。文件同时规定职工占教职工的比例，初中一般不超过15%、小学一般不超过9%。将这两个比例折算后，再根据2003年小学城乡生师比分别为19.3:1、20.73:1，初中分别为16.6:1、19.7:1的现状，确定适当的比例。从现状和国际比较来看，我国城市教师负担的学生少，可以进一步提高效率，而国家制定的编制标准对农村来说过紧，对城市则相对宽松。农村地域和环境的特殊性使农村学校需要更多的教师，编制政策应该向农村而不是城市倾斜。基于以上几方面的考虑，最终确定城乡小学和初中的生师比分别为23∶1、20∶1 和 17∶1、18∶1。

毛入学率和巩固率。这是义务教育发展质量的主要指标。从全国来看，2003年小学学龄儿童入学率为 98.65%，毛入学率为 107.2%，初中为 92.7%。"普九"工作取得了丰硕成果，学龄儿童入学率有了大幅度提高，1990 年到 2005 年小学学龄儿童入学率从 97.8% 提高到 99.15%，初中（包括职业初中）毛入学率从 66.7% 提高到 97%，但是在未来的 15 年里仍需进一步提高。对比分析发现，学龄儿童入学率存在着较小的城乡差别，2003 年农村学龄儿童入学率为 98.4%，同期城市为 98.9%，农村初中毛入学率为 92.3%，而城市为 93.5%。在分析这一现状的基础上，预测 2020 年农村小学学龄儿童入学率将达到 99.35%，城市达到 99.8%。农村的小学毛入学率将呈下降趋势，而城市小学毛入学率呈现先升后降的趋势，受城市化进程的影响，农村人口向城市流动，导致一部分农村学龄儿童随父母转移到城市，预测 2020 年农村与城市的小学毛入学率均达到 102%，农村初中毛入学率达到 97.62%，城市达到 99.5%。

从 1990~2005 年小学五年巩固率从 71.4% 提高到 98.8%，初中三年巩固率从 82.8% 提高到 97%，增长速度很快。根据现状分析，在未来的 15 年，城乡的小学五年巩固率和初中三年巩固率还会稳步增长，预测到 2020 年，农村小学五年巩固率会达到 99.5%，城市同期会达到 113%，农村初中三年巩固率将会达到 98%，城市同期会达到 103%。

在校生人数。2003 年，我国小学在校生数有 116 897 395 人，根据我国人口发展情况预测到 2010 年会有所下降，直至 2020 年将会比 2010 年有所提高，达到 116 394 572 人，但是总体仍呈现降低趋势。初中在校生情况与小学类似，但是到 2010 年会出现一个低谷，至 2020 年有所回升，相对 2003 年仍是减少幅度较大。对比分析发现，由于农村人口基数大，2003 年小学和初中在校生数远远超过城市。根据国家实行的人口政策预测到 2020 年农村小学和初中在校生数将比 2003 年有显著降低，农村小学在校生数将达到 78 466 693 人，初中在校生数将达到 1 245 864 人，而城市小学和初中在校生数则有大幅度升高，城市小学在校生数将达到 37 927 879 人，初中在校生数将达到 22 169 103 人。农村学生在校生数的降低将使农村教育的负担减轻，发展进度加快。而城市在校生数的增加则会给城市教育带来一定的挑战。

专任教师数与教职工比。教师专任数是计算许多比例的基础。我国专任教师数一直较高，1990~2000 年一直平稳上升，这是由于师范院校的受重视程度加强，大学扩招使师范类学校生源大量增加，但是从 2001 年开始直至 2005 年，小学专任教师数出现了一个下降趋势，而初中一直保持上升趋势。从比较来看农村专任教师数远远高于城市专任教师，这是我国的城乡现状决定的，我国农村适龄儿童数远远高于城市。根据我国的教育现状及适龄儿童发展状况预测，小学和初中的专任教师数直至 2010 年会有明显下降的趋势，至 2020 年会有回升，农村小学专任教师数将呈现先降后升的趋势，2020 年将达到 3 923 335 人，初中在 2010 年会出现一个低谷，直至 2020 年呈现升降反复的状态，至 2020 年达到 1 735 881 人，这样基本上可以满足农村义务教育发展的需求。而城市小学专任教师数一直保持上升，2020 年将达到 1 649 038 人，初中也保持稳步上升趋势，同期将达到 1 304 065 人。

我国中小学教师职工比一向偏高，不过一直在向合理的比例转变。1990～2005 年，小学教师职工比从 100∶11.79 降到 100∶9.65，初中从 100∶31.63 降到 100∶19.89，教师职工比例逐年降低。近年来小学逐渐接近合理的比例，不过中学（包括初中和高中）还是比较高。对比分析发现，教师职工比存在巨大的城乡差异，2003 年农村小学教师职工比为 100∶8.58，同期城市为 100∶15.3，农村中学这一比例为 100∶18.6，而城市高达 100∶29.1。农村的比例相对合理，城市则严重超标，冗余人员过多。在分析这一现状的基础上，根据国家编制标准，将城乡小学教师职工比定为 100∶10，中学定为 100∶17。

专任教师与代课教师比。我国中小学代课教师现象很严重，并且存在较大的城乡差异，需要着力解决。从总体上看，小学代课教师比例较高，与专任教师的比农村为 8.22∶100，城市为 3.42∶100。中学代课教师比例较小（2.62%），城乡差别不大，但绝对数量也不小（将近 12 万）。基于此现状，我们设定了代课教师与专任教师比这一指标，并设定 2020 年为解决这一问题的最后期限。争取到 2020 年，农村小学代课教师与专任教师的比下降到 1.5∶100，初中下降到 1%，城市小学和初中代课教师与专任教师比均降到 1%（见表 11-19）。

教师学历中高学历的比率。1990～2005 年小学教师学历合格率从 73.86% 上升到 98.62%，初中从 46.5% 上升到 95.22%，学历合格已经不是关键所在。为了提高义务教育质量，提高教师学历层次是一个重要手段，为此我们设定了小学专任教师中大专及以上学历的教师的比例和初中专任教师中本科及以上教师的比例这两个指标，并进行了预测。至 2020 年，小学专任教师中大专及以上学历的教师的比例一直持续增长到 80%，同期初中增长到 60%。同时对城乡的这两个指标也分别做了预测：农村小学专任教师中大专及以上学历的教师比例稳步增长到 73.60%，初中增长到 52.49%，城市小学及初中的同一比例分别增长到 95% 和 70%。

（2）经费。经费指标选取的是对学生有直接影响的生均公用经费和生均教育经费指标，这是影响教育发展水平的决定性指标。同时从宏观层面，选取了财政性义务教育经费占财政性教育经费总量的比例（反映国家对义务教育的投入水平和努力程度）和财政性义务教育经费占义务教育经费总量的比例（反映义务教育经费来源以及社会、个人对义务教育的经费投入）这两个指标。采取国际对比、教育需求预测和财政收入及供给能力预测三套方案进行预测，对比三套方案后，最终采用教育需求预测方案确定生均教育经费和财政性教育经费的比例。现状分析发现，我国义务教育经费政府投入不足，小学财政性教育经费占小学教育经费总量的比例只达到81%，初中只有77%，而大学则高达53%。义务教育属于公共产品，国家应承担更大的投入比例，而大学教育属于半公共产品，个人承担的比例应该加大。改变我国教育投入"倒挂"现象，促进教育公平，是我们确立这一指标的理论依据。

在具体指数设定时，主要参照OECD国家（这些国家预算内教育经费就是财政性教育经费，我国财政性教育经费的口径与预算口径不同）各级教育国家预算内投入的比例。在义务教育投入上，这些国家预算内义务教育经费占义务教育总经费的比例一般为90%。促进城乡教育均衡发展，缩小城乡差距，政府有义不容辞的责任，体现在经费投入上，最重要的表现就是城乡财政性教育经费投入的比例。基于教育公平和国家财政实力的考虑，在教育经费总额有限的情况下，我们认为义务教育阶段，财政性教育经费投入应该向农村倾斜，加大财政对农村义务教育的投入。预测到2020年，农村财政性义务教育经费占义务教育经费总量的比例要达到94.03%。

困扰我国义务教育经费的另一大问题是支出结构不合理。从全国看，1998~2002年，公用经费比例逐年降低，事业费逐年上升，造成公用经费与事业费的比例失调。农村义务教育经费支出结构尤其不合理，5年间小学和初中公用经费占本级教育总经费的比例逐年降低，小学从26.3%降到18.95%，初中从31.09%降到25.34%。与此同时基建费也大幅下降，只有事业性经费逐年上升，小学高达78.62%，初中达到71.62%。义务教育阶段公用经费对维持学校正常的教育教学活动具有至关重要的作用，维持公用经费在支出结构中的适当的比例意义重大。参照国际标准和其他年份我国义务教育经费的支出结构，我们将义务教育阶段小学公用经费占教育经费的比例定为25%，初中定为28%。

（3）办学条件。生均校舍建筑面积的确定主要参考建设部、国家计委、国家教委《关于批准发布〈农村普通中小学校建设标准（试行）〉的通知》（建标[1996]640号）和建设部、国家计委、教育部发布的《城市普通中小学校校舍建设标准》（建标[2002]102号）这两个文件。这两份文件对中小学校舍建设标准做了详细的规定，并设定了基本指标和发展指标，具有重大的参考价值。在设定具体的数值时，考虑到城市小学和初中在校生数量在今后的十几年间将大量增加，而农村会逐步减少，但是城市生均校舍建筑面积基数较农村大，而且城市经济实力高于农村，因此将城乡生均校舍建筑面积标准设成一样。

我国义务教育阶段危房面积相对比例和绝对数都很高（见表11-7），并且呈现出巨大的城乡差异。2004年农村小学危房比例达到6.45%，城市则只有1.25%，农村是城市的5倍。同期农村初中危房比例达4.32%，城市则只有1.08%。农村危房率高，但在校生数将会减少，新增校舍面积的压力没有城市大，所以我们设定2020年城市基本解决危房问题（危房比例0.5%），农村危房率大幅下降（1%）。

音乐器械配备达标率、体育运动场（馆）面积达标率、美术器械配备达标率和实验仪器达标率的计算办法是用达标学校数除以总校数。在分析城乡义务教育阶段学校平均规模变化趋势后，发现学校规模已趋于合理（城乡小学分别为781人/校和254人/校，初中分别为1 280人/校和986人/校），同时考虑到城乡在校生数量变化趋势，我们认为保持目前城乡学校的平均规模是比较合理的。在确定出学校平均规模后，用城乡在校生数量除以学校规模，就可以算出各阶段学校数量。在此基础上，参考国家办学条件标准，采用德尔菲法求出2020年各项达标率，再求出平均增长速度，就可以算出各阶段的数值。由于目前城乡初中在这几项指标上差别不大（见表11-16），并且基数较大，加上农村初中生数量将会减少，所以预测结果城乡各项达标率基本一样。与此相反城乡小学办学条件差距很大（见表11-16），在个别指标上差距超过25个百分点（例如，音乐器械配备达标率和美术器械配备达标率），并且基数较小，所以设定的2020年的水平相对初中来说较低，但也很好地体现了发展性原则和缩小城乡差距原则。

生机比是衡量教育信息化的重要指标。近年来，我国教育信息化发展迅速，国家通过各种工程大力投入，并提出了以教育信息化推动教育现代化的口号。根据目前的发展速度和国家政策倾向性，我们认为我国教育信息化在不久的将来将达到较高的水平。基于国情，再参照发达国家20世纪末教育信息化水平指标，我们预测2020年城乡小学生机比分别可达到9∶1和10∶1，初中可达到6∶1和7∶1。这样的水平与专家们的"我国教育信息化程度比发达国家落后20年左右"论断基本符合。

当前义务教育发展的重点是提高义务教育的质量，特别是农村义务教育的质量。因此，除以上指标外，反映义务教育发展质量的其他关键指标也不可忽视。主要有：教师工资水平、学生健康达标率、生均图书比例、图书下架率、校园网覆盖率、初中生住宿生占总学生的比例以及学生家庭离学校的距离等。由于历史和现状数据的不足，课题没对各个时间段各指标的发展水平进行预测，在此将这些指标提出，以待下一步继续研究。

三、对策与建议

农村教育事业的健康发展，无疑对全面建设小康社会、构建社会主义和谐社会和社会主义新农村建设，具有先导性、全局性和基础性的作用。

在以上宏观背景的基础上，结合我国农村教育事业发展的现状和本指标体系的预测结果，同时参考党的十六大报告为我们勾画的教育事业发展蓝图以及《国家教育事业发展"十一五"规划纲要》提出的发展目标，课题组对今后农村教育事业的发展提出如下对策与建议。

（一）建立义务教育质量监控机制，提高农村义务教育质量

从国际上来看，世界各国均高度重视义务教育质量标准与监控体系的研究与建构工作，很多国家都建立了教育质量研究与管理评估机构。美国建立了全国性的教育质量评估机构"全国教育进步评定协会（NAEP）"，英国建立了国家教育研究中心（NFER）和教育质量标准局（QCA），法国于1979年在教育部内就成立了国家教育评价司。新加坡、韩国、埃及、印度尼西亚等国从20世纪90年代起均建立了不同形式的国家教育质量监控机制，并把教育质量监控工作列入了21世纪的教育发展计划。欧美等经济与教育比较先进的国家基本形成了一套比较成熟的教育质量监控体系。国际教育成就评价协会也已尝试性地开展了世界范围内的教育质量监控工作。这些表明教育质量监控的研究已成为世界性的重大学术研究课题，构建教育质量监控系统，实施教育质量监控已经成为一种世界性潮流。

从国内来看，到2005年底，全国普及九年义务教育地区人口覆盖率已超过95%，小学学龄儿童入学率达98.95%，初中毛入学率达到97%。可以说数量扩张的目标已经基本实现，义务教育已经接近饱和，义务教育将逐步成为饱和性教育。随着我国义务教育普及目标的实现、公众对优质教育的迫切需求及对教育公平的追求，农村义务教育的质量问题日益成为人民关注的焦点。如果说在农村，过去义务教育尚未普及，提出"数量就是最大的质量，没有数量就没有质量"是正确的话，那么，在"两基"以后，农村义务教育"质的矛盾"却更为突出。在农村，由于经费问题的遮掩，质量监控工作被严重弱化。如果教育经费是有限的，是既定的，那么改进质量、提高效率就在于管理与全程的教育监控。同时，实行"免试入学"制度后，农村小学教育质量监控工作严重缺位，这一问题多年以来一直困扰着教育行政部门和基层工作者。北京市教育考试院副院长臧铁军

认为，目前我国义务教育阶段取消了统考和初中升学考试及小学百分代之以等级评分制等，缓解了中小学生负担过重的问题。但是，当前既要保证小学教学质量的稳步提高，又要避免造成学生负担和其他负面影响，必须建立教学质量测评监控系统。在这样的背景下，促进农村教育的普及，在农村实施免费的高质量的义务教育，已经成为新的战略重点。为此，国家提出力争在2010年实现全面普及九年义务教育，全面提高义务教育质量的目标。而建立科学的义务教育质量监控体系是保证与提高义务教育质量的重要举措，这不仅因为教育监控体系具有检验教育质量高低，对教育质量进行有效监控的功能，还在于该体系能够通过目标与标准导向、过程调控以及结果激励等方式促进教育质量的提高。因此，在新的农村义务教育保障机制下，提高义务教育质量，必须加强农村义务教育质量监控机制研究，以带动和深化教育综合改革，确保国家投入的资金能用得科学、用得规范、用出效益。

目标的实现必须有标准可以参照，因此，制定《国家义务教育办学标准和质量标准》，建立义务教育质量监控机制必须提上议事日程。建议从宏观和微观两个角度研究建立国家标准和监控机制。宏观上在传统的入学率、巩固率、辍学率的基础上，综合经费投入、办学条件、教师等指标建立义务教育质量监控机制及相应的督导制度，对国家义务教育总体水平进行监控，并以此为指南和导向，对各级政府科学制定缩小城乡差距的办法措施，发挥督促功能，促进义务教育均衡发展。微观上，建议改进考试评价制度，使各学校办学条件、经费、投入和校长、教师的配备及其待遇大致均衡，以此推进义务教育均衡发展。同时参考美国《国家教育进步评估》的做法，通过专业组织采用标准化水平考试方法，对各地区义务教育质量进行监控。

农村教育质量低下，这是人们的一种共识。提高农村教育质量，首先必须找出问题的所在。教育质量监控指监控者通过人才主体和社会有关部门密切配合，为了实现人才成长环境的优化，加快人才成长速度，达到人才发展目标，而在人才成长的全过程中，对影响其成长的诸因素和各环节不断地进行积极、自觉的计划、监察、评价、反馈、控制和调节的过程。质量监控面对经费短缺的积极行为。从理论上来分析，影响农村义务教育发展的诸要素中，质量监控是最基本的可控变量。在客观条件既定的情况下，教育质量的高低更多地依赖于执行过程中主观管理和质量监控。因此，借助宏观和微观两套监控机制，找出农村教育质量低下的真正原因，从而采取相应措施提高农村教育质量，是一种科学有效的办法。

（二）改善办学条件，大力推进农村教育信息化进程

农村小学和初中危房问题严重，亟待解决。2004年农村小学和初中危房率

分别高达6.45%和4.32%（见表11-12）。通过实施"国家贫困地区义务教育工程"和"中小学危房改造工程"，继续加大专项资金投入力度；通过减免税收，鼓励社会力量捐资助学等办法，解决农村学校危房问题是当务之急。要改善农村学校办学条件，落实农村义务教育阶段中小学校舍维修改造长效机制，确保校舍安全。《国家教育事业发展"十一五"规划纲要》提出要加强基本办学条件建设，使所有农村中小学具备基本的校园、校舍、教学设备、图书和体育活动设施；实施中西部农村初中校舍改造工程和新农村卫生校园建设工程，逐步解决超大班额问题，加强农村学校的食堂、饮水设施和厕所建设，改善卫生条件；继续推进农村中小学现代远程教育工程，使所有农村初中具备计算机教室，所有农村小学具备卫星教学接收和播放系统，普及利用光盘教学或辅助教学，基本建成遍及乡村学校的远程教育网络。这一《纲要》的颁布为农村义务教育办学条件的改善提供了契机。2020年小康社会教育发展目标的实现有赖于教育条件的改善，为义务教育发展创设良好的环境。

农村学校在音、体、美及实验仪器达标率等几项指标上都远远低于城市学校。（见表11-11）在教育信息化的两个重要指标，建立校园网学校比例和生机比上，城乡学校差距更大，城市是农村的几倍甚至是几十倍。2004年，农村小学建立校园网学校比例只有3.97%，城市则达32.16%，农村生机比为44.8∶1，城市则为17∶1。城乡初中办学条件差距没有小学大，不过差距也相当大（见表11-11）。针对农村学校信息化水平低，国家提出"以信息化带动现代化，努力实现西部农村教育跨越式发展"的口号，并通过"农村中小学现代远程教育工程"、"西部教育信息化工程"等工程提高农村教育信息化水平。

2006年5月，中共中央办公厅、国务院办公厅印发《2006~2020年国家信息化发展战略》，文件指出信息化是当今世界发展的大趋势，是推动经济社会变革的重要力量。大力推进信息化，是覆盖我国现代化建设全局的战略举措，是贯彻落实科学发展观、全面建设小康社会、构建社会主义和谐社会和建设创新型国家的迫切需要和必然选择。文件提出2020年我国信息化战略目标：综合信息基础设施基本普及，信息技术自主创新能力显著增强，信息产业结构全面优化，国家信息安全保障水平大幅提高，国民经济和社会信息化取得明显成效，新型工业化发展模式初步确立，国家信息化发展的制度环境和政策体系基本完善，国民信息技术应用能力显著提高，为迈向信息社会奠定坚实基础。

文件确定了我国今后信息化发展的战略重点，涉及"三农"的主要有：（1）推进面向"三农"服务。利用公共网络，采用多种接入手段，以农民普遍能够承受的价格，提高农村网络普及率。整合涉农信息资源，规范和完善公益性信息中介服务，建设城乡统筹的信息服务体系，为农民提供适用的市场、科技、教育、卫生保健等信息服务，支持农村富余劳动力的合理有序流动。（2）加快教育科研信息化步伐。提升基础教育、高等教育和职业教育信息化水平，持续推进农村现代远程教育，实现优质教育资源共享，促进教育均衡发展。（3）普及中小学信息技术教育。培养信息化人才。构建以学校教育为基础，在职培训为重点，基础教育与职业教育相互结合，公益培训与商业培训相互补充的信息化人才培养体系。

此文件的颁发，表明国家高度重视信息化建设，文件把推进面向"三农"服务，加快教育科研信息化步伐，普及中小学信息技术教育，培养信息化人才，作为今后的战略重点，并提出通过信息化促进教育均衡发展的目标。对农村教育事业的发展和教育质量的提高来说，今后的十几年，是个重要的战略机遇期。在继续实施"农村中小学现代远程教育工程"、"西部教育信息化工程"的同时，配合国家信息化战略，努力提高农村学校信息化水平，必将推动农村教育事业的持续健康发展。

（三）提高农村教师学历层次和待遇，建立合理的城乡教师流动机制

到2005年底，小学专任教师的学历合格率为98.62%，初中专任教师学历合格率为95.22%。初中教师（尤其是农村初中教师）学历合格率还有待提高，不过学历合格已经不是关键问题。问题在于城乡教师资源配置严重失衡，城乡高学历高职称教师比例差距很大（见表11-10、表11-11、图11-8）。通过清退代课教师和不合格教师，补充高学历新教师，继续教育和培训等方式，提高教师（尤其是农村教师）学历层次是实现全面提高义务教育质量的一种重要手段。

截至2005年，在高学历教师方面，农村小学只有52.2%，城市则达到77.98%，农村初中高学历教师只占28.95%，城市则是农村的2.2倍，达到62.45%，城乡严重失衡。建立城乡教师流动机制，是合理配置城乡教师资源，提高农村教育质量的一种重要手段。具体的做法主要有：师役制，例如，规定县镇教师评高级职称之前必须有两年在农村学校工作的经历、进入县镇当教师之前必须先到农村工作1年等；轮岗制，例如，城乡教师互换、规定城市教师每10年必须到农村学校工作1年等；对口支援，例如，大学高年级学生到农村实习、青年志愿者计划、地区对口支援等。[①]

教育部针对农村教师问题出台了《教育部关于大力推进城镇教师支援农村

---

① 任仕君：《县域义务教育资源配置现状分析与对策研究》，载《当代教育科学》2005年第23期。

教育工作的意见》（以下简称《意见》），《意见》从建设社会主义新农村和全面实施素质教育的高度，提出了一系列逐步缩小城乡教师队伍差距的办法。这些办法包括积极做好大中城市中小学教师到农村支教工作；认真组织县域内城镇中小学教师定期到农村任教；探索实施农村教师特设岗位计划；积极鼓励并组织落实高校毕业生支援农村教育工作；组织师范生实习支教；积极开展多种形式的智力支教活动。值得欣慰的是，自2007年起，国家对六所部属师范院校师范生实现免费制度，吸纳优秀人才进入教育行业，使这些优秀的师范生充实到中小学教师队伍，特别是农村教师队伍之中，这可以很好提高农村义务教育质量和教师素质。

当前，中小学教师队伍中，代课教师占有相当大的比例，2004年小学代课教师高达37.9万人，初高中代课教师高达12万人。更值得关注的是农村学校代课教师问题尤其严重，近年来，农村小学代课教师与专任教师的比一直高达8～9：100，中学代课教师比例较小，不过绝对数量也多达9万～12万人。农村代课教师素质不高，加之待遇低、工作期限不定造成队伍不稳定流动性大，更重要的是他们的存在阻碍了新毕业的合格教师进入教师队伍，这些问题使他们成为农村义务教育事业发展的重大阻碍因素。代课教师的产生主要原因在于国家编制标准对农村来说过紧，县级财政无力供养数量庞大的教师队伍，因此，采取低薪聘用代课教师的办法补足教师缺口。

农村代课教师大体可以分为两类，一类是学历和素质都不合格通过社会关系或由于其他原因进入到教师队伍中的代课教师；另一类是正规师范院校的毕业生，他们虽然学历和素质均合格，但由于没有编制而选择做了代课教师。解决代课教师问题，对于这两类代课教师应该区别对待。要坚决清退前一类，合理吸收后一类到教师队伍中来。从根本上看，调整国家教职工编制标准，加大中央和省级政府对农村教育经费的投入，才是解决代课教师问题的治本之策。[1]

教师的地位高低、工资水平如何直接影响师资队伍的稳定，体现出教育事业对高素质人才的吸引力，从另一侧面表现出教育的质量。《2003年度劳动和社会保障事业发展统计公报》："全年城镇单位在岗职工平均工资14 040元。国有单位在岗职工平均工资14 577元，城镇集体单位8 678元，其他单位14 574元。"依据2004年9月7日《人民日报》报道："2003年，全国中小学教师年平均工资为13 300元。"[2] 根据这个数据，我国中小学教师工资比国有单位在岗职工平均工资14 577元少1 277元。2004年8月22日《经济观察报》报道："根据国

---

[1] 任仕君：《县域义务教育资源配置现状分析与对策研究》，载《当代教育科学》2005年第23期。
[2] 丁伟：《中小学教师工资明显提高 20年间增长10.9倍》，载《人民日报》2004年9月7日第一版。

资委的统计数据，2003年，中央企业人工成本总额3 899.2亿元，根据国资委副主任李毅中披露的数据，央企职工人均年收入从2002年初的19 700元增加到了2003年初的24 000元。"① 也就是说，我国中小学教师年平均工资比央企职工人均年收入24 000元少10 700元。教师的工作繁重程度和压力之大，是人所共知的，其所承担的社会责任也不逊色于公务员。因此，尽快将教师工资收入水平不低于公务员落到实处。这既可以提高教师工作的积极性，也避免许多优秀教师特别是青年教师纷纷离开教师岗位，而"逃"到公务员队伍中去。另外，在比较教师工资水平与公务员工资水平时，应该依据《公务员法》。该法第74条规定："公务员工资包括基本工资、津贴、补贴和奖金。公务员按照国家规定享受地区附加津贴、艰苦边远地区津贴、岗位津贴等津贴。公务员按照国家规定享受住房、医疗等补贴、补助。公务员在定期考核中被确定为优秀、称职的，按照国家规定享受年终奖金。公务员工资应当按时足额发放。"从这个法律规定上看，奖金及其他待遇都属于工资，而且是工资的一个组成部分。照此推理，教师的工资也应该包括基本工资、津贴、补贴和奖金等等。因此，教师的平均工资待遇水平应当不低于当地公务员的平均工资待遇水平。同时，在政策上要向贫困农村教师倾斜和城市特别薄弱的学校教师倾斜，以避免师资力量的继续流失，吸引优秀毕业生选择教师职业，使师资缺乏问题得到缓解和解决，使那些条件艰苦的学校有教师可用，并留得住教师。

（四）合理统筹农村义务教育经费，落实农村义务教育经费保障"新机制"

针对农村义务教育经费短缺，农村学校办学条件差的现状和社会各界日益高涨的关于提高中央和省级政府对义务教育投入的责任的呼声，国务院于2005年12月颁发了《国务院关于深化农村义务教育经费保障机制改革的通知》，简称"新机制"。其主要精神是加大中央和省级政府对农村义务教育的经费投入，逐步提高公用经费保障水平，逐步将农村义务教育全面纳入公共财政保障范围，并决定由省级政府统筹落实辖区内农村义务教育经费，经费管理上实行以县为主。按照"明确各级责任、中央地方共担、加大财政投入、提高保障水平、分步组织实施"的基本原则，逐步将农村义务教育全面纳入公共财政保障范围，建立中央和地方分项目、按比例分担的农村义务教育经费保障机制。《通知》的主要内容是：（一）全部免除农村义务教育阶段学生学杂费，对贫困家庭学生免费提供教科书并补助寄宿生生活费。（二）提高农村义务教育阶段中小学公用经费保

---

① 文钊：《谁为中央企业负责人定价，国资委不满发警告》，载《经济观察报》2004年8月22日。

障水平。(三)建立农村义务教育阶段中小学校舍维修改造长效机制。(四)巩固和完善农村中小学教师工资保障机制。此《通知》的颁发,标志着农村学生将会享受到真正意义的义务教育,标志着国家对"三农"问题的重视真正落到了实处,对今后农村教育事业的发展来说,此《通知》的精神具有里程碑式的意义。另外,2007年教育部颁发的《国家教育事业发展"十一五"规划纲要》提出,对于义务教育,要确保普及、巩固,推进教育均衡,规定了"十一五"期间义务教育,特别是农村义务教育发展的重点,如制定义务教育中小学办学基本标准和质量标准、落实义务教育经费保障新机制、推进义务教育均衡发展、改善农村学校办学条件、提高农村义务教育师资水平等,也为农村义务教育的发展提供了政策支持。

"新机制"实施以后,新问题也出现了。部分省份反映公用经费补助标准偏低,覆盖范围太窄;原先学校从公用经费和学杂费收入中开支教师津补贴的问题比较普遍,现在这部分津补贴失去资金来源,造成教师收入实际水平的下降;个别地区服务性收费和代收费在一定范围内依然存在;贫困家庭寄宿生生活补助大多由县级财政负担,但由于一些县级财力紧张等原因,补助标准偏低、范围偏窄;政策产生巨大效应,大量农村孩子回流到农村学校,一时间给农村学校带来了压力;普九欠债问题仍然没有解决。针对遇到的新问题,还应该继续加大改革力度,制定城乡一体化的义务教育办学标准和经费投入标准,合理划分省、市、县经费分担比例,合理调节支出结构,建立健全法律、社会和行政监督体系,保障资金落实到位,政府主动化解农村学校债务问题,给农村学校自主发展提供一定的经济保障。

第十二章

义务教育绩效评价指标研究

一、背景和意义

义务教育支出绩效评价是西方国家于20世纪80年代开始推行的一项教育改革措施，目的是通过绩效评价，形成公共支出拨款与教育业绩配套的机制，借以提高普及率和教育质量。美国从1984年开始实施这项制度，取得了义务教育普及率、质量双提高的效果。从2004年6月起我们开始研究美国、联合国教科文组织、OECD、英国、日本、加拿大、澳大利亚、印度、中国台湾等国家和地区的义务教育绩效评价指标，在此基础上研制了适合我国特点的义务教育绩效评价指标体系，经过到无锡、宁夏、郑州等地的实地调研，试填报等办法，最终形成了《我国义务教育财政支出绩效评价指标体系》，并运用此项指标体系，于2005年4月开始对江苏无锡市、河南郑州市、宁夏银川市以及甘肃的庄浪县，开展了绩效评价工作。于2006年2月，课题的研究报告通过了财政部、教育部等组成的专家组的评价，受到了高度评价。继此，课题组对指标体系进行完善，于2006年6月开始对江苏省全省所有义务教育阶段的学校进行了绩效评价，为江苏省制定义务教育财政政策提供了重要的参考。两次试点不仅验证了指标体系的科学性，也对我国城市和农村义务教育发展具有一定的推动作用。本项研究具有如下几方面的重要意义。

第一，绩效管理作为一种改进和评价政府管理的工具，已引起世界各国政府普遍关注，并开始引入我国。但是，绩效问题也是各国政府管理实践中的难点之一，往往束手无策。绩效管理不仅要转变观念，也要有特殊的方法论。为此，本课题所研究的义务教育支出绩效评价指标体系，对于改善政府义务教育管理有一定实用价值。

第二，虽然我国目前还不具备全面推行政府绩效管理的条件，但是义务教育可以作为制度创新的"突破口"。从义务教育本身看，由于牵涉全体国民的利益，经费占地方政府支出的比重较大，且存在较多传统管理难以解决的问题。因此，鉴于义务教育问题的特殊性和紧迫性，加之行业管理比较规范，因此有条件先走一步，为今后全面推行政府绩效管理积累经验。

第三，我国义务教育从2002年实行"在国务院领导下，由地方政府负责、分级管理、以县为主"的管理体制，到2005年实施经费保障"新机制"，都是建立在"经费投入增加，义务教育会更好，教育质量会更高"的假定基础上。然而，事实上这一假定并非完全成立。国家是否有必要投入如此多的资金到义务教育，而牺牲其他公共利益？

此外，本课题研究具有一定现实意义。通过开展义务教育绩效评价，一是通过对投入——结果评价，分析教育投入与教育质量等结果的关系，回应义务教育的投入和产出问题，从而树立正确的办学观和教育观；二是通过绩效评价，寻求教育质量与投入的最佳结合点，为政府提供有关政策建议；三是通过绩效评价，使政府的义务教育业绩指标化，促使他们关注教育改革，防止"豪华办学"，引导官员和校长们将关注点转向教育质量。

绩效评价研究是通过反映学校全面状况的绩效指标来获得基本数据的，整个绩效评价表的设计包括两个部分，即评价表和基础表。而基础表涉及了基础教育和学校的各个方面，都是一些统计数据。这些数据的获得就可以全面了解学校的现状，通过对统计数据的分析，可以综合判断学校和教育系统的绩效状况，同样，我们可以通过对基本数据的分析，来全面了解我国当下义务教育的发展状况。

我国义务教育大部分分布的广大的农村地区，这些年来中央财政加大了农村义务教育的投入力度，"十一五"时期，中央财政将投入数百亿元，实施农村初中学校改造计划，地方政府也要相应增加这方面投入。在校舍建设、教师培训、新课程改革、远程教育等方面都取得显著的成绩，特别是2007年全国农村全部免除义务教育阶段学杂费，这将使农村1.5亿中小学生的家庭普遍减轻经济负担，继续对农村家庭经济困难的学生免费提供教科书，并补助寄宿生生活费，要完善农村义务教育经费保障机制，不断提高保障水平，2006年全国财政安排农村义务教育经费2 235亿元，比2005年增加395亿元。因此，在义务教育均衡化方面，城乡之间义务教育的投入和发展差距正在逐步缩小，农村儿童的受教权利也正逐步得到保障。

二、指标体系

这一体系建设的想法来自国家针对我国农村税费改革后，义务教育由"基本普及"到"全面普及义务教育，全面提高教育质量"的战略转变。要全面提高义务教育的普及率和教育质量，就必须对教育进行全面的评价，不仅评价投入，而且评价产出。而要全面评价产出，教育质量就必然成为重大问题。而要将教育纳入常规评价，就必须对现行的教育统计体系进行改造，建立一个既满足统计要求，又满足评价要求的义务教育统计评价指标体系。

本指标体系在课题确定后，组成了课题组，着手收集联合国教科文组织、OECD 国家、世界银行以及美国、加拿大、印度等国家的有关资料，并采用了 OECD 国家的教育指标体系的基本情况、教育条件、教育投入、教育产出框架，在此基础上提出了初步设想，于 2004 年 8 月上旬约请有关专家召开了讨论会，初步确定了指标体系构想。会后，我们在江苏无锡约请市财政局、教育局有关人员召开了座谈会，参加人员包括财政局教科文处、统计评价处、教育局计财处、学校领导和财务人员等。与会者对这一课题反应热烈，指出，将义务教育统计和评价指标体系合一的设想是政府教育管理的重大改革，是推进义务教育，实现教育管理科学化、现代化的基础性工作。这一体系体现的"花钱买效果"的思想，将有力地推进教育评价工作，是落实中央"两个全面"方针的具有战略意义的行动。同时，也对指标提出了许多具体建议。在此基础上，我们进一步征求了财政部教科文司、教育部财务司有关人员的意见，对指标体系进行了重大修正，形成了《指标体系》。

在这里，我们试图说明两个问题：

第一，教育统计和评价的指标能否合一。对此，我们通过深入研究后指出，将两套指标合一的可能是存在的。虽然统计和评价是从两个不同角度提出的问题，但它们有共同性。

首先，其目的都是为了确定对象（事物）的运动发展现状。统计是指通过某些指标，反映我国教育的现实状况。教育支出评价是对政府教育总体效果的判断，它借助于价值观念，通过一系列指标的应用，全面反映出政府教育支出效果，说明资金使用的合理或不合理性。因此，教育支出评价是对于教育的全面评价，或者说，它是应用绩效管理原理，对教育单位（学校）和教育部门的经费（经常性经费和建设性经费）——事业效果的全面评价，与过去的项目支出评价是不同的。因而尽管两者的目的是不同的，但从教育评价必须借助于统计资料这点说，又有同一性。

其次，教育不是一个自然过程，而是人们的有目的活动的过程，既然它是人类活动，就必然存在着投入—产出问题。因此，无论是教育统计，还是教育支出评价，都必须以教育现状为基本前提，反映出教育的投入产出状况。因而，即使从教育统计的角度看，也不能将它理解为历史过程的简单反映，而是通过投入—产出理论的应用，对教育现状的全面、综合反映。因而在反映投入产出这点上两者也具有共性。

既然这样，我们就存在着一种可行性，即将教育统计和教育评价指标体系合而为一。这有利于充分应用统计成果，也有利于解决由于两大体系指标的不通用带来的观念冲突和重复劳动的问题，提高管理效益和管理质量。

另一个问题，将两套指标合一后，会不会影响教育统计的独立性和历史数据的衔接性？

可以说，新的指标体系是对原有指标体系的扩充和完善。也就是说，原有体系的指标，包括学校、教师、学生、财务收入和支出等五大指标给予充分保留，但在编排方式上进行了改进，同时充实了许多与产出相关的指标，从这个意义上讲，是对原有体系的发展。

但我们认为，尽管我们尽力体现继承与发展并重的思想，但这毕竟是一项改革。由于数据编排的口径变化，以及新体系贯彻的统计核算原则，都会影响数据衔接。为此我们建议，应当给新的指标体系一个试行期，在此期间两套数据并存。从而摸索出新旧体系数据衔接的规律。

第二，为什么要建立《义务教育统计评价指标体系》。现行的教育统计资料难以适应教育管理要求。教育是我国统计和会计制度建设较好的部门，有一套比较完善的统计体系。现行教育统计指标由《教育事业统计》和《教育财务统计》两套指标构成。由于历史的原因，这一体系主要存在着以下问题：

首先，两套指标相互不统一，资料无法匹配。匹配是逻辑统一性出发的最基本的统计原则。在这方面，存在的问题，一是两套统计数据的统计时点不统一问题。事业统计的时点是教学年度，而财务统计的时点为12月31日。由于统计时点不统一，这就出现了教师、在校生人数等方面的两者的数据不一致问题。二是统计分类不统一。教育事业统计是按教育对象分类的，将学生分为小学、初中、高中等，而教育财务数据是按"单位"分类的，在我国，中学的"教育单位"包括初中、高中和完全中学。由于不能区分完全中学的初中部和高中部经费，这就使得我们在计算义务教育成本时产生了很大困难。三是教育财务统计的数据分为农村学校、镇级学校、县级学校、城市学校等与事业统计的分类不完全统一。这些都影响了统计资料的应用。

其次，统计指标注重教育过程和投入，忽视教育产出。正如厂商的各项投入都围绕着利润目标一样，教育是人类有目的的活动，归根到底，教育目的是获得产出。为此，教育统计必须服务于这一目标。而现行的教育统计指标是以投入为基础的，主要有教师、学生、资金来源和使用等四个方面构成。资金的来源和使用指标主要说明全国在教育上花了多少钱，多少用于教师工资、公用经费等方面，以及相应的来源。这些都属于教育投入。由于缺乏生均成本等，因而很难与产出挂钩。在产出方面，虽然也有毕业生等，但由于缺乏质量指标，因而无法说明城乡、地区间毕业生质量的巨大差异，当然也无法评价教育目标与现实差异。

必须指出，即使现行指标体系的投入指标也是不充分的。比如同样是中学，城市学校配备了计算机、塑胶跑道、语音室等设施，而农村学校却连简单的教学仪器、操场和体育器材都没有，基本课程开不了，甚至连电费都付不起，而教师的质量差别同样巨大。教育条件既是过去连续投入的结果，也是教育的基础条件。然而，由于在现行教育统计缺乏适当的实物统计，因而无法反映差别，也为政府制定教育政策带来了很大困难。

第三，缺乏必要的城乡对比。城乡差别是现阶段的客观存在。经济上的城乡差异必然反映到教育上来。发现问题才能解决问题，因此，处于这一时代的教育统计的一项历史使命是通过自己的语言——数据来客观、公正的地反映事实，以引起各方重视。然而由于各种原因，我国的教育统计却未能做到这点。举例来说，目前，城乡差异在教育上主要表现在农村和城市学校的资金投入差异，但却找不到相应的指标，即使我国在教育的财务指标中安排了初中和小学的农村数据，但也被淹没在庞大的数据海洋中，很难形成城乡的强烈对比。这也反映了我国重视城市教育，轻视农村教育的现实。

第四，缺乏数据的可靠性印证。数据的可靠性是统计的生命。现行的教育指标体系是由各个独立的单项指标构成的，例如，教师是一项指标，而学生是另一指标。就学生来说，在校生是一项单独指标，而招收新生、毕业生是另一指标。然而，事实上教师与学生、在校生与新生、毕业生是相互联系的，通过一些指标，如上期末人数和转入、转出、借读、流失等是可以将这些独立的指标沟通起来的。这样的指标体系给人以可信的印象，也可以在一定程度上克服"统计作假"。而要做到这些，就必须引进一个新的统计概念——统计核算。而由于现行指标间缺乏内在联系，无法核对，在目前的"官出数据，数据出官"的不良风气下，人们自然会对统计数据可信度产生怀疑。这也影响了统计成果的使用。

上述四点表明，虽然我国的教育统计体系建设取得了很大成绩，但由于历史的原因，有些重大问题亟待解决，尤其是如何用产出观念来改造指标体系，为教育评价服务是一个值得正视的问题。我们知道，教育支出评价实质上是对我国教育事业的全面估价。目的是说明义务教育现状与目标之间的差距，总结经验，矫正差异，使得教育按预定目标全面发展。而要做到这点，就必须建立全面、客观地反映教育现状的指标体系。而现行的指标体系无法承担这些。为此，改革是必然的，也是必要的。这也是本课题的意义所在。

本课题拟从义务教育的自然指标（基本情况、教育条件）、投入指标和产出指标等三个层次，揭示三者间的钩稽关系，并以此构建义务教育整体发展的统计模型。这既是农村教育研究领域的一个新突破，也是统计方法的新突破。它有利于实现与国外指标衔接。尤其是义务教育产出指标，将广泛地用于反映和评价政府的教育业绩。因而这一模式的建立有利于全面分析义务教育各要素之间的关系，对比分析城镇和农村教育，确定运行状态，暴露矛盾。对于深化义务教育改革，推进农村教育发展都十分必要。

三、新的指标体系的目标

教育统计指标既是对中国教育现状的反映，也是对办学经验的总结，虽然它力求做到中性，但不可能不涉及到价值观。也就是说，教育是一项投入昂贵的活动，教育的基础条件如何，政府在教育方面的投入状况，包括资金的投入、课程的投入、教师的投入等，都应当通过统计指标体系反映出来。归纳起来，本指标体系设想达到以下两个目的：

第一，客观地反映学校和教育部门的教育现状和教育效果。同时为政府、学校总结经验、分析存在的问题提供客观依据。

第二，为政府评价教育提供依据。为此，需要按投入—产出原理建立比较全面的指标体系。同时，也为改革财政拨款方式，推行绩效预算提供依据。

四、新的指标体系的特点

归纳起来，新的指标体系具有以下特点：

第一，将现有的两套统计指标合并为一套。现有的教育统计指标有事业统计和财务统计两套指标，由于统计时点和统计口径等原因，很难做到事业与经费匹配来反映。这次改革，我们试图将两套指标统一起来，并统一以年末数为统计基准时间。

第二，通过三维空间的指标来全面反映义务教育的投入和产出。这就是将所有指标分成教育基本条件、教育投入和教育产出三类。每一类分成四级指标，逐级细化统计内容。

必须指出，三维空间式的统计指标体系，是许多国家已经采用的，也是联合国教科文组织和 OECD 国家推荐的指标体系分类方法。

第三，指标体系体现了绩效管理的理念。产出是教育的根本目的，反映出政府义务教育巨额投入的成果。本指标体系的设计试图以教育的产出和业绩为重点，将教育过程的统计和教育业绩的统计结合起来。

例如，教育质量、毕业生统计（净流失、去向等）、满意率、事故等，都是反映教育成果和业绩的重要指标，也是西方国家普遍采用的指标。

第四，将教育过程的统计与评价指标结合起来。许多指标，如教师、课程、教育场地等，既反映教育现状，也是为教育评价服务的。也就是说，只要将相对指标抽出来，并赋予各指标相应地权值，是可以用于中小学教育评价的。

第五，建立统计指标间的勾稽关系，注重统计核算。客观、真实是统计的生命。随着教育财政改革的深化，各地正在考虑改革拨款方式，实行按生均标准拨款等，因此，如何防止学校统计作假，也是本课题必须考虑的问题。为此，我们试图通过统计核算，建立各指标间的勾稽关系，并通过计算机管理，将中小学教育管理 CE 系统纳入统计范畴来解决这一问题。一些更基础的资料，还需要通过附表来核算。

总之，新的指标体系既是对过去成果的总结，又是对教育改革的深化。它试图体现义务教育管理改革深化的要求。

五、指标体系的设计和选择说明

第一，本指标体系根据课题的整体设计，从基本情况、教育条件、教育投入和教育产出四个方面来综合考察一个地区（学校）的教育发展状况，其中一级指标 27 项，总指标 247 项，涵盖统计和教育支出绩效评价。有些指标还要细化，如学生、教师、财产的变动情况等。

第二，本指标体系力求抓住当前我国农村义务教育的要害，一是解决财政投入问题；二是要评价投入的效益。以便于有针对性地考核政府落实义务教育的责任，提高农村义务教育的水平。

第三，本指标体系主要适用对象为农村义务教育，重点是指我国的农村地区或农业地区，同时兼顾城市学校管理。表格中的农村是指除县城（镇）以外的农村地区，城市则主要包括省城、市区和县城区，工矿区指独立工矿区学校，包括企业附属学校。

第四，在区分教育条件和教育投入方面，是根据研究的需要，选择已固化的物质条件为基本条件，而以软条件作为投入要素。

第五，注意本年度统计数据与上年度数据之间的衔接。统计是一门科学。它通过各相关指标来表示出事物之间的关联性。但过去，由于设计的各统计指标是独立的，缺乏指标间的内存联系，因而往往产生了统计作假问题。为克服这一缺陷，这次我们在统计指标的设计上采用了"统计核算制"。要求统计人将本单位的相关的连续数据，包括年初数，本年增减数和年末数都一并列示。

表 12-1　　　　　　　　　义务教育绩效指标

一级指标	二级指标	三级指标	四级指标
第一类：基本情况			
学校数（年末）			
地域面积			
每平方公里学校数			
地区人口数			
平均每万人口学校数			
教育辅助机构数			
每一学校平均在校生数			
区域 GDP			
	人均 GDP		
	生均成本占人均 GDP		
学校借（贷）款年末数（元）			
第二类：教育条件			
教育场地（平方米/价值）			
	按账面计算		
		一般教育场地	
		运动场地	
			网球场
			塑胶跑道（M）
		实验场地	
		校田地	
		其他	

续表

一级指标	二级指标	三级指标	四级指标
教育房舍（平方米/价值）	生均占有教育场地（平方米）		
	教育用房舍（平方米/价值）		
		教室	
		办公用房	
		实验室	
		微机室（含语音室）	
		体育馆	
			游泳池
		图书馆	
		食堂/礼堂	
		学生宿舍	
		其他	
	生均教育房舍面积		
	师均办公用房面积		
	非教育用房舍（平方米/价值）		
		教师宿舍	
		商业服务用房	
		其他	
教育设备与设施（台套/价值）			
	计算机		
		总数	
		生机比	
	教具		
		总数	

续表

一级指标	二级指标	三级指标	四级指标
		师均	
	实验仪器		
		总数	
		生均	
	图书		
		总数	
		人均	
		图书流通量	
	体育器材		
		总数	
		人均	
	其他（件/价值）		
交通及其他设施			
	交通设施（辆/价值）		
		小汽车	
		卡车	
		客车	
		船舶	
		其他	
	其他设施		
第三类：教育投入			
课程			
	班级数		
		班级平均学生数	
	应开设课程（门·次）		
		国家课程	
		地方课程	
		校本课程	
	实际开设课程（门·次）		

续表

一级指标	二级指标	三级指标	四级指标
		国家课程	
		地方课程	
		校本课程	
	课程开设率%		
		国家课程	
		地方课程	
		校本课程	
	平均每个教师承担课程（门·次）		
	平均每个教师的课时数		
在校学生			
	上年末数		
	本年增加数		
		招生数	
		转入人数	
		其他增加数	
	本年减少数		
		毕业生数	
		辍学生数	
		转出人数	
		死亡人数	
	年末人数		
	平均在校生人数		
教师			
	总人数		
		在编教师	
		无编教师	
			退休在聘教师
			代课教师

续表

一级指标	二级指标	三级指标	四级指标
	职称（人数/比例）		
		高级教师	
		中级教师	
		初级教师	
		无职称	
	学历（人数/比例）		
		研究生（含博士）	
		本科	
		大专	
		中专和技工学校	
		高中及高中以下	
	年龄（人数/比例）		
		35岁（及35岁以下）	
		35~45岁（含45岁）	
		45~55岁（含55岁）	
		55~60岁（含60岁）	
		60岁以上	
	性别（人数/比例）		
		男性	
		女性	
	教师培训总时数		
		省级	
		市级	
		县级	
		人均培训时数	
	生师比		
	班师比		
	教职工比		
教学行政人员数			

续表

一级指标	二级指标	三级指标	四级指标
	编制内		
	编制外		
教育辅助机构人员数			
	编制内		
	编制外		
资金投入			
	经常性经费（元）		
		财政拨款	
			预算内财政拨款
			教育费附加
			其他财政拨款
			财政拨款占总收入（%）
		个人缴费和社会捐助	
			企业办学经费
			学杂费
			代办费
			社会捐助
		其他来源	
		家庭实物折价	
	建设性经费		
		预算内财政拨款	
			危改资金拨款
			其他专项拨款
		教育费附加	
		社会捐助	
		其他来源	
	教育贷款本年发生数		
		经常性经费贷款	

续表

一级指标	二级指标	三级指标	四级指标
		建设贷款	
		其他借款	
	教育拨款占当年财政支出比例		
		本年财政支出决算数	
		本年教育拨款总额	
		教育拨款占当年财政支出（%）	
		上年教育拨款占财政支出（%）	
第四类：教育产出			
毕业生			
	应毕业生和实际毕业生		
		应毕业人数	
		实际毕业人数	
		净流失人数	
		净流失率（%）	
	毕业学生去向		
		升学	
			重点中学
			普通中学
			中专和技工学校
		就业	
			务农
			其他
		其他	
			出国
			参军
			其他

续表

一级指标	二级指标	三级指标	四级指标
教育质量评价			
	参加评价的课程数		
		计算	
		阅读和写作	
		科学	
	参加评价的学生人次数		
	占应参加评价学生的人次（%）		
	课程评价结果（各等次人数/比例）		
		计算	
			A 等
			B 等
			C 等
			D 等
		阅读和写作	
			A 等
			B 等
			C 等
			D 等
		科学	
			A 等
			B 等
			C 等
			D 等
素质教育			
	三年来学生获得各种奖励人次数		
		国家级	

续表

一级指标	二级指标	三级指标	四级指标
		省级	
		市级	
		县级	
	平均每百人次在校生获奖人次		
教育普及率			
	本地区同年龄的人数		
	教育普及率（%）		
在校生人数			
	上年末数		
	本年增加数		
		招生数	
		转入人数	
	本年减少数		
		毕业生数	
		辍学生数	
		转出人数	
		死亡人数	
	年末人数		
	年平均人数		
	学生健康状况		
		体育达标人数	
		视力在1.0以下的人数	
教育事故发生数（起）			
	重大事故		
		涉及学生和教职工人数	
		死亡人数	
		伤残人数	
		经济损失	

续表

一级指标	二级指标	三级指标	四级指标
	一般事故		
		涉及学生和教职工人数	
		伤残人数	
		经济损失	
教育支出（元）			
	经常性支出		
		人员经费支出	
			工资性支出
			教职工人均收入
			离退休人员支出
			奖助学金支出
		公用经费支出	
			公务、业务费
			教师进修和培训
			购置费
			修缮费
	生均教育基本成本（元/生）		
	其中：生均公用经费（元/生）		
	项目性支出		
		归还贷（借）款本息支出	
		转入建设性支出	
		本年结余或亏损（-）	
	建设性支出		
		本年完工转入固定资产数	
		在建工程	
		其他	

续表

一级指标	二级指标	三级指标	四级指标
	生均建设性支出（元/人）		
教育效果			
	家长满意率		
	学生满意率		
	教师满意率		
设备利用率			
	计算机房		
	实验室		
	图书馆		
	语音室		

在阅读和分析以上指标体系时要注意下述几点。

第一，本表采用四级指标制，不同级次指标间是一种补充关系。指标兼具发展、评价、统计等功能，其中，绩效评价功能是重点。本表全面列示了教育支出评价的指标体系，各地在评价教育支出时，可以区分不同的教育层次，赋予权数，以能综合评价义务教育业绩。

在指标数据采集过程中，各地教育行政部门还应当提供以下附表，以使评价教育支出能够做到客观准确。

（1）教师统计表；

（2）毕业生人数统计表；

（3）在校学生人数统计表；

（4）财产清册；

（5）财务会计年度报表。

教师人数不清、在校生人数不清是现行统计指标中两大问题。这次我们统一规定，教师是指从事现行教育岗位，并由校方发给工资报酬的专职人员，分为在编教师和不在编教师。在校生是指在政府批准的各种学校就读，参加期末考试并取得成绩的学生，包括注册学生和借读学生两类。也就是说，在本地注册而在外地借读的学生，不应当计入本地的在校生。

相关数据的计算公式是：

教师数＝上年教师数＋本年新进教师数＋调入教师数－辞退教师－调出教师

数－意外死亡教师数

本届应毕业学生人数＝本届学生的入学人数＋留级入学生人数＋转入学生人数－留级下届的学生人数－本届累计流失人数－转出学生人数－意外死亡学生数

学生人数＝上年学生总数＋本年新入学学生数＋转入学生数－本年毕业学生数－学生流失数－学生转出数－意外死亡数

年末财产总值＝上年财产总值余额＋本年建设性经费完工的财产＋用教育贷款建设完工的财产＋用经常性经费购置的固定资产－本年报废数－本年出售数－本年调出数

第二，生均成本是指按学校全口径计算的经常性经费/在校生人数。这是衡量地方政府的教育拨款状况的重要指标之一。

第三，课程门·次是用于考察学校和地方教育部门对课程重视程度的指标，假定某校某一年级有2个班级，按要求每个班级应当开设7门课，则应开设的总课程为14门·次。

第四，图书流通量是指单位时间内（通常为一个年度）的图书借阅量。

第五，重大教育事故是指发生死亡、肢体残疾、组织器官功能障碍及其他影响人身健康的损伤的事件。

另外，考虑到中国义务教育的特点，在应用绩效评价指标实测过程中，我们将被测划分为小学和初中两个阶段。每个阶段又划分为公办民办两种类型。在公办学校中，将城市学校和农村学校分开，这样，收集的数据可以直接对本课题应用。划分类别在数据表上体现为：

小学						
合计	公办			非公办		
	小计	农村	城市	小计	私立	其他

初中 （含完全中学初中）						
合计	公办			非公办		
	小计	农村	城市	小计	私立	其他

表中的其他办学包括社会力量办学、厂矿企业办学等。

六、主要结论

（一）全国四个地区试点研究结论

经专家组评审，试点评价的主要结论为：

第一，课程水平测试和"两个满意率"调查结果说明，我国义务教育总体上是好的，家长、教师的评价为"基本满意"。这说明各级政府是重视义务教育的。在经费不足的情况下，他们采取了许多力所能及的措施，取得了较大的成绩。

第二，我国义务教育的突出问题是教育质量地区差异过大。在国家着手解决中西部地区义务教育经费的同时，必须坚持"一手给钱，另一手要效果"的原则。缺乏对教育绩效（普及率、教育质量）的评价机制，就无法约束地方政府行为，也无法知道钱究竟花在哪里。

第三，当前，我国中西部地区将教育资源过度集中在重点学校，而忽视了农村中小学的质量问题。为此，我们必须坚持以教育公平为实施义务教育的核心价值，必须建立与此相匹配的义务教育投入制度，把普遍提高教育质量作为考核地方教育行政部门绩效的关键。

第四，绩效评价是改善义务教育管理的有效办法。这次绩效评价，选择了较小的试点范围，因而样本覆盖面不够，但取得的初步成果已经显示其价值。目前，为了深入研究义务教育绩效评价问题，与江苏省财政厅和教育厅联合，2006年江苏省全省实施义务教育的公办学校均参加了课题研究，有望在一些方面取得进一步突破。

（二）江苏省2005年义务教育财政支出绩效评价试点研究结论

受江苏省财政厅的委托，我们于2006年8月至2007年8月对江苏省所属14个市所有义务教育阶段的学校进行了绩效评价。此次评价是按"价值中立"、"公平、公开、公正"和"回避"原则，以及"财政搭平台，专家评价"和"谁拨款，谁评价，谁用款，谁对绩效负责"的办法进行的，覆盖了江苏省市、县、区全部7 786所公立学校。这次评价得到了各市政府的重视和支持，各市成立了以"两局"分管局长为组长、财政局绩效评价处、科教文处和教育局发展规划处、计划财务处等相关人员的工作班子；7~9月，省财政厅先后在南京、徐州举办了两期培训班，并及时解答了各地义务教育绩效评价中提出的问题。按绩效评价方案要求，各地在 10 月份组织了学校数据填报；按《实施方案》要求，2006 年 10 月对全省随机抽样的 200 多所学校进行了数学、阅读与写作、科学等三门课程的学业成绩测试，参加学业测试的学生为 60 000 多人，并对家长 34 000 人和教师 10 000 多人进行了满意度问卷调查。此外，各地还组织了 28 家会计师事务所，对被抽样学校进行了填报数据的核查，从而保证了数据的真实性、规范性。根据评价的实际需要，省财政厅还制定了绩效分值《统一评价标准》，供专家们在评价时参考。

按实施方案要求，2006 年 12 月至 2007 年 1 月，各市按财政厅统一要求，邀请本市人大、政协和市委、市府有关专家，召开了义务教育财政支出绩效评价专家会议，并形成了绩效评价报告。为了提高绩效评价报告的公信力，2007 年 1 月 24 日，财政厅、上海财经大学还召开了苏州、无锡、扬州、南京、淮安六市财政局绩效评价处长座谈会，听取了他们的意见和建议。

2007 年 8 月 13 日，由财政厅、教育厅和上海财经大学中国教育支出绩效评价中心邀请了财政部、省人大、省政协和省委、省政府和国内专家等 8 人，成立了专家组，委托专家组对全省 2005 年义务教育支出绩效进行了评价和打分，并在此基础上形成专家评价报告。

报告的主要结论为：

——加大转移支付力度，缩小区域差异

无论从生均教育经费指标看，还是从学业成绩测定结果看，全省义务教育呈现业绩由南到北递减的趋势，苏北地区是全省义务教育的薄弱地区，而这两者的一致性又表明，生均拨款水平过低是这一地区义务教育水平提高的关键。同时，从程度指标看，它们又是全省财政努力程度最高的地区。综合这一分析，表明仅仅靠苏北五市的自身财力，已经难以负担提高义务教育拨款。为此，无论从教育公平看，还是从这一地区未来发展对提高人才素质的要求看，都需要省财政给予义务教育专项转移支付。同时，从江苏省财力实际看，省财政基本具备了支援苏北五市的财政能力条件。

鉴于地区五市城乡义务教育拨款水平都比较低的实际，为此，专家们建议从江苏省省级财力实际出发，从长计议，在财政体制尚未改革，新的转移支付制度尚未建立前，建立对苏北地区教育的专项转移支付制度，重点扶持该地区五市各县的义务教育。同时，五市的本级财力新增部分应用于城区义务教育的拨款标准提高上，逐步缩小这一地区的城乡差异。

鉴于目前该地区生均拨款水平过低，尤其是公用经费过低的实际，建议参照财政部对于中西部地区的农村义务教育转移支付办法，从提高公用经费的标准开始，逐步完善省级财政义务教育专项转移支付制度。

——在确保教育经费"三增长"前提下,新增教育经费向农村倾斜

城乡义务教育差别较大是一个全省性的问题,这一问题不仅在经济次发达地区的苏北、苏中存在,即使在经济发达的苏南地区同样存在。产生这一问题的原因复杂,既有城乡生产力和财政收入差异的原因,也有财政体制原因,更有认识方面的原因。为此,无论从实现基本公共服务的均等化要求,还是从建设江苏教育大省,缩小城乡差异,建设社会主义新农村的要求看,这一问题都应当引起各级政府的重视。

专家组认为,从苏南和苏中的城市财力看,大多数城市有能力解决农村义务教育问题,关键是寻求合理的机制,打破城乡分割的现行财政体制。具体设想:

第一,建议省政府出台有关文件,要求在确保教育经费"三增长"前提下,各市新增教育经费重点向农村倾斜,并将缩小义务教育生均城乡拨款差异列为对各市的政绩考核指标。这一指标的考核办法由财政厅、教育厅具体负责制定。

第二,区分不同地区,采用不同的引导政策。这就是,对于苏南地区5个城市来说,应当自行解决城乡义务教育差异问题。苏中地区三市的经济实力有限,为此,建议省财政采取投入分担的机制,即核定省市财力分担比例,一定五年,年终结算。

——改革教师人事管理模式,促进教育资源合理配置

教师是学校发展的核心,教师队伍建设是学校管理的关键之一。江苏省农村义务教育质量低的关键是农村教师素质问题,而解决江苏省教师既超编,又缺编的矛盾,必须从改革教师人事管理制度开始,形成有利于教师发展和人才向农村流动的机制,不断提高教师队伍的整体素质。

1. 改革教师人事制度和考核机制

(1)要通过投入方向的转变,吸引优秀人才加入到教育事业中来,建立优秀教师奖励制度,并形成合理的人才流动机制,严格控制教师总量,提高专任教师比重,对于不能适应教学需要的人员,要妥善解决和分流。

(2)要抓住新课程改革的契机,广泛开展教师培训。各地要从教育现代化的需要出发,建立健全教师继续教育制度,特别是要加大在职教师的学历培训,不断提高教师学历水平,以满足不断发展的教育需要。同时,要加大教师培训力度和培训时数,在学校会计的科目中,要确定一定比例作为教师进修和培训的专项资金,探索培训制度改革,以不断提高培训绩效。

(3)要建立发达地区支援欠发达地区的教师支教制度。根据城市和发达地区教师超编,农村和欠发达地区缺编的现状,省级有关部门应当出台相关的支教政策。在这方面,苏州市教育局采取教师带薪支教宿迁农村,学校、待遇和编制不变,定期轮流的做法有参考价值。今后,各地应当将支教作为教师职称晋升的

重要条件之一。

2. 建立社会统筹的离退休教师社会保障制度，缓解学校的财务压力

由于历史原因，江苏省教师离退休后的社会保障制度不够规范，其福利挂靠原学校。这既增加了学校的精力和财务负担，也造成了生均成本核算上的困难。此外校际待遇上的差异，也会造成教师与校方摩擦。为此，从规范管理出发，建议将离退休教师社会保障与学校脱钩，纳入社会保障体系。

——完善全省中小学技术装备标准

中小学技术装备标准直接关系到财政投入，也是当前教育投入最大的方面。在西方，如法国等，为了规范中小学投入，政府确立，或正在确立国家标准。针对江苏省中小学技术装备标准上所引发的问题，在国家尚没有建立装备标准前，专家们建议省发改委、省财政、省教育厅在调查研究和论证的基础上，形成共同的省级标准。

在教育技术装备标准（如计算机、投影仪、语音室、实验室、体操房等）设定上，要符合"实用、可行"的原则，从江苏省社会经济发展水平的实际出发，适度超前，切不可盲目追求超前，造成资源闲置和浪费。

——采取有力措施，化解学校债务，严格控制新增贷款

这次评价，我们重点查核的是学校的现行债务，对历史上"两基达标"形成的债务，没有统计和核查。虽然目前全省中小学债务规模不大，但每年增长，因此，这一问题应当引起我们重视。针对这一问题，专家们建议采取如下措施：

第一，根据债务的实际数额，建立省、市、县三级财政共同分担偿还各地义务教育债务的数学模型，计划用3到5年时间，分阶段偿还义务教育学校债务。

第二，由市和县区人民政府牵头，积极争取上级财政的支持，进行综合制度设计，出台义务教育债务偿还办法。主要内容包括：将债务偿还纳入各级地方财政预算中；规定新增教育附加收入的一定比例作为债务偿还专门资金；出售布局调整后闲置的学校场地和校舍，用于偿还债务。

第三，严格控制新债务发生。由财政部门会同发改委和教育行政部门制定学校贷款审批办法，严格限制学校借贷，对于没有偿还办法的贷款一律不予批准。

——完善义务教育绩效评价体系，实现绩效评价制度常态化

义务教育财政支出绩效评价是政府管理义务教育方式的重大改革，意义重大。在这方面，江苏省财政厅、教育厅的工作具有开创性。义务教育绩效评价成果已经得到了各级教育部门的重视，指标体系的各项业绩指标，已经对教育部门摸清"家底"，改变政绩观念，明确业绩目标，建立以教育质量为中心的业绩体系，落实科学的发展观起到了积极作用。目前，各市县财政、教育部门正在围绕专家评价中指出的问题，进行整改。相信，随着这一工作的持久和深入，将会对

江苏省义务教育改革起重大推动作用。

在这次评价中，各地也反映出一些问题，其中有些是执行性、工作性的，有些是指标体系上的问题。为此，专家们建议在总结本次评价经验的基础上，完善评价体系和评价办法，完善组织体系，使之成为一项经常化制度。通过持续评价，为办成人民满意的教育做出贡献。

（三）几点理论认识

1. 开拓新的理论研究空间

《义务教育财政支出绩效评价指标体系》是国内从来没有先例的。经过一段时间研究开发和两轮的试点，试点地区和评价专家组对《义务教育财政支出绩效评价指标体系》给予了充分肯定，一致认为，指标体系设计科学，工作组织严密，规范有序，数据可信；其成果有利于全面了解城市义务教育绩效状况；有利于促进教育行政部门提高公共资金的使用效率，整合教育资源，优化资金支出结构；有利于落实科学发展观，全面实施素质教育，促进义务教育公平均衡发展。整个工作和指标都为国内首创，对教育财政政策制定以及教育发展将产生深远影响。

2. 以新理念指导评价工作

绩效评价与传统教育评价不同，作为教育绩效责任体系的核心内容，绩效评价强调"以结果为导向"，通过目标设定、绩效拨款和绩效评价三个环节，对义务教育产出和效果实施多目标量化管理，并能将评价结果与拨款相联系，形成对义务教育财政支出的"追踪问效"机制。因此，借鉴西方国家的新公共管理理论，按照公共委托—代理原理，教育公共支出应转向绩效管理模式，通过建立教育问责制，在客观、公正评价教育部门业绩的基础上，改革拨款制度，引入竞争机制，"向管理要资金"，既提高资金使用效率又巩固义务教育质量。

3. 建立了研究和应用相结合的工作规范、程序及制度

由于整个研究工作和实践高度紧密相关，因此，如何保证研究的成果能够在实践领域得以贯彻和实施，规范的管理和组织，以及评价的方法及路径选择就特别重要。

基本规范如下：指标体系建立后，评价工作的成败主要取决于工作流程设计和具体方式方法。评价实施的全部工作流程包括：下达评价通知——采集数据信息——实地核对取证（数据核查）——评价结果计算——评价实证分析——撰写评价报告——评价结果确认——评价工作总结——建立工作档案。具体到义务教育支出绩效评价，下列几项工作至关重要，事关评价工作的成败和最终结论的可信性。

——基础数据采集和汇总

评价需要数据支撑。为持续评价各类公共支出绩效，利于纵向、横向分析比较，西方国家大多形成了规模庞大的评价信息数据库。而我国在政府预算缺乏透明度的制度前提下，要利用现有统计数据直接进行评价，显然缺乏公信力和可信度。因此，基于绩效原理，构建义务教育支出绩效评价指标数据库，为评价教育支出绩效提供技术支持，为政府教育支出决策提供客观依据，意义重大。由于义务教育所涉学校和学生规模非常大，数据量惊人，数据收集、逐级汇总工作以及数据统计分析必须借助于网络和数据库系统，编制专门软件，进行海量数据的采集与在线传输。此项工作的效率和成本必须在评价之前做好充分论证。

在成功研发《义务教育绩效评价数据采集和评价系统》的基础上，江苏省财政厅举办全省各市、县、区财政、教育部门经办人员参加的绩效评价业务培训班，对基础数据采集和评价软件使用进行了专业培训。

组织全省公立中小学校在线填报《江苏省2005年度义务教育财政支出绩效评价基础数据报表》。各地委托会计师事务所，按照省财政厅不低于5％的抽样要求，对学校填报数据进行核查，确保数据的真实性、规范性。

——学业水平测试和"两个满意率"问卷调查

教育机构输出的学生，其成绩合格才能代表教育活动的正式回报，是衡量教育系统产出能力的重要视角。因此，评价重要教育产出之一的"学业成就"，最常用的方法是标准化学业水平测试。测试是否具有公信力，关键受两方面的影响：一是科学命题，以确保学业水平测试的权威性和测试成绩的可比性；二是测试过程必须真实，不做假。必须对考务工作进行严密设计和组织部署，从试题保密、试卷印刷和分发回收、考场设置和监考教师培训，到阅卷和成绩汇总，所涉细节都必须做周密安排。

问卷调查是最能表达公共利益享用者和需求者真实意愿的有效途径。但是，如果问卷作假，就有可能扭曲"顾客"意愿，给决策者提供虚假信息，失去评价初衷。因此，在保证样本量足够的前提下，还要尽量追踪问卷的发放和回收过程，在问卷分析时也要注意剔除不合格样本和无效样本。

全省对随机抽样的345所中小学校的四年级和初中二年级学生进行了统一学业水平测试，参加数学、阅读与写作、科学三门课程学业测试的学生达30.43万人次。与此同时，为客观测定义务教育财政支出的真实社会效果，评价引入"顾客满意率"（"家长满意率"和"教师满意率"）指标，对参加测试样本学校的近10万名学生家长和近3万名教师进行了满意率问卷调查。

——建立评价标准体系

绩效评价标准的建立是评价判断的参考依据和评价结论得出的必要前提。评价标准不同于会计和审计标准，仅仅是评价指标的客观参照，并不对评价行为本身进行指导和规范。义务教育支出绩效评价在我国是一项全新的工作，很多带有显著绩效特征的指标缺乏现成的历史参照数据，因此，建立合理标准值体系相当困难。为实现科学评价，在尽量实现定量（标准值）表述的前提下，义务教育支出绩效评价建立起包括行业标准、计划标准、历史标准、经验标准在内的系统评价参照标准体系。

同时，指标权重高低对被评价人具有很强的导向性，赋予指标不同权重是决定指标重要性，进而影响评价结论的关键。义务教育支出评价采用"德尔菲法"确定指标权重。具体做法是由相关专家和从事财政管理的实际工作者，采取调查问卷形式，独立将100分总权数分配给各项指标，然后综合分析专家意见，确定每项指标权重。绩效评价"以结果为导向"，因此，产出与结果类指标所占权重最大；其次为对教育产出有直接影响的教育条件和教育投入；最后是产出的间接影响因素——教育背景（基本情况）。

——专家评分及报告撰写

评价计分是要赋予评价结果一个定量和定性相结合的最终结论。为确保评价结果的公信力，评分阶段严格遵循公共支出绩效评价的价值中立、公开、透明和回避原则，坚持"财政部门提供绩效评价平台，专家评价"的制度，即评价结论由专家自主做出，以体现评价的公正性和权威性；要求被评价对象及与之有利害关系的人必须回避。

4. 需要进一步探索的问题

——绩效评价是建立在被评价单位准确填报数据基础上的，由于部分统计数据很难复核，给评价带来了一定的困难。因此，如何保证数据的真实性，对评价结果具有重大影响。

——指标分值的评价标准体现了公共价值观，在标准值的测定上采用了标杆法，但由于缺乏资料积累，因而标杆值的测定比较困难。此外，个别指标存在着同一方向重复，因而需要进一步优化。

——生均教学成本是重要的投入指标，不同的生均成本对教学质量的要求不同。由于各地在教育投入水平、教育条件、教育消费等方面存在显著差异，为生均成本的核算带来了困难，而生均成本对于财政政策制定，特别是预算的确定具有重要影响，因此，这一问题还需要继续研究。

非义务教育
指标研究

第十三章

农村幼儿教育事业发展指标体系研究

我国是人口大国，0~6岁的儿童数量多达1.3亿，是世界同龄儿童数量的1/5。通过幼儿教育开发这些儿童的巨大的学习潜能，将极大地提高我国的教育水平和国民整体素质。幼儿教育是基础教育的重要组成部分，具有基础性、全局性和先导性的作用。发展幼儿教育是整个教育事业发展的需求。幼儿教育是基础教育的重要组成部分，它的普及程度、教育质量和普及义务教育有着直接的联系。随着脑科学、心理学和社会学等学科的发展，促进了人们认识幼儿教育阶段的重要性，幼儿教育是终身教育的起始阶段，幼儿教育阶段在人的一生发展中的作用非常重要。从个体发展来看，幼儿阶段教育培养儿童良好的品德、积极的态度、广泛的兴趣，儿童脑的潜能，将为人一生的充分发展奠定基础。从群体发展来看，有利于国民整体素质的提高，有利于社会消除贫困，有利于经济生活水平的提高，能产生不可估计的经济效益和社会效益。幼儿教育事业发展的各项指标也是实现全面建设小康社会的必然要求。

一、20世纪90年代以来幼儿教育事业发展的现状

(一)幼儿教育事业发展的主要成就

1. 全国幼儿入园率呈上升趋势

20世纪90年代在幼儿入园率方面一直处于平稳的增长态势。1995年全国学

前三年幼儿入园率为35.38%，2001年为37.53%，到2005年，全国学前三年入园率为41.4%。"十五"末与"九五"末相比，全国学前三年入园率增长了3.7个百分点。学前一年幼儿入园率为72.7%，其中大中城市幼儿接受学前三年教育的需求已基本满足。

2. 民办幼儿园数量大幅增长

从2001年开始幼儿园按办别分为三类，把原来的教育部门办园和集体办园合在了一起。集体办园的数量2005年与2000年相比，教育部门办和集体办的幼儿园减少66 207所，下降了57.1%；其他部门办园数量减少9 753所，下降了62.6%；2005年，民办幼儿园比2000年增加24 518所，增长了55.3%，5年内的增长幅度较大，民办幼儿园的在园幼儿数也随之处于增长的趋势。近20年来民办幼儿园的发展一直是处于首要位置，这说明了充分调动了社会力量举办幼儿教育的积极性，促进了幼教事业的发展，由此形成了以教育部门办园为示范、社会力量办园为主体的格局（见表13-1）。

表13-1　　　　1995～2005年各类别幼儿园发展情况统计

年份	幼儿园数（所）				在园幼儿数（万人）			
	合计	教育部门和集体办	其他部门办	民办	合计	教育部门和集体办	其他部门办	民办
1995	180 438	136 424	23 234	20 780	2 711.23	2 271.6	329.63	109.98
1996	187 324	141 007	21 905	24 466	2 666.32	2 225.77	310.15	130.39
1997	182 485	137 432	20 410	24 643	2 518.96	2 089.55	294.51	134.88
1998	181 368	131 390	19 154	30 824	2 403.03	1 940.94	291.31	170.78
1999	181 136	126 689	17 427	37 020	2 326.25	1 830.85	272.96	222.42
2000	175 836	115 941	15 578	44 317	2 244.18	1 704.41	255.49	284.26
2001	111 706	55 682	11 498	44 526	2 021.84	1 472.64	207.26	341.93
2002	111 752	53 838	9 549	48 365	2 036.02	1 446.36	189.15	400.52
2003	116 390	55 682	11 498	44 526	2 003.91	1 342.31	181.37	480.23
2004	117 899	47 575	8 157	62 167	2 089.40	1 341.01	164.29	584.11
2005	124 394	49 734	5 825	68 835	2 179.03	1 381.93	129.00	668.09

资料来源：教育部发展规划司：《中国教育统计年鉴》（2000～2005年），人民教育出版社2000～2005各年版。

3. 正规与非正规相结合的幼教体系开始形成

城市地区正规幼儿园已基本满足幼儿的入园需求。农村地区开办学前班的同时，有条件的地区已经普及了学前三年的教育。而且，农村地区形成了灵活多样的正规与非正规相结合的学前教育形式，如幼儿园、学前班、游戏小组、活动站、周末班、大篷车、家庭辅导站、入户指导等，幼儿教育的质量不断提高。

（二）幼儿教育事业发展中存在的主要问题

幼儿教育事业发展在取得很大成就的同时，仍存在很多问题，突出表现在：

1. 农村幼儿园数量降幅大于城市

农村幼儿园数量从 1996 年开始下降，从 2002 年开始出现平稳的增长趋势，分别于 2003 年和 2004 年开始回升（见表 13-2）[①]。2004 年与 2000 年相比，城市幼儿园数量减少了 0.44 万所，下降了 0.12%。农村幼儿园数量减少了 5.36 万所，下降了 38.6%，其降幅大于城市。2005 年城市和农村幼儿园数量又略有增长。

近年来，我国人口高峰期已经上移到中学阶段。在学前和小学阶段出现了人口低谷。全国幼儿在园人数出现大幅度减少，其中 2001 年一年间全国就减少 845.96 万人，当年农村减少了 580.28 万人。用同年龄段的农村小学一年级学生数比较，农村在园人数减少幅度大于人口下降幅度。

表 13-2　　　　　　　1995~2005 年幼儿园数和在园幼儿数

年　份	幼儿园数（万所）			在园幼儿数（万人）		
	合计	城市	农村	合计	城市	农村
1995	18.04	3.72	14.32	2 711.23	536.44	2 173.77
1996	18.73	3.60	15.13	2 666.32	520.85	2 145.46
1997	18.25	3.58	14.67	2 518.96	503.38	2 015.57
1998	18.14	3.59	14.55	2 403.3	501.99	1 901.03
1999	18.11	3.73	14.38	2 326.25	510.48	1 815.77
2000	17.58	3.69	13.89	2 244.18	503.06	1 741.12
2001	11.17	2.78	8.39	1 398.22	237.38	1 160.84
2002	11.18	2.93	8.25	1 373.62	241.55	1 131.07
2003	11.64	3.17	8.47	2 003.91	349.79	1 654.12
2004	11.79	3.25	8.54	2 089.40	361.27	1 720.13
2005	12.44	3.33	9.11	2 179.03	569.18	1 609.85

资料来源：教育部发展规划司：《中国教育统计年鉴》（1990~2005 年），人民教育出版社 1990~2005 各年版。

[①] 袁桂林、宗晓华、陈静漪：《中国分城乡学龄人口变动趋势分析》，载《教育科学》2006 年第 22 期。

2. 幼儿教育经费占全国教育总经费的比例逐年减少

1998年，幼儿教育经费占全国教育总经费的比例达到最高水平，为1.36%，从1996~2003年间，幼儿教育经费仅占教育总经费的1.3%左右，而到2003年，这个比例下降到了1.2%，这与在园幼儿占全国普通教育总人数的9%的比例相比，经费的比例过小。而且，从1996~2003年幼儿教育的经费比例逐年减少。到2003年，幼儿教育经费有74.26亿元，比2002年增长了6.68亿元，但在全国教育经费的比例方面却在降低。财政预算内教育经费占幼儿教育经费比例从1999年出现逐年增长的态势，但极为有限的财政预算内经费，主要用于仅占总数的30%的教育部门和政府部门办园，其他的占70%的幼儿园很少或没有享受到国家应有的支持（见表13-3）。

表13-3　　　1996~2003年全国幼儿教育经费统计情况

年份	全国教育经费总计（亿元）	其中：幼儿教育经费总计（亿元）	幼儿教育经费占全国教育经费的比例（%）	财政预算内教育经费拨款（亿元）	财政预算内教育经费占幼儿教育经费比例（%）
1996	2 262	29.14	1.29	11.58	39.7
1997	2 531	31.21	1.35	16.83	53.9
1998	2 949	33.99	1.36	21.94	64.5
1999	3 349	45.54	1.35	25.31	55.4
2000	3 849	51.63	1.34	28.86	55.9
2001	4 637	60.28	1.30	34.68	57.5
2002	5 480	67.58	1.23	39.73	58.8
2003	6 208	74.26	1.20	44.12	59.4

资料来源：《中国教育年鉴》（1998~2005年），人民教育出版社1998~2005各年版。

3. 幼儿园教师学历与学力城乡不均衡

2002年，幼儿园园长和教师共65.92万人，而教师的学历合格率由2001年的73.12%飞速发展到93.82%，增长幅度比较大，主要是由于我国20世纪90年代末中等（幼儿）师范学校改制，2002年之前的教育统计年鉴中中专（不包含高中毕业学生数）及以上学历才能达到幼儿教师学历合格。而从2002年开始，幼儿园教师学历合格率的计算方式为高中毕业即为合格，高中阶段以下的教师为学历不合格，因此，到2002年时幼儿教师学历合格的人数猛增。目前我国幼儿教师的学历以中专、大专为主，本科和研究生学历为辅。幼儿教师一般通过自学、函授、远程教育等形式进行在职进修，幼儿教师的学历和专业水平不断提高。2004年，全国幼儿园教职工总数为104.73万人，其中全国幼儿园园长和专任教师数为75.96万人，全国幼儿教师学历合格率达到了95.14%。到2005年，全国幼儿教师的学历合格率达到了96%。但调查东北农村教师的学历表明，目前农村学前班教师的学历有很大一部分不合格，其中学历合格的幼儿教师的学历远远低于城市，一些农村幼儿教师基本上年龄老化，多数是不能从事繁重的小学教学工作而担任学前班的教师。其城市和农村教师队伍的素质还存在着严重的失衡现象。

表13-4　　　　　1995~2005年城乡幼儿教师及学历合格率

| 年份 | 幼儿园园长和专任教师（万人） ||| 学历合格率 |
	合计	城市	农村	（高中及以上学历）%
1995	94.50	29.56	64.94	49.04
1996	96.16	29.94	66.22	53.83
1997	96.18	29.98	66.20	53.85
1998	95.57	29.89	65.68	50.01
1999	95.79	31.11	64.68	68.55
2000	94.65	30.82	63.83	72.99
2001	63.00	27.31	35.69	73.12
2002	65.92	29.06	36.86	93.82
2003	70.91	31.96	38.95	94.59
2004	75.96	34.50	41.46	95.14
2005	83.61	36.74	46.87	96.00

资料来源：教育部发展规划司：《中国教育年鉴》（1990~2005年），人民教育出版社1990~2005各年版。

从图13-1可以看出2005年城乡幼儿教师的学历不均衡现象。农村幼教师资中仍有9.43%的教师是高中以下学历，即学历还没有达标。这将严重阻碍农村幼儿教育发展。可见，农村幼教师资学历水平整体低于城市。

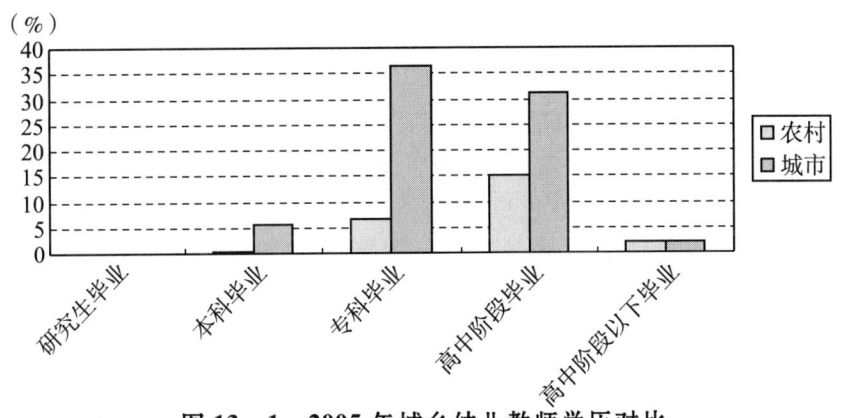

图13-1　2005年城乡幼儿教师学历对比

资料来源：同表13-4。

4. 幼儿教育立法极不健全

随着经济体制的改革，幼儿教育的办园体制、教师素质和办园条件等方面存在许多问题，比如一些非专业人士担任幼儿教师、幼儿园的卫生安全的责任问题、幼儿园收费标准问题等都缺少法律条文的约束。特别是现今的民办幼儿园发展迅速，各级政府还没有把民办幼儿园纳入国民经济和社会发展总规划。一些地区民办幼儿园分布不合理，举办豪华型的幼儿园，与当地的经济水平不协调。一些地区相同类型或相同模式的幼儿园重复建设，造成教育资源浪费。另外，一些调查数据表明农村幼儿园很少得到财政支持，大部分农村幼儿园完全靠自收自支来维持，这种办园行为缺乏规范和管理，质量、安全、卫生都存在隐患，特别是幼儿教师队伍的素质也比较堪忧。导致这些问题的深层原因就是幼儿教育立法极不完善，没有法律条文约束，这些影响幼儿教育质量的现象都需要政府部门制定相关法律予以解决。

二、幼儿教育事业发展指标的相关政策分析

我国幼儿教育法规政策建设取得了迅速而健康的发展，有力地推动了幼儿教育事业的发展，促进了幼儿教育的法律地位的提高。我国幼儿教育事业取得了长足发展，大中城市已基本满足了适龄儿童的入园需求，农村地区通过灵活多样的办园模式，为越来越多的学龄前儿童提供了受教育的机会，幼儿教育的质量不断提高，我们可以从以下几方面进行分析。

（一）幼儿入园率方面

幼儿入园率是一个地区和国家学前教育发展的重要指标之一。1983年教育部颁布的《关于发展农村幼儿教育的几点意见》中给出了1982年的统计数字：全国县镇、农村入园幼儿为881万人，占全国入园幼儿总数的79.2%，比1987年增长了35.7%。根据这些数字，文件中提出了要求："在现阶段，一般应首先发展学前一年教育，同时逐步创造条件接受三至五岁的幼儿入园（班）。其中经济条件和文化教育基础较好的农村地区，则应争取在近期内能基本满足学前一年幼儿入园的要求。"可以看出，在该文件通过统计数字说明了，在农村开展学前教育的重要性和必要性。但是，关于幼儿入园率的要求上，并没有提出明确的数字，只是从幼儿园的硬件建设方面提出了希望，这是由当时的学前教育普及状况决定的。

1992年2月16日，国务院颁布了《九十年代中国儿童发展规划纲要》。《纲要》回顾了新中国成立四十年来，我国在儿童发展、妇幼卫生和儿童教育领域

所取得的丰硕成就，并提出了 20 世纪 90 年代中幼儿教育发展的目标。目标之一就是 3~6 岁幼儿入园（班）率达到 35%，学前一年幼儿入园（班）率达 60%；在经济不发达的农村和人口居住分散、交通不便的山区、牧区要利用多种形式进行学前教育。从目标给定的数据中我们可以看出，当时的学前教育中，学前班所占的比重是非常大的。

1994 年 7 月 3 日国务院关于《中国教育改革和发展纲要》的实施意见中，制定了到 2000 年我国教育发展的目标和任务。在学前教育方面，《纲要》指出，大中城市基本满足幼儿接受教育的要求，广大农村积极发展学前一年的教育。可见，在广大农村中，学前教育还是依赖于学前班的形式来实现的。

1997 年 7 月 17 日，国家教委印发的《全国幼儿教育事业"九五"发展目标实施意见》中，提出了"九五"期间的总目标，即到 2000 年，全国学前三年幼儿毛入园（包括学前班）率达到 45% 以上，大中城市基本解决适龄幼儿入园问题，农村学前一年幼儿入园（班）率达到 60% 以上。这个数字和 1992 年的《纲要》是相吻合的，但是《意见》中对沿海经济发达地区、发展中等的城市地区和经济欠发达地区做了分区要求。要求沿海经济发达的省（市），学前三年幼儿入园（班）率达到 75% 以上，其中大中城市基本普及学前三年教育，农村积极发展学前两年或三年教育；经济发展中等的省（市）学前三年幼儿入园率达到 55%，其中大城市应基本满足适龄幼儿入园要求，农村普及学前一年的教育；经济欠发达的省（市）学前三年幼儿入园率达到 35% 左右；其中，大城市积极发展学前三年教育，农村巩固和发展学前一年教育。

2003 年 3 月，国务院办公厅转发了教育部等部门《关于幼儿教育改革与发展的指导意见》。其中，提出了今后 5 年幼儿教育发展的目标：

3~5 岁幼儿受教育率 55%，5 岁儿童早期受教育率 80%，大面积提高 0~6 岁儿童家长及看护人员的科学育儿能力。

未实现"普九"的贫困地区：3~5 岁幼儿受教育率 35%，5 岁儿童早期受教育率 60%，大多数 0~6 岁儿童家长和看护人员受到科学育儿指导。

已实现"普九"的农村地区：3~5 岁幼儿受教育率 50%，5 岁儿童早期受教育率 80%，90% 的 0~6 岁儿童的家长和看护人员受到科学育儿指导。

大中城市和经济发达地区：3~5 岁幼儿受教育率 90%，5 岁儿童早期受教育率 100%。儿童家长和看护人员普遍受到科学育儿指导。

《全国教育事业"九五"计划和 2010 年发展规划》所确定的幼教事业发展目标，即"到 2000 年，全国学前三年幼儿毛入园（包括学前班）率达到 45% 以上，大中城市基本解决适龄幼儿入园问题，农村学前一年幼儿入园（班）率达到 60% 以上"，2010 年的教育事业发展 3~5 周岁幼儿毛入园（班）率达到

55%。

教育部发展规划司的全国的规划目标是：

2005年，全国学前三年受教育率达到55%，学前一年受教育率达到80%，初步形成以示范性幼儿园为中心，多种社区学前教育服务为主体的学前教育网络。

2010年，全国学前儿童受教育率达到80%左右，绝大多数学龄前儿童家长和看护人受到儿童早期教育、卫生保健和营养等多方面指导。

2020年，全国学前儿童受教育率达到90%左右，形成完善的学前教育网络。

目前，许多省、自治区、直辖市教育部门已对0～6岁早期教育实行一体化管理。与此同时，中国把帮助和支持儿童家长掌握正确的儿童观、教育观和科学喂养知识，也作为促进儿童早期发展的重要途径，中国大陆31个省、自治区、直辖市都建有各类家长学校。迄今已达30多万所。要实现上述目标，仅就2005年的目标来看，到2005年这个年龄的儿童是5 449万。按照入园率55%的目标计算，全国入园幼儿要达到3 050万，由于城市已经基本普及了学前教育，同时，随着出生率的下降，有些城市入园幼儿的绝对数量还会减少，因而增量主要在农村。全国学前一年的受教育率要达到80%，其增量也主要在农村地区。因此我们分析，发展幼儿教育的重点在农村，难点也在农村。

从对于幼儿入园率要求的政策演进中，我们可以看出这样几个特点：

1. 学前一年教育从勃兴到淘汰

学前一年教育又称学前班，是为了弥补农村学前教育发展的不足而建立起的一种旨在为幼儿入小学做准备的学前教育形式。从前面的政策中可以看出，在20世纪80～90年代初，学前一年教育在城市或农村都处于主要的学前教育形式的地位且被加以推广。但是从"九五"时期开始，学前班就被列入到落后地区的农村学前教育范畴中去了。

2. 学前三年教育日趋成为主流

学前三年教育，在学前教育事业兴起之初，还是一个奢侈品。随着事业的发展，政策中对于学前三年入园率的要求也开始逐年提高。

3. 倡导托幼教育一体化

随着心理学、生理学、人类学等学科的发展，人们日益认识到，学前儿童的心理是一个整体的过程，尤其是近几年来"小幼衔接"中出现的一系列问题，更使得人们要求把0～6岁作为人生一个完整的阶段来进行教育。

4. 学前三年幼儿入园率偏低

从前面的数字中，我们可以看出，农村的学前一年的入园（班）率要远远高于3～6岁儿童的入园率。可见，在农村中，学前三年教育普及率不高，学前班还是主要的学前教育途径。这样，大量适龄儿童的学前教育都得不到保障。这涉及到教育起点不公平的问题，也是非常值得重视的。

5. 对于农村幼儿入园（班）率没有详细要求

我国人口的60%以上集中在农村地区，因此，按照均衡的比例配制，我国农村地区的幼儿入园（班）率应该高于城镇幼儿。但是，在政策中很少有涉及对农村幼儿入园（班）率进行的要求，这样，农村的学前教育事业就缺乏一个定量的监督，无法对其发展进行准确评价。

（二）经费投入方面

学前教育财政投入与经费政策，是关于学前教育经费来源与分配的政策与制度规定，主要解决由谁来支付和承担学前教育费用以及经费的分配与利用问题。其中，财政性学前教育经费的投入、分配与管理政策是学前教育财政投入与经费政策体系的核心。财政性学前教育经费是指各级政府的财政支出中用于学前教育的经费，财政性经费的投入和分配是各级政府学前教育责任的直接反应。

1992年2月16日下发的国务院关于下达《九十年代中国儿童发展规划纲要》的通知中提到，幼儿园应进一步完善"分级办学，分级管理"的新体制，建立起以政府拨款为主、充分调动社会参与办学的有效机制，进一步缓解经费不足的紧张状况。

根据国内目前情况开看，城市中的幼儿教育经费主要由社会力量来筹集，具体来说60%由收费来解决，28%由财政支出，11%由企业投资。极为有限的财政预算内经费，主要用于教育部门和政府办园，其他的幼儿园很少或没有享受到国家应有的支持。用全部纳税人用于学前教育部分的贡献，来供养部分公立园，为极小部分幼儿提供优质学前教育，这是很不公平的。这是造成城市中、城乡之间学前教育不公平的根源之一。

在农村中，长期以来，是以乡镇政府和村民委员会投入为主举办的幼儿园和附设在农村小学的幼儿园或学前班。乡镇政府是我国最低一级的行政机构，经费来源不足，财政赤字与债务突出。在此情况下，很多乡镇无力再对学前教育提供任何形式的支持，甚至有的乡镇把中心幼儿园卖掉作为创收渠道。由最薄弱的乡镇政府来负责占学前教育总量最大的农村部分的学前教育，这是财权与事权严重的不对等，也是城乡学前教育水平不断加剧的根源之一。

（三）幼儿园教师资格方面

1989年9月11日国家教委发布的《幼儿园管理条例》中规定，幼儿园园长、教师应当具有幼儿师范学校（包括职业学校幼儿教育专业）毕业程度，或者经教育行政部门考核合格。保育员应当具有初中毕业程度，并受过幼儿教育职业培训。

对农村中学前班教师资格的要求相对低很多。1991年6月17日发布的《国家教委关于改进和加强学前班管理的意见》中，原则上要求幼儿师范学校（含中师附属幼师班）毕业生，应由计划地分配到学前班任教，或从职业高中幼师班毕业生中择先录用。但是鉴于当时幼师资源不足的情况下，《意见》又提出要根据"先培训，后上岗"的原则，有计划地对尚未受过专业培训的学前班教师进行培训。

对于幼儿教师资格，在一些远景规划中也没有具体的展望。1992年2月16日颁布的《九十年代中国儿童发展规划纲要》中，关于幼儿教师，只是说要以多种形式进行培训，提高师资水平。对于幼儿教师学历水平的要求依然是幼儿师范学校（包括职业学校幼儿教育专业）毕业程度。

到了"九五"计划，对于幼儿教师的要求有了明显的提高。在学历水平的基础上，强调了在职教师教育，并要在大专以上学历的教师中，逐步培养起一批有着理论基础和丰富实践经验的幼儿教育专家。这就对教师的资格有了一个更高层次的要求。

随着全体教育水平的提高，幼儿师范学校（包括职业学校幼儿教育专业）毕业程度的水平明显满足不了当今学前教育的快速发展。

三、2020年幼儿教育发展指标预测

（一）各级指标预测的计算方法及依据

本研究运用回归分析法、指数平滑法、国际比较法、德尔菲法等方法对幼儿教育发展指标的指数进行预测。设定各指标的分段发展指数时参照了"十六大"报告和教育部门的发展规划，以及国内外学者和研究机构关于教育规划的研究成果。基于目前农村和城市幼儿教育发展的极不均衡的现状，以全面实现建设小康社会以及建设社会主义新农村为目标，逐步缩小城乡差距，使得城乡教育共同发展。缩小城乡差距是设计此指标体系的最重要原则。为体现这些原则，我们在进行指标预测研究时，按照分步规划的思想以五年为一个教育发展阶段，在设定指标分段发展指数时，逐渐缩小城乡教育发展指标的指数差距，同时，发展速度的确定要充分尊重我国国情和教育发展历史，综合考虑现状和各种制约因素，在社会和教育发展全局和整体层面上，确定各项指标的发展速度。

本研究涉及的一级指标是幼儿教育事业中影响最大的因素，是发展幼儿教育

事业最应解决的问题，而且本研究仅作为基础教育整体指标体系研究的一个小部分，因此本研究的一级指标只涉及幼儿入园率、经费投入和幼儿园教职员工问题。

1. 幼儿园在园人数及幼儿入园率

运用中国人口信息中心开发的中国人口预测系统（CPPS）软件，对各级教育适龄人口进行预测。主要方法是分要素人口预测方法，共设定了总和生育率、平均预期寿命、出生性别比、生育模式、城市化规模和城市化模式6个参数，预测0~5岁幼儿发展趋势、5岁幼儿发展曲线图，如图13-2[①]、图13-3。

全国幼儿园0~5岁的人口数从2007年的10 737.8572万人，开始逐步增长，直至2013年达到最高峰，然后开始下降[②]。农村人口下降的幅度比较大，从2015年开始大幅下降，这说明农村适龄幼儿在向城市流动，城市入园幼儿数将有所增加。

图13-3预测结果显示，全国和农村学前一年的儿童数在2016年达到高峰，这个数据同小学学龄人口的发展趋势相近，因此，在2016年学前一年的入园率将会上升。

根据教育部发展规划司提出的全国2005~2020年的发展目标及人口发展趋势预测，到2020年全国学前一年应普及，即达到100%，全国学前三年入园率应达到90%。2005年农村学前一年的入园率已达到72.7%，预计到2020年学前一年基本普及。考虑到教育发展在一定时间和区域范围内的饱和度，2010年之

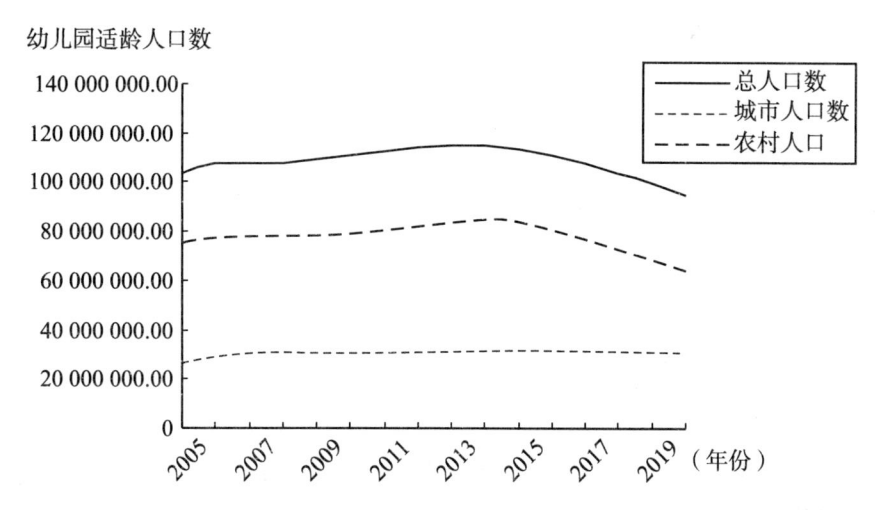

图13-2　2005~2020年我国幼儿园适龄人口（0~5岁）数发展趋势

[①②]　袁桂林、宗晓华、陈静漪：《中国分城乡学龄人口变动趋势分析》，载《教育科学》2006年第22期。

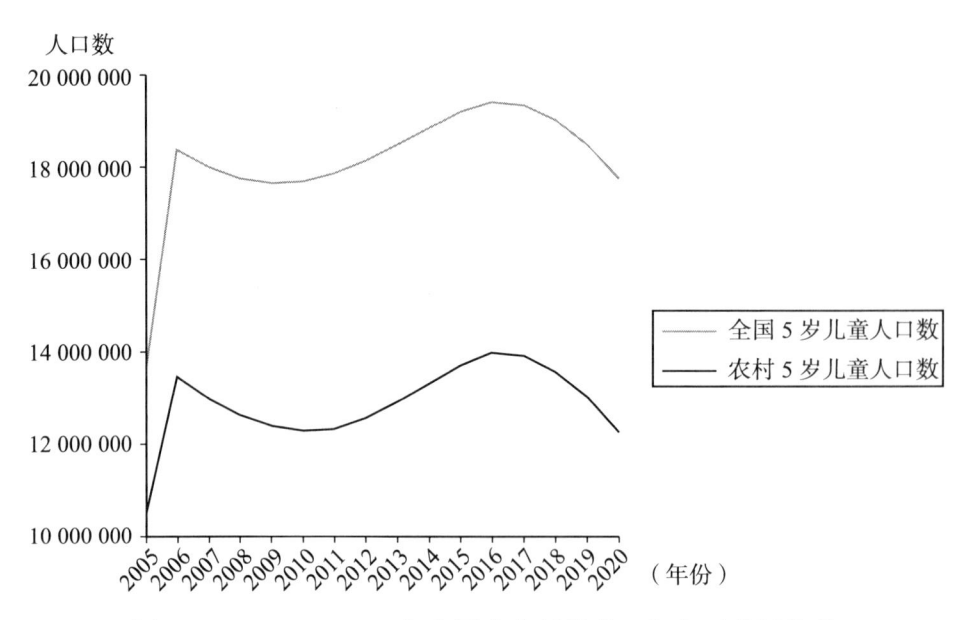

图 13-3　2005~2020 年全国和农村学前一年人口发展趋势

前的发展速度应略高于 2010 年之后。2010~2020 年之间应处于稳步增长阶段。2005 年，全国学前三年入园率为 41.4%。"十五"末与"九五"末相比，全国学前三年入园率增长了 3.7 个百分点。学前三年入园率的预算方法与学前一年的预算方法和原理是一样的。

2. 幼儿教育经费投入方面

经费指标选取了幼儿教育经费占教育总经费的比例（反映国家对幼儿教育的投入水平和努力程度）和财政性预算内幼儿教育经费占幼儿教育经费的比例（反映幼儿教育经费来源以及社会、个人对幼儿教育的经费投入）这两个指标。为促进城乡教育均衡发展，缩小城乡差距，政府有义不容辞的责任。体现在经费投入上，最重要的表现就是幼儿教育经费投入的比例应逐年加大。近几年为 1.2%~1.3%，逐步应达到 4% 的比例。根据 14 省市的调查表明[①]，幼儿教育经费主要由社会力量来筹集，由此推导出财政性预算内幼儿教育经费占幼儿教育经费的比例应该为 30%。"应确立农村和城市、东、中、西部地区不同的学前教育投入体制。城市实行政府投入、社会支持及家长分担教育成本的投入体制，农村则实行以政府投入为主的体制"。由此预测出 2020 年农村财政预算内幼儿教育经费达到 85%，城市则达到 30%。

---

① 沙莉、庞丽娟等：《通过立法强化政府在学前教育事业发展中的职责》，载《学前教育研究》2007 年第 2 期。

3. 幼儿园教师的学历合格率方面

幼儿园教师的学历合格率是按照中专及以上学历来计算的，1998 年的学历合格率为 63.6%，1999 年的学历合格率为 68.55%，2001 年的学历合格率为 73.12%，2005 年的学历合格率是 96%。根据这种发展趋势来预测 2008~2020 年教师的学历合格率。到 2020 年全国的幼儿园教师的学历应全部合格，因此，到 2020 年农村幼儿教师的学历也应全部合格。但这些教师还有一部分没有真正享受教师职称，没有国家认定的职业资格证，这还需要幼儿师范院校和高等师范院校来培养。

4. 幼儿园的师幼比例

关于师幼比的预测，按照《幼儿园工作规程》中的规定：小班 25 人，中班 30 人，大班 35 人，混合班 30 人，学前班每班不超过 40 人。教育统计报告 2005 年全国学前教育事业发展基本情况分析全国幼儿园师幼比过高。2005 年全国幼儿园平均师幼比（含代课教师和兼任教师）为 1∶30.2，其中，农村幼儿园师幼比为 1∶36.1，远远超出国家规定的全日制幼儿园 1∶7.8 的师幼比[①]。从现状和国际比较来看，我国城市教师负担的幼儿少，可以进一步提高效率，而国家制定的编制标准对农村来说过紧，对城市则相对宽松。农村地域和环境的特殊性使农村幼儿园需要更多的教师，编制政策应该向农村而不是城市倾斜。基于以上几方面的考虑，最终确定城乡小幼儿园的师幼比分别为 6∶1 和 15∶1。

（二）幼儿教育事业发展指标的三条线索

从我国国情出发，遵循缩小城乡差距原则和改善农村幼儿教育严重滞后的实际。本研究对幼儿教育事业发展指标从全国平均值，城市和农村做出三条线索进行预测，以期实现幼儿教育均衡化发展。

1. 第一条线索：全国幼儿教育事业发展指标预测

从表 13-5 可以看到，全国幼儿学前三年入园率根据公式 $M_G = \sqrt[15]{\frac{a_{2020}}{a_{2005}}}$ 来计算，可得年平均增长率为 5.31 个百分点。再根据公式：$a_n = a_0(1 + x')^n$，（n 表示要计算的年份）分别计算出 2008 年、2010 年、2015 年的发展水平。以下各指标计算方法相同。2020 年，全国学前一年的幼儿全部入园。幼儿教育经费投入上国家还是要加大对财政预算内幼儿教育经费的投入比例，预测得出到 2020 年应达到 30%。幼儿教师方面，到 2020 年幼儿教师的学历全部合格，但

[①] 中华人民共和国教育部：《教育统计报告》，http：//www.stats.edu.cn/tjgb/tjjb200502.htm，2006-07-05。

师幼比从 2008 年的 1∶22 发展到 2020 年的 1∶6，仍需要国家加大对农村幼儿教师的培训数量。

表 13-5　　　　2008~2020 年全国幼儿教育事业发展指标预测

一级指标	二级指标	全国发展趋势预测			
		2008 年	2010 年	2015 年	2020 年
幼儿入园率	学前三年入园率（年平均增长率约为 5.31 个百分点）（%）	48.4	53.6	69.5	90
	学前一年入园率（年平均增长率约为 2.15 个百分点）（%）	77.5	80.8	89.9	100
经费投入	财政性幼儿教育经费占教育总经费的比例（%）	1.7	2.0	2.8	4
	财政预算内幼儿教育经费占幼儿教育经费的比例（%）	48.6	44.8	36.7	30
幼儿园教职员工	专任教师学历合格率（年平均增长率为 0.3 百分点）（%）	96.3	97.3	98.6	100
	师幼比（年平均增长率为 11.33 百分点）	1∶22	1∶18	1∶10	1∶6

2. 第二条线索：城市幼儿教育事业发展指标预测

城市幼儿教育事业发展指标的计算方法同上，从表 13-6 可以看到，城市的各项发展指标都比较高，无论从入园率、教育经费和幼儿园教职工的指数看都高于全国和农村，这也说明我国的城乡二元结构体制下城市幼儿教育事业的发展状况。

表 13-6　　　　2008~2020 年幼儿教育事业城市发展指标预测

一级指标	二级指标	城市幼儿教育发展趋势预测			
		2008 年	2010 年	2015 年	2020 年
幼儿入园率	学前三年入园率（%）	92	93	97	100
	学前一年入园率（%）	100	100	100	100
教育经费	财政预算内幼儿教育经费占幼儿教育经费的比例（%）	57	51	39	30
幼儿园教职工	师幼比	1∶13	1∶11	1∶8	1∶6
	专任教师学历合格率（%）	98	99	100	100

3. 第三条线索：农村幼儿教育事业发展指标预测

从构建和谐社会的角度出发，对于农村幼儿教育事业发展指标的预测主要的原则是优先发展农村，加大对农村幼儿教育各方面的支持力度，以逐步缩小城乡差距，使得城乡达到均衡发展。计算方法同上。2020 年，农村学前三年和学前一年的幼儿基本入园，都达到85%。师幼比从 1∶30 到 1∶15，这一比例将影响全国的师幼比，要达到这一指标，还是需要政府加大对幼儿教育的关注与投入。

表 13-7　　　　2008~2020 年幼儿教育事业农村发展指标预测

一级指标	二级指标	农村幼儿教育发展趋势预测			
		2008 年	2010 年	2015 年	2020 年
幼儿入园率	学前三年入园率（%）	42	47	63	85
	学前一年入园率（%）	73	75	80	85
经费	财政预算内幼儿教育经费占幼儿教育经费的比例（%）	39	44	61	85
幼儿园教职工	师幼比	1∶30	1∶27	1∶20	1∶15
	专任教师学历合格率（%）	95.3	96	98	100

四、发展幼儿教育事业的相关政策建议

（一）充分认识幼儿教育的基础地位，加大幼儿教育中政府的重视度

幼儿教育作为一种公共事业，是政府义不容辞的责任。各级政府要充分认识幼儿教育的基础地位，将幼儿教育放在优先发展的战略位置。要认真贯彻《国务院关于进一步加强农村教育工作的决定》和国务院办公厅转发教育部等部门《关于幼儿教育改革与发展指导意见的通知》的精神，大力发展农村幼儿教育事业，巩固农村"两基"成果。

从观念层面看：发展幼儿教育，每届政府有着义不容辞的责任。幼儿教育是崇高的公益事业，以育人为目的，必须从小康社会的长远发展角度来发展，不能把发展幼儿教育事业完全推向市场，幼儿的教育和保育与全社会的每个公民都有着联系，幼儿的保育带有福利性质。因此，政府和教育行政部门的领导要真正重视农村幼儿教育。把农村幼儿教育当作农村基础教育的组成部分、素质教育的第一环列入议事日程，把农村民办幼儿园的建设和发展纳入当地教育事业统筹规划中。县教育局要明确分管领导，设立幼教专干，乡镇教办要有幼教专人负责，明

确各自职责，加强对农村民办幼儿园的规范管理。教育督导部门要把农村民办幼儿园纳入视野范围，有计划地开展督查、指导、评价工作。教研部门也要有专职的幼教教研员，把教研的面扩展到农村特别是边远地区的民办幼儿园基层。还未建立中心幼儿园的乡镇，教育行政部门及乡镇政府应采取各种措施，尽快建成，以利于乡镇中心幼儿园管理、指导所辖村级幼儿园。这样，一个责任分明、各司其职，上下联动、多方配合、有序有效的工作机制就能形成。

　　从实践层面看，首先要制定和调整农村幼儿园布局规划。一般地区应按"一村一园"的要求设置，村中人口密集的可以"一村数园"，但要建立幼儿入园的学区制度，规定收费标准，防止形成无序竞争。依法整治教育市场，特别要加强对未经审批幼儿园的整治力度，严厉打击非法办园。对未经审批的幼儿园要根据情况分别对待；对具备办园条件的、符合布局规划的要抓紧审批；对具备条件或已经审批但不符合布局规划的要说服解释，劝其撤销；对符合布局规划的，但不具备办园条件的，要积极主动帮助其创造条件，但不能勉强；对既不符合布局规划，又不具备办园条件的，要坚决予以取缔，如坚持不肯停办的，教育行政部门要会同公安、民政等部门及乡镇政府予以强制取缔。其次，为了保障农村幼儿园布局规划的贯彻落实，要将幼儿园发展规划纳入政府的发展规划中。要坚持地方负责、分级管理和有关部门分工负责的管理体制。加强农村幼教的管理力度，幼儿园的布局与中小学统一规划，调整，因地制宜，灵活多样的采取不同的形式对幼儿及家长进行教育和指导。政府应逐步建立以社区为依托的、社区和家长共同参与的、正规与非正规托幼机构以及托幼机构和家庭相结合的 0 ~ 6 岁儿童保教服务网络，加大政府对农村贫困地区的支持力度。据各省市调查反映，一些地区还没有把幼儿教育纳入到本地区政府发展的总体规划，没有规划就没有明确的责任，也就不能纳入政府的指责范围内和领导的政绩考核之中。一些基层领导对幼儿园的生存漠不关心，随意变卖和撤销幼儿园，是造成事业滑坡和无序状态的重要原因。一些地区政府在基础教育布局调整、乡镇撤并后，乡级中心幼儿园数量减少，相当一部分的农村小学内的学前班被撤销。这些不重视幼儿教育的现象是应该得到遏制的。

　　（二）进行农村幼儿园办学体制改革，依靠社会力量多渠道多形式发展幼儿教育，激发各方力量办园的积极性

　　教育部门首先办好自己的幼儿园，在各地的幼教事业发展中发挥骨干和示范作用，发挥这些幼儿园在农村的示范作用。这些幼儿园要面向本社区内幼儿园，做到科研、教师培训和家庭教育指导等工作。

　　（1）乡（镇）人民政府要扶持和发展农村及老少边穷地区的幼儿教育事业，

财政预算要安排发展幼儿教育的经费，办好乡（镇）中心幼儿园，发挥其对乡（镇）幼儿教育的指导作用。自 2003 年 3 月国务院办公厅批转《关于幼儿教育改革与发展的意见》以来，许多地方的农村幼儿教育出现了新的发展态势。如浙江安吉县强化管理意识，激活发展机制：每年有 50 万元专项资金重点扶植农村幼儿教育事业；形成了"一乡镇一中心、辐射行政村"的办园格局；为全县 26 个乡镇中心园配备专职干部；教师学历合格率达 91%；两年间建造了几所漂亮的中心幼儿园；学前三年入园率达 92.6%。① 可见，只要政府扶植一把，就能引导农村幼儿园走上自主管理和自主办学的发展道路。

总体上说，乡镇中心园对村园的管理可以有这样几种模式：①并入式管理。把村园作为乡镇中心园的分园，其人、财、物、教育教学、队伍建设等由总园统一管理，总园和分园的教师可以流动、轮岗。如张家港市对村园的管理大多采用这种模式，在现有的 21 所村园中，有 9 所是乡镇中心幼儿园的分园，约占张家港村园总数的 43%。② ②派出式管理。由乡镇中心园派出副园长或业务员，去村园担任园长（编制和待遇不变），对村园进行全方位管理。这种模式适用于村园较少、乡镇中心园能承担母机任务的乡镇。③辐射式管理。以乡镇中心园为中心，向周围的村园辐射，其管理由中心园的园长或副园长统一负责，包括对村园教师的考核。中心园对村园的业务指导和管理主要通过教学开放和下乡支教等活动进行。

在地方政府办园的同时，积极鼓励各方面的社会力量来办幼儿园，要坚持"两条腿"走路的方针，积极依靠动员全社会的力量来发展幼儿教育。对社会力量办的幼儿园要给予鼓励、引导，使之逐步成为示范园，并能够积极参与到社区幼儿教育的管理与指导中。鼓励经济强的乡镇、强村、强企业投资兴办幼儿园。鼓励村企联办、村校联办、村村联办，鼓励个人捐资兴建幼儿园。

（2）在贫困地区，可以发挥村民自治组织的力量来发展幼儿教育。在没有教学点或者已有教学点被撤去的村子，可以在县乡政府的支持下，发挥村民自治组织的作用，创办各种小型的幼儿教育组织。村民自治组织也可以算是最低一级公共组织。长期以来，我国的农村幼儿教育事业就是由这一级公共组织来组织完成的。迄今为止，许多小学附设学前班的教师是由村民委员会负责寻找，并发放微不足道的工资及年节补贴；小学与学前班冬天的烤火费、学校的部分电费、水费也都是由村民委员会负责筹办的。这种做法在农村学前教育发展方面起过促进作用，应进一步总结经验，继续发挥村民自治组织的力量。在建设新农村的背景

---

①② 沙莉、庞丽娟等：《通过立法强化政府在学前教育事业发展中的职责》，载《学前教育研究》2007 年第 2 期。

下，政府应当鼓励村民自治组织举办学前教育机构，并给予相应的补贴。

（3）激发各个办园主体积极能动性。农村幼儿教育的发展除了依靠教育主管部门、政府的扶持和管理以外，农村幼儿园自身积极能动性的发挥更具有重要意义。

教育主管部门要对农村各种形式的幼儿教育办园主体一视同仁。除了办好乡（镇）中心园，发挥其对其他形式的幼儿教育的示范、辐射作用外，更要对农村学前班、村民自办幼儿园进行扶持。在经费的投入和使用上，要适当向农村学前班、村民自办幼儿园倾斜。鼓励社会力量举办农村幼儿教育。保证教育经费政府投入的公平性。以防止城、乡、幼儿教育的两极分化缩小城、乡幼儿教育的差距，体现教育的公平性。农村幼儿教育要真正获得可持续发展，其自身的管理改革要合理，要形成自我完善、自我约束、自我发展的管理机制，满足农村社会各个阶层对幼儿教育的需求。保证农村幼儿教育经费有稳定的来源，提高经费的使用效率。一是要扩大办园主体的办园自主权实行主办单位领导下的园长负责制，农村幼儿园园长要有管理权。尤其是要有经费的管理权和使用权。教育主管部门不得随意克扣农村幼儿园、学前班的经费，只是负责监督经费的使用情况。二是农村幼儿园（班）要发挥对农村的服务功能，将农村幼儿的发展放在教育工作的第一位，提高教育和保育质量，使农村幼儿及其家长切实感受到接受幼儿教育对农村幼儿发展的重要性。吸引社会各界关注和投入农村幼儿教育发展。

（三）完善农村幼儿教育经费投入体制，保障幼儿教育事业经费

总体上看，要实现全面建设小康社会的奋斗目标，幼儿教育的经费投入是一个直接相关的措施。保障经费投入，是幼儿教育发展重要的前提条件。幼儿教育的经费投入，直接关系到幼儿园办园条件、幼儿教师工资待遇问题，这些将直接影响幼儿教育质量问题。据美国一项长达三十几年的追踪研究表明：在学前教育上每投资 1 美元，可获得 17.07 美元的回报，其中 4.17 美元是对个体成长的回报，12.9 美元是对社会公共事业的回报，体现在社会福利、补救教育、预防犯罪方面投入的降低，以及纳税的增加。[1] 由此可见，对幼儿教育的投资回报率高于任何一个教育阶段。同时，从美国的经验可知，没有美国政府对学前教育投入的立法保障，没有各级政府逐年持续增加对学前教育的拨款，就不可能有美国学前教育近年来数量上的扩张与质量上的不断提高；没有各级政府在投入上对弱势幼儿群体的倾斜，就不会有美国学前教育面向所有儿童的大发展。

---

[1] 刘小蕊、庞丽娟、沙莉：《美国联邦学前教育投入的特点及其对我国的启示》，载《学前教育研究》2007 年第 3 期。

我国的现实状况是学前教育经费严重匮乏，缺乏事业发展的基本经费保障。首先，在全国教育经费总量中，学前教育经费所占的比例过小，仅占1.2%、1.3%，且十年徘徊不前，从根本上难于支撑学前教育事业的发展。其次，长期以来中央财政没有专项经费用于学前教育，相应地，各省、市、县也少有或没有学前教育的专项经费。特别是在体制转型期，各级教育主管部门没有任何经费支持用于建立学前教育的新体制，以有效解决事业发展中出现的新情况、新问题，从而严重阻碍了我国学前教育事业的进一步发展。再次，我国幅员辽阔，学前教育发展存在着明显的区域差异和城乡差异，很多贫困地区及弱势幼儿群体的学前教育缺乏经费支持，严重影响了我国学前教育事业的均衡发展。因此，保障幼儿教育事业经费的投入应该从以下几个方面进行：

首先，要解决对幼儿教育地位、作用的认识问题。幼儿教育是教育事业的重要组成部分，是基础教育的重要组成部分。发展幼儿教育，每届政府有着义不容辞的责任。幼儿教育又是崇高公益事业，以育人为目的，必须从小康社会的长远发展角度来发展，不能把发展幼儿教育事业完全推向市场，幼儿的教育和保育与全社会的每个公民都有着联系，幼儿的保育带有福利性质。

其次，要增加政府对学前教育的投入。国家给予贫困家庭的孩子以特殊的政策支持在国际上也有先例。如1964年美国总统约翰逊提出向贫穷宣战（The War on Poverty）。1965年，作为该战略的组成部分，美国政府开始实施开端教育计划（Head Skirt Project）。该计划通过专门的教育和服务机构，为美国的少数民族如北美印第安低收入家庭的学龄前儿童提供免费教育、卫生保健、营养食品和父母教育。1997年开端计划共拨款39.8亿美元，比1965年的9 640万美元增长40倍。在30多年里，开端计划累计培育了约2 000万幼儿。① 该项计划帮助了广大家长，训练了大量的教师与助手，开展了一系列科学研究，对美国学前教育事业的发展起到了重要的促进作用。

在我国，要具体认真落实教育经费的政策，逐步增加各级政府对教育的投入，适时调整教育经费的投资方向，适当向学前教育倾斜。对农村幼儿园经费实行"村收、乡镇管，村用"，专户储存，县市监督的管理方法，保证专款专用。并且要从学前教育的公益性特征出发，争取办园单位（特别是村）从公益金中提取一定比例，作为对所办幼儿园的补助。

（四）确定农村幼儿教育经费管理主体层级

2001年5月29日《国务院关于基础教育改革与发展的决定》提出"进一步

---

① 刘小蕊、庞丽娟、沙莉：《美国联邦学前教育投入的特点及其对我国的启示》，载《学前教育研究》2007年第3期。

完善农村义务教育管理体制。实行在国务院领导下地方政府负责、分级管理、以县为主的体制。"幼儿教育作为基础教育的有机组成部分，是我国学校教育和终身教育的奠基阶段。发展农村幼儿教育，中央、省（市、自治区）、地（市）、县（区）和乡（镇）各级政府都有责任。但相比较而言，县（区）级政府的综合管理能力较强，有人力和财力的保证，事权、人权和财权易于统一，因此，发展农村幼儿教育的责任重心应由乡（镇）人民政府上移至县（区）级人民政府，县（区）人民政府对本地区的农村幼儿教育负有主要责任。县（区）人民政府要抓好本地区农村幼儿园和学前班的规划、布局调整、建设和管理，统一发放农村幼儿教职工工资，负责幼儿园园长、幼儿教师的管理，指导农村幼儿园和学前班的保育和教育工作。乡（镇）人民政府要承担相应的农村幼儿教育的发展责任，根据国家规定筹措教育经费，改善农村幼儿教育的办园（班）条件，提高农村幼儿教师待遇。县、乡两级政府要明确责任，结合实际，进行综合研究，制定切实可行的实施办法，促进农村幼儿教育健康发展。

（1）在中央层次上——我们可以学习美国政府的做法。美国政府在经费总量上对学前教育投入的不断增加，在拨款使用上的专款专用，在投入分配上的政策倾斜，特别是对政府投入的立法保障，对我国政府强化相应职能，促进学前教育事业全面、积极发展具有极其重要的借鉴意义。第一，我国中央政府应在总量上保障对学前教育事业发展的投入，并切实加大各级政府教育财政性拨款中学前教育经费的比例；第二，中央财政，以及相应的各省、市、县财政中应保证学前教育的专项经费；第三，应确立农村和城市、东、中、西部地区不同的学前教育投入体制。城市实行政府投入、社会支持及家长分担教育成本的投入体制，农村则实行以政府投入为主的体制。中央财政应设专项经费，采取一定的方法，集中用于农村和贫困地区的教育，扶持有困难的群体，努力缓解幼儿教育及政府资金分配的不公平。第四，将我国学前教育投入政策以法律的形式加以确认，以保证财政经费的落实与有效使用。

（2）在教育部门层次上——教育主管部门要对农村幼儿教育经费的分配结构进行调整。合理的农村幼儿教育经费分配构成是提高教育经费使用效率的重要环节。一是要提高农村幼儿教育教职工队伍质量，建立群体结构合理的农村幼儿教育教职工队伍。消除"人头费"危机。农村幼儿教育教职工队伍质量是影响农村幼儿教育经费的绝对与相对使用效率的直接因素。二是要建立规模适当、布局合理、层次结构、师生比例合理的农村幼儿教育系统，以利于人力、物力、财力的充分利用，避免教育资源的浪费。通过调整农村幼儿教育系统内部的结构来改变教育经费的分配结构，进而实现合理使用教育经费的目的。

（五）完善农村幼儿园内部微观层面管理——课程管理和师资管理

所谓幼儿园内部管理体制，关键是对幼儿园教学和师资的管理，笔者从这两个角度来讨论农村幼儿园内部管理体制的完善。

1. 课程——构建具有农村特色的幼儿园课程

课程是教学的载体和依据，所以将幼儿园教学管理的切入点放在课程体系的变革上。构建具有农村特色的幼儿园课程就要避免教学内容城市化，办出农村学前教育的特色。目前贫困地区农村学前班所使用的教材多是省编的，这些教材主要对象是城镇儿童，有的东西对城镇儿童已司空见惯了，而贫困地区农村的儿童可能还闻所未闻，这种农村学前教育城市化，教学内容不切实际，教学活动不能引起儿童的兴趣，势必会阻碍农村儿童的发展。我国广大的农村自然环境优美，动、植物丰富，民风淳朴，人民善良勤劳，这些美好的事物、品德都是教育儿童所具备的良好条件。

从农村幼儿园课程构建的目标方面看，农村学前教育应立足于农村以及农村儿童的实际，以为儿童入小学做准备和培养全面发展的人为目标，从以下几方面的教育入手：

第一，重视学前儿童良好卫生习惯的养成以及生活适应能力的培养。一般地说，农村卫生条件差，生活卫生习惯的培养没有引起人们的重视，而这不仅关系到保护幼儿健康，也是培养幼儿生活自理能力、独立性和文明行为的重要一环。因此，有必要在贫困地区农村将"生活卫生"作为学前教育的重要内容对幼儿进行良好卫生习惯的训练，同时，使幼儿逐步做到生活有规律，不依赖别人，自己的事情自己做，自己管理自己的饮食起居，并有安全意识，懂得保护自己。

第二，形成良好的学习习惯与学习技能。使学前儿童对学习、对书本感兴趣，培养初步的学习动机，掌握正确的握笔姿势、书写姿势及坐姿，形成基本的认知方法和技能。有任务意识和完成简单任务的能力，了解并遵守基本的学习和活动的规则。

第三，掌握最初步的知识。让贫困地区儿童首先能听懂并说普通话，对读、写等感兴趣，理解基本的数量关系，形成初步的数量、形状、时间、空间概念，发展初步的数学思维能力并丰富幼儿对与生活有关的自然、社会、环境的基本知识，发展初步的认知能力。

第四，发展学前儿童良好的社会适应行为。使学前儿童热爱班集体，积极参加集体活动，乐于与他人交往并善待他人，掌握基本的人际关系的规则和交往的技能，如说话大方、自然、口齿清楚。从农村幼儿教育课程资源的选择方面看，当代农村幼儿教育课程资源的改善，一是应积极扩充幼儿园内课程资源，比如幼儿活动设施建设、游戏材料配置、少儿文学读物和音像设施购置、专业幼儿教师的引进和培养等；二是充分挖掘社区教育资源，如与公共图书馆、博物馆、展览馆、科技馆、工厂、部队、机关、企事业单位等建立广泛的联系，适时组织幼儿参观学习；三是充分利用自然资源，如山、林、水、土、花草等都可以作为课程材料。从幼儿园之外的课程资源看，一是应将幼儿的学习扩展到农村社区和家庭，使幼儿园与社区、家庭紧密结合，协同完成教育活动。协同方式有参与教学、收集活动所需材料或资料、对幼儿进行辅导或咨询、提供信息支持等。农村幼儿教育课程应由儿童身边最近的体验开始，让幼儿在活动中运用书籍、报纸、杂志、互联网、电视、广播、录像、照片、玩具、实地观察等各种途径去获取信息，并在活动中培养问题意识和自发寻找解决问题的方法。二是应建立城乡课程资源统筹机制。要从根本上改善农村幼儿教育课程资源状况，既需要政府加大对农村幼儿教育经费的投入，又需要政府加强宏观统筹，广泛建立城乡教育资源共同体。比如，农村专业幼儿教师教育与在职教师培训，以及专业幼儿教师的配备等，就特别需要城市的支持。这也是"以城带乡"发展模式在教育中的具体体现。

2. 师资——培养合格的农村幼儿园教师

幼儿教师既是课程实施者，又是活的课程资源，幼儿师资培养与在职幼儿教师培训是改善农村幼儿教育课程资源的关键。伴随着大课程观的确立，越来越多的研究者认识到，课程是个动态的过程，教学本身就是个课程不断生成的过程，这就要求幼儿教师不仅是个具有各方面专业知识的组织者，且能熟练掌握多方面的一般性知识。教师的教学心态、对社会的基本认识和科学素养，以及与幼儿交流、谈话的艺术和在课程设计与教学过程中体现的知识与能力等，在较大程度上影响农村幼儿教育发展的质量与水平。整合幼儿教育中的专业性知识（如幼儿教育课程的理论基础和幼儿教育实践的操作方法）和一般性知识（如人文社会知识和科学素养等）是今后较长时期农村幼儿教师专业发展的重要任务。

从目前我国教师教育体系结构看，应重点加强包括幼儿教育在内的农村基础教育师资培养。同时，校内教学设备设施的配置也是必不可少的。在当代幼儿教育中，游戏、郊游和其他围绕儿童关于自然物质与真实事件的体验所设计的活动，构成了幼儿教育课程的中心。农村幼儿的艺术根基、运动技能和科学素质，甚至数理逻辑能力的积蓄，多数情况下是通过实物教学和真实情景体验自我构建的。这就要求农村幼儿教师具备广博的知识和精深的专业素养。

在"任何一个忽视幼儿教育的社会也就是忽视了未来的社会，他们必然要为此付出沉重的代价"的呼声下，我们也要对我国幼儿教育事业的发展做出规划，采取相应的策略，使得幼儿教育事业的发展适应国家政治、经济和社会的发展，使得我国早日迈向小康社会。

第十四章

农村普通高中教育发展指标体系研究

党的"十六大"报告提出,到2020年人们享有接受良好教育的机会,基本普及高中阶段教育。但目前我国农村高中教育的现状不容乐观,离2020年的教育目标差距还很大。因此,分析问题、原因、商讨对策,对于促进我国农村高中持续、快速、健康发展至关重要。高中阶段教育在整个教育体系中具有重要的战略意义,发展高中阶段教育是提高人口文化素质、缓解人口高峰压力的重要措施,是我国经济高速增长的需要,对巩固和提高普九成果提供支持,同时也是保持高等教育持续发展的基本条件。[1]

一、农村高中教育发展中的问题及其原因

(一)农村高中教育发展中的问题

1. 学生数量扩张与教育资源不足之间的矛盾突出

(1)学生数量的绝对扩张成为高中教育发展的瓶颈。

由图14-1可知,2004年,初中升学率和高中升学率分别为63.8%、82.5%,可以看出绝大部分高中学生都能升入高等院校,而初中的升学率却没有如此乐观;同年,高中教育和高等教育毛入学率分别为47.6%和19%(见图

---

[1] 高书国:《中国城乡间教育转型模式》,北京师范大学出版社2006年版。

14-1），这表明高中发展的绝对量不足，已对初中出口的畅通造成了绝对的限制，成为初中出口和高等教育入口的瓶颈。

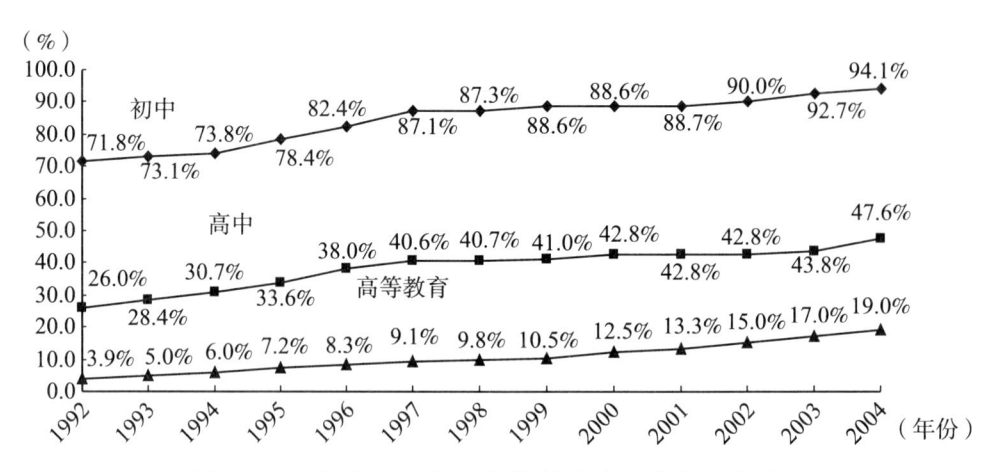

图 14-1　初中、高中、高等教育毛入学率对比情况

资料来源：教育部发展规划司：《中国教育统计年鉴（2004）》。

自1999年高校扩招以来，普通高中在校生数从1998年的1 049.7078万人上升到了2004年的2 220.3701万人，平均增长速度达到了13.3%。与此同时，高中教育的发展仍将面临学龄人口高峰期的挑战。根据学龄人口预测数据，2005~2007年全国高中阶段学龄人口将超过6 000万，2008也将达到5 700万。其中，2005~2007年农村高中学龄人口将超过5 000万，2008年也将高达4 288万。若按城市高中阶段毛入学率120%，农村高中阶段毛入学率35%计算（2003年这两项数据分别为120.39%和26.32%），则2005~2007年，城市需要接受高中教育的人口将达到1 690万~1 779万，农村将达到1 776万~2 132万（见表14-1），这表明城市高中规模需要在2003年的基础上分别扩大119万、81万和31万，农村需要分别扩大549万、402万和193万。现有农村学校办学规模不可能在短时间之内急剧扩大，我们面临两难选择，要么以降低本来就不高的培养质量来照顾数量，要么牺牲一部分学生接受高中教育的机会。

表 14-1　　　　　　学龄人口高峰期高中发展规模预测　　　　　单位：万人

年　　份		2005	2006	2007
需接受高中教育的人口数	农村	2 132.41	1 985.62	1 776.30
	城市	1 779.11	1 740.64	1 690.70
	全国	3 911.52	3 726.26	3 467.00
以2003年为基准需扩大的规模	农村	549.09	402.30	193.00
	城市	119.03	80.55	30.62
	全国	668.12	482.85	223.62

因此，量的扩张成为高中发展的一个瓶颈，我们应结合学龄人口的变化，注意量的稳步发展，加大高中发展力度，提高高中入学率，疏通初等教育出口和高等教育入口，并通过各种途径，为在学龄人口高峰期未能接受高中教育的人口提供补偿教育。

（2）学生数量的相对扩张进一步激化了与教育资源（人、财、物）不足的矛盾。农村高中规模扩大后，教育资源却并未得到相应的增长，主要体现在人、财、物，即教师、经费、办学条件等三个方面。

A. 教师数量严重不足

自1999年扩招以来，城乡生师比呈扩大的趋势（见图14-2），2003年农村、城市、全国的生师比分别为18.9∶1、17.4∶1、18.4∶1。2004年教师更为短缺，相应数据分别为19.16∶1、17.81∶1、18.65∶1。根据国家2001年颁布的《关于制定中小学教职工编制标准的意见》，高中学生与专任教师的生师比为15∶1～16.7∶1，若按高中生师比15∶1计算，2004年，全国高中教师数量短缺近29万，其中农村和城市分别为20.6和8.4万，较之于1999年的情况，缺编呈逐年上升的趋势（见图14-3）。

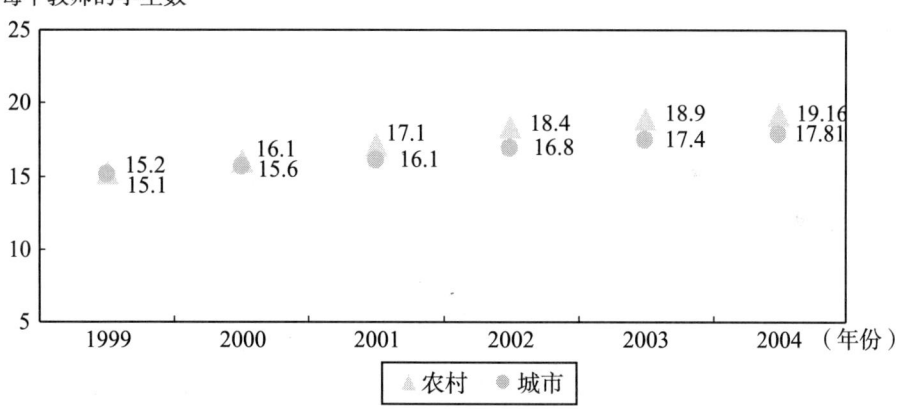

图 14-2 1999~2004年分城乡高中生师比对比

资料来源：教育部发展规划司：《中国教育统计年鉴（1999~2004）》各年版。

若按照2003年高中阶段城乡各自的毛入学率、普职比1∶0.65，并结合我们设定的生师比15∶1计算，在2005、2006、2007年的人口高峰期中，高中阶段教师全国需求总量为202万、215.5万、226万，城市为113万、116万、119万，农村为89万、99.5万、107万。这需要在2003年的基础上全国增加49万、39万、25万。其中，普高专任教师全国需求总量2005、2006、2007年分别为135万、128万、119万，这需要在2003年的基础上，全国增加28.2万、21.3万、11.6万，城市增加10.1万、9万、7.6万。按2003年农村普职比1∶0.26计算，

单位：人

```
1999    2000    2001    2002    2003    2004（年份）
          —*— 农村    —●— 城市    —*— 全国
```

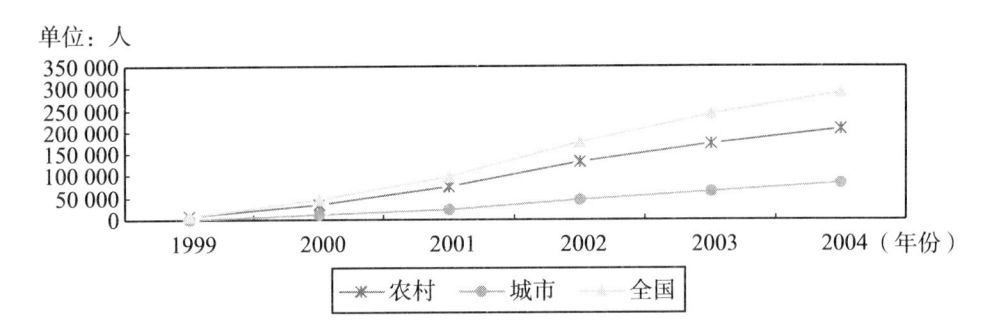

图14-3 1999~2004年普通高中专任教师超缺编情况城乡对比

资料来源：教育部发展规划司：《中国教育统计年鉴（1999~2004）》各年版。

农村普高教师需求量2005、2006、2007年分别为84.5万、78.6万、70.4万，这需要在2003年66.4万的基础上分别增加18万、12.3万和4万（见表14-2）。这表明，随着学龄人口高峰期向高中的转移，农村普高教师在未来三至五年严重短缺，高中教师需要大量补充。

表14-2   学龄人口高峰期新增普通高中教师需求量预测   单位：万人

年份		2005	2006	2007
所需高中阶段教师数	农村	107	99.5	89
	城市	119	116	113
	全国	226	216	202
以2003年为基准需补充的普高教师数	农村	18.1	12.3	4
	城市	10.1	9	7.6
	全国	28.2	21.3	11.6

农村高中教师短缺，也是大班额出现的一个重要因素。1999年高校扩招以来，大部分农村高中在校生人数的增长是在不增班和不增教师的情况下实现的，大班额现象极为普遍。据《中国教育统计年鉴》可以计算出，2004年我国农村普通高中65.46%的班级规模超出55人，约70%左右的班级超出45~50人的国家规定正常标准（见图14-4）。全国平均班额为58人，城市和农村分别为54和61人。班额的超标，严重影响教学质量的提高。

B. 经费不足

统计数据表明，在预算内教育经费方面，地方负担了普通高中教育总经费的90.3%，中央只承担了9.7%；在各级学校预算内教育经费占全国预算内教育总经费的比重方面，普通高等学校、普通高中、普通初中、普通小学分别为23.38%、

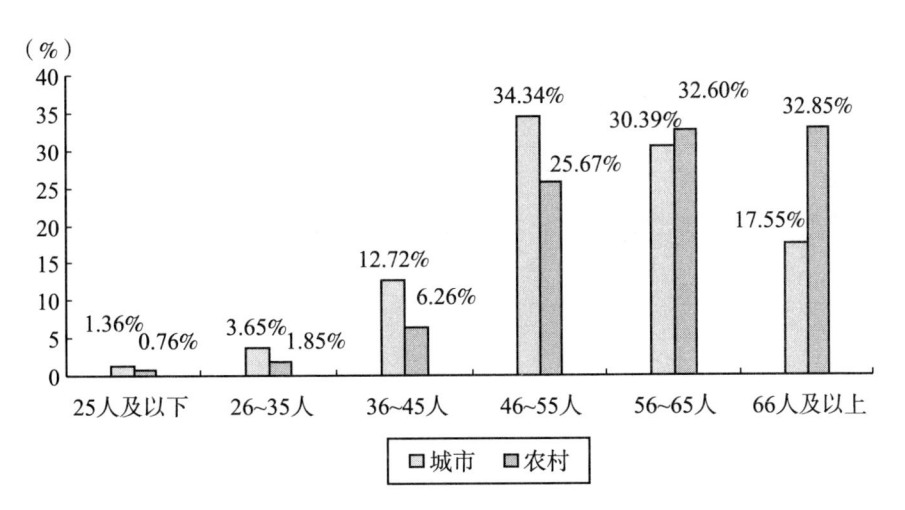

图 14-4　2004 年普通高中班额情况城乡对比

资料来源：教育部发展规划司：《中国教育统计年鉴（2004）》。

4.84%、18.33%、33.48%；在各类学校的预算内经费占其教育总经费的比重方面，普通高中仅占 38.83%，低出非普通高等教育 7.19 个百分点（见表 14-3）。由此可以看出，政府对高中教育经费投入水平较低，政府并未对作为基础教育的高中承担太多的责任；对各级教育预算内经费的分配方面，体现出"有限发展义务教育，重点发展高等教育"的政策倾向，政府对高中教育的发展战略，已很难保证高中教育的健康持续发展，而对于农村高中教育更是如此。

表 14-3　近年来各级普通学校教育经费的主要来源

学校类别	教育总经费合计（万元）	财政性教育经费占国家财政性教育总经费的比例（%）	预算内教育经费占全国预算内教育总经费的比重（%）	预算内教育经费占该类学校教育总经费的比重（%）	社会团体和公民个人办学经费占该类学校教育总经费的比重（%）	社会捐资和集资办学经费占该类学校教育总经费的比重（%）	学费和杂费占该类学校教育总经费的比重（%）	其他教育经费占该类学校教育总经费的比重（%）
全国总计	62 082 653	100	100	55.63	4.17	1.68	18.06	14.05
中央	7 221 217.8	10.14	9.70	46.40	—	2.10	15.42	28.42
地方	54 861 435.2	89.86	90.30	56.85	4.72	1.63	18.41	12.16
普通高等学校	17 543 468	21.83	23.38	46.02	3.44	1.46	28.83	18.36
普通高中	4 304 896.1	5.20	4.84	38.83	4.97	3.12	25.66	19.69
普通初中	9 640 979.2	18.60	18.33	65.65	4.87	1.74	10.08	9.01
普通小学	15 742 418.3	32.93	33.48	73.45	2.70	1.61	8.16	6.98

资料来源：教育部发展规划司：《中国教育统计年鉴（2004）》。

普通高中教育总经费的组成部分，主要有预算内教育经费、城市和农村教育费附加、社会团体和公民个人办学经费、学费和杂费、其他教育经费、社会团体和公民个人办学经费等。从总体上看，2004年各方面对高中教育经费投入的高低顺序依次为：政府投入（38.38%）、学杂费（25.66%）、其他教育经费（19.69%）、民办教育投入（4.87%）和社会捐赠（1.74%）等。这表明，目前政府投入是我国教育发展的主要经费来源，学生分担成本比例也较高，而社会资源的投入则明显偏低，投入渠道单一，多元化投入发展缓慢，对于社会融资能力和自我财政承担能力较弱的农村来说，政府投入的多少与农村高中的发展好坏息息相关。

C. 办学条件有待改善

由表14-4和图14-5可看出，在2002~2004年间，农村的办学条件得到了一定的改善，尤其是在校园网和危房率方面，农村改善较大，在某些方面（如体育运动场面积达标率方面）农村高中仍有自己天然的优势，但城乡的办学条件差距仍很大，特别是在生均建筑面积方面，这在很大程度上是由于农村在校生急剧扩张，校均规模不断扩大所引起的；此外，农村的设备方面也不是很乐观，如在体育、美术、音乐器械配备和理科实验仪器配备方面，农村都低于城市，且增长缓慢，这表明农村高中在这些方面的经费投入不是很充裕。

表14-4　　　　　　2003~2004年城乡办学条件情况统计

年份	编号	2003 全国	2003 城市	2003 农村	2004 全国	2004 城市	2004 农村
项目							
危房率（%）	A	1.96	0.9	2.75	1.42	0.61	2.02
生均校舍建筑面积（平方米）	B	13.93	16.44	12.51	13.69	16.15	12.31
体育运动场/馆面积达标率（%）	C	73.48	73.35	73.56	74.63	75.17	74.28
体育器械配备达标率（%）	D	74.07	78.87	70.87	75.21	79.84	72.14
音乐器械配备达标率（%）	E	65.87	73.9	60.53	68.00	75.81	62.83
美术器械配备达标率（%）	F	65.63	73.03	60.71	67.88	75.31	62.96
理科实验仪器达标率（%）	G	78.73	82.97	75.92	79.7	84.11	76.78
建立校园网达标率（%）	H	44.76	56.59	36.89	52.29	64.66	44.09
生机比	I	10.84:1	7.66:1	14.15:1	10.4:1	7.48:1	13.32:1

资料来源：教育部发展规划司：《中国教育统计年鉴（2003、2004年）》。

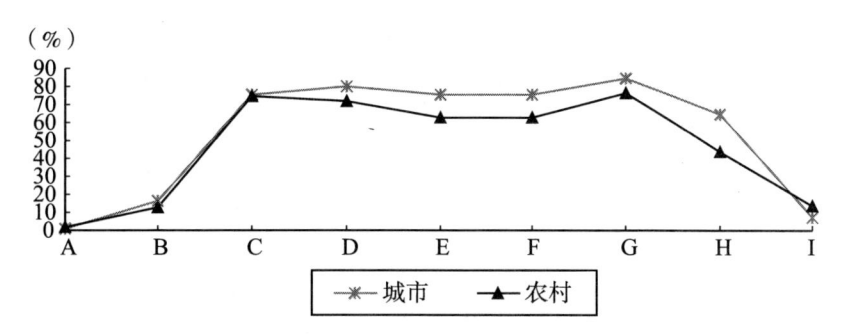

图 14-5　2004 年城乡办学条件情况对比

注：B 和 I 为数值，非百分比。

资料来源：教育部发展规划司：《中国教育统计年鉴（2004）》。

2. 普职比例失调

高校扩招，使普通高中在校生数量得到了较大幅度的增长，但却未对中等职业教育产生积极影响；相反，从 1998 年开始，职业类在校生整体上却处于下降趋势。（见表 14-5）虽然 1994～2002 年农村职业高中在校生数量略有增加，年均增长率为 2.74%，但是，与同期农村普通高中相比仍然低近 10 个百分点。2003 年全国高中阶段普职比为 1∶0.65，城市为 1∶1.34，而农村仅为 1∶0.26，在农村高中阶段，体现出职业教育发展缓慢，规模不足的特点。

表 14-5　1994～2004 年全国高中阶段普职教育在校生数变化情况　　　单位：万人

年限	农村普高	农村职高	城市普高	全国职业类	全国高中
1994	435.02	184.53	229.7845	1 105.1957	1 770
1995	459.30	198.51	253.8587	1 199.8812	1 913.04
1996	493.05	207.97	276.1922	1 320.0631	2 089.31
1997	535.20	217.62	314.8680	1 396.4103	2 246.48
1998	581.50	227.27	356.4969	1 507.4987	2 445.5
1999	643.61	220.03	406.0943	1 460.6622	2 510.37
2000	738.88	209.07	462.3869	1 336.4157	2 537.68
2001	901.36	201.16	503.6141	1 195.9583	2 600.93
2002	1 089.13	229.02	594.6777	1 224.3295	2 908.14
2003	—	—		1 278.57	3 234.40
2004	—	—		1 387.26	3 607.63

资料来源：《全国教育事业发展统计公报》1994～2002 年各年版；

　　　　　教育部发展规划司：《中国教育统计年鉴》1995～2004 年各年版。

我国农村人口多，农村初中升学率较低，在较短的时间内，普通高中即使得到大力发展，也难以承担义务教育后所有青少年的教育任务，中等职业教育必须承担一定的教育任务。为此，国家在《国务院关于进一步加强农村教育工作的决定》、《教育部2006年职业教育工作要点》等文件中强调要大力发展中等职业技术教育，并提出了相应的发展策略和制度保障。21世纪头20年的初中阶段学龄人口，将是我国农村劳动力向非农产业转移或向城镇转移就业的主要对象，大力发展中等职业教育，为他们继续接受一定的技能培训，提高就业能力，适应城市化进程提供了契机；同时，这也是适应社会经济发展，完善中等教育结构，普及高中阶段教育的客观要求。但普通高中如何把握其量的发展，如何使普通高中与中等职业教育以合适的比例协调发展，仍是一个亟须研究和有待解决的问题。

3. 教育资源配置不均衡

教育资源的不均衡配置，主要表现在以下几个方面：

一是经费方面，结构失调，"城市优先"。一方面，在我国有限的教育经费中，中央政府财政过多用于高等教育，对于基础教育投入不够。2004年，我国各级普通学校的财政性教育经费占国家财政性教育总经费的比例分别为：高等教育21.83%、高中5.20%、初中18.6%、小学32.93%（见表14-3），高等教育所占比重太高。研究表明，基础教育阶段占有政府经费分配比重越大，则经费分配越趋于公平，也有利于保证教育机会的公平。我国财政教育支出在三级教育上生均投入相差过大，导致了教育投资内部结构的不合理。另一方面，在传统的城乡二元结构体制下，形成了教育资源"城市优先"的价值取向。以2002年为例，全年各项教育投资为800多亿元，而占总人口60%以上的农村只获得其中的23%。教育经费投入的失衡造成了办学条件的失衡，继而会导致教育观念、教师素质、科研能力等软资源的失衡。

二是入学率方面，城乡差距、区域差距严重，造成教育机会的不公。在城乡差距方面，2003年，农村普通学校中，初中升学率仅为29.29%，城市则高达77.35%，城乡相差48个百分点（见图14-6）。这表明农村高中规模过小，农村学生接受高中教育的机会少。同时，这种不断扩大的差距也提醒我们，若不大力提高农村初中升学率，缩小城乡差距，高中教育将成为影响农村学生接受高等教育入学机会的瓶颈。在区域差距方面，以高校招生名额分配为例，经济发达地区院校云集，当地学生享受高等教育自然"近水楼台先得月"。如北京市高中毕业生数量只占全国0.9%，而北大、清华在北京的招生名额却占总招生的13%、18%。由此造成了在北京能上北大、清华的考分，在一些地方连重点大学都进不了，而在北京能上其他重点学校的考分，在一些省则无学可上，比较普遍的高考移民现象也正是在这样的背景下产生的,这势必造成受教育机会的不公。

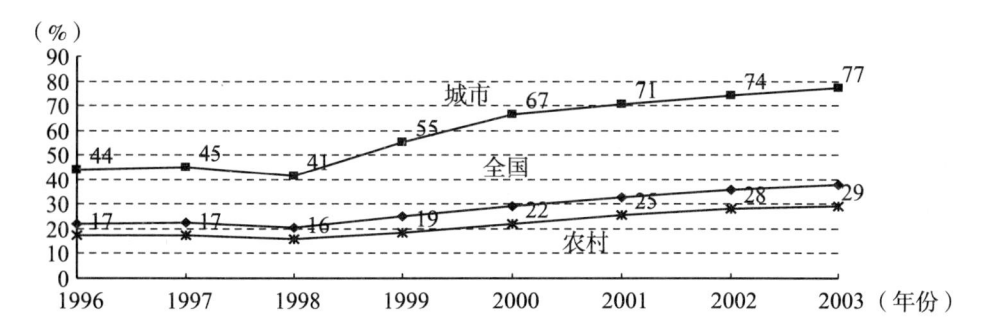

图 14-6　1996~2003 年全国分城乡普通初中升入普通高中升学率比较

资料来源：教育部发展规划司：《中国统计年鉴（1997~2004）》；《中国区域经济统计年鉴（2004）》。

三是教师学历方面。城乡教师队伍发展的不均衡，除了上文提到的农村高中教师缺编较城市更严重外，还表现在城乡教师学历达标（合格）率差距较大。2004 年全国普通高中教师达标率为 79.59%，城乡分别为 88.88%、73.99%；专科生学历教师，农村高达 25.54%，比城市高出近 15 个百分点；研究生学历教师，城乡分别为 1.68%、0.64%。可见，农村高中教师学历达标（合格）率及教师素质有待大力提高（见图 14-7、图 14-8）。

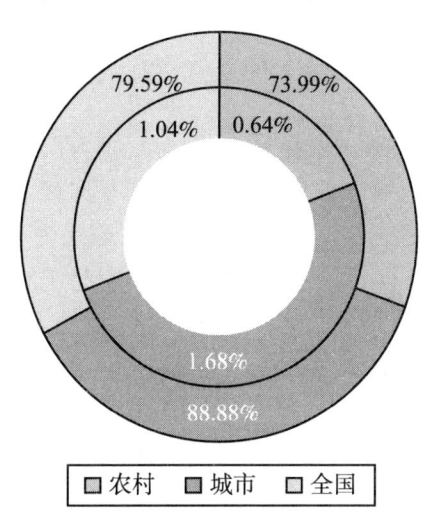

图 14-7　2004 年分城乡普通高中教师学历达标率及研究生学历比例

注：（1）内环为普通高中教师研究生学历比例；外环为普通高中教师学历达标率。
　　（2）高中教师达标以本科学历为准。

资料来源：教育部发展规划司：《中国教育统计年鉴（2004）》。

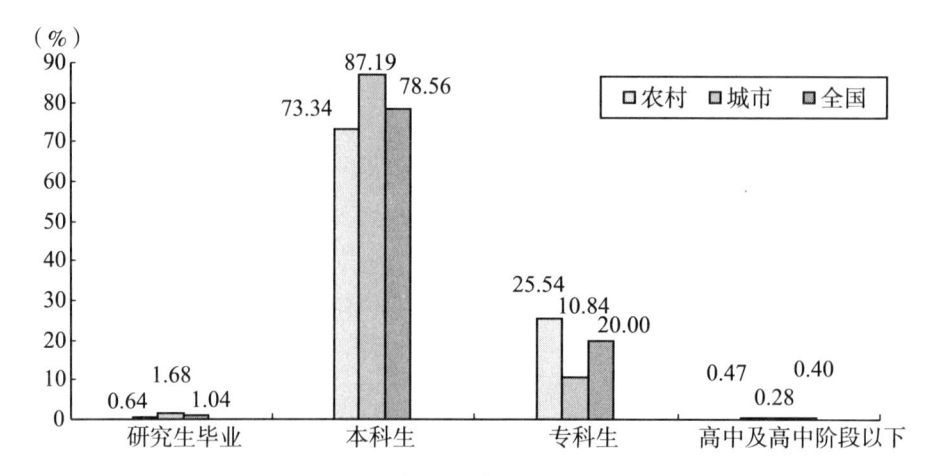

图 14-8　2004 年分城乡高中教师各学历阶段对比

资料来源：教育部发展规划司：《中国教育统计年鉴（2004）》。

四是重点与非重点之别。同一地区，地方财政对强校的投入高于对弱校的投入。"抓重点、树窗口、增政绩"，一些官员热衷于重点学校、示范学校的建设，把有限的财力、物力的大部分投入到重点、示范学校中，而对普通学校，特别是一些薄弱校则经费投入严重不足；此外，重点、示范学校在生源、信息等方面，也占有其他学校难以相比的优势，如高分学生由重点学校先录取、教研项目优先考虑重点校等，最终造成有限的教育资源得不到合理配置，导致了同一地区校际教育发展的不平衡。

（二）问题产生的原因分析

1. 城乡经济发展不均衡，政府资源配置缺乏倾斜度

一方面，贫富差距悬殊。基尼（Gini）系数是反映一国社会分配状况的指标，0 为"完全平等"，1 为"完全不平等"。当它处于 0.3～0.4 时表示收入分配比较合理，0.4～0.5 表示收入差距过大，超过 0.5 则意味着出现两极分化。国家统计局原副局长邱晓华 2005 年在"21 世纪论坛"会议上指出，在收入消费方面，城乡居民收入差距 1997 年后连年明显扩大，近年来国家采取多种惠农措施，但 2004 年城乡差距还维持在 3.21∶1。2005 年前三季度，城镇居民家庭人均收入 7 902 元；而农村居民只有 2 450 元，城镇高出农村 3 倍多，城乡居民收入差距进一步扩大。[①] 致使我国的基尼系数已达到 0.47，超过了国际警戒线。

---

① 参见：胡瑞文、杜晓利：《未来 15 年我国教育资源供求矛盾与政策选择》，载《教育发展研究》2005 年第 6 期。

目前，我国高中教育属于非义务教育，在现有高中教育投入体制下，其教育成本主要由地方和受教育者个人承担，这由表14-3可以看出。因此农村居民的收入，将直接影响到学生求学机会的大小，广大农村地区，许多孩子因高昂的学费而与大学失之交臂，更有甚者，即使在半工半读的条件下仍然难以维持学业，最终不得不中途辍学，贫富差距成为高中教育迅速发展的桎梏。另外，由于区域经济发展不平衡，致使办学条件存在较大的差异，特别是教师队伍素质参差不齐，导致不同地区的学生所享有的教育资源水平相差悬殊，致使城乡教育差距日益扩大。

由此可见，农村经济再生能力较弱，农村高中教育与经济相关度较大，若政府资源配置缺乏倾斜度，将难以为农村高中教育的发展提供物质保障。

2. 精英教育的负面影响

自20世纪90年代以来，市场经济奉行"效率优先、兼顾公平"原则，社会的各个领域在很大程度上也受到了此原则的影响。在教育领域，教育资源有限，高中教育与高等教育只为少数人所享有，带有浓厚的精英教育色彩。近年来，虽然政府大力提倡基础教育均衡发展，但实际贯彻落实上并没有多大的力度和成效。重点学校、窗口学校随处可见，从中央到地方，从团体到个人，都对此类学校重视，特别是在经费方面可见一斑：政府可以为一重点校，一次性批下10多个亿；地方为了凸现政绩对重点校也出手大方；银行贷款制度，也只是崇尚锦上添花，愿意将钱贷给优质学校；家长也以赞助等方式突破"三限"的制约，为重点校"贡献"自己的财力。重点学校良好的融资环境，为它们提供了丰富的教育资源。

在知识经济时代，在全面建设小康社会过程中，教育特别是基础教育应为大众所享有，没有高中教育的普及，就谈不上高等教育大众化的真正实现；相应地，提出高中教育的普及化发展，不仅是我国高中均衡发展的需要，也是对人民群众教育需求的满足，还是人民民主意识和法律意识不断增强的客观反映。随着我国独生子女政策的贯彻落实，九年义务教育的基本普及，人民群众对下一代教育投资的承受能力增强，对更高一级的教育、更优质的教育的需求越来越多，而现有的教育资源又远未能满足这一需求，面对我国基础教育存在的严重失衡现象，人们自然会要求自身的合法权益得到保护，要求改变不公平的现状，使基础教育得到均衡发展，两者之间的矛盾状况也必然导致教育资源的重新配置。

除了精英教育外，城市偏向也是城乡差距的政策原因。[①] 一些政策、制度如高考制度、教育投资制度、重点（示范）学校制度，扩大了城乡差距，造成了

---

① 参见：袁振国：《中国教育政策评论》，教育科学出版社2001年版。

学校间的不平等,是教育资源配置不合理的制度性根源。

3. 职业技术型人才成长缺乏制度保障

据劳动部对全国 2 084 个企业进行抽样调查的结果,"十五"期间这些企业各类人员预期需求中,企业技术人员占 15%,技术工人占 49.7%,对技术工人、工程技术革新人员等应用型人才的需求是用人需求的主体。在对技术工人资格等级需求中,初级工为 19.5%,中级工为 40.1%,高级工为 29.3%。我国工人队伍中技术工人只占 23%,其中高级技工仅占 5%,中级技工仅占 35%,初级技工占 60%,而发达国家工人队伍中技术工人高达 75%,其中高级技工占 35%,中级技工占 50%,初级技工仅占 15%。这表明我国教育结构不尽合理,导致其培养各级各类与社会经济发展相适应的功能未能得到很好的实现,技术性应用型人才缺乏。其背后的原因很多,其中政策制度原因是很重要的一个方面。

德国职业教育发展的历程证明,在发展职业教育的道路上,国家政策因素的导向作用非常重要。德国通过制定相应的法律、法规,强化职业教育体系等方式,来强调政府对职业教育的高度重视,提高应用型人才的地位,推动德国职业教育的蓬勃发展,满足经济对技术性人才的需求,从而促进德国经济的飞速发展。近年来,我国在职业教育制度和法规的建设上也取得了一定的进步,推出了《中共中央关于教育体制改革的决定》(1985 年)、《中华人民共和国职业教育法》(1996 年)、《国务院关于大力推进职业教育改革与发展的决定》(2002 年)、《国务院关于大力发展职业教育的决定》(2005 年)等加强职业教育的文件和法规,进一步充实了职业教育法制体系,在提高职业教育地位、普职沟通、经费投入等方面做了政策上的规定,加强了对职业教育工作的领导和支持,职业教育规模进一步扩大,服务经济社会的能力明显增强。但职业教育发展并不乐观,从招生到就业,从师资到经费投入等,都不能与普通高中相提并论,职业教育仍然是我国教育事业的薄弱环节,发展不平衡,投入不足,办学条件比较差,办学机制以及人才培养的规模、结构、质量还不能适应社会经济发展的需要,其自身也未形成连接上下、贯通左右的四通八达的"立交桥"式的中等学校教育系统,学生接受职业技术教育的动力机制不健全,学生及家长难以看到学生接受职业教育后的希望所在,影响了职业教育的健康持续发展。

二、农村高中教育发展指标体系构建的价值取向与理论依据

不论设计和制定什么样的指标体系,都应有一定的价值取向和理论依据做支撑。就教育发展指标体系而言,我们也应在一定的理论基础上,按照一定的价值导向,推进农村高中的健康发展。

（一）城乡教育一体化取向

城乡教育一体化是和谐发展理论的内在要求。"十六大"提出要构建均衡化、和谐化社会。陈至立国务委员也在教育部 2006 年度工作会议上关于"坚定信心、振奋精神、努力开创'十一五'期间教育工作新局面"的讲话中指出，教育的和谐发展是建设社会主义和谐社会的重要基础。他还进一步指出，基础教育、职业教育、高等教育的发展，都应该是相互协调、相互促进的，要避免有的腿长有的腿短；区域间、区域内、城乡间教育也必须协调发展，力争缩小差距；教育不仅要培养一大批拔尖创新人才，数以千万计的高级专门人才，也要培养数以亿计的高素质劳动者和规模宏大的高技能人才队伍，这样才能形成和谐的发展局面。同时，他强调，在教育工作中贯彻落实科学发展观，就是要保持教育事业的全面协调可持续发展。要按照教育规律的要求，做到"四个统筹"：一是统筹教育规模、质量、结构、效益的协调发展；二是统筹各级各类教育的协调发展；三是统筹城乡之间、区域之间教育协调发展；四是统筹协调教育的改革、发展和稳定。而基础教育应该成为构建和谐社会的起点，在加强义务教育均衡发展、全面发展的同时，也要坚持义务教育和基础教育的公平和谐发展，它关系到我国全民素质是否能够得到普遍提高，以及"科教兴国"、"可持续发展"宏伟战略目标的实现；它关系到"普及、发展、提高"六字方针的实现程度和水平。

因此，我们主张应将维护城乡教育一体化发展确立为国家教育政策的基本价值取向。要把维护城乡教育一体化发展作为构建社会主义和谐社会、落实科学发展观的基础性工作，作为教育现代化的基本内容，作为制定教育政策的基石。以此为指导，构建农村高中教育发展指标体系。城乡教育一体化发展是和谐发展理论的内在要求。

（二）普及化取向

1. 人力资本理论，要求高中教育发展以普及为导向

人力资本理论认为，人力资本是现代经济增长的重要因素，甚至是首要因素。人力资本理论把影响现代经济增长的主要因素归结为知识的进步、技术的改进和劳动力质量的提高。美国经济学家舒尔茨认为，人力资本（Human Capital）主要指凝集在劳动者本身的知识、技能及其所表现出来的劳动能力。这种能力是经济增长和生产发展的主要因素，是一种收益率很高的资本。[①] 同时，舒尔茨非常强调教育对人力资本形成的重大作用，把教育作为一种具有重大意义的人力资

---

① 王正惠、任仕君：《农村高中发展预测研究》，载《教育科学》2006 年第 2 期。

本投资。人力资本理论的核心观点主要表现为：（1）现代经济已大不同于传统经济，除了相应的资本和自然资源外，劳动者的知识、技术及能力已成为现代经济增长的决定因素。（2）突出教育的生产性功能，认为现代教育是形成人力资本，创造现代经济的关键要素，具有培养现代经济发展需要的各种人才的功能。（3）阐明教育与现代化经济增长的内在互动关系和一般规律，指出教育促进经济增长的效益原则，并大力倡导增加教育投资，建立起现代教育发展与现代经济增长的理论和操作原则。

相关研究也表明，教育对社会经济发展具有重要的意义。一般认为，无论是在高中教育还是在大学教育方面，发展中国家所能够获得的收益率一般都高于发达国家。据估计，投资于高中教育的收益率在发达国家大约为10%，而在发展中国家则为13%~15%；而投资于高等教育的可比收益率则分别为8%和11%。[1] 联合国一项研究表明，初等教育提高生产效率为43%，中等教育为108%，高等教育为300%。国内学者沈百福、杜晓利也对我国各级教育人口与经济发展进行了相关分析，他们的研究发现，随着经济水平的提高，人均GDP与每万人初中教育人口的相关系数由1990年的0.5859下降为2000年的0.3823，高中教育与经济发展水平的相关系数则为0.8139。他们认为再过十年，经济发展水平与初中教育人口的相关性将会变得不显著，而与高中和中专教育人口的相关性加大。[2]

为此，我们必须加大人力资本投资，改变教育投资偏向城市，农村教育投资严重不足的状况，同时，借鉴瑞典各地市政府的做法：所有20岁以下的青年在完成义务教育后（约16岁），都继续接受某种形式的高中教育，现在瑞典政府更明确地提出"人人需要高中教育"的口号。我国也应将"基础教育大众化、普及化"作为我们的导向，关注每一所高中的发展，让每一所高中都能提升学校的办学水平与办学能力，形成各具特色的学校精神与文化。

2. 人本主义理论，要求农村高中教育发展尽可能满足人们对教育机会的需要

以人为本，"本"指人是一切行动的目的、基础和出发点，即人是目的，人是万物的尺度——"一切为了人，一切依靠人"，人是目的也是手段。以人为本的要求是：一切行动都要以人本身及其需要为准则，把人的需要作为目标，这是实现以人为本发展的根本途径。

坚持以人为本有其必要性。第一，马克思曾指出，"社会发展的目标就是人

---

[1] 胡瑞文、杜晓利：《未来15年我国教育资源供求矛盾与政策选择》，载《教育发展研究》2005年第6期。

[2] 沈百福、杜晓利：《人口文化素质与经济发展水平的相关分析》，载《北京大学评论》2004年第1期。

的自由全面发展",其所指的人应当是没有城乡之别的,应当是全社会所有人的发展。第二,社会的发展归根到底是要依靠人的发展,而人才的正态分布规律要求大力发展农村教育,否则大量的农村人才因得不到挖掘而将会被埋没。第三,人本主义心理学需要层次理论认为,人的需要是有层次变化的,随着我国人民生活水平的普遍提高,人们的需要已从对温饱的需要过渡到了对平等教育机会的需要。另外,教育也是实现城乡和谐发展的重要手段,教育本身具有减少机会不平等,促进社会流动的功能,从而缩小城乡发展差距。

坚持以人为本是加快教育发展的出发点和落脚点。胡锦涛同志指出:"坚持以人为本,就是要以实现人的全面发展为目标,从人民群众的根本利益出发谋发展、促发展,不断满足人民群众日益增长的物质文化需要,切实保障人民群众的经济、政治和文化权益,让发展的成果惠及全体人民。"坚持以人为本,加快教育发展,要全面贯彻十六届五中全会精神。

具体来说,在教育方面坚持以人为本,就是要解决教育供给不足的问题,以满足不断增长的教育需求,增加人力资本的存量;调整教育结构,提高教育投资的效率,特别是要提高农村人口的素质和文化水平,缩小城乡差距。基础教育阶段是奠定一个人终身资历和学习能力的关键时期,它为每个人提供塑造自身能力和参与社会竞争的资本,因此说如果儿童在基础教育阶段就存在较大差异,势必造成他们在接受初始教育阶段的不平等,进而形成基础教育上的"先天不足"。加深教育程度上的两极分化。受教育的程度直接影响一个人的知识水平,而知识就是生产力,就是财富,因此受教育的不平等势必在今后进一步扩大我国目前业已存在的财富上的两极分化。要改变教育发展的不平衡,即城乡、区域、校际、男女、贫富家庭等之间的教育发展不平衡,维护人民群众的根本利益,就必须坚持以人为本,通过加快教育发展来解决。

3. 高中教育的"立交桥"地位,要求高中阶段教育规模合理、结构协调

目前,我国已经基本普及九年义务教育,"普九"人口覆盖率高达90%,高校招生数量自1999年以来也快速增长。2004年,15岁以上人口平均受教育年限已达到8.3年,总人口中大学以上文化程度的达到7 000万左右,劳动力平均受教育水平由小学毕业提高到初中毕业。[①] 高中生正处于由儿童跨进成人的过渡时期,也是学生或升学或就业的人生"大坎儿",高中教育在整个教育体系中具有特殊的承前启后的地位和作用。为此,瑞典教育署认为高中教育在当前必须具有连续性和协调性,与多方加强衔接与沟通:从纵向看,要加强与义务教育和高等

---

① 学习贯彻科学发展观总结"十五"教育工作,推进"十一五"教育发展,教育部部长周济在教育部2006年度工作会议上的讲话《中国教育报》2006年1月6日。

教育的衔接和沟通；从横向看，要加强与社会各方面的衔接和沟通，主要是高中继续维持和建立与家庭、社区、企业、成人教育的有机联系，从而使高中教育真正成为瑞典大教育网络的一个不可缺少的环节。然而，我国的高中阶段教育，却供小于求，限制了学子们的理想选择，制约了我国教育的健康快速发展。为此，我们应该在农村大力发展高中阶段教育，通过大力发展高中阶段教育来更好地拉动九年义务教育的发展，拓展农村学生的出路和满足家长们的期盼；通过大力发展高中阶段教育来保障高等教育生源的质量和质量。① 因此，搞好初中后的高中阶段教育意义重大。

4. 高等教育大众化理论，要求农村高中的大力发展

2005 年高等教育毛入学率已达到 21%，但高等教育的地区差别、城乡差别、阶层差别，使得均衡地配置高等教育资源还存在很多问题。袁桂林教授认为，高等教育大众化不仅有量的要求，更要有质的规定。我国已经进入高等教育"大众化"阶段的说法是不符合中国国情的。他认为高等教育"大众化"要以高中教育"普及化"为前提，要以城乡均衡发展为前提，要以教育的公正、平等为前提，在农村连"一村一名大学生"都没有实现，怎么能说中国高等教育已经"大众化"了呢。②

殷鸿福在政协十届四次会议大会发言时也指出，高等教育入学机会很不平等。这几年来，东中西的差距越来越大，2004 年高教毛入学率，上海 55%、北京 52%、江苏 29%、浙江 25%、广东 20%，而西部省份却还在 10% 左右徘徊（如贵州、云南为 11%）。北京、上海和一般地区、落后地区的差别依然存在。农村子弟上大学，必须比优势阶层的子弟考出更高的分数，而且后者更多的分布在重点大学和优势学科，前者更多分布于普通院校和大专院校。教育机会的不均等将会使上一代的阶层分化传递到第二代、第三代，加剧社会的两极分化。③ 因此，高等教育要注意统筹兼顾均衡发展，特别是需要农村高中的大发展。

（三）教育补偿

石中英教授认为补偿原则在基础教育领域中是指国家要给予各种社会处境不利的儿童以额外的教育补偿或关怀，为基础教育的均衡发展创造更好的条件，他

---

①② 袁桂林：《当前农村教育发展中的几个问题》，载《通化师范学院学报》2004 年第 6 期。

③ 人民网·中国政协新闻网，中国科学院院士，原中国地质大学（武汉）校长殷鸿福：《高等教育要注意统筹兼顾均衡发展》［EB/OL］．http://cppcc.people.com.cn/GB/34961/61624/61625/4275573.html，2006 年 4 月 6 日。

曾将补偿原则作为促进基础教育均衡发展的四项基本原则之一[①]。而目前，在我国基础教育阶段实施补偿教育是社会、经济持续健康发展的客观要求。

（1）从世界教育发展来看，随着社会的进步，民主、公平与正义的观念逐渐深入人心，为所有儿童争取平等的受教育机会成为这个时代的一项首要任务，补偿教育已经成为世界教育发展的一般趋势。（2）从我国高中发展的历史和现状来看，在过去七八年以及未来二三年的高中学龄人口高峰期，由于教育资源的相对不足，有很多不能顺利完成基础教育的青少年，他们即将成为全面建设小康社会的生力军，我们应对他们实施良好的补偿培训，否则将不能满足城乡建设对劳动者高技能、高素质的客观要求。（3）从社会利益视角考察，补偿教育具有重大的社会效益。据统计，到2005年年底，中国城市人口总数已经达到了5.6亿，中国城市人口增加了1 500多万，城市化水平已提高到43%，较2004年提速1.2个百分点，但仍比世界平均水平低近10个百分点。一般认为，城市化水平达到30%~40%左右，城市化进程将会进入加速期。有学者提出，发展中国家农村人口向城市迁移的倾向与其受教育水平之间存在着正相关关系，农村家庭受教育水平是确定其家庭成员向城市迁移的重要标准之一，那些接受了更高层次教育的农村居民最可能向城市迁移。[②] 因此，在本世纪的头20年，城市化进程将在客观上要求对进城劳动者进行多方面的补偿教育。

三、农村高中教育发展指标指数预测及指标体系

（一）农村高中发展指标选取原则

现有教育发展指标有近百种，但究竟确定哪些指标才能科学地对所研究的教育现象加以反映和分析，则必须依据目的性、科学性、联系性、可比性、可行性、时代性等原则选取高中教育发展指标。

在选取指标时，要充分考虑高中教育发展和规划的不同目的和要求，从中选择有用的指标组成专用的指标体系，以便进行具体操作和分析。依据一定的目的设计高中教育指标并确定其名称、含义和口径范围等，即对指标名称的质的规定，在理论上必须有科学依据，在实践上必须可行而有效，这样才能用来收集资料并予以数量表现，而后据以做出正确的分析和应用。在教育指标中的各个具体

---

① 石中英：《促进基础教育均衡发展的基本原则》，载《人民教育》2002年第12期。
② R. H. 萨博特和P. L. 王：《内部迁移与教育》，载《教育经济学百科全书》，高等教育出版社2000年版。

指标之间，在其含义、口径范围、计算时间和空间范围等方面，都必须是相互衔接而有联系的，这样才能综合而全面地认识影响高中发展因素间的数量关系、内在联系及其规律性。

在目的一定的前提下，要求教育发展指标具有科学性。指标的科学性的最重要含义是能准确的反映核心问题，是中心指标和核心指标，具有较强的代表性。例如，毛入学率指标是某阶段教育普及水平的集中反映，学校数量指标不能对教育规模做出准确的反映，由此，前者可以进入指标体系，而后者不具有代表性，就没有进入被选指标。因此，合理地、正确地选择有代表性的、信息量大的重要指标，组成教育发展指标体系，是正确评价并预测教育发展水平的关键。在本研究中，我们通过全面地分析高中教育现状、回顾其发展历程、国际参照、专家咨询、小组讨论等方法保证了指标选择的科学性。

可比性要求有两个含义。一是在不同的时间或空间范围上具有可比性，如以货币为单位的指标（生均公用经费、教育财政性支出等）必须扣除价格变动因素；在地区之间进行比较时，一般要用比例数、指数和平均数等进行比较才有可比性。二是在地区之间进行比较时，指标的口径、范围必须一致，这样才能更好地比较城乡发展高中教育的发展水平，促进城乡发展差距的缩小。这就必须避免单一的城市化指标，忽略农村教育的特殊性。明显偏向城市的指标不予选用，要选用更多的指标是农村、城市都有的，但其发展速度、达到时间应有差异，在取值上应该是有层次的，如毛入学率、生机比、理化实验设备、生均教育经费等。

教育是不断发展变化的，相应的反映其发展变化的核心或中心指标也应具有时代性，如校园网达标率、生机比等都是信息化时代出现的新指标。时代性还要求指标的选择要能反映当前人们对教育的关注重点，反映国家政策动向和今后的发展趋势，具有诊断性，能一定程度上引领国家政策方向。如普职比、教师学历合格率等都是人们所关注的，也是农村高中阶段教育协调健康发展的重要指标。

除上述原则之外，我们还要注意两点：第一，在选取指标时数量和质量指标同时并重，我国农村高中的现有发展水平不高，存在数量和质量两方面的要求，因此，应较多地关注其累积性变化指标，如毛入学率、教师达标率、办学条件等，这与义务教育侧重质量指标有所不同；第二，以独立性指标为主。选取具有相对独立性的指标来衡量教育发展，那些受外在力量影响大的指标尽量不要选取，避免受政策不稳定性、学生个体因素等的负面影响。

(二) 农村高中发展指标指数的预测方法与推算过程

指标预测要从城乡高中教育发展现状出发，以指标体系构建的原则为理念基础，遵循发展性原则、缩小城乡差距原则和科学性原则，以教育改革、缩小城乡教育发展的差距的总方针为前提，依据十六大、中央政策以及教育部各种文件和法规的精神及教育部门的发展规划，以及国内外学者和研究机构关于教育规划的研究成果，为指标预测提供方向和依据。具体来说，应依据以下三点：高中阶段教育与其他层次教育协调发展；高中阶段教育发展适应社会发展和城市化进程，为经济发展培养和输送足够数量的中高级劳动力；高中阶段教育发展与适龄人口波动相呼应。因此，从现在到2020年，我国高中阶段教育规模模式的合理选择是："扩张、巩固、提高"。具体地说，数量上将是"高速发展：着力扩大规模——中速发展：巩固发展速度——适度发展：重在提高质量"的演变格局。①

在对指标进行具体预测时，运用回归分析法、指数平滑法、国际比较法、德尔菲法等方法对高中教育发展指标的指数进行预测，并设定各项指标的发展速度。我们按照分步规划的思想，五年一个阶段，在设定指标分段发展指标时，逐渐缩小城乡教育发展在指标上的指数差距，到2020年时城乡差距较目前大大缩小，实现城乡教育的共同、和谐发展。

我们对农村高中发展各项指标的预测，是以各级教育适龄人口②的预测为基础的。对各级适龄人口的预测，主要依据第五次人口普查数据推算出的城乡学龄人口数，同时，采用王广州系统仿真模型，运用中国人口信息中心开发的中国人口预测系统（CPPS）软件进行预测。主要方法是分要素人口预测方法，共设定了总和生育率、平均预期寿命、出生性别比、生育模式、城市化规模和城市化模式6个参数。预测结果见图14-9。

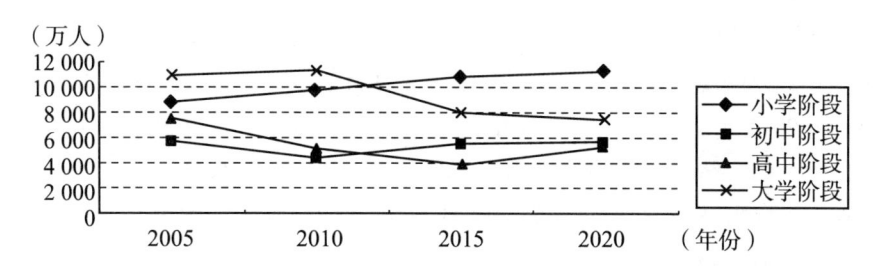

图14-9 全面建设小康社会时期我国各级教育适龄人口预测数据

资料来源：袁桂林、宗晓华、陈静漪：《中国分城乡学龄人口变动趋势分析》，载《教育科学》2006年第1期。

---

① 张春曙：《我国高中阶段教育规模发展的战略选择》，载《教育发展研究》1999年第8期。
② 根据我国现行学制，我们将小学学龄人口定义为6~11岁；初中学龄人口为12~14岁；高中为15~17岁；大学为18~21岁。

学龄人口变化趋势显示，从 2005～2020 年，我国各级教育适龄人口除小学阶段有所增长外，初中、高中和大学阶段教育适龄人口都呈下降趋势（见图 14-9）。除小学阶段适龄人口城乡都呈上升趋势外，初中、高中和大学阶段的适龄人口，农村持续下降，而城市一直处于上升状态，城市学龄人口的增加将对城市教育规模的扩张产生巨大的挑战。但对于农村来说，农村高中阶段学龄人口变化情况可大致分为三个阶段。2005～2008 年学龄人口从 6 093 万下降到 4 288 万，下降幅度为 42%，但仍是学龄人口高峰期，其中 2005～2007 年都超过了 5 000 万，2009～2020 年学龄人口都在 2 300 万～3 900 万之间，尤其是 2013～2017 年，学龄人口低于 3 000 万，学龄人口下降，将给农村教育事业的发展提供良好的机遇（见图 14-10）。

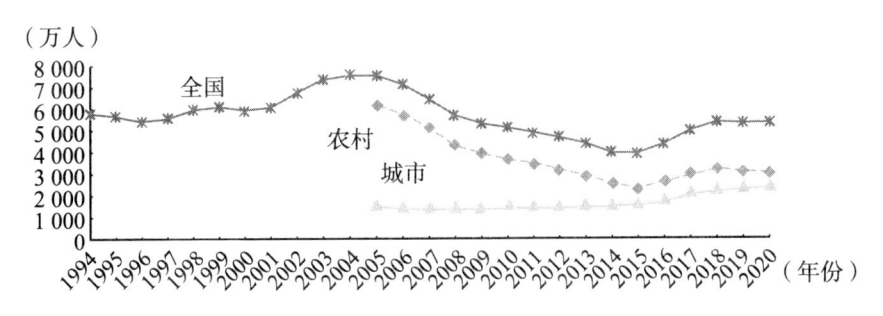

图 14-10　高中阶段学龄人口变化趋势

1. 学生及教师

在对我国高中教育发展的历史、现状以及相关调研成果分析的基础上，依据国家教育政策背景，重点考虑党的"十六大"精神、中央政策以及教育部的各种文件和法规的精神，借鉴、参考别国以及国内其他学者和研究机构关于教育规划的研究，运用德尔菲法、专家预测法等多种科学方法，设定全国、城市和农村 2010 年、2015 年、2020 年全国高中的毛入学率，用毛入学率乘以学龄人口数，得出在校生数，结合预测的普职比，可求出普通高中的在校生数目。再根据设定的生师比，求出高中专任教师数。在专任教师数的基础上，确定专任教师中本科及以上教师的比例。

（1）毛入学率和在校生数。毛入学率和学龄人口是确定学生数的基本变量。预测该指标时，我们先预测出全国和农村的毛入学率，并根据公式在校生数＝学龄人口×毛入学率，可分别求出全国和农村高中阶段在校生数，再根据城市与农村在校生之和等于全国在校生后得出城市在校生，再结合城市的学龄人口可计算出城市的毛入学率。由于城市中等教育阶段，职业教育所占比重较大，生源多来自农村，二者不易剥离，这就使得城市高中阶段学校在校生不仅包括城市学生，还包括很大一部分农村学生，因此，在计算过程中，上述公式中的在校生也将农村的一部分学生包括在内，致使在校生数大于了城市学龄人口，其毛入学率高于了 100%，这是笔者在此的一点说明。

就全国而言，2004 年高中阶段（全口径）在校生数为 3 607.6 万，毛入学率为 47.55%，若保持此规模不变，到 2010 年高中阶段的毛入学率就可达到 70.62%。受学龄人口总体下降趋势的影响，参考近年来高中在校生数的增长速度，2010 年毛入学率将达到 80%。2010～2015 年，学龄人口继续下降，只要保持现有的规模，2015 年高中毛入学率将会达到 90%。由于 2015～2020 年学龄人口有所回升，特别是 2015～2018 年回升幅度较大，再提高毛入学率有一定的困难，所以，2020 年高中阶段毛入学率，继续保持在 90% 左右是可能的。因此，我们将 2010 年、2015 年、2020 年全国高中的毛入学率分别定为 80%、90%、90%。

就农村而言，高中在校生规模取决于初中毕业生数、初中毕业生升学率、高中招生规模等主要因素。从全国的情况看，在 2005～2012 年间，农村初中学龄人口一直下降，农村初中毕业生总体数量将缓慢回落。运用公式：当年在校生数 = 当年招生数 + 上年在校生数 - 当年毕业生数，可以算出，2010 年农村高中在校生数，大致等于 2007 年农村初中在校生数乘以它的平均巩固率和升学率。按照这个思路，我们可以计算出 2010 年农村高中阶段的在校生数。再根据我们预测出的 2010 年农村高中阶段的学龄人口，可算出 2010 年农村高中阶段毛入学率为 55.21%。2010～2015 年间，由于农村高中阶段学龄人口继续下降，这为农村普通高中的快速发展提供了契机，因此，2015 年毛入学率可达到 66%。2015～2020 年间，农村高中阶段学龄人口开始回升，2018 年将达到 3 166.2 万人，然后又开始下降，但幅度不大，2020 年农村高中阶段毛入学率达到 70% 是可行的。因此我们将 2010 年、2015 年、2020 年农村高中的毛入学率分别定为 55.21%、66%、70%。

（2）生师比及教师合格率。根据中央编办、教育部、财政部 2001 年颁布的《关于制定中小学教职工编制标准的意见》的规定，高中教职工与学生比在农村、县镇和城市，分别为 1∶13.5、1∶13、1∶12.5，同时规定职工占教职工的比例，高中一般不超过 16%，将这两个比例折算后，学生与专任教师的生师比为 15∶1～16.7∶1。2004 年生师比农村、城市、全国却分别为 19.16∶1、17.81∶1、18.65∶1。从现状和国际比较来看，我国农村教师负担的学生多，而根据国家制定的编制标准对农村来说过紧。教师是农村教育发展的关键，农村地域和环境的特殊性使农村学校需要更多的教师，编制政策应该向农村倾斜，或至少应为同样的生师比。基于以上几方面的考虑，最终确定城乡小学和初中的生师比分别为 15∶1。

目前高中教师面临数量和质量双重提高的挑战。农村高中教师学历合格率与城市教师学历合格率有较大差距。2004年农村高中教师学历合格率为73.99%，城市为88.88%，相差近5个百分点。要促进农村高中阶段教育的快速健康发展，教师学历是一个关键因素，因此我们设定了高中专任教师合格率和硕士教师比例这两个预测指标。

2. 普职结构

机体的结构影响着机体功能的实现程度，同样，高中阶段的教育结构也将制约着高中教育的发展速度，影响着其作为初等与高等教育中介作用功能的发挥。为此，科学地预测和规划未来高中教育结构的比例关系显得特别重要，它将直接关系到我国高中阶段普通教育和职业教育发展战略的制定和实施。

（1）全国普职比。就全国职业教育而言，1999年高校扩招以前，由于中等职业教育毕业生国家统一分配的就业体制，加之高中升学率低，所以职业教育规模大于普通教育。1999年高校开始扩招，扩招后的2001年、2004年、2007年三届毕业生成为中等职业教育毕业生就业的主要冲击力量，这严重影响中等职业教育的招生，使中等职业教育学校在校生数量大大减少。加之，高中学龄人口高峰一直要持续到2007年，因此，到2007年实现1∶1的普职比例是非常困难的。随着高校扩招力度逐步减小，国家教育发展战略重心下移，加之2007年后学龄人口高峰期的消退，城市化进程加快，这将对人们的职业技术水平提出更高的要求，客观上给中等职业教育的发展创设了良好的需求环境，因此，到2010年实现1∶1的普职比比较可行。

从经济学观点看，各国的人均GDP水平与教育发展水平呈直接相关，尤其与职业教育相关度更大。2020年我国人均GDP达到3000美元以上，产业结构更加合理，第一产业所占比重下降，第二、第三产业比重上升，非农业劳动力人口减少，技术结构和产业结构的变化将会对劳动力的类型结构和层次结构提出了更高的要求。同时，扩大中等职业教育是教育供不应求时的必然选择。在高等教育还未达到普及之前，需要有中等职业教育为人们提供或扩大学习的机会。教育部规划司司长韩进曾表示，在2020年即使高等教育毛入学率达到了40%，也还有60%左右的人需要接受中等职业技术教育。综合考虑以上因素，我们认为2020年，普职比例维持在4∶6是比较合理的。

（2）农村普职比。2000～2003年职业高中占高中阶段中等职业教育的平均比例为40.2%。就农村中等职业教育而言，农村职前职业教育中，技工学校和普通中专的比例很小，且大多数都合并到职业高中里，因此，我们把农村的普职比，简化为普通高中与职业高中之比。根据中等职业教育与普通高中规模大体相当、协调发展的国家教育发展战略，也为适应城市化进程的需要，农村与全国普职比例大致相等是比较合理的。假定全国的普职比为 N∶M，职高与其他职业类比例为 0.40185∶0.59815，农村职业高中占整个高中阶段的比重为 Q，则 Q =（N + 0.40185M）∶0.40815M × 100%。由此可以求出农村的普职比，2005 年、2010 年、2015 年和 2020 年分别为 1∶0.3、1∶0.41、1∶0.49、1∶0.61。继而可换算出，2010 年、2015 年和 2020 年农村普通高中占整个农村高中阶段的比重分别为 71%、67%、62%。

3. 经费

教育经费指标的预测，[①] 需要综合考虑国家经济发展目标、国家预期财政能力、国家的社会发展目标、国家的人口变动趋势等多种因素，因此在预测时，我们可以从国际比较、教育需求预测和教育供给能力三个维度进行预测，并联系我国当前教育发展的现状和国家的 2020 年教育发展目标，来确定我国高中教育经费投入的合理比例和高中生均教育经费。

（1）高中生均教育经费。我们通过设定生均教育经费指数，利用公式：生均教育经费 = 生均教育经费指数 × 人均 GDP，求出高中生均教育经费。在具体运算的时候，参照 OECD 国家 2000 年各级教育生均经费指数的水平，并结合我国的实际，我们设定 2020 年我国高中生均教育经费指数为 30，同时我们依据国家《教育经费统计年鉴》的有关数据计算出了 2003 年我国普通高中的生均教育经费为 3 940.61 元（2000 年的价格水平），通过 2003 年的基础数据和 2020 年的目标数据我们得到高中阶段生均经费的年平均增长率，依据以上确定的各级教育生均经费指数和我国未来各年人均 GDP（2000 年的价格水平），可得出 2010 年、2015 年和 2020 年我国普通高中的生均教育经费分别为 5 157.22 元、6 250.01 元、7 574.37 元。

在确定农村高中阶段生均经费方面，由于没有农村高中阶段生均经费的统计数据，我们参照农村普通初中与全国普通初中生均经费比例关系，来确定农村高中阶段的生均经费与全国普高的生均经费比例关系。依据计算结果，2003 年我国农村普通高中生均经费指数为 31.8。参照 OECD 国家 2000 年各级教育生均经费指数的水平，依据我国农村高中阶段教育发展现实，设定 2020 年我国农村高中阶段生均经费指数为 26，缩小与全国高中阶段的生均经费差距，并与国际水平接轨。同时，依据国家关于高中阶段教育和农村教育的相关规划，在高中阶段生均经费的预测上，逐步缩小普高与职高的生均经费差距，争取到 2020 年全国普高与中等职校的生均经费达到一致，为 7 574.37 元，农村的普高与职高生均经费也均达到 6 564.45 元。同时缩小农村普高与全国普高、农村职高与全国中

[①] 经费这部分的预测详见子课题之一："经费专题研究"。

等职校的生均经费差距。见图 14 – 11。

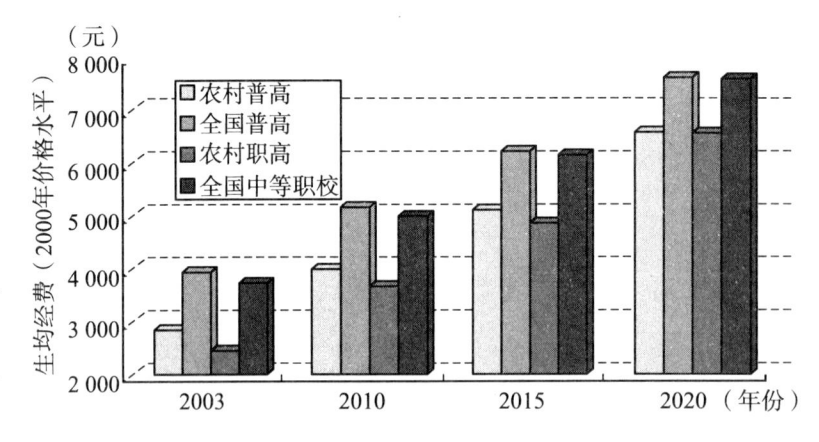

图 14 – 11　农村高中教育阶段生均经费预测

（2）高中财政性教育经费比重。

A. 全国普通高中

当前我国在初、中、高三级教育生均财政性经费方面差距较大，2003 年全国初等、中等和高等教育生均财政性经费之比约为 1∶1.7∶6.9，这与我国经济发展水平相关，同时也说明我国高等教育发展水平还不高，多元化的融资渠道没有形成。2020 年我国将基本上达到全面小康建设的目标，人均收入达到中等发达国家水平，依据我们对三级教育生均财政性经费支出的预测结果，2020 年我国初等、中等和高等教育生均财政性经费之比将降低为 1∶1.1∶3.0，与 1998 年世界发展指标（World Development Indicator）统计的世界中等收入国家三级教育生均支出的比例基本一致（1∶1.2∶2.9），说明在全面建设小康社会中我国公共财政制度日趋完善，教育资源配置以社会主义市场经济和劳动力市场需求为导向，能有效满足各级各类教育需求。

当前高中阶段属于非义务教育阶段，社会团体和个人以及其他教育经费来源比例较大，但若从未来教育发展趋势看，普及十二年义务教育是各国公共教育的追求目标，因此高中阶段的财政性教育经费应占据半数以上的比例。"十一五"规划中教育发展目标要求大力发展职业教育，尤其是发展中等职业教育，同时国家财政划拨 100 个亿来资助家庭困难学生，以及加强职业教育的能力建设。同时计划重点建设好 2 000 个职业教育实训基地、1 000 个县级职教中心、1 000 所示范性中等职业学校，说明政府正加大对职业教育的投入力度。借鉴国际经验，并从我国教育发展的需求趋势来看，我们对全面建设小康社会时期高中教育财政性教育经费需求进行了预测（见图 14 – 12）。

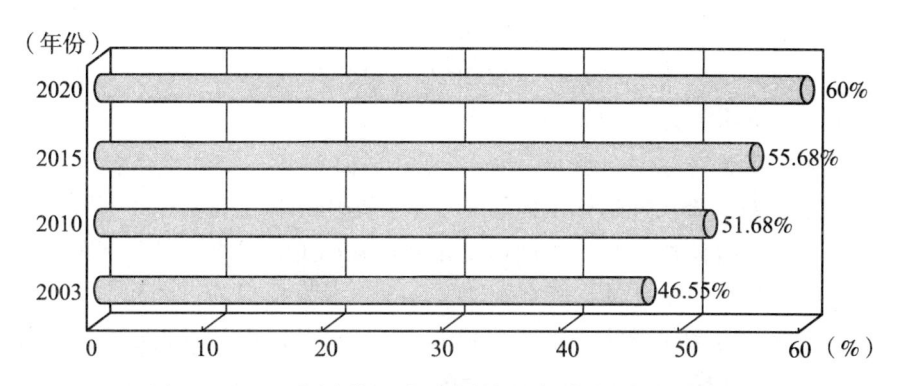

图 14-12 全国普通高中财政性教育经费比重预测

B. 农村普通高中

在农村高中阶段教育财政性经费比重的设定上参考的是全国高中阶段教育财政性经费比重的平均增长速度，测算结果见图 14-13。

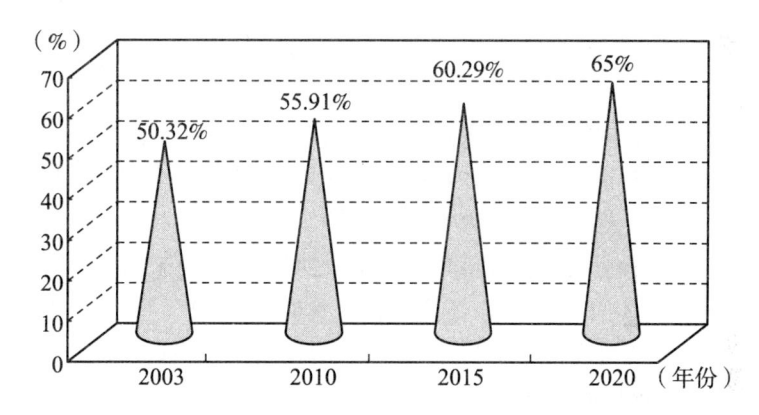

图 14-13 农村普通高中财政性教育经费比重预测

4. 办学条件

生均校舍建筑面积指标。在建设部、国家计委、国家教委《关于批准发布〈农村普通中小学校建设标准（试行）〉的通知》（建标［1996］640 号），以及建设部、国家计委、教育部发布的《城市普通中小学校校舍建设标准》（建标［2002］102 号）文件中，对中小学校舍建设标准做了详细的规定。我们参照上述两文件设定的基本指标和发展指标，并考虑到农村普通高中虽然升学率会大大提高，但适龄人口总体上下降幅度较大，而城市经济实力虽然高于农村，生均校舍建筑面积基数较农村大，但其在校生数一直处于上升状态，因此到 2020 年，我们将城乡普通高中生均校舍建筑面积差距缩小，分别设为 13 平方米和 15 平方米。

近年来，城乡普通高中危房改造取得了较大成绩，但危房面积相对比例和绝对数都很高，且呈现出巨大的城乡差异，2004 年城市危房率为 0.61%，而农村是它的 3 倍多，为 2.02%。农村危房率高，但在校生数将会减少，新增校舍面积的压力没有城市大，所以我们设定 2020 年城市危房率基本解决（危房比例 0.5%），农村危房率大幅下降（0.8%）。

音乐器械配备达标率、体育运动场（馆）面积达标率、美术器械配备达标率和教学自然实验仪器达标率的计算办法，是用达标学校数除以总校数。在分析城乡高中教育阶段学校平均规模变化趋势基础上，结合国外学者的研究结论——在贫困地区小型化的学校有利于学生学业成绩的提高，而在发达地区却是较大型的学校有利于学生学业成绩的提高[1]——以及国内学者提出的"城市及县镇的普通高中规模可以适当扩大在 1 500 人，农村地区高中可控制在 1 000 人"的观点，[2] 同时考虑到城乡在校生数量变化趋势，我们认为大致可以按照目前城乡学校的平均规模（城市 1 126 人、1 325 人）来计算。在确定出学校平均规模后，用城乡在校生数量除以学校规模，就可以算出各阶段学校数量。在此基础上，参考国家办学条件标准，依据发展性原则和缩小城乡差距原则，采用德尔菲法求出 2020 年各项达标率，再求出平均增长速度，就可以算出各阶段的数值。

教育信息化是促进农村高中教育快速发展的重要途径。生机比是衡量教育信息化的重要指标。近年来，我国教育信息化发展迅速，国家通过各种工程大力投入，并提出了以教育信息化推动教育现代化的口号。根据目前的发展速度和国家政策倾向性，我们认为我国教育信息化在不久的将来将达到较高的水平。基于国情，再参照美国 2000 年为 5.2∶1 的生机比，我们将 2020 年城乡高中生机比分别定为 4.5∶1 和 5∶1，这样的水平与专家们的"我国教育信息化程度比发达国家落后 20 年左右"论断基本符合。

（三）高中教育发展指标体系

表 14-6　　　　　　　全国高中教育发展指标体系

一级指标	二级指标	发展趋势预测			
		2003 年	2010 年	2015 年	2020 年
学生	在校学生数（万人）	3 243.0	4 086.6	3 498.1	4 751.6
	毛入学率（%）	43.8	80	90	90
	学龄人口（万人）	7 394.6	5 108.2	3 886.8	5 279.6

---

[1] Craig Howley, Marty Strange and Robert Bickel. Research About School Size and School Performance in Impoverished Communities. December 2000.

[2] 马晓强：《我国普通高中教育办学规模的几个问题》，载《教育与经济》2003 年第 3 期。

续表

一级指标	二级指标		发展趋势预测			
			2003年	2010年	2015年	2020年
教师及职工	专任教师数（万人）		107.1	136.2	104.3	126.7
	专任教师学历结构	合格率（%）	75.71	81.30	85.54	90
		硕士所占比例（%）	0.86	2.36	4.86	10
	生师比		18.4∶1	15∶1	15∶1	15∶1
经费*	高中财政性教育经费占教育总经费的比例（%）		46.55	51.68	55.68	60
	高中生均教育经费支出（元）		3 940.61	5 157.22	6 250.01	7 574.37
办学条件	危房率（%）		1.96	1.31	0.87	0.62
	生均校舍建筑面积（平方米）		13.93	13.10	13.72	13.65
	体育运动场（馆）面积达标率（%）		73.48	79.15	83.45	88.00
	体育器械配备达标率（%）		74.07	78.61	82.99	87.09
	音乐器械配备达标率（%）		65.87	71.52	77.47	83.09
	美术器械配备达标率（%）		65.63	70.25	76.86	83.73
	理科实验仪器达标率（%）		78.73	83.10	87.24	91.09
	建立校园网学校比例（%）		44.76	55.44	67.64	81.09
	生机比		10.84∶1	8.40∶1	6.18∶1	4.82∶1
结构	普高在校生占整个高中阶段的比重（%）		60.58	50	44.72	40

* 所有教育经费数据均调整为2000年价格水平；

说明：一级指标中，除"学生"指标是指高中阶段的数据外，其余指标皆为普通高中的数据。

表14-7 城乡高中教育发展指标体系

一级指标	二级指标			农村发展趋势预测				城市发展趋势预测			
				2003年	2010年	2015年	2020年	2003年	2010年	2015年	2020年
学生	在校学生数（万人）			1 583.3	2 032.5	1 543.8	2 062.7	1 660.1	2 054.1	1 954.3	2 689.0
	毛入学率（%）			26.32	55.21	66	70	120.39	144	126.27	115.3
	学龄人口（万人）			6 015.6	3 681.1	2 339.0	2 062.7	1 379.0	1 427.1	1 547.7	2 689.0
教师及职工	专任教师数（万人）			66.4	96.2	69.0	85.3	40.1	35.5	35.3	41.5
	专任教师学历结构	合格率（%）		68.97	76.25	81.98	88	86.69	90.02	92.48	95
		硕士所占比例（%）		0.59	2.02	3.6	7.6	1.31	3.57	7.32	15
	生师比			18.9∶1	15∶1	15∶1	15∶1	17.4∶1	15∶1	15∶1	15∶1

续表

一级指标	二级指标	农村发展趋势预测				城市发展趋势预测			
		2003年	2010年	2015年	2020年	2003年	2010年	2015年	2020年
经费*	高中财政性教育经费占教育总经费的比例（%）	50.32	55.91	60.29	65	—	—	—	—
	高中生均教育经费支出（元）	2 859.10	4 001.29	5 081.16	6 564.45	—	—	—	—
办学条件	危房率（%）	2.75	1.65	1.15	0.80	0.90	0.57	0.41	0.30
	生均校舍建筑面积（平方米）	12.51	12.71	12.85	13	16.44	15.83	15.41	15
	体育运动场（馆）面积达标率（%）	73.56	79.19	83.48	88	73.35	79.06	83.41	88
	体育器械配备达标率（%）	70.87	76.75	81.24	86	78.87	82.89	85.89	89
	音乐器械配备达标率（%）	60.53	68.59	75	82	73.90	78.28	81.57	85
	美术器械配备达标率（%）	60.71	69.05	75.71	83	73.03	73	78.77	85
	理科实验仪器达标率（%）	75.92	81.43	85.61	90	82.97	86.96	89.93	93
	建立校园网学校比例（%）	36.89	50.74	63.71	80	56.59	66.26	74.16	83
	生机比	14.15:1	9.22:1	6.79:1	5:1	7.66:1	6.15:1	5.26:1	4.5:1
结构	普高在校生占整个高中阶段的比重（%）	79.31	71	67	62	42.7	25.94	27.12	23.10

* 所有教育经费数据均调整为2000年价格水平；城市经费指标预测的影响因素太多，因此未做预测。

说明：一级指标中，除"学生"指标是指高中阶段的数据外，其余指标皆为普通高中的数据。

四、大力发展农村高中阶段教育的对策与建议

能否在全面建设小康社会过程中，把握历史发展机遇，大力发展高中阶段教育，将关系到我国"普及、发展、提高"方针的实施，关系到我国产业结构的

调整和教育结构重心的上移，关系到我国教育现代化水平的实现以及人力资本的积累程度，关系到社会的全面和谐发展。结合前文对农村高中发展现状的分析，笔者提出如下对策与建议。

（一）坚持城乡均衡发展原则，强化政策与制度保障

市场经济的基本原则是"效率优先、兼顾公平"，这也正是我国几十年来在教育领域一直沿用的策略与方法。它虽然造就了一大批重点学校、示范学校等高质量学校，培养了大量优秀的人才，但也导致了教育特别是基础教育在全国范围内的严重失衡。因此学者们提出了平等原则、矫正平等和补偿平等原则。平等原则是指国家有义务通过制度性的安排，确保每一个儿童不因其家庭、性别、民族以及健康状况等原因而受到不公正的对待，也即公平优先，这是促进基础教育均衡发展的首要原则，也是国家从制度或政策层面上克服种种基础教育发展不均衡问题的一个底线原则。① 矫正平等和补偿平等原则，是美国学者柯尔曼提出的消解教育差异的原则。矫正平等的内容是采取经济措施补偿那些能力优秀但没有优越背景的人；补偿平等的核心问题是对那些生来基因不良，或者处于恶劣环境中的人进行补偿，这些原则都是均衡原则的具体化。

同时，我们应强化政府责任，发挥政府宏观调控的职能。"推进教育均衡化的主体只能是政府——地方政府负责本地区的均衡；中央政府负责全国范围内教育的均衡发展。这也正是现代政府必须履行的公共职能。"② 使政府在政策制度方面应由过去的非均衡发展教育策略转移到均衡发展策略上来。在当前的教育现实中，通过制度变革和政策调整，克服那些明显影响、损害教育公平的制度性因素，同时采取倾斜政策，去扶助那些最需要帮助的弱势人群是大有可为的。杨东平提出，政府行为的底线，是不人为制造差距和扩大不公平，特别是要改善基础教育阶段的城乡差距，这需要在社会发展的过程中逐渐缩小，也需要我们的教育公共政策特别注意控制和减小这一差距。③ 朱永新认为，在总体政策的把握上，应保证公平，兼顾效率，在此前提下，建构不同的公平与效率的坐标系，制定相应策略；另外，要实事求是地区别对待不同地区的教育。对于落后地区或欠发达地区，政府应加大投入，确保该地区每个儿童享受基本教育的权利。体现公平优先，不忘效率的精神。④

---

① 石中英：《促进基础教育均衡发展的基本原则》，载《人民教育》2002年第12期。
② 张生：《"教育均衡化"辨析》，载《江苏教育》2004年第4期。
③ 杨东平：《试论促进教育公平的教育公共政策》，载《人民教育》2005年第7期。
④ 袁振国：《中国教育政策评论》，教育科学出版社2001年版。

（二）加强农村高中教师队伍建设

农村高中教育发展的关键在教师，教师水平是教学质量的关键性影响因素。目前，农村高中教师面临着数量和质量双重提高的挑战，我们需要从这两个方面来加强农村高中教师队伍的建设。

1. 多渠道扩充农村高中教师数量

第一，定向招生。通过定向招生的办法部分解决老、少、边、穷地区农村高中教师短缺问题。通过为部属和省属高等师范院校提供国家补助和专项资金的办法，鼓励这些学校扩大免费接受师范教育的学生的名额，规定学生毕业后回农村高中工作，以缓解农村高中教师不足问题。

第二，建立城乡高中教师双向流动机制。建立城乡教师双向流动机制，是合理配置城乡教师资源，缓解农村学校师资不足的一种重要手段。此项机制的建立首先必须有制度上的保障，建议把城乡教师双向流动率作为教育督导评估的重要内容，把它作为检验地方各级政府教育资源配置合理程度的一项重要指标。同时从制度上对教师流动、交流的经费和时间保障做出明确规定，为教师流动提供各种方便。具体的做法主要有：（1）规定城市高中教师评中、高级职称之前必须有两年在农村高中工作的经历；（2）规定进入城市当教师之前必须先到农村学校工作1年；（3）规定城市教师每10年必须到农村学校工作1年，农村教师每10年必须到城市学校工作1年；（4）对口支援，包括"校对校"、"县对县"等多种形式；第五，其他形式。例如，规定重点师范大学高年级学生到农村高中实习、青年志愿者计划等。

2. 大力提高教师教学水平

第一，继续大力实施"农村高中教育硕士师资培养计划"。扩大服务范围和服务对象，鼓励大学应届本科毕业生到中西部地区"国家扶贫开发工作重点县"高中任教，以扩充农村高中教师队伍提高农村高中教育质量。

第二，实施"农村高中教师继续教育工程"。据我们的数据分析显示，近年来，接受培训的高中教师在来源上，总体呈现出地级市、县里的老师占较大比重，乡镇农村教师所占比重极小（见表14-8、图14-14）。要提高农村高中教师的教学水平，进行继续教育是重要的途径之一。为此，我们必须建立和完善农村教师继续教育制度，对继续教育的经费来源、培训资格、考核办法等做出明确规定，使教师培训制度化、规范化。构建多渠道、多层次的农村教师继续教育体系，扭转以前只重视骨干教师提升培训的现状，为工作在第一线没有经费、没有时间参加学习的迫切需要培训的农村教师提供更多的接受更高层次继续教育的机会，提高乡镇农村教师接受培训的比重。

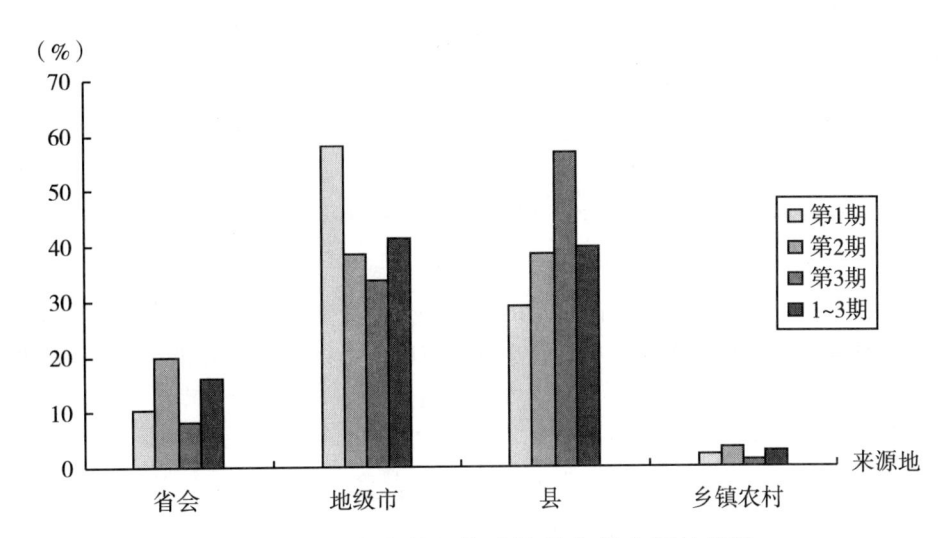

图 14-14　高中教师接受培训人员来源地统计

表 14-8　　　东北师大高中教师培训人员来源地统计

期数	学科	人数总计	省会 (%)	地级市 (%)	县 (%)	乡镇农村 (%)
第 1 期	C、M、B	86	10.47	58.14	29.07	2.33
第 2 期	C、M、P、PH、 CH、B、H、G	299	19.73	38.46	38.46	3.34
第 3 期	C、M	74	8.11	33.78	56.76	1.35
1~3 期		459	16.12	41.39	39.65	2.83

说明：①表中的学科，C＝语文，M＝数学，B＝生物，P＝政治，PH＝物理，CH＝化学，
　　　　B＝生物，H＝历史，G＝地理；
　　　②1~3 期培训人员时间分别为 2000 年 4 月，2000 年 10 月，2000 年 10 月。
资料来源：东北师大继续教育学院教师培训数据统计资料。

另外，还可实施"城市高中和高等院校退休教师支援农村高中计划"。通过各种措施鼓励城市高中和高等院校退休教师到农村高中工作，充分利用这些人才资源，发挥他们的先进思想和社会关系优势，为农村高中教育的发展创造物质精神条件。

（三）合理确定普职比例，扩大中等职业教育规模

中等职业教育事业的发展是整个高中阶段教育事业大发展的重要生长点，没有中等职业教育的大发展就谈不上普及高中教育。参考国家规划和我们的预测，

2010年，全国的普职比要达到1∶1，则城市和农村需要分别达到1∶2.42和1∶0.41；2020年全国和城市的普职比要分别达到4∶6和1∶3.32，则农村的普职比需要达到1∶0.61。要实现上述目标，2003~2010年，全国和农村职业类在校生每年需要分别扩招52万和34万；2010~2015年，全国需扩招29万，农村呈负增长，每年减少16万；2015~2020年全国和农村需分别扩招131万和54万。①

中等职业教育的发展是一个统筹的过程。一方面，要完善职业教育体系，加强中等职业教育与高等职业教育、中等职业教育与中等普通教育和高等教育之间的衔接和沟通，以形成立交桥式的关系；另一方面，要使我国产业结构和技术结构更加合理，劳动力市场准入制度、国家职业资格认证制度更加完善，在专业设置、教学质量等方面，以就业为导向，与企业建立紧密联系，积极推进"校企合作"和"订单培养"，改革以课堂为中心的传统人才培养模式，坚持学校教育和培训结合，为企业输送他们所需的高素质技能型人才，改革农村中等职业技术教育。此外，各级政府要加大对职业教育工作的统筹力度，把职业教育纳入当地经济建设和社会发展规划，使职业技术学校和普通学校之间平等、和谐发展。

（四）鼓励办学主体多元化

从国际比较来看，人力资源高投入的国家，由民间和私人承担的教育经费占GDP的比例都比较高，大体在2~3个百分点之间，整个国家的总投入占GDP的比重一般是7个百分点左右。以人力资源立国实行赶超型经济发展的日本、韩国和我国台湾地区，高中阶段教育和高等教育中的私立学校机构和在校生比例都很高，政府主要负责举办体现社会公平的义务教育和少量精英高等教育，普及型的高中阶段教育主要由社会和私人提供。如日本和韩国高中阶段私立学校在校生比例分别为29.4%和55.5%。②

从全国总体来看，高中阶段的办学主体仍以教育部门和集体办学为主。2003年，民办普通高中学校数仅占全国高中学校数的15.8%，民办普通高中在校生数仅占全国高中在校生数的7.2%。从城乡比较来看，社会力量举办的普通高中学校数和在校生数的区域分布，城市都占有较大的比例，其比例分别为61%和52%。③

---

①③ 胡瑞文、杜晓利：《未来15年我国教育资源供求矛盾与政策选择》，载《教育发展研究》2005年第6期。

② 王正惠、任仕君：《农村高中发展预测研究》，载《教育科学》2006年第2期。

从未来我国高中教育的趋势来看,到 2020 年我国高中阶段教育将处于加速发展时期,高中阶段毛入学率将大大提高,教育的供需矛盾将更加突出。从高中教育的非义务教育性质和我国教育投入重心来看,单靠国家投入来满足高中教育事业的发展是不现实的。

所以政府和教育部门对社会力量办学应给予政策上的鼓励和支持,并给予适当的财政资助;尽快设立具有权威性、相对独立的社会力量办学管理机构;大力挖掘民办教育的发展潜力,加强其发展"地域"的引导,特别是鼓励其在农村地区的大力发展;切实落实民办学校与公办学校招生的平等权以及民办学校招生的自主权,取消限制民办学校发展的各种不合理规章制度。总之,发展民办教育和混合型所有制教育,实现公办教育与民办教育共同发展,有利于社会资金进入非义务教育阶段的办学,扩大优质、特色教育资源,这是发展我国农村高中阶段教育,普及我国高中阶段教育的必由之路。

(五) 加大政府经费投入,多渠道筹措教育经费

自 1999 年高等教育扩招以来,高中阶段教育的规模迅速扩大,而政府投入的教育资金、教育资源严重不足。20 世纪 90 年代初,我国参照国际通用的把公共教育支出占国民生产总值的比例作为衡量一国政府对教育经费投入水平的主要指标的惯例,1993 年在《中国教育改革和发展纲要》中明确提出,"逐步提高国家财政性教育经费支出占国民生产总值的比例,本世纪末达到 4%"的目标。目前发达国家教育经费支出与本国 GDP 比值约为 6.2%,发展中国家约为 4.0%,而我国 2001~2004 年教育经费占 GDP 的比例仅分别为 3.19%、3.41%、3.28%、2.79%,这个比例远低于世界平均 5.1%的水平。今后几年中,农村地区需要继续巩固和提高"普九"目标,高中要扩大招生规模、改善办学条件,在 2020 年实现普及,就必须要有高强度的教育投入和充足稳定的经费来源。

在我国"三农"问题尚未解决的前提下,在我国义务教育普及艰难历程的启示下,农村高中要持续、稳定、健康的发展,一方面,必须坚持以政府投入为主,平衡县级财政,建立并完善财政转移支付;另一方面,高中阶段教育属非义务教育,地方政府可制定必要的政策,吸引社会各界支持高中阶段教育的发展,形成多渠道筹措教育经费的机制,扩大高中阶段教育的经费来源。

与此同时,还要加大实施对农村贫困高中生的资助政策的力度。"……需要在发展高中教育上,要正视社会整体进步与部分家庭经济水平落后的矛盾,研制农村高中发展和农村学生接受高中教育的特定政策。"我国对贫困大学生实施了勤工俭学、助学贷款等一系列资助政策,建议对农村贫困高中生实施类似的政策,帮助他们完成学业。勤工俭学不太适用于学习紧张的普通高中生,但职业学

校的学生可利用自己的一技之长勤工俭学,以减轻家庭的经济负担。"奖、贷、助、减、免"的资助政策也可以逐步在高中实施,其中助学贷款更为可行。通过一系列的资助政策,为学生提供接受高中教育的机会。

(六) 实施补偿教育

2005~2007年,是全国高中学龄人口高峰期,学龄人口都将超过6 000万。2004年全国高中毛入学率为47.55%,一半以上的学龄人口没能接受高中教育,从而成为低水平的劳动者。我们知道现有学校办学规模不可能在短时间之内急剧扩大,我们面临要么以降低本来就不高的培养质量来照顾数量,要么牺牲一部分学生接受高中教育的机会的两难困境。为在学龄人口高峰期未能接受高中教育的人口提供补偿教育是一项重要的补救措施。补偿教育的实施可以通过职业学校、社区教育中心、普通学校、企业等机构进行。补偿教育的形式和渠道应该灵活多样,要以低成本、低收费、多方分担为原则,为受教育者提供对他们的生存和发展具有实际意义的教育服务。

在实施补偿培训的过程中,应注意以下几点:(1)补偿内容上,应遵循实用性原则,即要根据他们的年龄和工作特点选择教育内容,这些补偿教育的内容对民工的生存和发展是有价值的,是他们感兴趣的和需要的;(2)补偿目的上,补偿教育的具体目标是为他们建立健全高中学历补偿机制,要通过补偿教育实现他们的教育权利,提升就业机会和就业能力;(3)补偿方式上,补偿教育可以运用职业学校、社区教育中心、普通学校、企业等举办周末学校、夜校以及企业培训机构,电台、电视台以及网站可以开设补偿教育节目;(4)补偿费用上,要以低成本、低收费、多方分担为原则,由于补偿教育的对象处于就业弱势,其经济状况大多不理想,因此补偿教育应由当地政府、就业单位以及民工个人三方分担,政府主要提供教育公共资源,例如低收费的考试、辅导,免费的教育电视广播节目及颁发学历证书;就业单位提供相应科目(如职业技能类课程)的教育培训费用,在录用时承认补偿教育学历;个人负担教材考试等项费用。

第十五章

农村职业教育发展战略及指标体系研究

我国是人口大国,劳动密集型产业和劳动密集型产业区段是我国经济的比较优势之所在。充分发挥比较优势,取得经济快速发展,需要大量的具有中级和高级职业技能的工人。作为培养中等职业技能工人的主要机构,中等职业教育机构,尤其是农村职业高中承担着巨大的责任,也面临着严峻的挑战。我国的农村职业高中从 20 世纪 90 年代后期一直处于滑坡状态,虽然在政府的政策支持下其发展势头有所回升,但是这只是在规模上的回升,从毕业生的培养质量上来看,目前状况仍然堪忧。要想摆脱发展困境,走上健康发展之路,必须调整发展的思路和政策。因此,基于农村职业高中发展的现实,提出农村职业高中发展的宏观思路,以此为指导对农村职业高中未来发展进行合理预测,设计相应的政策路线,将显得十分必要和迫切。

一、我国职业教育体系、政策与发展现状

(一)职业教育体系

职业教育是国家教育事业的重要组成部分,是促进经济、社会发展和劳动就业的重要途径。我国《职业教育法》指出,国家发展职业教育,推进职业教育改革,提高职业教育质量,应建立、健全适应社会主义市场经济和社会进步需要的职业教育制度。经过半个多世纪的发展,我国职业教育形成了一个系统的体

系。从学校职业教育体系来看，目前主要存在初等职业教育、中等职业教育和高等职业教育三个层次。其中中等职业教育主要包括职业高中、技工学校和中等专业学校。农村职业教育主要包括初等职业教育和中等职业教育，其中中等职业教育是农村职业教育的主要组成部分。农村中等职业教育又以职业高中为主要办学形式（见图15-1）。

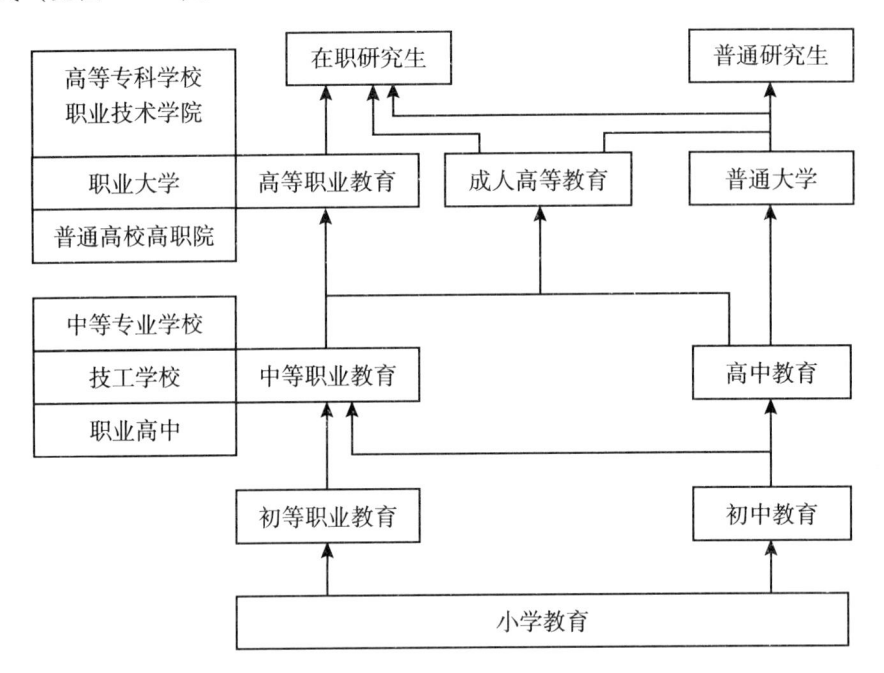

图15-1 中国现行学校职业教育体系框架

资料来源：姜军：《中国职业技术教育体系建构研究》，博士后工作报告。

职业技术教育证书制度一直是我国职业教育制度体系的重要组成部分。自20世纪90年代起，我国就进行了一系列职业技术教育证书制度方面的建设和推进工作。1999年中共中央、国务院在《关于深化教育改革全面推进素质教育的决定》中提出，要在全社会实行学历证书与职业资格证书并重的制度。2000年劳动和社会保障部发布了《招用技术工种从业人员规定》，确定了90个工种需持有职业资格证书就业。我国职业技术教育证书包括学历证书和职业资格证书两种类型。如图15-2所示，学历证书由教育部门管理，职业资格证书则由劳动保障、人事部门综合管理，劳动保障部门负责以技能为主的职业资格鉴定和证书的核发与管理，人事部门负责专业技术人员的职业资格评定和证书的核发与管理。由于职业资格证书种类繁多、标准不一、多头发放，很难形成国家统一的职业资格制度和体系，职业学校在实施职业资格鉴定中的作用也得不到充分发挥，不利于职业技术教育的整体推进和健康发展。

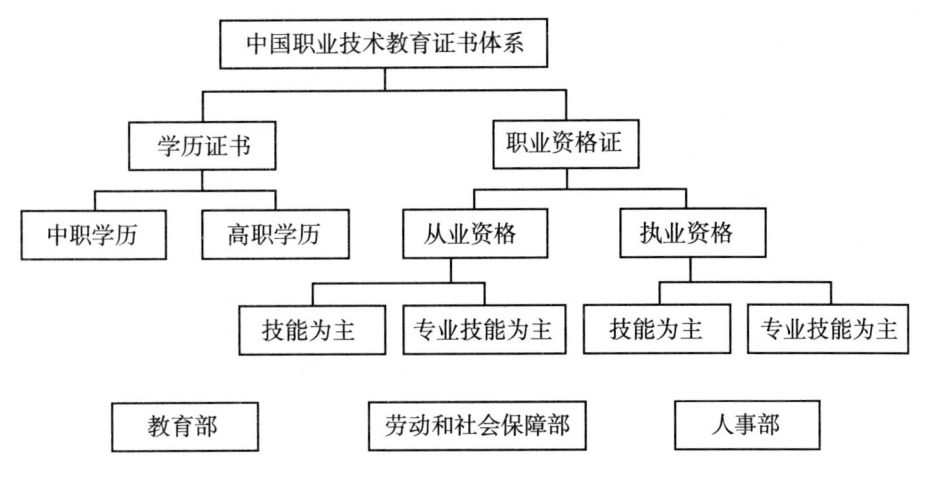

图 15-2 中国职业技术教育证书体系

资料来源：陶秋燕、李培均、杨宜：《中国职业技术教育体系的沿革及发展趋势》，载《北京联合大学学报》2002年第6期。

（二）职业教育政策

国家十分重视职业教育的发展。1995年的《劳动法》第六十六条规定，"国家通过各种途径，采取各种措施，发展职业培训事业，开发劳动者的职业技能，提高劳动者素质，增强劳动者的就业能力和工作能力。"《劳动法》第六十七条规定，"各级人民政府应当把发展职业培训纳入社会经济发展的规划，鼓励和支持有条件的企业、事业组织、社会团体和个人进行各种形式的职业培训。"1996年，全国人大常务委员会通过《中华人民共和国职业教育法》，标志着我国职业教育发展从此有了专门的法律保障。此后几乎每年中央政府都出台政策文件对职业教育的发展进行规划和指导，地方政府出台的支持地方职业教育发展的政策文件更是不计其数，内容涵盖职业学校布局、设置标准、招生政策、经费投入，以及少数民族地区的职业教育发展等（见表15-1）。2005年，《国务院关于大力发展职业教育的决定》（以下简称《决定》）更是将发展职业教育提到了更加重要的地位。《决定》指出，"大力发展职业教育，加快人力资源开发，是落实科教兴国战略和人才强国战略，推进我国走新型工业化道路、解决'三农'问题、促进就业再就业的重大举措；是全面提高国民素质，把我国巨大人口压力转化为人力资源优势，提升我国综合国力、构建和谐社会的重要途径；是贯彻党的教育方针，遵循教育规律，实现教育事业全面协调可持续发展的必然要求。"

表 15 - 1　　　　关于职业教育发展的法律、法规和政策

年　份	发文机关	文件名称
1995	全国人大常务委员会	《中华人民共和国劳动法》
1996	全国人大常务委员会	《中华人民共和国职业教育法》
1999	教育部	《关于调整中等职业学校布局结构的意见》
2000	劳动和社会保障部	《招用技术工种从业人员规定》
2000	国家民委、教育部	《关于加快少数民族和民族地区职业教育改革和发展的意见》
2001	教育部	《中等职业学校设置标准（试行）》
2002	国务院	《国务院关于大力推进职业教育改革与发展的决定》
2003	农业部、劳动和社会保障部、教育部、科技部、建设部、财政部	《2003～2010年全国农民工培训规划》
2004	教育部、发改委、财政部、人事部、劳动和社会保障部、农业部、国务院扶贫办	《教育部等七部门关于进一步加强职业教育工作的若干意见》
2005	国务院	《国务院关于大力发展职业教育的决定》
2006	财政部、教育部	《财政部、教育部关于完善中等职业教育贫困家庭学生资助体系的若干意见》

（三）职业教育发展现状

20世纪80～90年代是我国中等职业技术教育大发展时期。从1980～1997年，我国普通高中学校数从31 300所减少到13 880所，学生数减少了119.72万人，而同期中等职业学校（含中等师范）则从9 688所增加到17 116所，学生数从226.3万人猛增到1 089.51万人，共计培养各类毕业生3 085万人；普通高中学生数占全部高中阶段教育学生总数的比例从81%下降到44%，而中等职业学校学生数所占比例则从19%上升到56%。1998年中等职业技术教育规模达到1 467.8万的在校生峰值后逐年回落，2001年降到1 164.8万人，2003年回升为1 256.7万人，但仍比1998年下降了14.4%，中等职业学校在校生占高中阶段学生的比例也从1998年的60%下降到2003年的38.8%。如图15 - 3所示，2004年我国中职招生总数为566万人，比2001年的399万（招生最少的一年）增长了42%，超过了历史最高水平（1998年531万）；在校生1 409万人，是2001年的1.21倍，占高中阶段学生的比例为38.6%。虽然这几年我国中职教育

呈上升趋势，但受办学能力所限，全国每年仍有八九百万初中毕业生不能升入高一级学校，因此发展中等职业技术教育还大有潜力，这不仅是我国现阶段培养技能型人才的需要，也是普及高中阶段教育的有效途径。

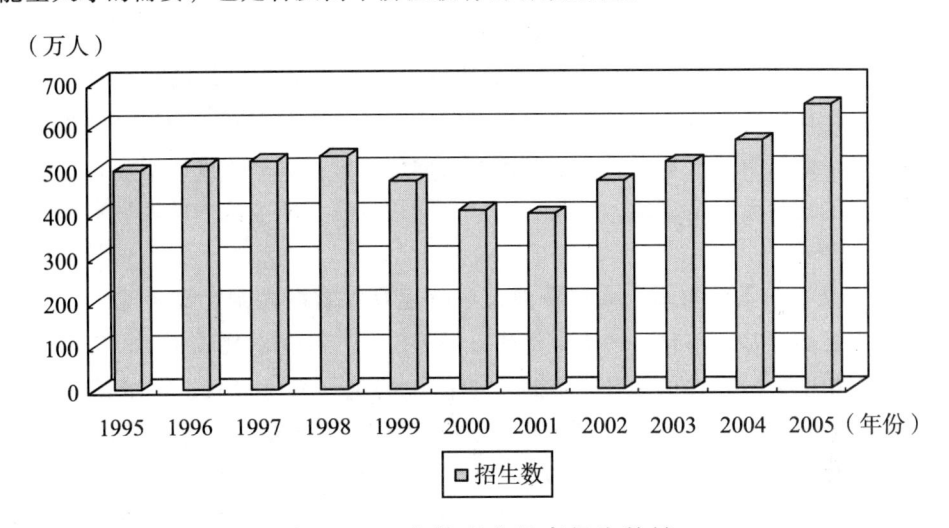

图 15-3 中等职业教育招生数量

资料来源：《中国教育统计年鉴》(1996~2006) 各年版。

二、我国农村职业教育发展的现状与面临的问题

据 2002 年教育部抽样调查，全国 1.78 万所中等职业学校中，除几十所是由中央部门及所属单位举办的外，绝大多数都是由地方举办和管理的。其中，省属占 11%，市（地）属占 48%，县属占 41%。如果将县及县以下行政区域都视为农村地区的话，那么农村中等职业教育占整个中等职业教育将近一半的数量。农村中等职业教育基本以职业高中为主。许多地区的其他职业类学校近些年来也多数合并到职业高中，成立职业教育中心。因此，我们的分析基本集中在农村职业高中的发展上面。

（1）从发展规模来看，20 世纪 90 年代后期以来，农村职业高中整体处于滑坡状态，欠发达地区更为严重。全国县镇和农村地区毕业生升入中职的比例由 1996 年的 26.9% 下降到 2001 年的 17.7%。尽管同期普通高中发展较快，但初中毕业生升入高中阶段的比例却由 44.2% 下降到 43.1%，连续五年没有上升反而略有下降。2002 年农村职业高中招生数达到 104.41 万人，比 2001 年增加 8.35 万人，呈现回升趋势。但与农村高中阶段人口数量的增长相比，缺口仍然较大，且职普失衡状态有增无减。2001 年农村高中阶段在校生职普比为 1:4.48，2002

年下降为1∶4.76，不少县市已经出现普通高中的一枝独秀的局面。根据宗晓华、陈静漪（2006）对四个县职业高中与普通高中招生数量的研究，属于欠发达地区的贵州省息烽县、内蒙古林西县、四川省井研县的职业高中招生数量明显低于普高的招生数量，职业高中招生占高中阶段的总招生的比例分别为0.21、0.09、0.09。属于发达地区的长兴县中等职业学校招生数量基本与普通高中持平。因此，欠发达地区的职业高中发展的形势不容乐观。由于目前正是我国高中学龄人口高峰期，而且财政对职业教育中贫困生资助范围的扩大和力度的增加，这使得农村职高的招生数有所增加，但是在人口高峰过后农村职业高中的发展形势将会变得更为严峻。

（2）从办学条件来看，农村职业高中普遍存在资源短缺、设备陈旧、图书匮乏、实验实习基地不足、适应市场能力弱等现象，甚至出现职业教育资源向普通高中、初中大量转移的现象。我国职业高中的生均教育经费长期低于普通高中，最好的职业学校经费投入与一般中学的投入也只能勉强相当。据1995年以来的全国教育事业发展统计公报公布的数据，职业高中的多项办学基本指标（如专任教师人数及学历合格率、实验室建筑面积达标率、理科实验设备达标率、图书达标率、体育馆面积达标率等）仍然没有达到国家规定的办学要求；而且，远远低于全国普通高中办学的基本指标，增长速度也多数低于普通高中。农村职业高中更是如此。农村职业高中毕业生大部分要去经济发达地区和城市就业，财政投资的外部性太强，地方政府积极性极为有限，况且县级政府财力本身薄弱，最终导致农村职业高中经费拮据，教育资源匮乏，许多学校缺少培养学生职业技能的必备设施和设备，教育教学信息化、现代化更是无力实现。在这种情况下，农村职业高中普遍出现教学质量不高，社会影响和吸引力不大，自我发展能力弱，为农村和城市经济服务的能力不强的现象。

农村职业教育资源流失十分严重，只不过这种流失难以用统计数字表明。根据我们课题组的调查，部分农村职业高中包括一些重点职业学校改办为普通高中或招收普通高中、初中班甚至小学和幼儿园班，造成本就基础薄弱的农村职业教育资源实际上大量流失。

（3）从师资力量来看，农村职业高中教师合格率明显低于普通高中，文化课教师占的比例太高，具有一定职业技术素质的专业教师和双师型教师极为短缺。教育部曾多次出台政策加强职业教育师资培训，一方面依托高等院校，建设了52个全国重点职业教育师资培训基地，2003年又新增两所学校，使基地总数达到54个；另一方面依托大型企业建设了6个职业教育技能培训示范基地。此外，各地还相应建立了125个职业教育培训基地，并开展了相应的师资培训工作。2003年教育部又将承担中等职业学校教师在职攻读硕士学位任务的学校由

13 所增加到 22 所，招生计划增加到 1 560 人。然而，农村职业高中师资力量薄弱的局面仍然没有扭转。县级财政薄弱，编制控制很严，农村职业高中没有能力吸引高水平的教师，就算有合适的人选，也很难征得政府的财政和人事部门的同意。再者，农村职业高中多是由薄弱学校改制而来，文化课教师较多，专业课教师较少，比例失衡，学历达标率较低，这些与农村职业高中的教学是极不适应的。据我们调查，农村职业高中教师基本没有进修培训的机会。教师收入不高，很难自费出去学习。面对专业的不断调整，限于经费紧张，大多数农村职业高中的现有教师也无可奈何，只能靠自学来勉强教授开设的课程。

三、农村职业高中发展的思路与战略

（1）农村职业高中生源数量不足的根本症结不在社会歧视职业学校等需求方面，而在供给方面，即职业学校资源匮乏，横向和纵向衔接不畅，无法满足生源市场和劳动力市场的要求，因此，发展重点应放在改善供给上。

首先，职业教育的生源市场是劳动力市场的派生市场。如果农村职业高中的发展很好，优质教育资源丰富，专业开设适合市场，教师专业素质较高，培养的毕业生拥有过硬的职业能力和素质，劳动力市场的需求将会很大。但如果农村职业学校不能为学生提供优质的职业和技术教育，也就是说没有多少职业特色，而且在文化课的教学质量上又比普高低，那么初中毕业生就没有任何动力来上职业学校，企业也没有任何激励来聘用职业学校的毕业生而不录用普高的毕业生。目前农村职业高中正处于这种困境。

其次，学生就读职高或普高的选择都面临着风险，为了化解教育选择的风险，各国中等教育都建立了四通八达的横向沟通和纵向衔接渠道。目前，从横向上看，农村职高并没有和普通高中建立合作和沟通关系，职业学校的学生并不能转学到普通高中；从纵向上来看，虽然农村职高有对口升学指标，而且指标在不断增加，但是总体上高等职业教育机构的招生仍主要来源于普通高中而非职高，职业学校的纵向衔接关系并不顺畅。每个人都有发展和自我实现的需求，选择一个向上继续发展的机会很小的教育机构就等于自我封顶，甚至自弃。因此，可以说目前农村职业学校无法为学生的选择化解风险，也不能为学生提供充足的向上发展空间。

最后，作为教育服务供给方的政府，其对职业学校经费支持不足，不是地方政府对职业教育的重要意义认识不到位，而是由于农村职业学校毕业生流向城市和经济发达地区就业，地方政府的投资收益很不对称，所以县级政府或乡（镇）政府也没有大力投资职业教育的激励。

综上所述，可以认为农村职业高中滑坡的主要问题出现在供给方面。要打破这种恶性循环的局面，政策着力点应该放在供给方面，以供给方面的改革作为突破口，集中精力提高教育质量。

（2）由于县级政府的财政实力薄弱，农村的普职比例没有必要和城市的普职比例进行攀比，农村职业高中在校生数量也没有必要和普通高中大体相当。国务院在《关于大力推进职业教育改革与发展的决定》中曾提出要"保持中等职业教育与普通高中教育的比例大体相当"。这是根据我国产业发展比较优势和劳动力市场状况而提出的总体规划，但大体相当的普职比例是对全国总体而言的，并不是一定要强硬地贯彻到农村地区。这里有两个观点需要明确：第一，农村初中毕业生或其他农村人群并非只能到农村职业学校接受职业技术教育，他们可以到城市，甚至到劳动力输入地的城市接受职业技术教育或培训；第二，为"三农"服务的职业技术教育机构并非必须设在农村地区，农村地区的职业教育机构也并非主要为农村经济社会发展服务，实际情况就是如此。中等职业教育与普高有着根本不同的培养目标和培养模式，它需要合格的专业教师来传授专门的生产知识和技术，更需要专门的实验仪器和设备或实习基地来进行实地操练。因此，要办好职业高中，其成本较高。我国县级政府的财政收入十分薄弱。如表15-2所示，财政一般预算收入在1亿元以下的县的数量有1125个，占到一半以上。这样的县级财政也许仅能够满足基本的公务员和教师等的工资发放，至于进行大规模的投资，如职业教育的固定资产投资则是无能为力的。考虑到县级政府和乡（镇）政府的财力十分薄弱，农村的普职比例没有必要和城市的普职比例进行攀比，农村职业高中在校生数量也没有必要和普通高中持平。

表15-2　　　　　　　　县级财政与人口状况

	地方财政一般预算收入				
	0.2亿元以下	0.2亿~0.5亿元	0.5亿~1亿元	1亿~2亿元	2亿元以上
县个数（个）	237	398	490	506	441
年末人口数（万人）	2 668	10 980	21 495	29 646	30 763

资料来源：《中国县（市）社会经济统计年鉴（2006）》。

（3）从区域布局上看，现存农村职业教育是一种劳动力输出地模式，这种格局使技能型人力资本投资出现区域偏差，严重影响职业教育的质量和效率，应该逐步向劳动力输入地职业教育模式转变。我国的职业教育投资出现严重的区域错位。培养技能型人才的职业院校在空间分布上出现偏差，导致人才培养质量太差，无法满足企业的要求。具体的传导过程是，由于技术知识包含了大量无法解码的缄默知识，缄默知识只能通过人与人之间的直接展示和说明，并且直接在工作现场进行操练才能顺利传授，这就要求职业技术院校的坐落位置与产业集聚位置在空间上交叉，以便以最高效的方式与产业界建立联系，通过需求信息、实习基地和具有一线工作经验的教师等渠道与企业进行相互合作，真正培养出高素质的应用性人才。然而，我国的职业技术教育，尤其是中等职业技术教育是按照行政隶属集中在劳动力输出地，在空间上并没有与产业集聚区域形成很好地重合。我们用中职的在校生数与人口、地区 GDP、FDI（外国直接投资）和城市化率之间的散点图可以更直观地表明这种状况（见图 15-4 ~ 图 15-7）。

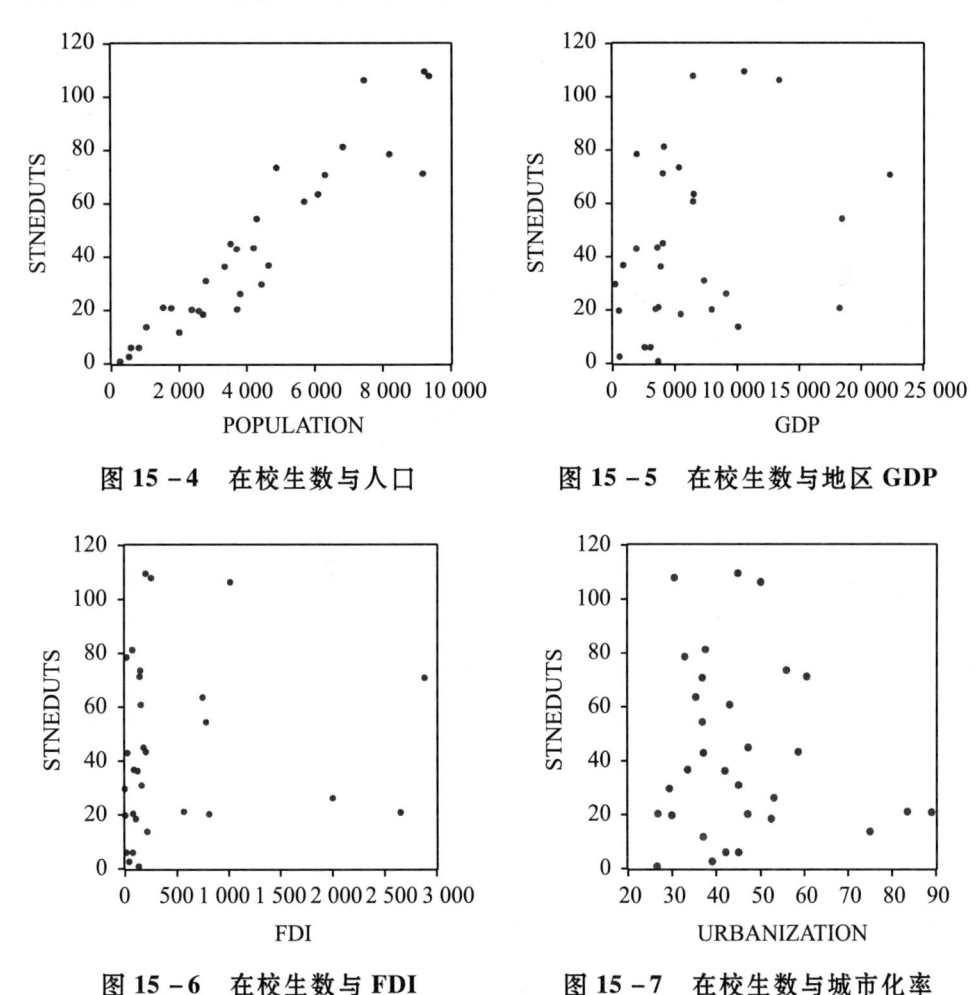

图 15-4 在校生数与人口

图 15-5 在校生数与地区 GDP

图 15-6 在校生数与 FDI

图 15-7 在校生数与城市化率

其中，外国直接投资通过技术示范效应、产业关联效应和人员培训效应等作用在技术扩散渠道中扮演了重要角色。它是启动地区经济发展的重要力量，也是我国技术学习的重要途径，极大地推动着我国的产业技术升级。但由于技术扩散遵循一定的区域"传染"效应，因此，产业在地域上的分布便显出集聚特征。

我国产业分布和 FDI 的分布有很强的相关性，原因就在于此（见表 15-3）。

表 15-3　　　　　　　　　FDI 的区域分布状况

年份	国务院各部门	沿海地区						内陆地区
		广东	福建	上海、江苏、浙江	山东、辽宁、河北	北京、天津	合计	
1997	0.8	25.9	9.3	24.7	12.8	9.1	81.7	17.5
1999	1.0	28.9	10.0	25.3	10.8	9.3	84.1	14.9
2001	1.1	25.5	8.4	28.7	14.3	8.2	85.0	13.9
2003	1.1	14.6	4.9	39.2	18.3	7.0	84.0	14.9
2005	0	19.7	5.1	38.9	12.4	8.0	84.1	15.9

资料来源：根据《中国统计年鉴》1998~2006 各年数据整理。

为了深入展示这种技能型人力资本投资空间上的偏差，可以运用最小二乘法，以各地区中职在校生数为因变量，以各地区人口、GDP 和 FDI 为自变量进行回归分析。回归结果显示，中等职业学校在校生数量与该省的人口密切相关，显著性水平为 0.000；与经济发达程度的关系没有与人口的关系密切，显著性水平为 0.052；与外商直接投资负相关，显著性水平为 0.181（见表 15-4）。

表 15-4　　　　　　技能型人力资本投资与产业集聚关系

变量	constant	Population	GDP	FDI	R^2	Adjusted R^2	F
Coef	-2.876	0.008	0.002	-0.008	0.90	0.89	79.55
t 检验值	-0.796	5.276	2.033	-1.372			

资料来源：数据来自《中国教育统计年鉴（2006）》和《中国统计年鉴（2006）》。

上述实证分析表明，职业教育的空间分布与产业的空间集聚没有紧密重合，这造成巨大的负面影响。由于职业教育主要集中在人口大省，属于劳动力输出地职业技术教育和培训，这就造成了三个方面的不良后果。首先，由于这种职业技术教育与经济集聚的空间错位，非产业集聚区域的职业学校将很难找到实习基地、双师型教师。其次，非产业集聚区域往往经济不够发达，财政实力薄弱，从而没有足够的财力支持职业技术学校购买先进的教育设备，而新技术往往内化在这些资本设备之中，这将使这些学校的教学质量下降，甚至纸上谈兵。

（4）由于我国产业向城市和经济发达地区集群，使得农村职业教育在实习基地、劳动力需求信息、双师型教师等重要教育要素上处于比较劣势，因此，应重新定位农村职业教育功能，恰当地估计其能力，提倡多种办学模式，发挥其比较优势。要解决三农问题，关键是把富余的农村劳动力转移到城市的非农产业就业，用城市化来带动农村的发展。产业向城市和发达地区集群不仅是一种趋势，而且是现实。农村富余劳动力转移出来以后主要集中在大中城市。由于产业集群和企业之间、企业和学校之间的交易成本降低，信息沟通高效，要素流动和技术扩散速度加快，职业教育在产业集群地区发展得天独厚。

因此，完全有必要重新考虑一下农村职业教育的功能定位，发掘其与生源地接近、交通成本低、生活成本低等特征，创造多种办学模式，充分发挥其比较优势。对于非产业集群区域的农村职业高中，有四个方面的功能可以考虑：第一，承担劳动力转移培训的通识型知识和基础技能培训；第二，通过合作办学，承担职业教育中偏重文化课和职业技能理论方面的教育任务，将实习和现场技术操作的任务转移到产业集群区域的职业学校进行；第三，扩宽中职毕业生升入高职院校的渠道，使其成为高级应用型人才培养的预备学校；第四，与农村技术推广机构和农业高等教育机构进行合作，作为农业技术推广的培训基地。

四、农村职业高中发展指标体系的构建与指数预测

（一）设定指标体系及指数的原则与方法

发展指标具有目标性和导向性，所以设计农村职业教育发展指标体系需要认清其发展中的问题、未来的发展思路，然后分清层次，理顺逻辑，提纲挈领，抓住核心指标，进而形成体系。根据前面的分析我们认识到，农村职业高中发展的突破点在于供给方面，所以我们把重点放在供给方面，并参考需求方面的因素，来构建指标体系。选择指标的原则是科学性、可测性和易于操作性。我们在进行指标的指数预测研究时，按照分步规划的思想，以五年为一个教育发展阶段。同时，发展速度的确定要充分考虑经济发展、财政实力、人口变化等现实状况。

（二）指标体系及指数的具体确定

综合各方面的因素，我们选定农村职业高中发展的一级指标包括结构比例、经费、教师与办学条件，二级指标包括职业高中在校生数占高中阶段在校生数的比例（％）、生均经费指数（％）、财政性经费占总经费的比例（％）、专任教师比例（％）、生师比、生均校舍建筑面积（平方米）、教学自然实验仪器达标率（％）、建立校园网学校达标率（％）、图书达标率（％）。预测的基础数据来自历年《中国教育统计年鉴》、《中国教育经费统计年鉴》、《中国人口年鉴》、

《中国统计年鉴》和 OECD 发布的《教育要览》。下面的内容详细阐明预测方法和数据。

1. 普职比例

由于农村职业教育中,技工学校和普通中专的比例很小,且大多数都合并到职业高中里,因此本章中农村高中阶段教育仅指农村普通高中和农村职业高中,把普职比例简化为普通高中与职业高中的比例。

根据袁桂林、宗晓华、陈静漪(2006)对学龄人口变动趋势的分析,由于 20 世纪 90 年代以来我国的人口控制政策效果的逐步体现,全国高中阶段适龄人口在 2006~2015 年之间一直处于下降状态,并且下降幅度很大,因此全面建设小康社会时期基本普及高中阶段教育的目标应该可以实现。农村高中阶段适龄人口的下降也为在农村地区普及高中阶段教育提供了宽松的环境。要在农村地区实现高中阶段教育的普及,必须依靠农村职业高中的大发展。《国务院关于进一步加强农村教育工作的决定》也要求大力发展职业教育,扩大中等职业教育规模,使中等职业教育结构更趋合理。《2004~2010 年西部地区教育事业发展规划》还提出争取到 2010 年西部地区高中阶段教育在校生达到 1 200 万人左右,其中中等职业教育占 50% 以上,毛入学率达到 65% 左右。根据这些政策文件的精神,我们确定 2010 年全国的普职比为 1∶1,2020 年为 4∶6,2010~2020 年普通高中所占比重匀速递减。根据历年《中国统计年鉴》数据,我国职业教育 2000 年以来其内部结构是基本稳定的,职业高中所占比例约为 40.2%。如果假定一直到 2020 年,职业教育内部结构仍然保持此比例。假定农村普通高中与职业高中的比例与其全国的比例一致。这样我们设定 2010 年全国普职比为 1∶1,可以计算出农村职业高中在校生数占农村高中阶段在校生数的比例为 29%;2015 年全国普职比为 1∶1.24,可以计算出农村职业高中在校生数占农村高中阶段在校生数的比例为 33%;2020 年全国普职比为 4∶6,可以计算出农村职业高中在校生数占农村高中阶段在校生数的比例为 38%。由此,我们确定 2010 年、2015 年和 2020 年农村职业高中在校生数占整个农村高中阶段在校生数的比重分别为 29%、33%、38%。

2. 经费

在经费的一级指标下,我们选取生均经费指数和财政性经费占总经费的比例两个二级指标。生均经费指数是指某级教育生均经费占人均 GDP 的比例。根据历年《中国教育经费统计年鉴》和《中国统计年鉴》可知,2002 年我国职业中学生均教育经费为 3 280.11 元,占当年人均 GDP 的比例为 40.1%;2003 年我国职业中学生均教育经费为 3 423.34 元,占当年人均 GDP 的比例为 37.9%;2004 年我国职业中学生均教育经费为 3 802.46 元,占当年人均 GDP 的比例为

36.2%。职业中学的生均经费指数呈逐年下降趋势。由于缺乏农村职业高中的生均经费数据,我们参照 2004 年农村初中生均经费占全国的比例,按照全国职业中学生均指数的一定比例折算,得出农村职业高中的生均经费指数,其中 2002 年为 31.0%,2003 年为 29.3%,2004 年为 28.0%。根据 OECD 国家高中教育的平均生均经费指数 30%,考虑到职业教育的成本应该高于普通高中,我们设定 2005 年农村职业高中的生均经费指数保持在 28.0%,之后每年增长 1 个百分点,到 2010 年农村职业高中生均经费指数为 33%,2015 年增长到 38%,2020 年增长到 43%。为了实现这些目标,财政支持必不可少。我国近几年财政收入增长速度高于经济增长速度,财政实力大大增强,纵向的转移支付力度也逐渐加大。根据这个背景,并且参照王蓉等对高中阶段财政性教育经费占总经费比例的预测,① 设定农村职业高中财政性经费占总经费的比重 2010 年为 70%,2015 年为 75%,2020 年为 80%。

3. 教师

根据历年《中国教育事业统计年鉴》,职业高中的专任教师占教职工总数的比例逐年稳步增长,2004 年达 71.73%,比 1998 年提高了 4.16 个百分点。所以,从总的趋势来看,职业高中的专任教师比例是增长的。国家在《关于制定中小学教职工编制标准的意见》的文件中规定,职工占教职工的比例,高中阶段一般不超过 6%。我们根据专家意见,并结合实际情况,确定 2010 年农村职业高中专任教师比例是 75%,2015 年专任教师比例为 80%,2020 年专任教师比例为 85%。

生师比的确立主要参考国家 2001 年颁布的《关于制定中小学教职工编制标准的意见》高中阶段学生与专任教师的生师比为 15∶1 ~ 16.7∶1,国家教育委员会省级重点职业高级中学的标准中规定除特殊专业外,专任教师与学生的比例,应达到 1∶10 以上。参照发达国家中学阶段生师比为 18.6∶1,再根据我国城市、农村、全国职业高中生师比的现状(15.99∶1、15.45∶1、15.70∶1),认为农村职业高中的生师比为 15∶1 更为合理。②

4. 办学条件

《省级重点职业高级中学的标准》中规定校舍建筑面积,一般不少于生均 20 平方米。另外参照建设部、国家计委、教育部发布的《城市普通中小学校校舍建设标准》(建标〔2002〕102 号)和建设部、国家计委、原国家教委《关于批准发布〈农村普通中小学校建设标准(试行)〉的通知》(建标〔1996〕640 号)

---

① 王正惠、任仕君:《农村高中发展预测研究》,载《教育科学》2006 年第 2 期。
② 赖明勇等:《经济增长的源泉:人力资本、研究开发与技术外溢》,载《中国社会科学》2005 年第 2 期。

的文件中对校舍建设标准的详细规定,我们确定职业高中生均校舍建筑面积为 20 平方米。

教学自然实验仪器达标率、建立校园网学校达标率、图书达标率的计算办法是参考国家办学条件标准,结合现状,采用专家预测法得出 2020 年各项达标率,再根据平均增长率公式:即 $P2002 \times (1+X)^{18} = P2020$($P2002$ 为 2002 年达标率,$P2020$ 为预测 2020 年达标率),计算出 X 值,即年平均增长率,再根据公式:$Pn = P2002 \times (1+X)^{n-2002}$,(n 表示要计算的年份)分别计算出 2010 年和 2015 年的发展水平。办学条件的具体数据见表 15-5。

表 15-5　　　　　　农村职业高中发展预测结果

一级指标	二级指标	2010 年	2015 年	2020 年
结构	职业高中占整个高中阶段的百分比(%)	29	33	38
经费	生均经费指数(%)	33	38	43
	财政性经费占总经费的比例(%)	75	80	85
教师	生师比	15:1	15:1	15:1
	专任教师比例(%)	75	80	85
办学条件	生均校舍建筑面积(平方米)	14	17	20
	教学自然实验仪器达标率(%)	69	80	92
	建立校园网学校达标率(%)	33	46	65
	图书达标率(%)	57	70	86

五、农村职业高中发展的政策建议

农村职业高中发展指标体系的构建考虑了多方面的因素,具有一定的现实性和可行性。然而这些目标的实现,仍需要各个方面的努力。我们认为要实现上述指标体系中所提出的目标,必须采取政策措施,加强财政投入力度,加强与高等职业教育的沟通与衔接,引进优秀专业教师,实行灵活学制,规范就业准入制度。

(1) 增加对县级财政的转移支付,加大财政对农村职业高中支持力度,摆脱低水平运转的陷阱。县级财政实力薄弱是分税制改革以来出现的重要财政问题之一,它直接制约着县级政府对农村提供公共产品或准公共产品的数量和质量。目前,农村义务教育阶段的经费负担主体进行了适当的上移,中央和省级财政都相应地负担了一部分。相比之下,农村职业高中经费的多寡则仍主要依赖于县级财政实力。虽然，农村职业高中可以收费，但是农民收入增长缓慢，承受能力很低，学费收入也不多。所以，农村职业高中陷入一种低水平运转的陷阱。要冲出陷阱，一个可行的办法是，中央和省级财政必须增加对县级财政的一般性转移支付力度，提高县级财政的实力。对农村职业教育实行专项经费拨款的办法并非长久之计，因为在县级财政十分拮据的时候，任何专项经费都有被挪用的可能。在县级财政实力增强的前提下，再设计合理的激励机制，鼓励地方政府对职业教育的投入，农村职业高中的经费才有可能充足，才有可能办出高水平、有特色的职业教育。我们设定的财政性教育经费比例逐年增长就体现了这种导向。如果不加强财政投入，不改善教育服务的供给能力，农村职业高中的恶性循环将很难打破。

（2）由县级以上地方政府对农村职业高中进行统筹，适度集群，发挥规模效益，并加强城乡之间和东中西区域之间职业院校的联合与合作，充分发挥各自的比较优势。职业学校具有规模效益，进行适度集群有利于资源使用效率的提高。我国《职业教育法》第十一条规定"县级以上地方各级人民政府应当加强对本行政区域内职业教育工作的领导、统筹协调和督导评估。"由县级以上地方政府对职业高中进行统筹，调整布局，适当集群，将有利于农村职业教育的健康发展。要加大职业技术教育资源整合力度。对那些规模小、效益低、专业特色不明显的学校要下决心撤并，保留专业特色明显、规模较大的职业院校；对同行业、部门举办的多所规模小的职业学校进行整合。

正视并重视地区间职业技术教育发展过程中存在的差异，充分利用城市和东部地区优质职业技术教育资源和就业市场，进一步推进东西部之间、城乡之间职业院校的联合与合作，实现职业技术教育的均衡、协调和可持续发展。

（3）改革教育体制，加强农村职业高中与高等职业教育的沟通与衔接，加大引进合格、优秀专业教师的力度。目前农村职业高中与高等职业教育机构的纵向衔接并不顺畅，每年对口升学的比例仍然有限。虽然中等职业教育要面向市场，但是中等职业教育并不等于终结职业教育，它也要为学生提供充足的向上发展空间。1999年中共中央、国务院在《关于深化教育改革全面推进素质教育的决定》中就已经规定，中等职业技术教育毕业生中可以有3%左右直接升学。《国务院关于大力推进职业教育改革与发展的决定》明确倡导："扩大中等职业学校毕业生进入高等学校尤其是进入高等职业学校继续学习的比例，适当增加高等职业教育专科毕业生接受本科教育的比例。"从各国的实践来看，中等职业学校横向上与普通学校，纵向上与高等职业教育机构的沟通与衔接是职业教育成功的经验之一，也是教育体制成熟、完善的标志。因此，我们必须将教育体制改革提上日程，逐步加强农村职业高中与高等职业教育的沟通与衔接。

高等职业院校也是培养中等职业学校师资力量的基地。加强与高等职业院校的联系，也为引进优秀的教师创造条件。在引进教师的过程中，编制不够也是困扰农村职业教育发展的重要因素。然而，如果不引进大量的合格、优秀的专业教师，就不可能培养出职业技能和素质很高的毕业生。因此，在引进师资方面，财政部门和人事部门等相关部门要对农村职业高中开绿灯，加大支持力度。

（4）规范有关职业资格，明确就业准入制度，有条件的地区可以及早将农村职业高中一年级学生纳入义务教育范围，实行免费、强制职前教育和培训。要改变目前农村普职比例严重失衡的局面，改善普职生源比例，规范有关职业资格、明确就业准入制度是必要的配套改革。我国劳动力市场长期供大于求，但劳动力结构性短缺的矛盾却十分突出，技术工人特别是高级技工严重不足，已经影响到经济的健康发展。劳动和社会保障部 2004 年 4 月对全国 40 个城市的技能型人才状况进行抽样调查，结果表明技师和高级技师占全部技术工人的比例不到 4%，而企业需求的比例在 14% 以上。农村地区有许多初中生辍学进城务工，没有升学的初中毕业生大多在不具备任何职业技能的情况下就业，这不但不利于学生本人的成长和发展，也不利于企业生产效率的稳步提高。因此，为了提高劳动力素质，实现劳动力的有序供给，必须建立健全劳动力市场准入制度，健全和完善学历证书、资格证书制度和就业准入制度。从国外的经验来看，进入劳动力市场，职前教育和培训是必需的。结合我国已经基本普及九年义务教育的现实情况，有条件的地区可以将义务教育的年限延长，把农村职业高中一年级学生纳入义务教育范围，实行免费、强制职前教育和培训。在实行免费的过程中，可以考虑不同的政策选择，如省级政府和县级政府发行职业教育券，用以促进职业学校之间的竞争，提高教育质量和资金的利用效率。

第十六章

农村成人教育发展指标研究

根据我国第五次人口普查结果显示，全国人口达13亿，其中农村人口10亿。预测到2030年，总人口可能达到16亿~17亿。不难看出，以农村人口为主的人口总规模的不断增长，是我国不得不面对的事实。"三农"问题的重点在于农民问题，提高农民的整体的素质，是解决"三农"问题的根本所在。农村人力资源的开发与培养，是建设社会主义新农村的必由之路，而农村的成人教育正是农村人力资源开发与培养的重要支柱。

国内外对成人教育的定义有许多，本章主要借鉴了1997年叶忠海等人在《成人教育通论》一书中的定义："按人和社会全面发展的需要，有目的、有组织地为所属社会承认的成人一生任何阶段所提供的非传统的、具有自身特色的教育活动。它是终身教育中成人阶段一切教育的总和（综合体），是与未成年人全日制学校教育相对称的一种独立的教育体系"。我们研究的农村成人教育，根据成人教育的含义可以定义为：农村成人教育是专门为社会承认为成人的农村人口进行的有组织、有目的、有系统的教育活动。本文所涉及的成人教育是指以年龄在18周岁以上的成人为教育对象的学校教育。

一、我国农村成人教育的发展现状

随着国家政策的引导和国民经济的发展，农村成人教育取得了一定的成绩。事实证明，近些年来，我国农村成人教育在扫盲、实用技术培训、公民教育等方面一直发挥着积极的作用，也取得了一定的成果。但由于受经济发展的制约，国家投入低，使农村成人教育发展速度缓慢。不仅如此，现今的农村成人教育已经不能满足建设新农村目标的需要，需在各方面进行相应的调整和改革，这是当前农村成人教育发展所面临的重点和难点。要想有效解决农村成人教育目前所面临的各种问题，我们必须对我国农村成人教育的发展状况有较深入的了解。

（一）我国成人教育的发展与特点

1. 农村成人教育的发展

农村的发展靠农业的发展，农业的发展靠农民素质的提高，而农村成人教育就是提高农民素质的主体工程。那么我国农村成人教育近年来发展的状况如何呢？通过表16-1所示，我们可以一目了然。

表 16-1　　　　　1995~2004年农村成人教育基本情况

年　份	1995年	2000年	2001年	2002年	2003年	2004年
农民高等学校（所）	203	400	300	300	316	474
农民中等专业学校（所）	55 670	69 926	52 400	29 764		
农民技术培训学校（所）	7 035.4	9 047.1	8 732.3	7 681.8	5 765.5	5 127.2
农民中学（万人）	38.4	19.5	21.2	23.1	70.2	73.5
农民小学（万人）	754.0	493.5	433.4	481.2	385.5	355.3

资料来源：《中国教育统计年鉴》，人民教育出版社1996~2005年各年版。

通过表16-1我们可以看出，十几年来，农村成人教育在我国农村培养了大量毕业生，为我国农村人口素质的提高做出了相当大的贡献。除农民高等学校以外的农村成人教育的其他形式，尤其是农民中等专业学校和农民技术培训学校，作为我国农村成人教育中的重要组成部分，在我国农村经济改革和发展中曾经发挥了极大的促进作用，为我国农村培养了大批技术人才，但自1995年开始，除了农民高等学校略有所增长外，各种数字都有所下降，这种情况一方面是因为发展中存在着各方面问题，另一方面也可能是由于我国人口数量波动造成的。

2. 农村成人教育的特点

农村成人教育作为我国成人教育的重要组成部分，具有成人教育的普遍规律，但农村文化、交通、通讯、信息、技术等相对落后，农民的思想意识、生活习惯、劳作方式又区别于社会其他阶层，所以农村成人教育又有其自身的许多特征。

首先，教育对象人数多、分布广。我国是一个人口大国、农业大国，第五次全国人口普查公告显示：全国 80 739 万人居住在乡村，占总人口的 63.97%。全国有 42 989 万人只接受过初中教育，45 191 万人只接受过小学教育，文盲 8 507 万人，这些人口大多分布在我国各地农村，并且成为农村中从业人员的主体。这与我国当前社会的需求及建设新农村的目标极不相称。

其次，集中教学难以进行。农村居民由于以耕地为生，居住分散，交通、通讯等也并不通畅，这些因素给集中培训教学带来了困难。并且，在我国，农业仍然依靠人力投入为主，农业劳动占据着农民大量的时间，成人学习和农事活动之间的冲突在所难免，"靠天吃饭"的农业季节性很强，定期施教在农忙时期成为不可能。以上这些都导致了无纪律约束的成人教育报名时人数尚多，集中学习时却寥寥无几的不良现状。

除此之外，由于农民许多旧观念依然存在，加上农村地区经济条件比较落后，导致农民投资农业教育观念淡薄，学习既花钱、又误工等思想也影响了参加学习的积极性。

（二）我国农村成人教育存在的问题

近些年来，我国农村成人教育虽然有了一定的发展，但各种问题依然存在，并且随着农村成人教育的发展与农村建设需要的矛盾的加大，问题也更加尖锐化。总结起来，农村成人教育存在的问题主要有：

1. 农村成人教育任务艰巨

一方面，农村成人文盲率较高。根据 2000 年第五次人口普查资料，全国 15 岁及其以上人口城镇的文盲率为 5.22%，而农村文盲率为 11.55%。另一方面，农村成人受教育年限较低。根据我国 2005 年人口 1% 的抽样统计和计算，我国农村 15 岁及以上人口平均受教育年限为 7.6 年，与城市平均水平相差近 3 年；在 15~64 岁农村劳动力人口中，受过大专以上教育的不足 1%，比城市低 13 个百分点。面对我国农村成人的现状，农村的成人教育依然任重道远。

2. 农村成人教育缺乏专门机构

我国农村目前存在的成人教育类型主要有：农民高等学校、农民中等专业学校、农民技术培训学校、农民中学和农民小学。但据有关统计，在全国 4 万多个乡镇中，独立建制的成人文化学校只有近 2 000 所，其中约有三分之二的学校只能进行简单的实用技术培训，这远远不能满足我国成人教育的要求。而且，我国农村的成人教育多数采取了县（市、区）、乡（镇）、村主办成人学校的三级管理模式，但在机构设置上缺乏科学性，多数机构设置不合理，机构不健全，没有形成一套由上到下的通畅有序的管理体制。在农村，承担一部分成人教育的任务是挂靠在当地的中小学上，由于中小学有其本身的任务，而且它们本身在教育方面也很薄弱，所以根本无法保障成人教育的正常开展，更别说质量了；另外一部分是当地的农技站、农科所等，由于这些部门并非专门的学校教育部门，以及其本身的不稳定性，也无法真正保证农村成人教育的实施。因此，农村成人教育由于缺乏赖以生存、发展的实体、支持机构，所以在实施过程中遇到了很多的困难和问题。

3. 教育经费投入不足

虽然近年来由于各级领导的重视和群众支持，教育投入状况已有一定改善，但对农村成人教育经费的投入仍是严重不足——国家财政用于成人教育的经费不超过教育总经费的5%，农村成人教育的经费则不超过2%，再加上欠拨、挪用等现象造成我国农村成人教育经费严重不足的现状。而且，多少年来，在农村，有限的经费还是要首先眷顾义务教育、基础教育。这使农村的成人教育更加成为发展边缘的边缘。而且，由于经费投入不到位，直接导致农村成人教育的教学设施落后，办学基础条件差，有的乡（镇）成教中心学校的办学条件只是一间房、两张桌、一块牌子、一个戳子的初始状态。

4. 教学内容、形式单一

农村成教的教材，大部分采用的是乡土教材或称民间教材。由于没有系统的教学计划，教材的选用随机性较大，缺乏科学性、系统性。而且，我国现存的多数农村成人教育内容多以传统型农业技术为主，尽管也陆续增加了"两高一优"栽培新技术、市场营销等新内容，但传统种植养殖仍是重头戏，无法适应现代农业和农村经济的发展。另外，我国现有农村成人教育的教学形式单调乏味，采取"填鸭式"的教学方式，教学效果并不理想。

5. 师资力量薄弱

作为成人教育的施教主体，师资队伍是关系农村成人教育发展的重要因素。但是，当今农村成人教育师资队伍存在着许多问题：首先表现在师资力量薄弱、素质偏低；其次是师资明显不足，缺口较大；三是师资来源渠道广泛，教学水平差异较大；四是由于农村成教教师待遇偏低或不能保证落实等原因，现有教师队伍不稳定。另外，这些农村成人教育教师队伍还缺乏进修提高的机会，现有知识结构与知识水平已经与当前的农村发展不相适应。这种状况必然对农村成人教育的发展造成很大的困难。

二、我国农村成人教育发展指标确立的依据

农村成人教育的发展要受到许多现实因素的影响，因此，农村成人教育的发展指标也同样会受到这些因素的影响，如何利用有利因素、控制不利因素，是快

速发展农村成人教育的前提条件。

（一）国家政策和法律

教育是一个内部各种元素紧密相连的系统工程，而国家政策是教育发展方向的指针，无论是国家制定的总体的教育政策，还是各级各类的教育政策，都不可避免地会影响到教育系统中的各个元素。不仅会影响到农村成人教育的现在，也会影响到未来农村成人教育的发展和农村成人教育发展指标的预测。

2002 年，教育部颁布了《关于进一步加强农村成人教育的若干意见》，在这里明确地指出了我国农村成人教育仍然存在的问题，指出农村成人教育是"实施科教兴国战略的重要措施，是适应我国实施现代化建设第三步发展战略和加入世界贸易组织的新形势，解决农业、农村、农民问题的必然选择。"并且，在肯定农村成人教育在扫盲工作中取得的成就基础上，提出了要进一步巩固提高扫盲成果。这一政策性文件将有力地推动我国农村地区文盲人口的减少。

2003 年全国农村教育工作会议上印发的《国务院关于进一步加强农村教育工作的决定》中，提出了坚持为"三农"服务的方向，大力发展职业教育和成人教育。

2003 年，由农业部、劳动保障部、教育部等部门联合印发的《2003～2010 年全国农民工培训规划》中，明确了今后一个农村劳动力转移培训工作的目标任务："2003～2005 年，对拟向非农产业和城镇转移的 1 000 万农村劳动力开展转移就业前的引导性培训，对其中的 500 万人开展职业技能培训；对已进入非农产业就业的 5 000 万农民工进行岗位培训。2006～2010 年，对拟向非农产业和城镇转移的 5 000 万农村劳动力开展转移就业前的引导性培训，对其中的 3 000 万人开展职业技能培训。同时，对已进入非农产业就业的 2 亿多农民工开展岗位培训。"在这里明确提出了我国的农村成人教育不仅要为当地务农人员服务，还要为农村剩余劳动力的转移做好准备。

2007 年发布的《国家人口发展战略研究报告》中指出："到 2020 年，15 岁以上人口平均受教育年限达 11 年左右。"类似这样的研究报告，也为我们对未来农村人口人均受教育年限的预测提供了依据。

这些政策可以说都直接或间接地保障和促进了我国农村成人教育的发展。不仅如此，更对农村教育的整体改革与发展起到了积极的推动作用。这些成效都已经被现实所证明。同时，我们还应注意到，这些政策不仅会影响现在农村的成人教育，在未来还将继续影响和推动我国农村成人教育的发展。未来我国还将颁布更多、更有利的国家政策来保障和推动农村成人教育，甚至还会出台相应的法律、法规，建立与完善其保障机制，使国家的每一项政策能够快速地落到实处，真正起到推动农村成人教育快速发展的作用，使农村成人教育在法律的监督下，快速成长与发展。

（二）国家经济发展水平

一个国家的经济发展水平制约着一个国家教育的发展。经济发展水平与各级各类教育的发展都有着十分紧密的关系，农村成人教育自然也不例外。经济发展的水平影响着农村成人教育的教育观念和发展取向，也在很大程度上决定着农村成人教育的发展规模和速度。

我国农村成人教育的发展速度一直很慢，主要是由于我国财政投入的不足造成的。近年来我国由于各级领导重视，群众支持，教育投入状况已有一定改善，但是大力发展农村成人教育与财力支持有限的矛盾仍然十分突出。尤其与发达国家相比，差距十分明显。据资料显示，英国成人教育经费的70%由政府提供，美国每年用于成人教育的经费达600亿美元，德国成人教育投资占教育总投资的15.3%，而我国目前仅占教育事业总经费的0.6%左右，用于农村成人教育的经费份额更是微乎其微，严重阻碍了农村成人教育的发展。从世界范围看，我国在教育上的投入不仅远远低于发达国家，甚至低于多数发展中国家的水平。据统计我国公共教育的人均支出相当于泰国的十分之一，菲律宾的二分之一，印度的三分之一。经费是开展农村成人教育的重要保证，经费不足导致教学设备、实验实习条件、图书资料等的投入不足，严重影响和制约了农村成人教育的快速发展。总量不多的教育经费，投入到农村成人教育上面的就更是少之又少，因此，对于农村成人教育的发展，国家应该在可能实现的范围内尽可能多的投入，使农村成人教育得以快速、健康地发展。

我国虽然对农村成人教育的投入有限，但一定量的农村教育经费，投入到农村成人教育中，其收益却是其他教育形式难以达到的。

按照2004年全国普通初中生均预算内教育经费拨款标准1 410.62元、普通高中生均预算内教育经费拨款标准2 048.94元、普通高等学校生均预算内教育经费拨款标准7 850.91元计算，把全国13亿人口人均受教育年限提高1年，需要政府预算内教育经费拨款分别为：

1 410.62元×13亿人=18 338.06（亿元）

2 048.94元×13亿人=26 636.22（亿元）

7 850.91元×13亿人=102 061.83（亿元）

可见，从全国人口接受一年教育所需经费来看，普通高中的投入要高于普通初中，高等学校的投入又远远高于普通高中。提高人均受教育年限，除了通过初中教育、高中教育、高等教育外，还应关注到成人教育，虽然目前尚没有准确的数字来反映成人教育生均预算内教育经费应该为多少,但由于成人教育的特殊性决定了对其教育投入要比其他形式的教育投入少得多,尤其在我国总体教育经费投入较少、高等教育升学率较低的农村,大力发展成人教育是提高人均受教育年限较为经济的一种有效方法和可行之路。

(三) 未来人口变迁

教育的对象是人,所以人口变化也将间接影响到教育的发展。尤其是在教育的发展计划的制定和指标的预测上,一定要根据未来人口的变化趋势,而不能盲目发展。为了不使教育对象的增加和减少影响到教育的质量,这就要求教育要对人口的变化有一定的预测能力和应变能力。农村的成人教育也是如此,要想使农村成人教育一直保持良好的发展,一定要了解农村成年人口的变化趋势(见表16-2)。

表16-2　　　　　　2005~2020年农村人口变化

年份	2005	2006	2007	2008	2009	2010	2015	2020
总人口(万人)	130 551	131 146	131 697	132 206	132 676	133 110	134 831	135 989
自然增长率(‰)	4.97	4.56	4.20	3.86	3.56	3.27	2.17	1.45
农村人口比重(%)	51.13	50.11	49.12	48.15	47.20	46.27	41.89	37.92
农村人口(万人)	66 751	65 717	64 690	63 657	62 623	61 590	56 481	51 567

资料来源:赵岚:《中国农村适龄人口人均预期受教育年限展望》,载《教育科学》2006年第4期。

在表16-2中我们可以看到虽然我国人口总数依然不断增加,但农村人口的比重和农村人口数都在直线下降。一直以来,我国农村经济发展缓慢的主要原因也是由于人口规模庞大,随着城镇化进程的加速,农村人口数不断减少,这也将逐步缩小城乡差距,使农村经济得以发展,人口素质得到显著提高。随着我国人口数量的变化,对教育的需求将会产生变化,因此,对农村成人教育的规模、类型、内容都将产生影响。

除了农村人口数量的变化,随着农村人口年龄结构的变化、农村人口的流动,农村成人教育的类型和分布也需要与之相适应,不断进行调整。

三、农村成人教育发展指标的构想

面对农村成人教育存在的种种问题,我们必须思考这样一个问题:如何发展农村成人教育？其中一个关键性的问题就是如何制定出合理的农村成人教育发展指标，这是引导农村成人教育健康发展，缩小城乡距离的有效方法。所谓发展指标，就是测量某一事物发展程度的指数的材料。农村成人教育发展指标的设定就是旨在以描述性指标为主要依据，选择确立尽可能少的、具有内在逻辑关系的一些指标在一定程度上反映农村成人教育发展，达到对我国农村成人教育发展水平的总体性认识、评价和比较，以作为了解目前农村成人教育发展状况及其将来的发展进行设计和规划的有效工具。

由于农村成人教育有一定的复杂性，为了便于统计与操作，我们仅仅选择了文盲率和人均受教育年限两项作为农村成人教育的发展指标。虽然数量不多，但却能在一定程度上反映出农村成人教育的发展水平。

（一）文盲率及其测算

全国成人文盲率问题实际上就是农村成人文盲率问题，而农村成人教育正是进行扫盲教育、降低农村文盲率的重要途径。所以，从某种意义上来讲，对某一阶段农村文盲率的测算，就可以在一定程度上反映出这一阶段农村成人教育发展的相关情况。农村文盲率即为农村文盲占农村人口的比率，而农村15岁及其以上文盲率就是其占农村整个人口的比率。利用回归分析方法对农村15岁及15岁以上文盲率进行测算（农村包括镇和乡村）。表16－3为2000~2004年各年扫除文盲率的数字。

表16－3　　　　　2000~2004年全国每年扫除文盲数　　　　单位：万人

年　份	2000	2001	2002	2003	2004
扫除文盲数	258.04	220.51	174.45	203.14	204.58

由于2000年15岁及15岁以上文盲总数为8 699.2069万人[①]，同时也由于每年由于人口增长、辍学和复盲等因素的存在，大约每年要增加50万左右的文盲[②]。所以，利用表16－3即可以计算出2000~2004年全国的文盲人数。详见表16－4。

计算方法：2000年：8 699.2069万人

2001年：8 699.2069 - 220.51 + 50 = 8 528.6969（万人）

[①] 国务院人口普查办公室、国家统计局人口和社会科技统计司编写：《中国2000年人口普查资料》，中国统计出版社2002年版。

[②] 尹鸿祝、吕诺，中新网2002年9月8日。

2002 年：8 528.6969 − 174.45 + 50 = 8 404.2469（万人）
2003 年：8 404.2469 − 203.14 + 50 = 8 251.1069（万人）
2004 年：8 251.1069 − 204.58 + 50 = 8 096.5269（万人）

表 16 − 4   2000 ~ 2004 年全国各年文盲数   单位：万人

年 份	2000	2001	2002	2003	2004
文盲数	8 699.2069	8 528.6969	8 404.2469	8 251.1069	8 096.5269

资料来源：国务院人口普查办公室、国家统计局人口和社会科技统计司编写：《中国 2000 年人口普查资料》，中国统计出版社 2002 年版。

农村文盲率根据 2000 年人口普查，大约占全国文盲的 87.18%[1]，利用这个数据，即可得出 2000 ~ 2004 年各年农村文盲数的粗值。详见表 16 − 5。

计算方法为：2000 ~ 2004 年农村文盲数 = 2000 ~ 2004 年全国文盲数 × 87.18%

表 16 − 5   2000 ~ 2004 年各年农村文盲数   单位：万人

年 份	2000	2001	2002	2003	2004
文盲数	7 583.6927	7 435.3180	7 326.8224	7 193.3150	7 058.5522

2000 年第五次人口普查的结果全国为 129 533 万人（农村人口为 94 997.9534 万人）。同第四次全国人口普查 1990 年 7 月 1 日的 113 368 万人相比，增加了 13 215 万人，增长率为 11.66%，平均每年增长 1 279 万人，年平均增长 1.07%。按 2000 年的人口普查，农村占全国总人数的 73.3%，利用此种关系即可算出 2001 ~ 2004 的农村人口数的增长粗值。详见表 16 − 6。

计算方法：2000 年：94 997.9534 万人
2001 年：(129 533 + 1 279 × 1) × 73.3% = 95 885.1960（万人）
2002 年：(129 533 + 1 279 × 2) × 73.3% = 96 822.7030（万人）
2003 年：(129 533 + 1 279 × 3) × 73.3% = 97 760.2100（万人）
2004 年：(129 533 + 1 279 × 4) × 73.3% = 98 697.7170（万人）

表 16 − 6   2000 ~ 2004 年每年农村人口数   单位：万人

年 份	2000	2001	2002	2003	2004
人口数	94 997.9534	95 885.1960	96 822.7030	97 760.2100	98 697.7170

---

[1] 国务院人口普查办公室、国家统计局人口和社会科技统计司编写：《中国 2000 年人口普查资料》，中国统计出版社 2002 年版。

利用表16-5数字与表16-6数字计算商,即得2000~2004年农村15岁及15岁以上文盲率,详见表16-7。

表16-7　　　　　2000~2004年农村文盲率　　　　　单位:%

年 份	2000	2001	2002	2003	2004
文盲率	7.98	7.75	7.57	7.36	7.15

从表16-7可以计算出2000~2004年平均文盲率递减量的平均值为(0.23+0.18+0.21+0.21)%/4=0.2075%

从表16-7可以得出2005~2020年的农村15岁及15岁以上文盲率预测数据,详见表16-8。

2005年:7.15%-0.2075%×1=6.94%
2010年:7.15%-0.2075%×6=5.91%
2015年:7.15%-0.2075%×11=4.87%
2020年:7.15%-0.2075%×16=3.83%

表16-8　　　　　2005~2020年农村文盲率　　　　　单位:%

年 份	2005	2010	2015	2020
文盲率	6.94	5.91	4.87	3.83

按"五普"人口数字,2005~2020年农村15岁及15岁以上文盲占全国人口的比率X计算如下:

X=农村15岁及15岁以上文盲数(Y)/全国人口数　　　　(1)

Y=农村人口(Z)×农村15岁及15岁以上文盲率　　　　(2)

Z=全国人口×73.3%　　　　(3)

将(2)和(3)两式代入(1)式,即得如下表达式

X=73.3%×农村15岁及15岁以上文盲率　　　　(4)

把表16-8数字代入(4)式,即得如下2005~2020年农村15岁及15岁以上文盲占全国人口的比率,详见表16-9。

表16-9　　　2005~2020年农村15岁及15岁
　　　　　以上文盲占全国人口的比率　　　　　单位:%

年 份	2005	2010	2015	2020
文盲率	5.08	4.33	3.57	2.8

"十六"大提出,到 2020 年,15 岁以上人口文盲半文盲比例降到 3% 以下,仅从农村来看,达到这个目标是客观的。从前几年的发展看,中国具备了一定的基础。

(二) 人均受教育年限及其测算

人均受教育年限是国际上认同的反映经济、社会发展的重要指标,这一指标的使用在我国也受到了相当的重视,是对人口素质发展的重要评述。为了从总体上综合反映我国农村成人教育情况,选用平均受教育年限作为衡量农村成人教育发展水平的指标比较合适。国际上一般选用 15 岁和 15 岁以上人口平均受教育年限作为判断国民受教育水平的依据,所以我们也选择 15 岁以上人均受教育年限作为农村成人教育的发展指标。我们前文所界定的农村成人教育是以 18 岁为年龄界线划分的,因此,农村成人教育的发展指标——农村成人人口受教育年限也应以 18 岁为年龄界线,但由于我国对于人口普查数据的调查是以 15 岁以上人口来界定的,我们在讨论受教育年限的时候暂且以国家人口普查数据为准。18 岁以上人口人均受教育年限因为减去了 15~17 岁的人口,而此年龄人口均应接受过九年义务教育,受教育年限均在 9 年以上,所以,实际 18 岁以上人口人均受教育年限应该略低于以下所列数值。

根据历年我国人口普查数据可以推算我国 15 岁以上人口人均受教育年限(见表 16-10):

表 16-10   我国 15 岁以上人口人均受教育年限 (1964~2005 年)

年 份	1964	1982	1990	2000	2005
人均受教育年限	2.54	3.16	5.53	7.8	8.5

由表 16-10 可以计算出,从 1964~1982 年的 18 年间,我国人均受教育年限仅提高了 0.62 年,速度极其缓慢,这也是由我国当时的社会和经济发展水平决定的,而 1982~1990 年的 8 年间,我国人均受教育年限提高了 2.37 年,之所以 8 年之中取得了如此高速度的增长,一方面是由于我国开始重视对教育的投入,大大促进了教育的发展,另一方面也是由于受教育年限基数小,大力发展基础教育可以使人均受教育年限有较大的提高。从 1990~2005 年的 15 年中,人均受教育年限由 5.53 年增长至 8.5 年,但综合看来,从 1982~2005 年这 20 多年里,人均受教育年限的增长速度是逐年减缓的,这是由于人均受教育年限基数的不断增大而产生的正常现象。但随着我国经济的快速增长及对教育投入的不断增大,人均受教育年限仍会以一定的速度提高,我们以距今最近的一个计量时间段

拨款及乡（镇）征收的教育附加费、职工教育费等，在提高对农村成人教育认识的基础上，实行两条腿走路的方针，按系统动员发动捐资，争取社会各界的捐资助学，设立"中国农村成人教育专项发展基金"。款项由中央统管，按照农村成人教育县（市）、乡（镇）、村三级办学的体制，实行"专项发展基金"的分级管理制度。专款专用，对挪用和滥用"专项发展基金"的各级政府的主要领导和个人，实行一票否决，触犯刑律的，由司法机关惩处。另外，还可以引导企业到农村通过培训兼招工的形式发展农村的成人教育。这种方式尤其适合于手工技术类。国内已有一些企业把技术和订单一同带到农村，这样既节约了企业的用工成本，也帮助了农民致富。这种方式是可以被农村成人教育借鉴，进一步发展的。在这种模式中，由企业来出资办学，毕业学生的优劣直接影响到企业的利益，所以管理和考核一般都比较严格，从而也就保证了教育质量。

（三）开辟农村成人教育新的培养形式、丰富新的教材和内容

第一，开辟新的教学形式。在教学形式方面，除了传统的课堂教学外，还可以开辟新的教学形式，如：现场教学——农村成人教育的现场教学是成校教师为完成一定的教学任务，组织学员到田间、果园、牧场、市场以及乡镇企业等生产经营场所进行的教学。它把教学活动完全置于现场，教师将学员组织到事先选好的场所边讲授、边实践。学员在实践操作中进一步领会和体验教师讲授的内容，学员的实践操作有误，教师及时给予提示、点拨或纠正。这种教学形式具有教学内容的直观性、信息反馈的迅速准确性和教学效果的清晰可见性等特点，是农村成人教育实行"短、平、快"教学可以采用的。再如："遥控式"教学，又称远距离教学，对于农村成人教育具有极其重要的作用。它是指教师通过信函、广播和电视，包括卫星等手段向学生传递教学信息，从而使学生（学员）掌握系统的文化知识和专业技能的教学形式。"遥控式"教学一般有函（刊）授教学、广播教学、电视教学和自学考试等类型，具有教与学相分离、学受教"遥控"，以自学为主、助学为辅和教学手段多媒体综合运用等特点。"遥控式"教学覆盖面大，学员多，教学投资少，效益高，是农村成人教育的一种有效的教学形式。

第二，加强教材建设。首先，农村成人教育的教材，应根据其教育目的、按照各教学形式、层次的要求统一编定；其次，妥善处理教材的思想性与科学性、观点与材料、理论与实际、知识技能的广度与深度以及基础知识与当代科学新成就的关系，突出农村成人教育的重点和特点；最后，统编教材与乡土教材结合使用做到农村成人教育教学的"面"与"点"的有机结合，达到立足本土，面向未来的教学目的。

第三，合理安排教学内容。农村成人教育要想得到长足的发展，在教学内容

选择上就要符合农民的实际需要和意愿，让农民在学习中真正地尝到甜头，让农民真正地从中得到收益。如种植业、养殖业中的新技术、新项目的开发，以学立教、按需施教，广泛开展周期短、见效快的实用技术，从而培育出农村新的产业，带动农村经济的发展。使农村的成人教育真正地服务于农民，服务于农村的发展需要，体现出成人教育的价值。农村成人教育正是一种"在农村中、为了农村、服务于农村"的教育。农村成人教育既要坚持实效性，脚踏实地地为农民服务，又要坚持多样性，针对农民的实际情况，满足农民多样化的需求，要能够高瞻远瞩地为小康建设服务，为新农村建设服务。

（四）加强师资队伍建设

第一，对现有的师资队伍进行培训和竞争上岗，对于确实不适合担当教师的人员，应及时做出调整，保证教师队伍应有的质量；积极吸收优秀大中专毕业生到农村成人教育任教，增加成教工作的活力和朝气；聘请有一技之长或实践经验丰富的农家能人到课堂担当实践课指导教师；与大专院校挂钩，实行农村成教师资与院校师资的双流向进修，更新知识结构；切实保证农村成教师资人员的待遇，保持教师队伍的稳定性。

第二，依托高等教育，提高成人教育教师队伍中高学历、高水平教师的比率及成人教育教师的整体素质。我国广大的农村地区都还处在发展之中，特别是一些偏远山区还非常贫穷，而这些地区的农民最需要一批高水平的人才给他们带去全新的观念以及先进的农业知识和农业科技。农村成人教育的师资建设可采用提高对农村专任成人教师的待遇，吸引具有高学历、高水平农科院校的优秀毕业生到农村地区工作和生活等方式。还可从本地的青年农民中选派一些有志于扎根农村、为农村的发展作贡献的优秀青年到农科院校深造，把他们培养成为既有合格学历，又有其他专业技术的教师，让他们学成归来成为农村成人教育的中坚力量。同时注重与农科院校合作或是请农科院校的专家教授担任本地农技校兼职教师，或是请这些专家教授给从事成人教育的教师讲学。

第十七章

农村社区教育发展指标研究

一、我国农村社区教育的现状

(一) 农村社区教育的机构

我国的社区教育兴起于城市,1999 年 1 月,教育部颁发的《面向 21 世纪教育振兴行动计划》中提出:"开展社区教育的实验工作,逐步建立和完善终身教育体系,努力提高全民素质。"为落实《行动计划》提出的目标,2000 年 4 月,教育部职成司发布了《关于在部分地区开展社区教育实验工作的通知》。《通知》明确指出:"社区教育是在一定区域内利用各类教育资源,开展的旨在提高社区全体成员整体素质和生活质量,服务区域经济建设和社会发展的教育活动。"2000 年教育部确定了上海、北京、江苏等 8 个实验区为全国社区教育实验区。2001 年 11 月又确立了 28 个实验区(包括原来的 8 个),2003 年 12 月又确立了 33 个实验区。城市社区教育有了很大的发展,社区教育机构如今已经非常普遍。

虽然在 20 世纪 80 年代的农村教育综合改革实验中,"三教统筹"、"农科教结合"得到了很好的发展,农村社区教育开始萌芽,但农村社区教育的正式开展则是在城市社区教育的推动下、影响下发展起来的。城市社区教育实验区的开展积累了理论基础和实践经验,有力地促进了农村社区教育的发展。在上海、宁波、青岛、苏州等大城市的郊区和所辖市县,以及江阴、嘉定等城市化进程较快的农村地区,社区教育实验活动正在向农村乡镇延伸。各地充实现有教育资源,扩展功能，正在建设一批县、乡（镇）农村社区教育实验区，约占新增实验区的40%。社区教育实验工作向农村延伸，非常及时地适应了我国农村经济社会发展对提高农村人口素质和生活质量、发展农村教育的迫切需求，对促进农民从一产向二、三产转移，推动小城镇可持续发展，将发挥重要的作用。[①]

农村社区教育机构包括领导管理机构和实施机构。

1. 农村社区教育领导管理机构

目前我国的农村社区教育的组织管理体制依然是党政领导下的社区教育，如在《教育部关于推进社区教育工作的若干意见》里指出要建立有相关部门负责人参加的社区教育工作领导机构，明确各有关部门的职责和分工，形成"党政统筹领导，教育部门主管，有关部门配合，社会积极支持、社区自主活动、群众广泛参与"的管理体制和运行机制。

从实验区的情况来看，我国农村社区教育组织实施机构——社区教育委员会，共有三级机构：县级社区教育委员会、乡镇社区教育委员会、村级社区教育委员会三级管理组织，县委下设县社区教育委员会（或社区教育领导小组），委员会下设办公室，负责日常工作，乡镇政府下设社区教育委员会、有的村委也下设社区教育委员会。社区教育委员会人员均由县、镇、村有关领导和相关人员担任。社区教育委员会归属于政府部门的领导，活动经费也列入政府财政预算，这充分表明我国农村社区教育委员会是一种行政性的组织机构。在我国这样一个行政领导组织文化很强的国度里，人们习惯于政府组织安排一切事物，包括公益事业，而社区教育本身的发展也需要社会各方的支持，这样由国家统筹协调各方力量，来发展社区教育是很有必要的。值得一提的是，我国的社区教育管理组织虽然由政府官员担任，但也吸收了社区内相关部门和企业、学校、家长的代表，这样有利于统筹协调安排社区内所有的教育力量和教育资源，更好的开展社区教育活动。

我国农村社区教育管理组织结构见图17-1。

2. 农村社区教育实施机构

农村社区教育的实施机构主要有三种类型："独立型"、"依托型"和"城市带动型"。

"独立型"是指在农村中，有单独的、专门从事社区教育的机构和人员，如浙江省象山县石浦镇有个社区教育培训中心，浙江省德清县成立了浙江省湖州市首个乡镇社区教育学院，即德清县教育学院钟管分院。[②] 不过目前这种独立的机构在农村仍比较少见。

[①] 张志坤：《社区教育兴旺蓬勃》，载《中国教育报》2002年5月10日。
[②] 江阴市教育局：《适应现代经济社会发展需要 积极推进农村区域性社区教育》，2002年9月，http://jyczj.jyjy.net.cn/index.htm。

```
┌─────────────┐
│ 县委、县政府 │─────────┐
└──────┬──────┘         │
       │         ┌──────▼──────────┐
       │         │ 县社区教育委员会 │
       │         └─────────────────┘
┌──────▼──────────────────┐
│ 乡(镇)党委、乡(镇)政府 │──────┐
└──────┬──────────────────┘      │
       │            ┌────────────▼────────┐
       │            │ 乡(镇)社区教育委员会 │
       │            └─────────────────────┘
┌──────▼──┐
│ 村委会  │────┐
└─────────┘    │
        ┌──────▼─────────┐
        │ 村社区教育委员 │
        └────────────────┘
```

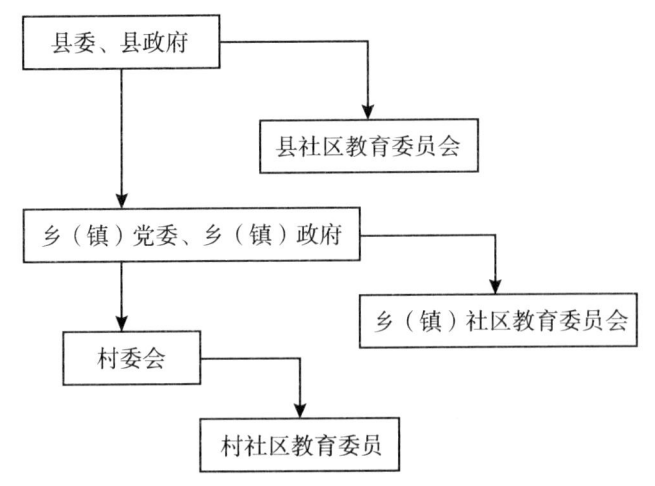

图 17-1　农村社区教育管理组织

"依托型"是指在农村中，由政府统筹，依托学校等机构进行社区教育。从"全国社区（城郊）教育会议"所交流的经验来看，典型代表如，浙江省象山县石浦镇依托家长学校、成人学校进行社区教育，山东省青岛市城阳区仲村依托从幼儿园到老年学校等各类教育实体进行全员、全程的村级社区教育，湖北省武汉市蔡甸区依托家长学校和文明公民学校进行社区教育。

"城市带动型"则是指各城市社区教育实验区积极开展对社区内进城农民工的培训。教育部职称司张昭文在 2005 年中国成人教育协会秘书长会议上的讲话中提到，根据对 39 个全国社区教育实验区的统计，2004 年共培训进城农民工达到 200 多万人次，占辖区农民工总数的 73%。上海市嘉定区年培训进城农民工 20.16 万人次，占辖区农民工总数的 83%，宁波市鄞州区培训进城农民工 19.82 万人次，占辖区农民工总数的 66%，深圳市宝安区年培训进城农民工 63.27 万人次，占辖区农民工总数的 33%，等等。[①]

（二）农村社区教育的经费

经费投入是社区教育发展的保障，我国社区教育的经费投入采取的原则是四个一点：即"政府拨一点，社会筹一点，单位出一点，个人拿一点"。社区教育是一个面向全社会的大教育，经费完全由国家出不现实，为了保障社区教育的开展，国家制定了这"四个一点"的投入原则。如江阴的农村社区教育从实际出发，采用"政府拨一点，单位出一点，社会集一点，个人交一点"的方法来合理解决社区教育的资金问题。对于社区教育基地的建设费用及专职干部、教师的

---

① 俞良驹：《全国农村（城郊）社区教育工作会议综述》，载《教育研究》1999 年第 9 期。

工资，由政府财政拨付，一些全市性的重大活动及培训，也由政府适当补助，而镇、村及具体单位则自行解决。至于弱势群体，如下岗职工培训等，实行免费。个人参加培训，则由个人适当承担部分费用。通过这样"四个一点"多渠道解决资金的办法，基本上保证了社区教育活动能正常开展。据统计，光2000～2001年两年中，为社区教育政府拨出了305万元，各单位出资3 072万元，向社区募集了833.5万元，总计达4 210.5万元。

（三）农村社区教育的人员

农村社区教育人员分为两类：一类是专门的管理人员，另一类是师资。在这两类人当中都有相应的志愿者加入。从实验区的情况来看，我国农村社区教育委员会主要领导由政府相关领导担当，但并不是对社区教育的具体工作直接插手，而是确定社区教育的目标及方针，制定社区教育发展相关的总体规划及政策，对教育资源的综合集聚的决策，评估指导社区教育工作。社区教育日常管理工作由社区教育专门的管理人员来负责。这类人员的来源从全国社区教育实验区来看，有两类：一类是公开向社会招聘管理人员，这些人享受公务员待遇；一类是政府支持，教育局委派人员到社区做管理人员或教师，对职成教的教师进行转岗培训做社区教育的专兼职教师。社区教师有相应的编制，并享有和中小学教师一样的待遇。如江阴市委组织部公开向全社会招聘社区的专职干部，一般均是大专以上的年轻人，经过专业培训后，下派到各个社区的管理岗位上，这些干部均享受公务员待遇，他们虽然全面管理社区工作，但社区教育是他们主管的重要内容。在政府的支持下，由教育局出面，选拔一批热爱社区教育工作，组织活动能力较强的，懂教育的高中以上学历的年轻干部，通过与苏州大学联合办学，把他们集中起来进行大专层次的教育与培训。他们一边业余学习，一边到社区专职负责社区教育工作，担任社区的专任管理人员或教师。有计划地对现有成教中心的干部与教师，进行转岗培训，逐步建成一支有一定数量并有较高质量的从事社区教育的专兼职教师队伍。专职人员的总的配备，参照职工教育的相关规定，按社区总人口的万分之二核定编制，并享受中小学教师一样的待遇，确保这些人能安心工作。此外，还组织了一批志愿者队伍，让有些退休的老教师、医师、会计师等人能参与社区教育工作。[①]

如浙江省海盐县的社区教育，广泛吸引社会各界力量，各类专门人才，包括有一技之长的农民和职工，参与到教育中来，以弥补成教力量的单薄与不足。为

[①] 江阴市教育局：《适应现代经济社会发展需要 积极推进农村区域性社区教育》，2002年9月，http://jyczj.jyjy.net.cn/index.htm。

整合教育资源，利用各分校负责人熟悉教育工作，一方面负责管理，一方面兼任教学，同时，通过他们聘请各方面的人才作为名誉教师、技术顾问，而学校也充分利用自己的优势，与有关高校、职业学校加强联系，使社区教育有一个智囊团、师资库，极大地方便了各类培训活动的开展。[①]

二、农村社区教育发展指标提出的理论基础与构建原则

（一）农村社区教育发展指标提出的理论基础

任何指标的确立都应有理论原则作为基础，农村社区教育发展指标的确立也不例外。确立农村社区教育发展指标要充分考虑社区教育的发展与我国社会及社区当地的政治经济文化关系。从我国实际情况出发，充分考虑我国不同地区教育发展的实际情况、城乡教育的实际情况，农村社区教育的发展不能脱离这个大的背景。既要考虑经济发展速度，还要优先进行发展。本指标的指导思想是缩小城乡教育之间的差距。

（二）农村社区教育发展指标构建的原则

1. 优先发展原则

农村社区教育发展指标构建的主要指导原则是优先发展原则，即优先发展农村社区教育。

2. 科学性原则

科学性原则基本上是任何一个指标设计中都应遵守的基本原则，指标的建立不是凭空想象出来的，而是建立在一定的理论基础上的，农村社区教育发展指标的确立是建立在社区教育理论和我国社区教育发展理论和实践基础上的。

3. 适应性原则

我国农村社区教育发展指标的确立符合我国发展社区教育发展的相关政策，以国家相关政策为依据，还要适应各地经济文化发展的实际情况。

4. 可操作性原则

可操作性原则是指标的生命力所在，一个指标不管设计的如何好，理论上再全面精致，现实中无法操作不实用也是形同虚设，可操作性具体表现在指标数据的可获得、可量化，对于数据分析所采用的统计分析方法的实用性。

---

① 海盐社区教育网，http://www.hysq.net。

5. 导向性原则

为推动我国农村社区教育发展，本指标体系从农村社区教育的经费投入、资源开放情况、人员受教育情况入手确立指标，对我国的农村社区教育的发展可起到一定的导向性作用。

6. 动态性原则

农村社区教育的发展是一个不断完善和发展的过程，指标的确立要有一定的灵活性和动态性。

三、农村社区教育发展指标体系

（一）社区教育基本指标的确立

根据国外社区教育的发展和我国社区教育的发展情况，参照我国城市地区社区教育的发展和江浙一带发达地区农村社区教育的发展情况制定了相应的社区教育基本发展指标，该指标确立的数据参照《教育部关于推进社区教育工作的若干意见》中对全国社区教育实验区的相关规定。农村社区教育基本指标的选取本着核心、可量化、可操作的原则。该指标体系共确立了四个一级指标：人均社区教育经费投入；社区内教育资源开放率；接受教育的社区成员全员的培训率；是否有专职的教育者。社区教育基本指标如表 17-1 所示：

表 17-1　　　　　　　　　　社区教育基本指标

一级指标	二级指标
人均社区教育经费投入 A	
社区教育活动开展的范围和程度	社区内教育资源开放率 B
	社区成员全员培训率 C
是否有专职的教育者 D	

笔者对未来的发展趋势进行了预测，建立了 2020 年的社区教育发展指标体系，这个发展指标体系分三个维度：全国的社区教育发展的趋势、城市的社区教育发展趋势、农村社区教育发展趋势；分三个时间段：以 2003 年社区教育发展的情况为基础，分别对 2010 年、2015 年、2020 年我国社区教育的发展形势从人均社区教育经费投入、社区内教育资源的开放率、社区内成员全员的培训率以及是否有专职的教育者四个方面进行预测。

人均社区教育经费的预测如 2010 年按人均 GDP 的增长预测得出全国的水平是 1.5 元，2005 年城市地区或发达地区农村的实验区的人均经费投入已达到了 1.5 元，故 2010 年人均社区教育经费投入预测为 2 元，农村的投入要高于城市，故为 2.5 元。

本指标的设立不是按照国家的标准：经济发达地区要多投一点，而且农村地区的社区教育要优先发展，故农村地区的人均教育经费投入高。农村教育落后于城市这是不争的事实，如果还是按照国家这种路线发展下去，农村的教育永远也赶不上城市，教育公平无法体现，农村经济的发展也会受到限制，农村问题也不会得到彻底解决，中国没有占大多数的农村人口的小康、谈全面小康只能是一句空话。只有对农村地区的教育无论是正规的学校教育还是对于全面发展人的社区教育我们只能采取优先发展的战略。才能对农村的人口素质进行提升变沉重的人口包袱为巨大的人力资源。农村地区的教育经费投入国家要承担绝大部分或全部。农村地方县级财政有限，对于正规学校教育的投入财力都无法保障，更何况是社区教育的经费。而农村地区的教育基础设施薄弱、师资水平素质低，农村教育无论是硬件条件还是软件都需要改善。因此，本指标确立的人均社区教育经费投入，农村地区高于城市也高于全国的水平，且经费的主要承担者应是省级以上的政府，从改善农村地区正规的学校教育的办学条件入手，带动农村社区教育的发展。

2. B 社区资源开放率预测

2007 年全国平均 [(100 + 60)/2]% = 80%。

2010 年全国平均 85%，城市确定为 85%，农村确定为 90%。

2015 年全国平均 90%，城市确定为 92%，农村确定为 95%。

2020 年全国平均 95%，城市确定为 100%，农村确定为 100%。

3. C 社区居民培训率预测

2007 年平均水平 [(80 + 50)/2]% = 65% 以上，2010 年全国确定为 70%，城市确定为 80%，农村确定为 85%。

2015 年全国确定为 80%，城市确定为 85%，农村确定为 90%。

2020 年全国确定为 85%，城市确定为 95%，农村确定为 100%。

依据《教育部关于推进社区教育工作的若干意见》（教职成 [2004] 16 号）提出的，到 2007 年，在经济较发达的东部地区，全国社区教育实验区的教育资源基本上都要向社区居民开放，面向社区居民广泛开展各种形式的教育培训活动，使社区居民年培训率逐步达到 80% 以上，基本形成具有地方特色的社区教育管理体制和运行机制，基本具备社区教育机构、人员和经费等保障条件；在中西部地区，全国社区教育实验区教育资源 60% 以上都要向社区居民开放，有重点地开展教育培训活动，使社区居民年培训率逐步达到 50% 以上。

　　社区资源开放率、社区居民培训率预测参照国家的"意见"作为全国的平均标准的预测，但农村地区没有采纳其发展的"意见"。农村地区教育资源的开放率和农村地区社区成员的培训率都比城市地区高。这是因为农村地区的教育资源少，再不对社区开放社区可利用的资源就更少，教育资源要最大限度地开放。而绝大多数农村地区的人口素质水平低，对于农村社区教育，承担的任务多、层次多，如扫盲、致富、劳动力转移、提高学历、学前、成人、职业教育、健康教育、妇女教育、休闲教育等等，因此，成员培训比率要高而不能低。

　　为了我国农村社区教育能够更快、更好地发展，笔者认为应当在以下几个方面做出努力：第一，要重视农村社区教育，实施农村社区教育优先发展战略；第二，要对城镇化进程中的农村社区教育的发展给予足够的关注；第三，要继续完善政府统筹、多方参与的管理体制和运行机制；第四，要认真总结全国社区教育实验区的经验，以更有效地指导农村社区教育发展；第五，要加大对农村社区教育的经费投入，确保农村社区教育的正常运转；第六，要切实加强农村社区教育人员队伍的建设，保证有足够多、足够好的专兼职教育人员从事农村社区教育活动；第七，要加强农村社区教育的资源整合和基地建设；第八，要加强农村社区教育在社区中作用的发挥，农村社区教育要立足于社区，服务于社区；第九，要建立相应的法律法规来确保社区教育的正常运转。

指标与规划
案例研究

第十八章

D县教育事业发展规划（2007~2020年）

D县教育事业发展规划（2007~2020年）是根据教育部哲学社会科学研究重大课题攻关项目"我国农村教育发展现状调查及农村教育发展指标体系研究"课题的整体研究思路设计制定出来的，是农村教育发展指标体系的研究成果在农村教育实践的具体运用。实验点之所以选择吉林省D县，一方面是因为D县是中部地区的农业县，社会经济发展水平和教育发展状况具有典型的代表性；另一方面是因为D县是东北师范大学农村教育研究所的实验县，多年的合作积累了丰厚的数据和资料，更易于课题的深入研究。本研究的目的是为促进D县教育事业的发展，同时为县域教育事业发展规划提供一个新的视野，并为制定农村教育发展规划提供有益借鉴。

一、社会经济发展背景

D县位于吉林省中南部，长白山分支哈达岭余脉，辉发河上游，地形南北长，东西窄，地势西高东低，平均海拔374米，南部多山，东北多丘陵，中部为岗丘平台，是五山一水四分田的低山丘陵区，全县幅员2 521.5平方公里，耕地面积80 468公顷。

2006年，全县辖12个镇、1个乡、1个民族乡、6个社区、229个行政村，总人口40.0863万人，其中汉族占86.8%，满族、朝鲜族、回族、蒙古族、苗族等其他11个少数民族占13.2%。

D县经济以农业为主，包括种植业、林果业和养殖业，素有"梅花鹿之乡"

的美誉，是全国商品粮重要基地县之一。改革开放以来，D县工业发展较快，主要有医药、机械、冶金、建材、化工、食品、饲料等七大门类。2006年，国内生产总值为38亿元，第一、第二、第三产业的结构比例为35∶34∶31，财政收入为1.4亿元，农民人均收入为4 710元。

二、教育事业发展现状

（一）学校

当前，D县各级各类教育发展完善，在教育类别上，有幼儿教育、义务教育、高中阶段教育和成人教育；在办学类别上，形成了以教育部门和集体办学为主，社会力量和其他部门广泛参与的办学格局；在学校类型上，有教学点、村级设置的初等小学（1～4年级）、完全小学（1～6年级）、九年一贯制学校、完全中学、独立设置少数民族学校、独立设置的普通初中、普通高中、职业高中，此外，还有融普教、职教和成教为一体的"一校三教"乡镇中学等（见表18-1）。

表18-1　　　　　　　分类别、办别、城乡学校数　　　　　单位：所

	合计	县　镇			农　村		
		教育部门和集体办	社会力量办	其他部门办	教育部门和集体办	社会力量办	其他部门办
合计	298	24	15	—	255	1	3
幼儿园	43	7	14	—	21	—	1
小学	219	7	—	—	211	—	1
初中	30	5	1	—	22	1	1
普通高中	2	2	—	—	—	—	—
职业高中	1	1	—	—	—	—	—
九年一贯制	2	1	—	—	1	—	—
完全中学	1	1	—	—	—	—	—
独立设置少数民族学校	1	1	—	—	—	—	—
教学点	2	—	—	—	2	—	—

资料来源：由《D县教育年鉴（2004）》整理得到。

(二) 学生

巩固"普九"成果,提高义务教育质量是县域教育工作的重要内容。2004年,在各级各类在校生中,义务教育阶段的学生占到80%以上,义务教育质量不仅影响着县域高中阶段教育的发展,同时还影响到全县经济和社会的发展,因为县域义务教育的社会受益范围主要局限于县域内,不能升学的初中毕业生多数将成为县域内各行各业的劳动者,当前义务教育的质量在很大程度上决定着未来劳动者的素质(见表18-2)。

表18-2　　　　　分类别、办别、城乡在校生数　　　　　单位:人

	合计	县镇			农村		
		教育部门和集体办	社会力量办	其他部门办	教育部门和集体办	社会力量办	其他部门办
合计	55 789	15 605	847	—	39 067	12	267
幼儿园	5 369	1 166	716	—	3 442	—	45
小学	28 033	5 648	79	—	22 093	—	213
初中	17 004	3 592	52	—	13 339	12	9
普通高中	4 754	4 754	—	—	—	—	—
职业高中	142	142	—	—	—	—	—
九年一贯制	143	—	—	—	143	—	—
完全中学	—	—	—	—	—	—	—
独立设置少数民族学校	303	303	—	—	—	—	—
教学点	50	—	—	—	50	—	—

资料来源:由《D县教育年鉴(2004)》整理得到。

"十五"期间,全县小学的毛入学率大幅度地提高,从2000年的102%增长到2004年的109.3%,远远高于全国2004年的平均水平98.9%;2001年和2002年的县镇小学毛入学率与2000年水平相比有所降低,但2003年之后提高速度较快,2004年达到117%;农村小学毛入学率稳定提高,2004年达到107.5%(见图18-1),农村小学毛入学率与县镇和全县的水平相比虽有些差距,但也高出全国平均水平近9个百分点。

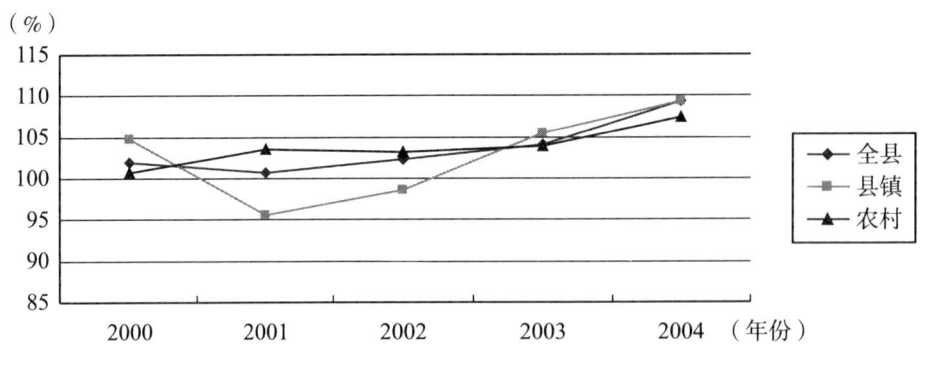

图 18-1　2000~2004 年小学毛入学率变化趋势

资料来源：由《D 县教育年鉴》2000~2004 年数据整理得到。

2004 年全县小学五年巩固率为 96.9%，与 2003 年的 98.3% 相比，下降了 1.4 个百分点，与 2004 年全国的平均水平 98.8% 相比，低了 1.9 个百分点，小学五年巩固率在一定程度上反映了小学阶段教育质量，同时也影响到初中阶段的入学率，因此，县各教育部门应该采取一定措施提高小学阶段的教育教学质量。另外，2003 年以来，D 县省民政厅文件开始撤乡并镇，撤销镇郊乡，将其所辖行政区域整合建制并到 D 镇，行政区域的重新划分影响了城乡小学五年巩固率和初中三年巩固率的统计，反映不出城乡各自真实水平，所以在这里对城乡中小学的巩固率暂不做独立论述。

2004 年全县初中毛入学率为 110.2%，与 2000 年的 109.1% 相比略有提高，县镇初中的毛入学率从总体趋势看仍然是上升的，2004 年上升到 112.3%，但是各年度的变化起伏较大，如 2002 年县镇初中毛入学率为 100.2%，2003 年上升到 114.2%，2004 年又略有回落，县镇初中毛入学率大起大落的现象与初中适龄人口入学情况相关，同时也受到了行政区划的影响。农村初中的毛入学率自 2000 年以来一直处于下降趋势，从 2000 年的 110.4% 下降到 2003 年的 103.1%，下降了 7.3 个百分点，2003 年后开始回升，2004 年达到 109.6%，但仍然低于 2000 年的水平（见图 18-2）。虽然 D 县初中毛入学率的增幅和减幅比较大，但就农村 2002 年最低点 100% 的水平来看，仍高于全国 2004 年 98.1% 的平均水平，这说明 D 县中小学的入学水平比较高，今后的重要任务是巩固和提高。

2004 年初中三年巩固率为 97%，与 2003 年的 77.8% 相比提高了近 20 个百分点，与 2004 年全国的平均水平 91.96% 相比也高出 5 个百分点，这说明 D 县初中阶段的教学质量比较高，"一校三教"的办学模式为不能升学的初中毕业生提供了职业技术教育，有效地控制了初中阶段学生的厌学和辍学，提高了初中阶段的毕业率和义务教育的完成率。

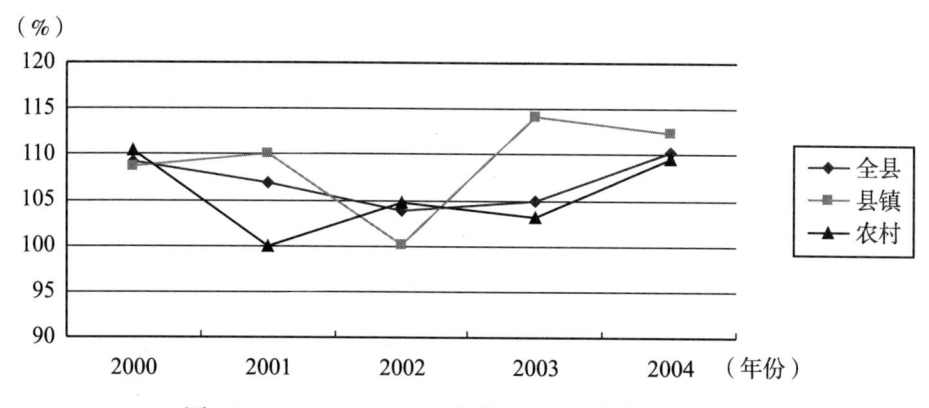

图 18-2　2000~2004 年初中毛入学率变化趋势

资料来源：同图 18-1。

"十五"期间，D 县在巩固"普九"成果的同时，幼儿教育和高中阶段教育也有了较大的发展，2006 年，D 县农村基本普及了 3~5 岁儿童的学前一年教育，县镇 3~5 岁儿童学前一年入园率为 100%，学前三年入园率为 68.5%，高于国家 2005 年学前三年入园率 41.4% 的平均水平。① 2006 年，D 县高中阶段入学率为 53.24%，略低于国家的平均水平 59.8%，升学率为 78%，高等教育毛入学率为 22%，与国家同期高中阶段教育的发展水平相当。近年来，D 县职业高中虽然有了显著的发展，但较之国家职业高中发展的平均水平相比还有一定的差距，尤其是普通高中和职业高中在校生数量方面，2004 年，D 县普通高中在校生数为 4 754 人，职业高中在校生数为 142 人，普职比为 33∶1，而 2005 年国家的普职比为 1.5∶1，所以与国家职业高中平均的发展规模相比，D 县的职业高中发展较为落后，今后应当在特色专业设置、教育投入和招生等方面加大力度，同时与各乡镇的农职校合作，大力发展职业教育。

（三）教师

1. 教师数量

2004 年 D 县各级各类教育共有教职工 4 893 人，其中专任教师 4 208 人（见表 18-3），小学职工数占教职工总数的 12.3%，高中阶段占 25.9%，小学和高中阶段的职工数都超出了国家关于职员、教学辅助人员和工勤人员占教职工的比例，高中一般不超过 16%、小学一般不超过 9% 的规定，② 初中职工数占教职工总数的 12.2%，在国家规定 15% 的范围内。

---

① 国家教育事业发展"十一五"规划纲要，来源：http://www.moe.edu.cn。
② 关于制定中小学教职工编制标准的意见，2001 年 10 月 8 日中央编办、教育部、财政部发布。

表 18-3　　　　　　2004 年 D 县各级各类教育教职工数量　　　　　　单位：人

		教职工数			专任教师数		
		合计	县镇	农村	合计	县镇	农村
合计		4 893	1 323	3 570	4 208	1 032	3 176
幼儿园		222	159	63	165	113	52
其中代课教师		—	—	—	1	—	1
小学		2 860	442	2 418	2 507	354	2 153
其中代课教师		—	—	—	5	—	5
初中		1 421	332	1 089	1 247	276	971
高中	普通	328	328	—	259	259	—
	职业	62	62	—	30	30	—

资料来源：由《D 县教育年鉴 2004》整理得到。

2004 年 D 县幼儿与专任教师的比为 32.5∶1，其中县镇的幼师比为 16.7∶1，农村的幼师比为 67.1∶1（见图 18-3），与国家在 1987 年的《全日制、寄宿制幼儿园编制标准》中规定全日制师幼比为 1∶7~8 相比相差较远，这说明当前 D 县幼儿教师存在大量缺编的现象。2004 年 D 县普通高中生师比为 18.4∶1，与国家规定的 15∶1 还存在一定的差距，普通高中教师编制还存在一定的缺口。2004 年 D 县职业高中生师比为 4.7∶1，低于国家 10∶1 的生师比规定，这主要是由于近年来职业高中生源短缺所带来的生师比的降低，而不是健康的良性发展，因此扩大生源，加大招生力度是县职业高中今后发展的重要任务。

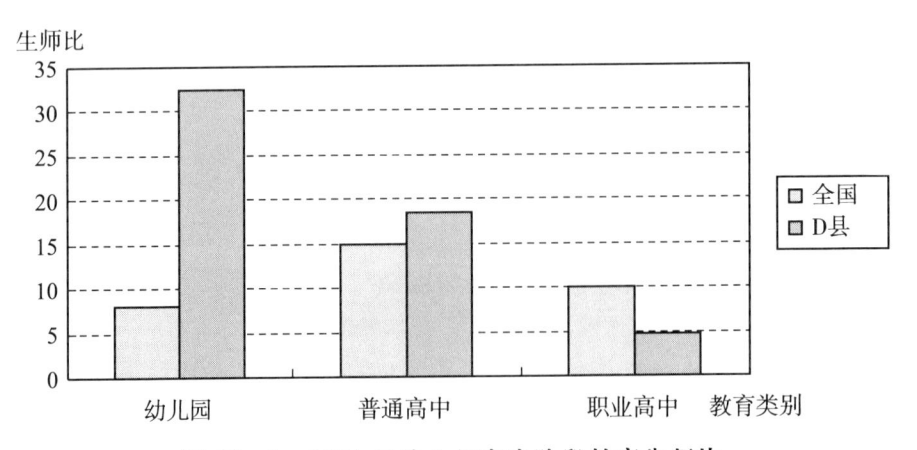

图 18-3　2004 年幼儿与高中阶段教育生师比

资料来源：《D 县教育年鉴 2004》。

D县2004年县镇小学的生师比为16.2∶1，农村为10.4∶1，远远低于国家关于县镇和农村小学生师比25∶1的规定；D县2004年县镇初中的生师比为13.2∶1，农村为13.8∶1（见图18-4），也低于国家关于县镇初中生师比19∶1和农村初中生师比21∶1的规定，这说明D县中小学教师存在大量超编现象，与幼儿教育教师的缺编形成一定的反差，县教育行政部门应尝试协调不同阶段教育中教师编制问题，解决因学龄人口的变动所带来的教师阶段性缺编或超编的现象。

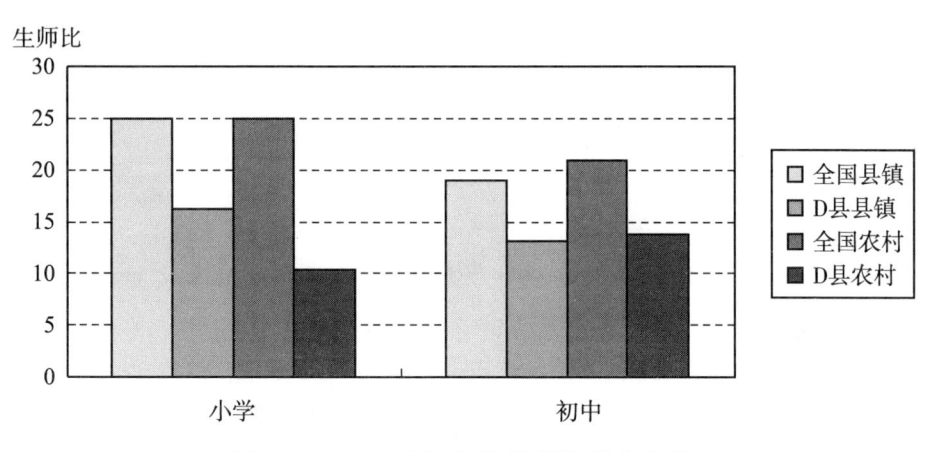

图18-4 2004年义务教育阶段生师比

资料来源：《D县教育年鉴2004》。

2. 教师学历

2004年D县幼儿专任教师中高中阶段以上学历约占97%，其中专科学历教师约为51%，高中阶段毕业教师占40%，由此可见，虽然D县幼儿专任教师学历合格率比较高，但是本科及其以上学历教师比例较低，幼儿教师学历层次有待提高。2004年普通高中专任教师中本科学历占90.7%，专科及其以下教师占9.3%，即普通高中专任教师中仍有9.3%的教师学历不达标，同时普高专任教师中还没有本科以上学历的教师，因此，应该加强高学历教师的引进。2004年职业高中专任教师中本科学历占46.7%，教师的学历合格率比较低，大部分教师的学历主要集中在专科及其以下水平。

D县镇和农村小学专任教师的学历合格率比较高，县镇小学专任教师全部达到高中阶段毕业以上学历，农村小学专任教师高中阶段毕业以上学历也达到99%以上（见图18-5），但是无论是县镇还是农村，小学专任教师的学历层次主要集中在专科水平，本科学历的教师比例较低，尤其是广大农村地区，小学专任教师的学历结构不合理，高中阶段及其以下学历的教师比重偏高，今后应提高专科以上学历层次教师在小学教师中的比重。

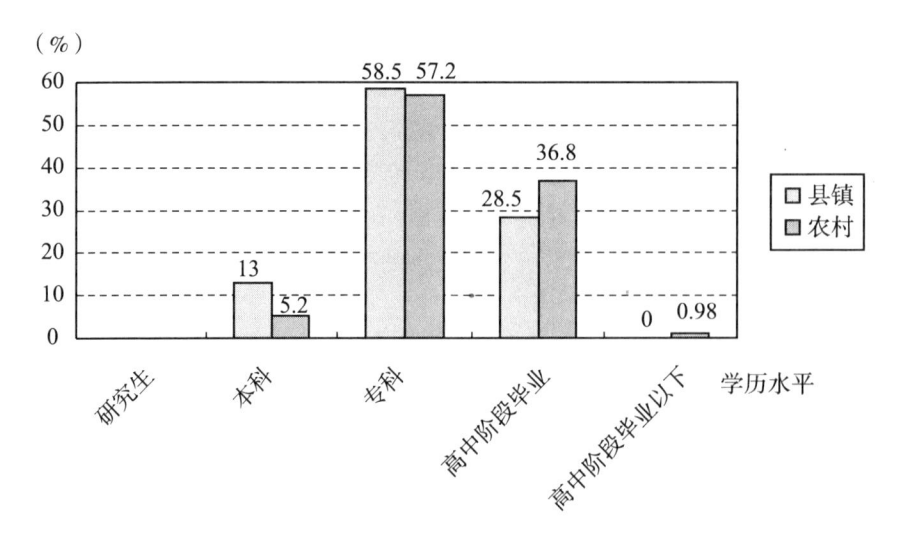

图 18-5　D 县 2004 年城乡小学教师学历结构

资料来源：《D 县教育年鉴 2004》。

2004 年 D 县镇初中专任教师的学历合格率为 97.9%，农村为 97.6%，这说明初中专任教师学历合格率比较高，城乡差距较小（见图 18-6），这主要是因为农村初中基本上都坐落于各个镇上，经济条件和社会环境比较好，与县镇的差距比较小，更容易吸引高学历的教师。

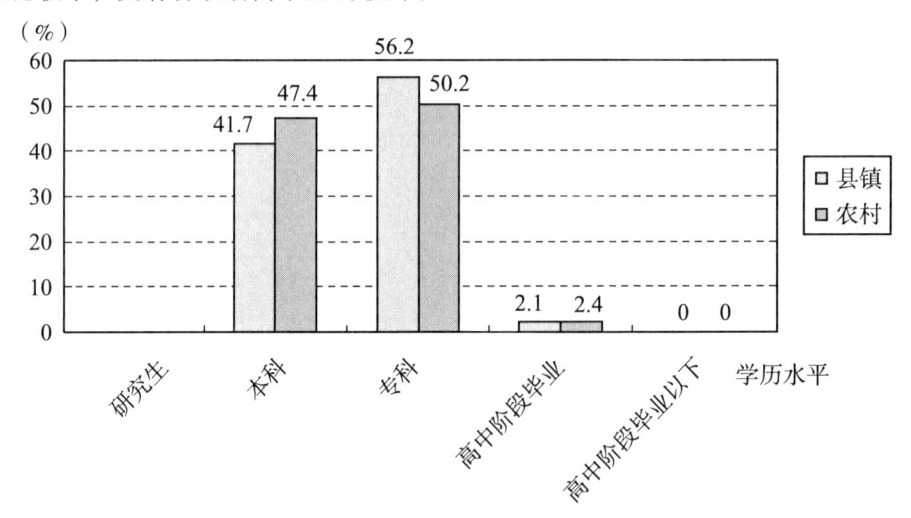

图 18-6　D 县 2004 年城乡初中教师学历结构

资料来源：《D 县教育年鉴 2004》。

3. 教师年龄

2004 年 D 县小学教师的年龄主要集中在 36~55 岁之间，县镇小学教师的年龄主要集中在 26~40 岁之间，各年龄段教师的分布比较均匀，但是 41~55 岁教师比重为

37.85%，教师的年龄结构有待进一步的年轻化。尽管农村小学教师的年龄结构表现为两个峰值：一是26~30岁，另外一个是41~45岁（见图18-7），但总体看来，农村小学教师的老龄化问题严重，41~60岁教师的比例达到47.65%。虽然老教师的教学经验是十分重要的，但是面对新课程改革很难做出积极的应对和灵活的变通，从而加大了实施素质教育的难度。因此，教师年龄结构的改善是一个复杂而漫长的过程，除了自然减退之外，还需要通过岗位转移或是提前办退等方式逐步加以改善。

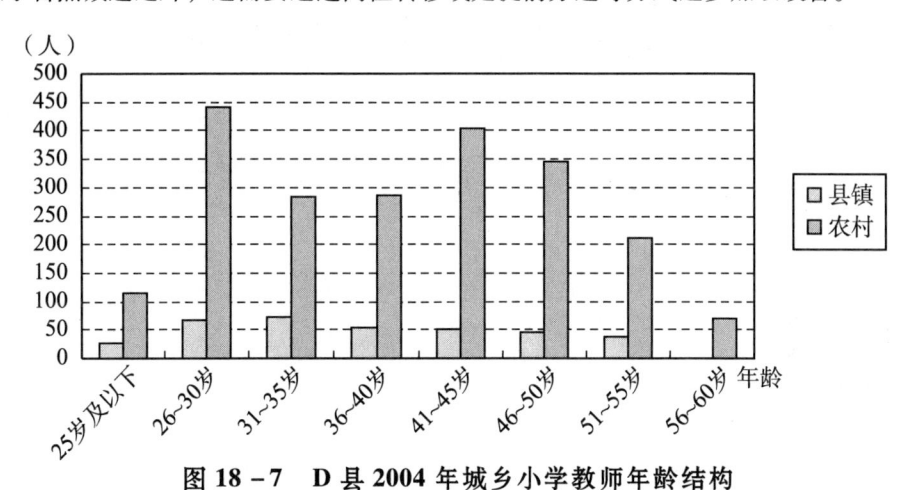

图18-7　D县2004年城乡小学教师年龄结构

资料来源：由《D县教育年鉴2004》整理得到。

与小学教师的年龄结构相比，初中教师的年龄结构较为年轻化，2004年D县初中教师的年龄主要集中在26~40岁之间，城乡之间稍有差别。41~60岁教师比例县镇为36.95%，农村为35.11%，农村初中教师的年轻化程度比城镇教师稍高（见图18-8）。

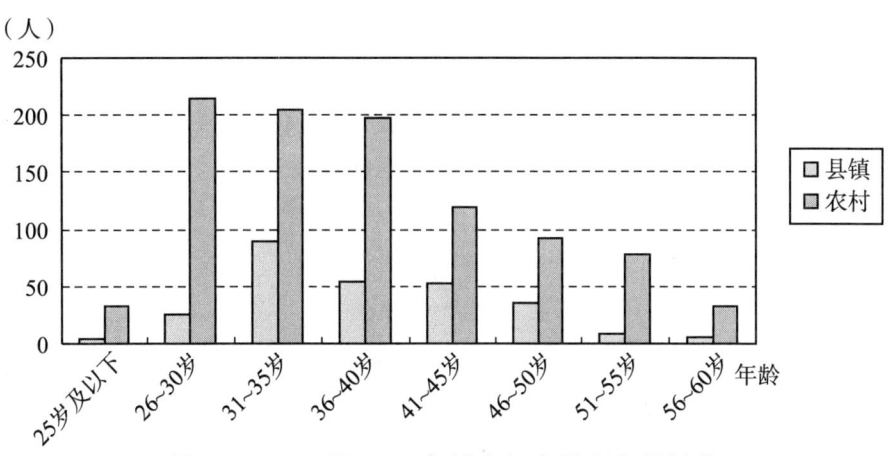

图18-8　D县2004年城乡初中教师年龄结构

资料来源：《D县教育年鉴2004》。

4. 教师职称

2004 年 D 县幼儿专任教师共有 165 人，其中具有中学高级职称的教师 7 人，占专任教师的 4.2%，具有小学高级职称的教师 85 人，占专任教师的 51.5%，具有小学一级职称的教师 38 人，占专任教师的 23%，另外未评职称的教师为 32 人，占专任教师的 19.4，小学二级职称的教师比重较低，仅占 1.8%。从城乡角度来看，县镇和农村幼儿教师职称为小学高级的比重相当，约占一半左右，农村幼儿教师具有小学一级职称的比重为 36.5%，高于县镇 19.7 个百分点，同时农村幼儿教师中具有中学高级职称的教师比重为 9.6%，也高于县镇的 1.77%，而县镇未评职称的幼儿教师比重较高，为 27.4%，所以总体看来，2004 年 D 县农村幼儿教师的职称结构优于县镇幼儿教师的职称结构，这与农村地区中小学教师退休后返聘到幼儿园担任教师的情况相关。

2004 年 D 县小学教师职称为小学一级的比重为 53.7%，小学高级职称的比重为 41.6%，由此可见，D 县绝大多数小学教师的职称都在小学一级以上，但是城乡之间还是存在一定的差距，D 县镇小学教师职称为小学高级的比重约为 63%，小学一级以上职称比重达到 92% 左右；农村小学教师职称以小学一级为主，约为 58%，小学高级职称比重约为 38%，远低于县镇小学教师高级职称的比重（见图 18-9、图 18-10），因此，应提高农村小学教师高级职称的比重，缩小与县镇的差距。

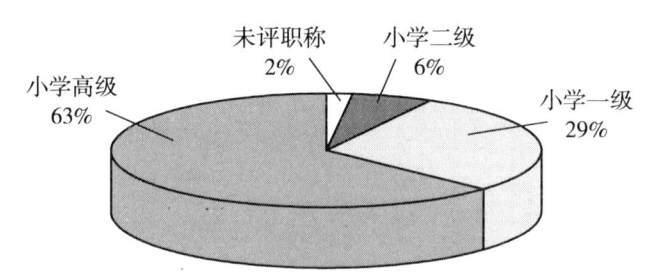

图 18-9　2004 年 D 县镇小学教师职称结构

资料来源：由《D 县教育年鉴 2004》整理得到。

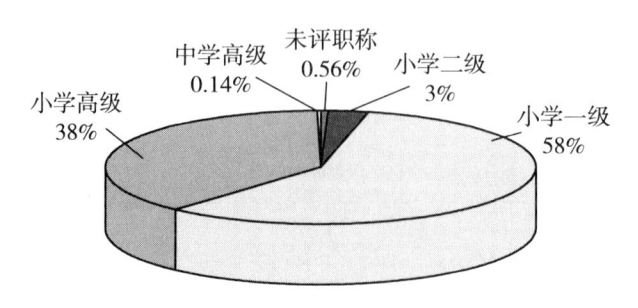

图 18-10　2004 年 D 县农村小学教师职称结构

资料来源：由《D 县教育年鉴 2004》整理得到。

2004年D县初中教师的职称结构中，中学高级的比重为9.7%，中学一级的比重为49.6%，中学二级的比重为34.2%，初中教师的职称主要集中在中学一级和中学二级两个层次上。在城乡层面上，初中教师职称结构比较相似，即中学高级职称的比重都比较低，县镇为15%，农村为8%，县镇和农村初中职称为中学一级的教师都占优势，县镇为64%，农村为45%（见图18-11、图18-12）。总体看来，县镇初中具有中学高级和中学一级职称的教师比重高于农村初中具有中学高级和中学一级职称的教师比重，但是在中学二级职称比重上，县镇较农村低了22个百分点。因此，农村初中还应提高中学一级和中学高级职称教师的比重。

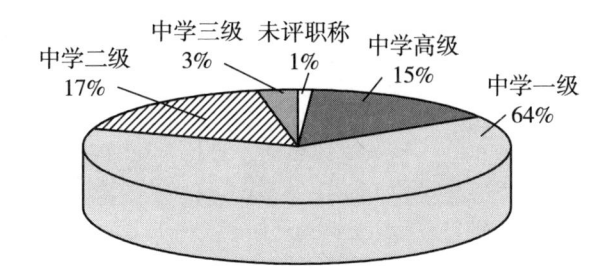

图18-11　2004年D县镇初中教师职称结构

资料来源：由《D县教育年鉴2004》整理得到。

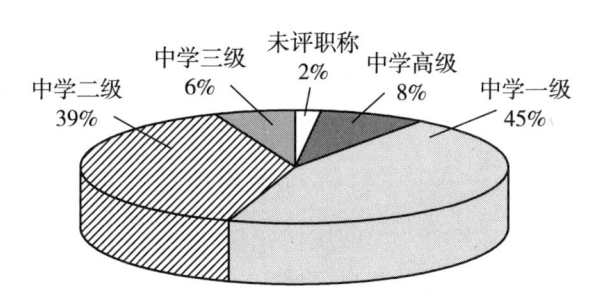

图18-12　2004年D县农村初中教师职称结构

资料来源：由《D县教育年鉴2004》整理得到。

（四）办学条件

D县镇幼儿园办学条件优于全国县镇的平均水平，而D农村幼儿园的办学条件低于全国农村的平均水平，但D城乡在幼儿园办学条件方面存在较大差距。在幼儿生均校舍建筑面积方面，D县镇为4.3平方米/生，D农村为1.1平方米/生，城乡差额近4倍；在幼儿生均教学及辅助用房面积方面，D县镇为2.86平方米/生，D农村为0.66平方米/生，D农村幼儿园生均教学及辅助用房面积较少，也远低于全国农村的平均水平；在幼儿生均园中户外活动场面积方面，D城乡幼儿园高于或接近于全国的平均水平，县镇为4.33平方米/生，农村为2.13平方米/生，但D城乡幼儿园之间仍存在较大的差距；在幼儿生均图书量方面，D县镇幼儿园比较高，为6册/生，D农村幼儿生均图书量接近于全国农村的平均水平，为1.6册/生，但与D县镇的幼儿生均图书量相比仍存在较大的差距（见图18-13）。因此，今后D县幼儿园在提高整体办学条件的同时，重点是缩小城乡差距，为城乡幼儿提供相同水平的教育条件。

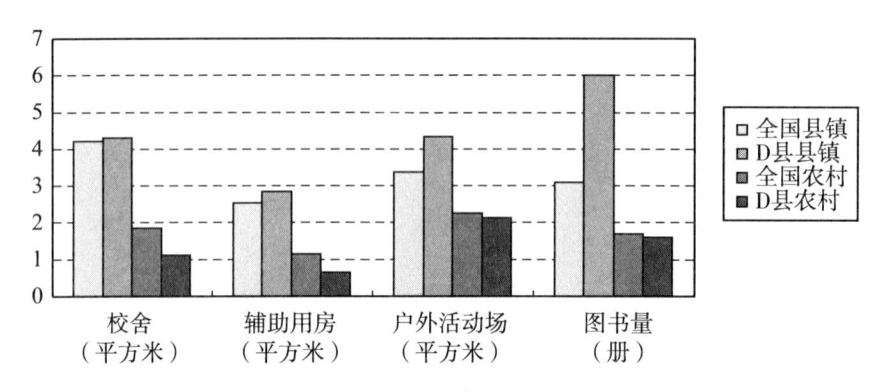

图18-13　2004年D县与全国幼儿园办学条件比较

注：图中校舍（平方米）指幼儿生均校舍建筑面积；辅助用房（平方米）指幼儿生均教学及辅助用房面积，包括活动室、睡眠室、保健室和图书室；户外活动场（平方米）指幼儿生均园中户外活动场面积；图书量（册）指幼儿生均图书量。

资料来源：由《中国教育统计年鉴2004》、《D县教育年鉴2004》整理得到。

2004年D县镇和农村在小学生均校舍面积方面几乎没有什么差别，和全国城乡比较也几乎没有什么差别，生均校舍面积范围在4.47~5.71平方米之间；在生均拥有图书量上，D县镇小学和农村小学稍高于全国的平均水平，县镇小学为14册/生，农村为16册/生；在生机比方面，D县镇和农村小学的生机比均小于全国的平均水平，即D县的小学生能获得更多亲自操作计算机的机会，但是D县小学生机的比率仍然较高，县镇小学为19.1生/台，农村小学为24.4生/台，农村每个学生获得实际的操作时间仍然比较少，生机比率还有待于进一步降低。在危房率方面，D县镇小学和农村小学的危房率都稍高于全国的平均水平，县镇小学为6.96%，农村小学11.33%，今后应当加大危房改造力度，尤其要及时防范新增危房，降低危房率的同时也减少了校园安全隐患。在体育运动场（馆）面积达标学校比例、体育器械配备达标学校比例、音乐器械配备达标学校比例、美术器械配备达标学校比例和教学自然实验仪器达标学校比例方面，D县镇和农村小学的达标学校比例都远远高于全国的平均水平（见图

18-14），这说明 D 县小学各种教学器械配备达标率比较高，便于各类教育教学活动的开展。在校园网建设方面，D 县镇和农村小学落后于全国的平均水平，截至 2004 年，D 县小学还没有建立校园网，教育信息化的速度较慢，今后应加快校园信息化的进程。总体看来，D 县小学的办学条件要高于全国县镇和农村的平均水平，但就办学条件本身而言其水平仍然较低，今后应在校园危房改造、计算机配备和校园网建设方面投入更多的物力和财力，以提高全县小学整体办学水平。

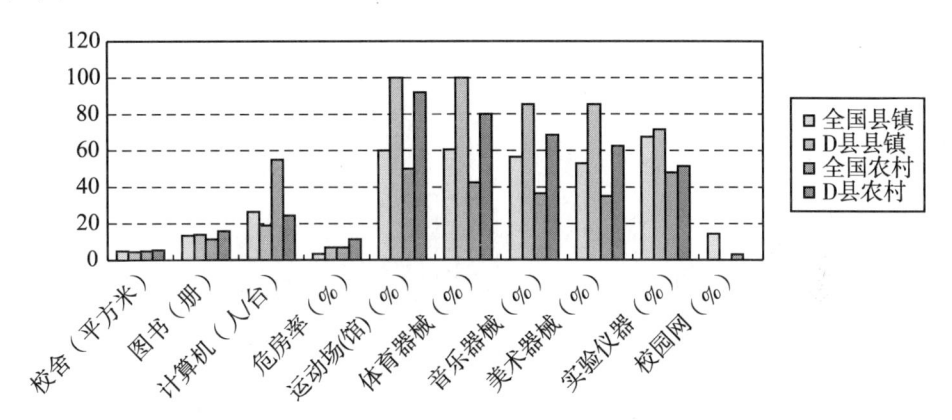

图 18-14　2004 年 D 县与全国小学办学条件比较

注：图中校舍（平方米）指生均校舍建筑面积；图书（册）指生均图书量；计算机（人/台）指生机比；运动场（馆）（%）指体育运动场（馆）面积达标学校比例；体育器械（%）指体育器械配备达标学校比例；音乐器械（%）指音乐器械配备达标学校比例；美术器械（%）指美术器械配备达标学校比例；实验仪器（%）指教学自然实验仪器达标学校比例；校园网（%）指建立校园网学校比例。

资料来源：由《中国教育统计年鉴 2004》、《D 县教育年鉴 2004》整理得到。

2004 年 D 县镇和农村初中的生均校舍面积都低于全国县镇和农村的平均水平，县镇初中为 4.36 生/平方米，农村初中为 4.39 生/平方米；在生均图书拥有量上，D 县镇初中为 15 册/生，稍高于全国县镇的平均水平 12 册/生，但 D 农村初中生均图书量比较低，为 13 册/生，低于 D 县镇和全国农村的初中生均图书量；在生机比方面，D 县镇初中生机比为 20 人/台，D 农村初中生机比为 34 人/台，城乡差距较大，与全国水平相比，D 县镇初中学生能获得较多的计算机操作机会，而农村初中学生在这方面的机会较少，今后 D 县应进一步降低农村初中的生机比率，给学生更多上机操练的机会；在危房率方面，D 县镇和农村初中的危房率都高于全国的平均水平，D 县镇初中为 4.1%，农村初中为 6.76%；在体育运动场（馆）面积达标学校比例、体育器械配备达标学校比例、音乐器械配备达标学校比例、美术器械配备达标学校比例和教学自然实验仪器达标学校比例方面，D县镇初中达到100%，农村初中的比例也比较高，尤其是在体育运动场（馆）面积和教学自然实验仪器方面，D农村初中所有的学校都达到达标水平（见图18-15），因此，在这些教学器械配备方面，D县整体水平也远远高于全国的平均水平；在校园网建设方面，D县初中和小学一样没有建立校园网，而全国有25.4%的县镇初中和13.1%的农村初中建立了校园网，在这一方面，D县落后于全国的平均水平。总体看来，D县城乡初中的办学水平与全国的平均水平相比较高，但在危房率、校园网建设方面还比较落后，今后在整体提高的同时，尤其要加大危房改造和校园网建设工程。

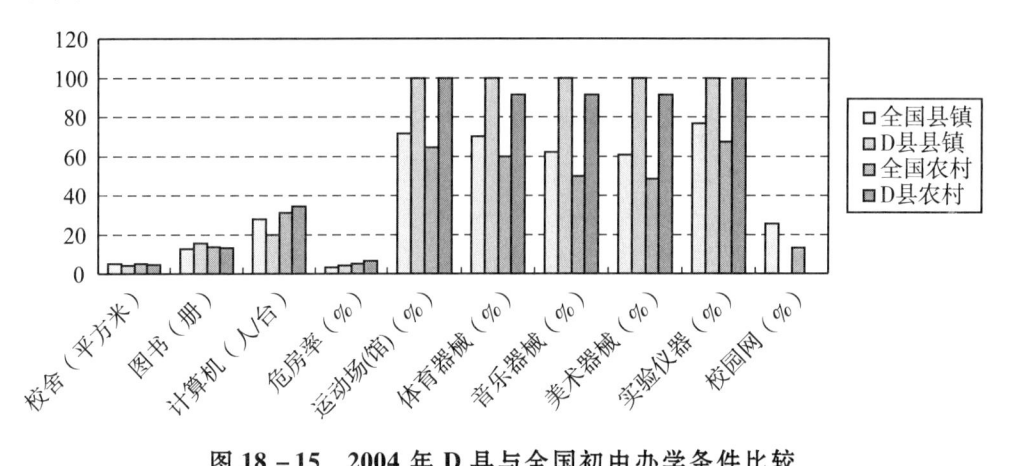

图18-15　2004年D县与全国初中办学条件比较

资料来源：由《中国教育统计年鉴2004》、《D县教育年鉴2004》整理得到。

2004年D县镇有独立设置的普通高中两所，1所朝鲜族民族学校设立的高中部，在办学条件核算上各个学校的普通高中部都包含在内，统一作为D县普通高中的办学条件。在生均校舍面积、生均图书量和校园网建设方面，D县镇普通高中都落后于全国县镇普通高中的平均水平，尤其在生均图书量和校园网建设方面，2004年全国县镇普高的生均图书量为18册，而D县镇普高生均图书量仅为10册；2004年全国县镇普高有47.6%的学校建立了校园网，而D县镇3所普高中仅有1所建立了校园网。但是2004年D县普高在体育运动场（馆）面积达标学校比例、体育器械配备达标学校比例、音乐器械配备达标学校比例、美术器械配备达标学校比例和教学自然实验仪器达标学校比例方面都高于全国县镇普高的平均水平，尤其在体育运动场（馆）面积、体育器械配备和教学自然实验仪器方面，D县镇所有普高学校都能达标（见图18-16）。因此，今后D县镇普高应增加教育投入提高生均校舍面积、危房改造、增加生均图书量和建立校园网，从而提高高中整体的办学水平。

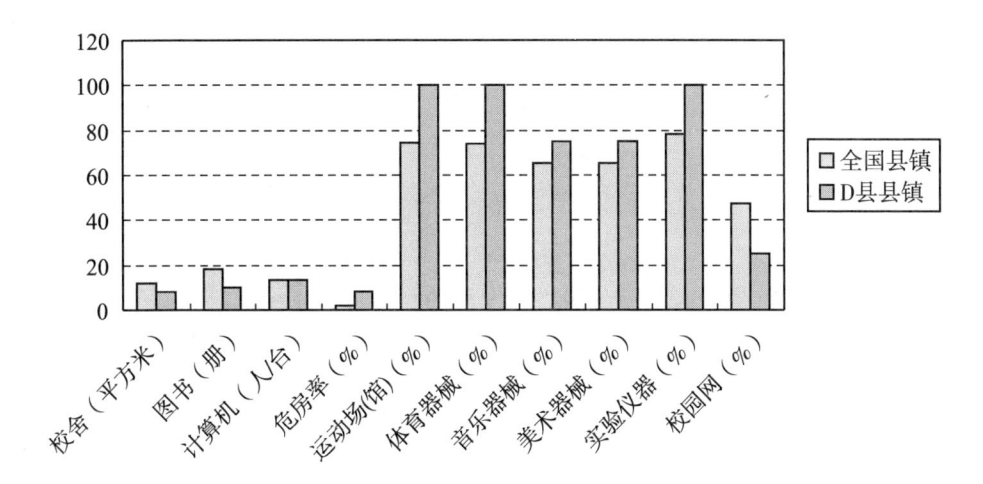

图 18-16　2004 年 D 县与全国普通高中办学条件比较

资料来源：由《中国教育统计年鉴 2004》、《D 县教育年鉴 2004》整理得到。

（五）教育经费

2006 年 D 县幼儿教育、义务阶段教育和高中阶段教育经费共为 6 719 万元，其中财政性教育经费为 5 811.7 万元，占整个教育经费来源的 86.5%，社会捐资和集资办学经费为 13.9 万元，占整个教育经费来源的 0.2%，学杂费收入为 721.6 万元，占整个教育经费来源的 10.7%，其他教育经费收入为 171.8 万元，占整个教育经费来源的 2.6%（见图 18-17）。由此可见，D 县教育经费来源主要依靠财政拨款，其他渠道的资金供给有限，这是因为 D 县的教育事业主要为集中在基础教育阶段，而基础教育本身对财政的依赖程度较强，同时 D 县的经济发展水平不高，企业和社会捐资和办学的比例比较低，各级各类教育以教育部门和集体开办为主。今后在教育经费筹集方面，在加强财政性教育经费主导地位的同时，还要进一步扩大经费来源渠道，提高社会捐资和集资办学经费与其他教育经费在总经费中的比重。图 18-18 反映了 2006 年 D 县义务教育经费来源情况，其中财政性教育经费占教育总经费的 91.45%，占绝对优势，而社会捐资和集资办学经费比较低，仅为 0.04%，学费和杂费收入占总经费的 5.83%。

2007 年春季开学后，吉林省农村地区全面实施免费的义务教育，中小学生免交学费和杂费，家庭困难学生还免交课本费并补助住宿费。中小学免杂费和提高公用经费的标准为小学生均 280 元/学年，初中生均 360 元/学年，所需资金由中央、省和县按 6∶2.4∶1.6 的比例共同分担；免教科书的标准为小学每生 35 元/学期，初中每生 70 元/学期，所需资金由中央和省预算划拨；补助寄宿生食宿费标准为小学每生 100 元/学期，初中每生 150 元/学期，所需资金由县财政全

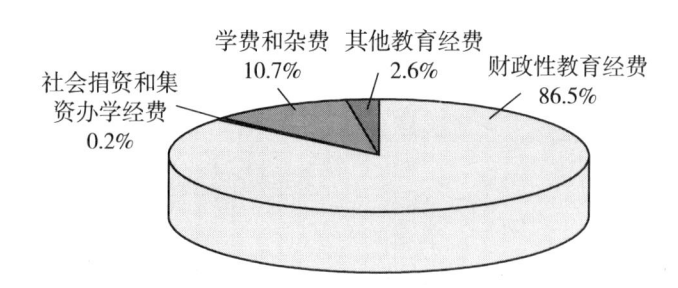

图 18-17　2006 年 D 县教育经费来源情况

资料来源：由 D 县教育局提供。

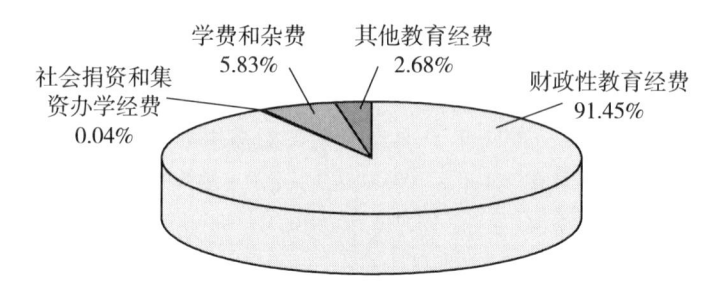

图 18-18　2006 年 D 县义务教育经费来源情况

资料来源：由 D 县教育局提供。

部承担，2007 年初，D 县享受"一免一补"的小学生为 4 368 人，初中生为 2 716 人。实施免费义务教育后，义务教育阶段经费来源中，财政性教育经费比例会上升，虽然义务教育阶段经费以政府投入为主，但也应尽量争取其他渠道的经费来改善中小学的办学条件，从而提高义务教育质量。

2006 年，D 县幼儿教育、义务教育、高中阶段教育经费支出共为 14 068.4 万元，其中人员经费支出为 10 629.7 万元，占 75.6%，公用经费支出为 3 438.7 万元，占 24.4%，公用经费主要用于办公、维修、取暖、设备购置、邮电、水电、培训等。在教育经费支出中，各级各类教育经费支出比例不同，小学教育经费支出合计为 6 859.2 万元，占教育经费总支出的 48%，初中教育经费支出合计为 4 867.7 万元，占教育经费总支出的 34%，即义务教育阶段经费支出占到教育总经费支出的 82%（见图 18-19），这主要是由于义务教育阶段的学校数、在校生数以及教职工数量比较大，是 D 县教育事业的主体部分，因此教育支出的比重就比较高；普通高中教育经费支出合计为 1 761.3 万元，占教育经费总支出的 13%，而职业高中和幼儿教育经费支出的数额较少，所占教育总经费的比重也比较低，仅为 3% 和 2%。

D 县义务教育阶段的生均预算内教育事业经费都高于全国农村的平均水平，在初中阶段甚至还高于吉林省的平均水平，由于缺少全国农村普通高中生均预算

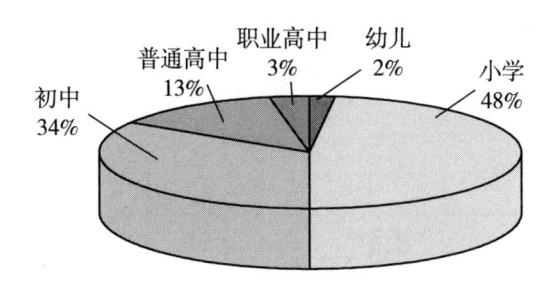

图 18-19　2006 年 D 县教育经费支出情况

数据来源：由 D 县教育局提供。

内教育事业费的数据，所以 D 县普通高中生均预算内教育事业费与全国平均水平相比还略有差距（见图 18-20），但是总体看来，D 县中小学生均预算内教育事业经费较高，这主要是由于当前 D 县中小学教师存在大量超编现象，人员经费在事业经费支出中占有较大的比例。

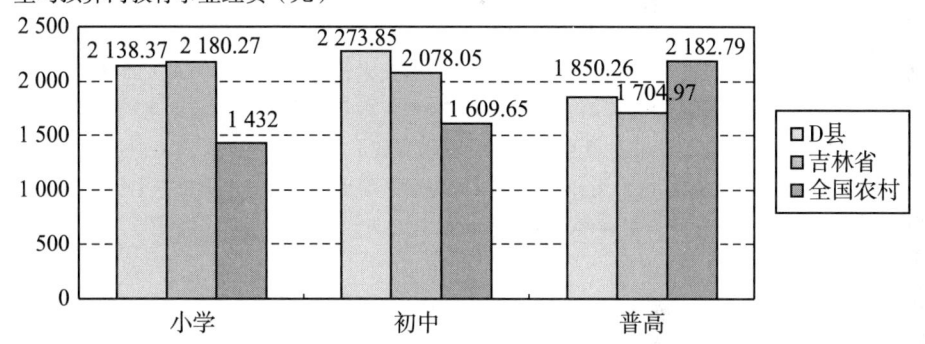

图 18-20　2006 年基础教育生均预算内教育事业经费

注：①吉林省和全国 2006 年生均预算内教育事业经费数据是以 2005 年的数据为基础，依据 2004~2005 年的生均预算内教育事业经费的增长速度计算而来，由于没有 2006 年的价格指数，所以 2006 年吉林省和全国生均预算内教育事业经费为 2005 年的价格水平，D 县的生均预算内教育事业经费为 2006 年的价格水平，据估算差别不大，可以比较。

②全国普高的生均预算内教育事业经费是全国普高的平均水平，而非全国农村普高的水平。

资料来源：《2005 年全国教育经费执行情况统计公告》。

2006 年 D 县中小学生均预算内公用经费分别为 308.42 元和 614.26 元，如图 18-21 所示，高于全国同期水平，也高于国家预定的 2009 年生均预算内公用经费小学 300 元和初中 500 元的平均水平，这主要是因为 2006 年秋季，D 县就开始实施免费义务教育，并按照吉林省规定的农村中小学生均公用经费标准小学 280 元/学期，初中 360 元/学期，由中央、省和县级财政按 6∶2.4∶1.6 的比例分担，同时 2006 年 D 县财政对中小学预算内公用经费 365 万元的拨款不变，主要用于学校取暖，因此，D 县中小学生均预算内公用经费较高，为提高农村义务教育质量提供了物质基础。

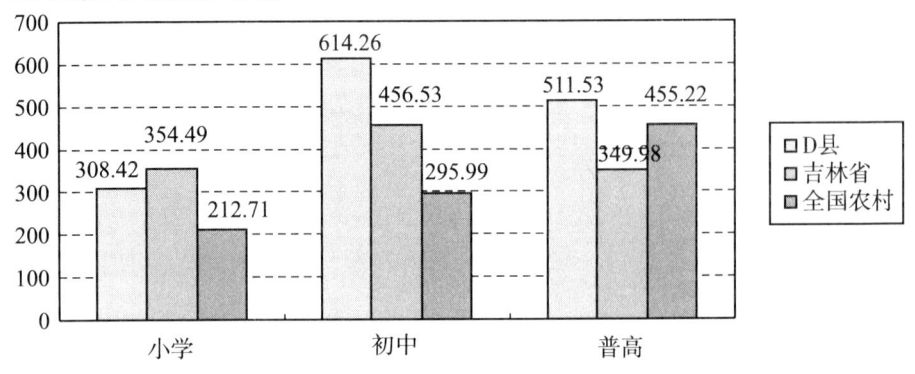

图 18-21　2006 年基础教育生均预算内公用经费

注：①吉林省和全国 2006 年生均预算内公用经费数据是以 2005 年的数据为基础，依据 2004~2005 年的生均预算内公用经费的增长速度计算而来，由于没有 2006 年的价格指数，所以 2006 年吉林省和全国生均预算内公用经费为 2005 年的价格水平，D 县的生均预算内公用经费为 2006 年的价格水平，据估算差别不大，可以比较。

②全国普高的生均预算内公用经费是全国普高的平均水平，而非全国农村普高的水平。

资料来源：《2005 年全国教育经费执行情况统计公告》。

（六）教育管理体制

D 县基础教育管理体制同全国其他农村地区的教育管理体制一样，从 1985~2006 年 D 县在教育管理体制上经历了三级办学，两级管理到"以县为主"的变革，在具体的教育管理措施上，D 县结合自身情况又具有一定的地方特色。

早在 1984 年 D 县就在全县范围内进行了教育管理体制的改革，基础教育实行县、乡（镇）、村三级办学，县、乡（镇）两级管理，县级统筹的新体制。与 1985 年国务院颁布的《中共中央关于教育体制改革的决定》的精神相一致，D 县基础教育分级办学，分级管理的具体做法是实行分级分口办学，即全县小学四级办：县办实验小学、乡（镇）办中心小学、村办村立小学、屯办教学点；全县初中县、乡和村三级联办；民族中学县和乡二级办；高中县办。在管理范围上，县级政府管理县办高中、农业技术学校、教师进修学校、实验小学、幼儿园等；乡办中学、小学、幼儿园等均由乡（镇）管理。在管理权限划分上，县和乡（镇）二级在国家规定的权限范围内，分别享有办学权、人事权和财权。在经费使用上，实行谁办学谁负责，国拨经费包干，教育经费不足部分地方自筹。

教师队伍实行教育行政部门统管、办学单位分管的体制，校级领导的选任，分别由县、乡（镇）考察、批准、任命；教师培训提高，由县教育行政部门负责。20世纪80年代教育体制改革的大趋势是权力下放，而90年代的财政体制改革的趋势是财权上收，至此，乡镇财政成为各级财政中最薄弱的一级，农村教育发展缺乏足够的财政支持，基础教育管理体制改革势在必行。

随着2001年《国务院关于基础教育改革与发展的决定》的出台和2002年《国务院办公厅关于完善农村义务教育管理体制的通知》的下发，D县结合本县的实际情况，逐步实施了"在国务院领导下，由地方政府负责、分级管理、以县为主"的义务教育管理体制。在"以县为主"的管理体制下，农村中小学教师的工资上收到县，并按规定设立"教师工资资金专户"，按国家规定标准，确保教师工资按月足额发放；进一步划分县、乡、村的职责。县级政府对基础教育承担主要责任。负责中小学规划、布局调整；经费的筹措、管理和使用；中小学领导、教师的考核和教师工资的发放等。乡镇政府按规定划拨所需土地，改善办学条件，提高教师待遇等。村民自治组织参与本村学校建设；改革中小学人事制度，依法履行教师资格制度，校长的任用、考核以县为主；在教育管理机构上，乡镇撤销教育办，由乡镇长直接抓教育。实行"以县为主"的管理体制的关键是要建立农村义务教育经费保障机制，随着2007年春季吉林省农村实施免费的义务教育后，义务教育经费实行按比例、分项目由中央、省、县三级政府共同承担。

在幼儿教育管理方面，1986年以前，D县的幼儿教育工作由县妇联主管，1987年按照国办发［1987］69号文件要求，转交到教育局主管，县镇幼儿园由县教育局调配专职人员负责，乡镇幼儿园由乡镇教育办管理，1988年后，D县进一步将幼儿教育事业当作基础教育的一个重要环节来抓，成立了专门的幼儿教育工作领导小组，教育局增设了幼儿教育办公室，附设在普教科，负责全县的幼儿教育行政管理工作。

三、D县2007～2020年教育需求与教育规划

（一）学龄人口状况预测

人口的自增率指每年自增人口（出生人口减去死亡人口）与当年总人口的比率。人口的自增率受出生人口和死亡人口数量的影响，自2000年以来，D县人口出生率整体上处于下降趋势，从2000年的10.1‰，下降到2006年的8.4‰，下降的速度较为缓慢，这主要是因为受20世纪70年代生育高峰期的影

响,"十五"期间,D县每年进入婚育期的育龄妇女都在4 000人左右,尤其是2002年吉林省对生育政策进行了调整,二胎指标增多,使得2003年人口出生率猛增至11‰,之后又逐渐回落(见图18-22)。依据D县"十五"期间人口出生率的变化趋势和D县人口和计划生育事业"十一五"规划的有关规定,2010年D县人口出生率要控制在8.9‰的范围内,我们设定2007~2010年,D县人口出生率保持在2006年的8.4‰的水平不变,2010~2020年,D县人口出生率以每年0.1‰的速度递减。

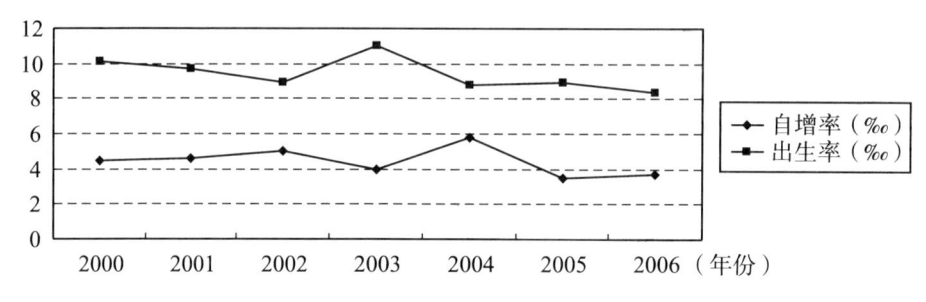

图18-22 2000~2006年D县人口出生率和自增率

数据来源:由D县教育局提供。

2000~2006年,D县人口自增率整体上呈下降趋势,从2000年的4.5‰下降到2006年的3.68‰,由于受人口出生率和死亡率等因素的影响,2004年D县人口自增率猛增至5.82‰,达到"十五"期间的最高值,然后回落,总体上看,D县自2000年以来,人口自增率一直保持在3‰~6‰之间。依据D县"十五"期间人口自增率的变化趋势和D县人口和计划生育事业"十一五"规划的有关规定,如2010年总人口控制在42.66万以内,我们设定2007~2020年D县平均每年的人口自增率为4‰。

人口的迁移率是指每年净迁入人口(迁入人口减去迁出人口)与当年总人口的比率,人口迁移(包括迁入与迁出)受很多因素的影响,包括经济、政治、文化,等等,具有一定的不确定性,但是就历史时期来看又有一定的规律。2000年D县升学、外出务工等人员增多,人口的迁移率为-3.6‰,人口迁移主要以迁出为主,2001年后,迁出的人口有所减少,迁入与迁出人口基本保持平衡,但2005年后,迁出人口有所增加,2006年人口迁移率为-2.6‰。依据2000年来D县人口迁移规律,我们设定2007~2020年,D县平均每年人口迁移率为-0.1‰(见图18-23)。

依据我们设定的D县2007~2020年人口的出生率、自增率和迁移率,2007~2020年D县总人口数和每年出生人口数如表18-4所示。

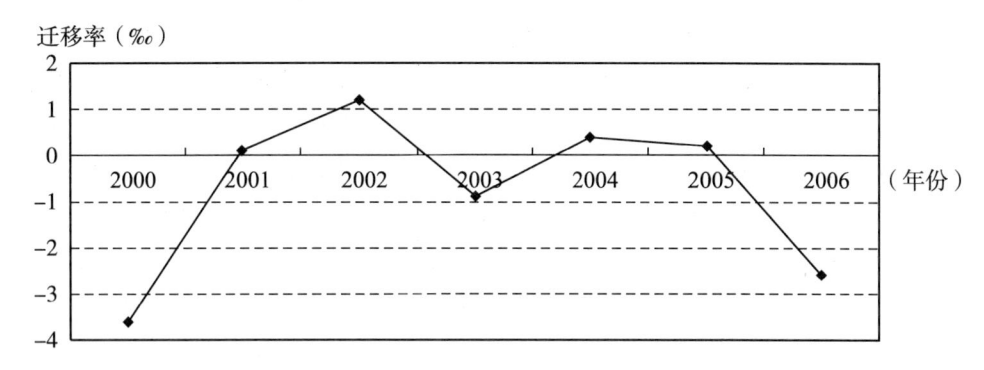

图 18-23　2000~2006 年 D 县人口迁移率

数据来源：由 D 县教育局提供。

表 18-4　　2007~2020 年 D 县总人口数和每年出生人口数　　　单位：人

年　份	总人口数	出生人口数
2007	402 426	3 380
2010	407 151	3 420
2015	415 150	3 279
2020	423 307	3 132

在假定婴儿成活率为 100% 的情况下，由于 D 县人口净迁移率较低，所以影响 D 县学龄人口数量的重要参数是出生人口数。依据 D 县当前学制特点，我们将学前学龄人口定义为 3~5 岁人口，小学学龄人口定义为 6~11 岁人口，初中学龄人口定义为 12~14 岁人口，高中阶段学龄人口为 15~17 岁人口。依据预测结果，D 县 2007~2020 年各级学校学龄人口数见图 18-24。

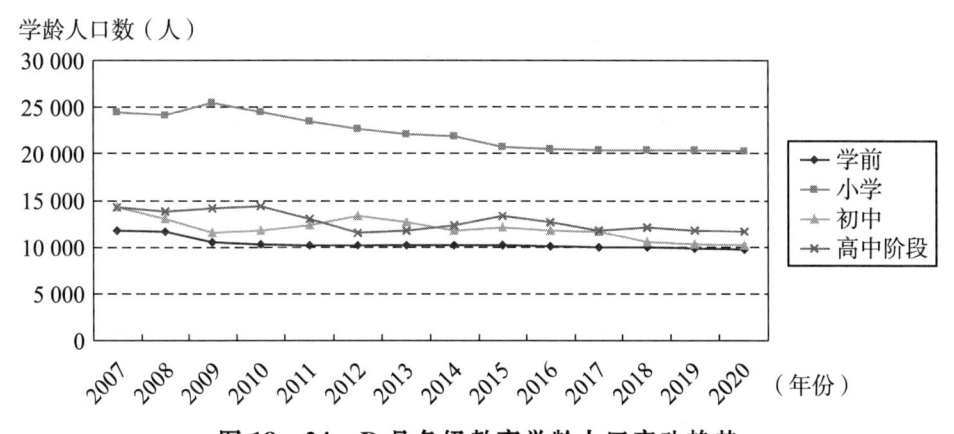

图 18-24　D 县各级教育学龄人口变动趋势

D县学前教育学龄人口自2007年起一直处于下降趋势,但下降的幅度不大,从2007年的11 730人下降到2020年的9 750人,学前学龄人口的下降主要是2003年以后D县出生人口数减少的结果;D县小学学龄人口在2009年时将出现一个波峰,这主要是由于1998年、1999年和2003年D县新出生的人口数量相对较大,这些出生人口在2009年时刚好处于小学一年级和小学五、六年级,这就造成了2009年小学学龄人口的上升。随着出生人口数量的减少,2010~2020年D县小学学龄人口逐渐减少,2020年达到20 226人;D县初中学龄人口在2007~2009年间有所降低,随后开始缓慢升高,2012年达到一个波峰,这主要是由于2009年小学学龄人口的波峰移至初中所致,2013年后,D县初中学龄人口数量逐渐降低,2020年为10 171人。D县高中阶段学龄人口的变动趋势与初中学龄人口的变动趋势基本一致,只是在学龄人口波峰出现的年份上向后推移了3年,在2010年和2015年上出现了两个峰值,2015年之后又逐渐回落,2020年减少至11 659人。

(二) 幼儿教育需求与规划

2004年D县幼儿学前三年的毛入园率为42.2%,"十五"期间D县加大幼儿教育的普及力度,2006年D县农村和县镇学前入园率为100%,县镇幼儿学前三年的入园率为68.5%,依据D县"十一五"教育事业发展规划中关于幼儿教育的发展目标,参考国家和其他省份"十一五"教育事业发展规划中关于幼儿学前三年毛入园率的相关规定,我们设定2010年D县幼儿学前三年的毛入园率为80%,2020年全县普及学前三年的幼儿教育。2010年、2015年和2020年D县学前三年在园人数见表18-5。

表18-5　2004~2020年D县学前三年教育适龄人口预测与学校布局调整的对策设计

年份	适龄人口（人）	在园人数（人）	校均规模（人/校）	每校各年级平均班数（个）	平均班额（人/班）	所需幼儿园数（所）	与2004年相比学校数余缺
2004	12 721	5 369	125	2.5	17	43（实有）	
2010	10 352	8 281	150	2	25	55	缺12
2015	10 176	9 161	135	1.5	30	67	缺24
2020	9 750	9 750	135	1.5	30	72	缺29

2004年D县有幼儿园43所，其中县镇21所，农村22所，校均规模为125人/校，每校各年级平均班数为2.5个，平均班额为17人/班。从2004年D县幼儿园的布局情况看，农村幼儿园的数量较少，布局又相对集中，这与农村人群聚居相对分散的特点不相适应，一定程度上造成了农村幼儿学前三年毛入园率的低下。因此在对未来幼儿教育的发展规划中需要在农村设立小规模、多数量的幼儿园，为农村幼儿入学提供机会。参考吉林省有关幼儿教育的相关规定（《吉林省幼儿园工作管理规定》），我们设定D县2010年每个幼儿园各年级的平均班数为2个，平均班额为25人/班，2015年和2020年每个幼儿园各年级的平均班数减至1.5个，平均班额增至30人/班。按照这个标准设定，与2004年相比，2010年D县还需设立幼儿园12所，2015年需设立24所，2020年需设立29所。

依据吉林省幼儿园工作管理规定，幼儿园保教人员与幼儿比原则上应为1:15至1:20，2004年D县幼儿园保教人员与幼儿比城乡平均为1:31，D县镇幼儿园保教人员与幼儿比为1:15.6，接近于省规定的水平，而D县农村幼儿园保教人员与幼儿比为67:1，农村幼儿园几乎没有专职的保育人员，因此提高D县幼儿园保教人员与幼儿比的重点和难点在农村，在规划未来D县幼儿教育发展的思路上，应该把增设农村幼儿园数量同提高农村幼儿园保教人员与幼儿比结合起来，提高农村幼儿园的办学水平，逐步达到省规定的标准。为此我们设定2010年、2015年和2020年D县幼儿园保教人员与幼儿比分别为1:25、1:20和1:15，计划在2020年使全县保教人员与幼儿比达到省定标准（见表18-6）。

表18-6　　　　2004~2020年D县幼儿教育教师数量和学历状况规划

年份	在园人数（人）	幼儿与保教人员比	所需保教人员数（人）	与2004年相比需要补充或多余的保教人员数（人）	专科以上学历教师比重（%）
2004	5 369	1:31	165（实有）		59
2010	8 281	1:25	331	缺166	75
2015	9 161	1:20	458	缺293	86
2020	9 750	1:15	650	缺485	100

2004年D县幼儿教师学历基本上都能达到高中毕业以上的水平，但是专科及以上学历的幼儿教师比重仅占一半，依据吉林省幼儿园工作管理的相关规定，幼儿教师应具备专科以上的学历水平，基于当前D县幼儿教师学历现状，我们

设定2020年D县幼儿教师学历全部达到专科及以上水平。

依据吉林省幼儿园工作管理规定,在园舍设备上,幼儿园生均活动室的面积和生均户外活动场必须大于2平方米,生均图书量必须在5册以上,这是一个独立幼儿园最基本的办学条件。2004年D县在幼儿园办学条件方面除了生均户外活动场达标以外,其他两项均未达标,因此我们设定2010年D县幼儿园的办学条件必须达到省定的底线,2010年后依据D县的财政支持能力再有不同程度的提高(见表18-7)。

表18-7 　　　　　2004~2020年D县幼儿教育办学条件规划

年份	在园人数（人）	生均活动室面积（平方米）	生均户外活动场（平方米）	生均图书（册）
2004	5 369	0.95	2.9	3
2010	8 281	2	>2	5
2015	9 161	>2	>2	>5
2020	9 750	>2	>2	>5

(三) 小学教育需求与规划

2004年D县小学入学率为99.9%,几乎所有的适龄儿童都能按时入学,小学五年巩固率为96.9%,小学的教育质量还有待于进一步提高,随着免费义务教育的普及和小学教育质量的不断提高,我们设定2010年D县小学五年巩固率要达到99%,2010~2020年保持小学五年巩固率99%以上的水平,并不断提高小学的教育质量。

从初等教育发展的一般规律看,毛入学率低于100%,表明教育机会供给不足;而当初等教育普及到一定水平,毛入学率超过100%则又意味着超龄儿童复读生占有一定比例,教育质量和资源配置方面存在着问题。2004年D县小学毛入学率为109.3%,说明小学教育资源有待改善、教育质量有待提高,依据我们对于学龄人口的预测,D县2010年后学龄人口一直处于下降趋势,这为整合教育资源,提高教育质量提供了契机。我们设定D县2020年小学毛入学率降低到102%,其他各年份以2004年的毛入学率数据为基础每年平均降低0.45%,因此2010年和2015年D县小学毛入学率分别为106.3%和103.9%,未来各年度小学在校生数见表18-8。

表 18 – 8　　　2004～2020 年 D 县小学教育适龄人口预测
与学校布局调整的对策设计

年份	适龄人口（人）	在校生数（人）	校均规模（人/校）	每校各年级平均班数（个）	平均班额（人/班）	所需小学校数（所）	与 2004 年相比学校数余缺
2004	25 646	28 033	128	1	21	219（实有）	
2010	24 451	25 991	195	1.3	25	133	余 86
2015	20 742	21 551	270	1.5	30	80	余 139
2020	20 226	20 631	270	1.5	30	76	余 143

2004 年 D 县有小学 219 所，校均规模为 128 人，每所小学各年级平均班数为 1 个，平均班额为 21 人/班，由此可见，D 县小学布局比较分散，校均规模、每所小学各年级平均班数和平均班额数都比较低，这主要因为 D 县是低山丘陵区，3/4 的人口分布在农村，在农村小学寄宿制学校尚未建立的条件下，村小仍然是农村小学的主要形式，分散的村小布局不利于教育资源的整合，同时也制约了农村小学教育质量的提高，因此在未来的小学教育规划中，我们充分考虑了 D 县农村小学教育的分散性和可整合性，设定 2010 年每所小学各年级的平均班数为 1.3 个，平均班额为 25 人，2015 年和 2020 年各年级的平均班数为 1.5 个，平均班额为 30 人，按照这样的学校规模计算，2010 年 D 县要在 2004 年既有的小学校基础上需要合并或撤销学校 86 所，2010 年后仍需要继续整合优化学校资源，2020 年达到小学校均规模 270 人，小学校数 76 所，D 县小学的教育质量将会得到较大的提高。

2004 年 D 县小学师生比为 1∶11，师生比较高一方面说明 D 县小学布局分散，另一方面也反映出 D 县小学教师存在一定的超编现象，随着小学布局的调整，D 县小学师生比将会有所提高。依据吉林省普通中小学教职工编制核定深化改革实施意见的通知中的相关规定，合理的专任教师编制数应为：专任教师编制数 =（在校学生数/标准班额）× 班周课时数/教师周授课时数，当前吉林省小学每班的周课时平均为 30.6 节，教师周授课时数平均为 17 节，按照以上的公式，2010 年、2015 年和 2020 年 D 县小学合理的师生比分别为 1∶13、1∶16 和 1∶17，所需教师数如表 18 – 9 所示。

表 18-9　　2004~2020 年 D 县小学教师数量和学历状况规划

年份	在校生数（人）	师生比	所需教师数（人）	与 2004 年相比较余缺	专科及以上学历教师比重（%）
2004	28 033	1:11	2 507（实有）		63.6
2010	25 991	1:13	1 871	余 636	85
2015	21 551	1:16	1 293	余 1 214	92.2
2020	20 631	1:17	1 238	余 1 269	100

2004 年 D 县小学教师专科及以上学历教师比重为 63.3%，随着小学校的布局调整和学校资源整合，教师的学历层次也会不断地提高，依据 D 县"十一五"期间的教师学历规划，即 2010 年小学专科及以上教师比例达到 85%，我们设定 2020 年 D 县小学所有教师学历都能达到专科及以上，教师的整体素质有较大的提高。

D 县小学办学条件在生均校舍建筑面积、生均图书量、体育运动场（馆）面积达标学校比例、体育器械配备达标学校比例、音乐器械配备达标学校比例、美术器械配备达标学校比例、教学自然实验仪器达标学校比例等方面都高于全国同期的水平，今后在保证数量达标的同时应进一步提高各种设施的高质量和高水平。但在小学危房率、生机比和建立校园网学校比例方面仍需要重点规划（见表 18-10）。

表 18-10　　2004~2020 年 D 县小学办学条件规划

年份	在校生数（人）	危房率（%）	生机比	建立校园网学校比例（%）
2004	28 033	10.6	23:1	0
2010	25 991	4.4	10:1	30
2015	21 551	2.1	9:1	70
2020	20 631	1	9:1	100

2004 年 D 县小学危房率为 10.6%，县镇小学为 6.96%，农村小学 11.33%，高于 2004 年全国县镇和农村小学的平均水平，整体看来 D 县小学危房率比较高。"十一五"期间，D 县计划按照国家教育资金配置状况，同时结合部分乡镇的财力，重点改造薄弱校中的 D 级危房，每年改造 30%，2010 年改造完毕。[1] 同时随着小学校布局调整和寄宿制学校的建设，小学校的危房率会大大降低，因

---

[1] D 县"十一五"教育事业发展规划，D 县教育局。

此我们设定 2020 年 D 县小学危房率降低为 1%。

生机比和校园网络的建立是衡量教育信息化的重要指标，2004 年 D 县小学生机比较高，学生上机的机会较少，同时全县所有小学校都没有建立校园网，教育信息化程度较低。"十一五"期间，D 县规划加快农村教育信息化建设，争取 2010 年在农村中小学实现计算机室和语音室的全部到位，并把农村中小学现代远程教育工作作为重要的基础建设项目。依据 D 县"十一五"期间关于教育信息化的相关规划以及国家教育信息化的相关指标，我们设定 2010 年 D 县 75% 的小学都建立微机室，2015 年所有小学都建立微机室，2010 年按照每个微机室 25 台计算机计算，D 县小学生机比为 10∶1，2015 年按照每个微机室 30 台计算机计算，D 县小学生机比为 9∶1，2020 年保持不变。随着学校微机室的建立，学校校园网建立的比例也会迅速提高，我们设定 2010 年 D 县小学建立校园网学校的比例达到 30%，2015 年达到 70%，2020 年校园网的覆盖率达到 100%。

（四）初中教育需求与规划

2004 年 D 县初中入学率为 98.2%，初中三年巩固率为 97%，说明 D 县初中教育质量较好，义务教育完成率比较高，为了进一步巩固"普九"成果和提高义务教育质量，我们设定 2010 年 D 县初中入学率提高到 99%，巩固率提高到 98%，2010~2020 年初中入学率和巩固率都保持着不变，努力巩固和提高义务教育质量。

2004 年 D 县初中毛入学率为 110.1%，说明初中复读的现象比较多，降低初中毛入学率的同时也对提高初中三年巩固率提出了任务，基于 D 县初中教育发展现状并参考国家教育发展指标体系中关于初中毛入学率的相关设定，我们设定 2020 年 D 县初中毛入学率降低为 102%，2010 年、2015 年和 2020 年在校生数见表 18-11。

表 18-11　　2004~2020 年 D 县初中教育适龄人口预测与学校布局调整的对策设计

年份	适龄人口（人）	在校生数（人）	校均规模（人/校）	每校各年级平均班数（个）	平均班额（人/班）	所需学校数（所）	与 2004 年相比学校数余缺
2004	15 437	17 004	680	5	44	25（实有）	
2010	11 759	12 582	675	5	45	19	余 6 所
2015	12 102	12 646	675	5	45	19	余 6 所
2020	10 171	10 374	675	5	45	15	余 10 所

2000年D县有初中28所，2004年减少到25所，校均规模为680人，每校各年级平均班数为5个，平均班额为45人，这说明2000年以来，随着初中的布局调整，D县初中学校建设基本上达到一定规模，各个学校的班级数和班额比较接近于标准水平。2004年后D县初中学龄人口持续减少，在校生数也持续降低，按照现有的初中每校各年级平均班数和平均班额，D县覆盖学龄人口比较少的初中学校仍需要合并或撤销，2010年和2015年需要的初中学校数为19所，2020年需要15所，因此今后15年调整初中学校布局、整合学校资源、提高义务教育质量仍是D县教育的主要任务。

2004年D县初中师生比为1∶6.6，说明D县初中教师存在大量超编现象，随着学龄人口的减少和初中的布局调整，初中师生比将会有所降低。依据吉林省普通中小学教职工编制核定深化改革实施意见的通知中的相关规定，合理的专任教师编制数应为：专任教师编制数＝（在校学生数/标准班额）×班周课时数/教师周授课时数，当前吉林省初中标准班额为45人，每班的周课时数为36节，教师周授课时数平均为13节，按照上面计算专任教师编制的公式，2010年、2015年和2020年D县初中合理的师生比为1∶16，所需教师数如表18－12所示。

表18－12　　2004～2020年D县初中教师数量和学历状况规划

年份	在校生数（人）	师生比	所需教师数（人）	与2004年相比较余缺	本科及以上学历教师比重（％）
2004	17 004	1∶6.6	1 247（实有）		46.1
2010	12 582	1∶16	774	余473	70
2015	12 646	1∶16	778	余477	83.6
2020	10 374	1∶16	638	余609	100

2004年D县初中教师本科及以上学历教师比重为46.1％，随着初中布局调整和学校资源整合，教师的学历层次也会不断地提高，依据D县"十一五"期间的教师学历规划，即2010年初中本科及以上教师比例达到70％，我们设定2020年D县初中所有教师学历都能达到本科及以上，教师的整体素质有较大的提高。

D县初中办学条件在生均校舍建筑面积、生均图书量、体育运动场（馆）面积达标学校比例、体育器械配备达标学校比例、音乐器械配备达标学校比例、美术器械配备达标学校比例、教学自然实验仪器达标学校比例等方面的水平都较高，今后在保证数量达标的同时应进一步提高各种设施的高质量和高水平。但在初中危房率、生机比和建立校园网学校比例方面仍需要重点规划（见表18－13）。

表18-13　　　　　2004~2020年D县初中办学条件规划

年　份	在校生数	危房率（%）	生机比	建立校园网学校比例（%）
2004	17 004	6.22	30∶1	0
2010	12 582	3.13	15∶1	30
2015	12 646	1.77	10∶1	70
2020	10 374	1	8∶1	100

2004年D县初中危房率为6.22%，县镇小学为4.16%，农村小学6.76%，高于2004年全国县镇和农村初中的平均水平，整体看来D县初中危房率也比较高。"十一五"期间，D县计划按照国家教育资金配置状况，同时结合部分乡镇的财力，重点改造中小学薄弱校中的D级危房，每年改造30%，2010年改造完毕。同时随着初中学校布局调整，初中的危房率会大大降低，因此我们设定2020年D县初中危房率降低为1%。

生机比和校园网络的建立是衡量教育信息化的重要指标，2004年D县初中的生机比较高，为30∶1，学生上机的机会较少，同时全县所有初中都没有建立校园网，教育信息化程度较低。"十一五"期间，D县规划加快农村教育信息化建设，争取2010年在农村中小学实现计算机室和语音室的全部到位，并把农村中小学现代远程教育工作作为重要的基础建设项目。依据D县"十一五"期间关于教育信息化的相关规划以及国家教育信息化的相关指标，我们设定2010年D县每所初中都建立起一个标准为45台的微机室，生机比将达到15∶1，2015年有一半的初中学校都建立起2个标准为45台的微机室，生机比将提高到10∶1，2020年所有的初中学校都建立起2个标准为45台的微机室，生机比将达到8∶1。

随着学校微机室的建立，学校校园网建立的比例也会迅速提高，我们设定2010年D县初中建立校园网学校的比例达到30%，2015年达到70%，2020年校园网的覆盖率达到100%。

（五）高中阶段教育需求与规划

2004年D县高中阶段毛入学率比较低，仅为27.9%，"十一五"期间，D县教育事业发展的主要目标之一就是高中阶段教育普及率达到60%，吉林省关于加快高中教育发展与建设意见的通知中规划：2020年，全省基本普及高中阶段教育，普及高中阶段教育地区人口覆盖率达到85%以上，高中阶段毛入学率达到85%以上。[①] 因此我们设定2010年D县高中阶段毛入学率为60%，2020年

---

① 吉林省人民政府办公厅转发省教育厅关于加快高中教育发展与建设意见的通知（吉政办发［2003］50号）。

达到85%，基本普及高中阶段教育。2004 年 D 县普通高中在校生为 4 754 人，职业高中在校生为 142 人，普通高中与职业高中在校生人数之比为 33∶1，这个比例与国家教育发展战略中中等职业教育与普通高中规模大体相当的要求相差甚远，一方面是因为 D 县中等职业教育的类型只有职业高中一种，另一方面是由于 2000 年以来随着高校扩招政策的持续，普通高中的升学持续上升，更多的家长和初中毕业生愿意选择上普通高中，因此造成了 D 县普通高中和职业高中在规模上的巨大差距。"十一五"期间，D 县职业教育改革和发展的目标与任务之一就是逐步实现高中阶段教育中普通教育与职业教育招生比例达到国家标准，职业高中招生规模不少于 2 000 人，① 同时依据我们课题组的测算，2010 年、2015 和 2020 年农村普通高中占整个农村高中阶段的比重分别为 71%、67%、62% 是合理的。② 2010 年、2015 年和 2020 年 D 县普高和职高的在校生数见表 18-14。

表 18-14　　2004~2020 年 D 县高中阶段教育适龄人口预测与学校布局调整的对策设计

年份	适龄人口（人）	在校生数（人）		校均规模（人/校）		每校各年级平均班数（个）		平均班额（人/班）		所需学校数（所）	
		普高	职高	普高	职高	普高	职高	普高	职高	普高	职高
2004	17 528	4 754	142	2 379	142	15.2	1	52	10	2	1
2010	14 355	6 115	2 498	2 038	2 498	13.5	2	50	42	3	1
2015	13 381	6 401	3 153	2 134	3 153	14.2	3	50	35	3	1
2020	11 659	6 144	3 766	2 048	3 766	13.6	4	50	32	3	1

2004 年 D 县有独立设置的普通高中 2 所，还有独立设置的民族学校普通高中部，但是民族学校的普通高中部 2004 年的在校生人数仅为 88 人，因此在普通高中学校数量统计上实际为 2 所。D 县普通高中数量少，因此校均规模较大，为 2 379 人，每校各年级平均班数为 15.2 个，平均班额为 52 人。随着高中阶段毛入学率的不断提高，普通高中的在校生人数也逐步增加，原有的 2 所普通高中将不能满足高中阶段的教育需求，因此，规划 2010 年在 D 县乡镇新增一所独立设置的农村普通高中来满足农村地区的高中教育需求。2010 年、2015 年和 2020 年 D 县普通高中学校数、校均规模、每校各年级平均班数和平均班额见表 18-14。

---

① D 县人民政府关于加快职业教育改革与发展的实施意见，2006 年 3 月 6 日。
② 王正惠：《农村高中教育发展指标体系研究》，载《教育科学》2007 年第 2 期。

D县有职业高中1所,2004年学校设置种植、建筑设备安装、计算机及应用、烹饪、财经类、服装设计与工艺和公关礼仪七个专业,在校生142人,是职业高中发展的最低谷。2004年后D县教育局先后投资300多万元大力发展职业教育,学校通过加强师资队伍建设、改善办学条件、加强学校内部管理和改革办学模式等措施,2006年D县职业高中又获得了蓬勃的发展,学校开设财会、餐饮旅游、计算机、农学、机械、美术、电子、建筑、供热、幼师等10个专业,从事学历教育和非学历技能培训两个门类的教育工作。为了适应职业教育大发展的需要,2006年以D县职业高中为基础,合并D县电大辅导站、D县卫生学校、D县农业广播学校、D县农机学校等中等职业学校,建立统一的D县职业教育中心,按此发展态势。2020年职教中心的规模、各专业各年级平均班数和平均班额见表18-14。

2004年D县普通高中师生比为1:18.4,与国家规定的普通高中师生比为1:15的标准还有一些差距,说明D县普通高中教师存在一定的缺编现象。依据吉林省普通中小学教职工编制核定深化改革实施意见的通知中的相关规定,合理的专任教师编制数应为:专任教师编制数=(在校学生数/标准班额)×班周课时数/教师周授课时数,当前吉林省县镇普通高中的标准班额为45~50人,班的周课时数为34节,教师周授课时数为10节,同时考虑D县普通高中的教育规模,我们设定普通高中的班额为50人,因此2010年、2015年和2020年D县普通高中的师生比将提高为1:15,达到国家规定的标准。依据标准的师生比,2004年后,D县普通高中将需要补充一定量的专职教师,教师数量的充实应与教师质量的提高结合起来,提高新进教师的学历层次,2010年争取D县所有普通高中专任教师的学历都达到本科级以上,研究生学历教师达到10%。2020年研究生学历达到20%(见表18-15)。

表18-15　　　　2004~2020年D县高中阶段教育
教师数量和学历状况规划

年份	在校生数		师生比		所需教师数		与2004年相比较余缺		本科及以上学历教师比重(%)	
	普高	职高	普高	职高	普高	职高	普高	职高	普高	职高
2004	4 754	142	1:18.4	1:4.7	259	30			90.7	46.7
2010	6 115	2 498	1:15	1:20	416	125	缺157	缺95	100	62.1
2015	6 274	3 091	1:15	1:15	427	206	缺168	缺176	100	78.8
2020	5 782	3 599	1:15	1:10	390	360	缺131	缺330	100	100

2004年D县有专任教师30人,师生比为1∶4.7,师生比较高,主要是由于职业高中规模减缩造成的,2004年后职业高中的规模不断扩大,2006年在校生人数已经达到460人,同时D县教育局也加大了职业高中的投入力度,近两年来投入高达140万元,D县政府也加大政策倾斜,多层次多形式的发展县域的职业教育,坚持学历教育与职业培训相结合,规划2010年职业高中在校生数达到2 000人以上。在职业高中规模迅猛发展的同时,职业高中需要补充一定量的师资,在职业高中发展初期,主要以职业培训的授课模式为主,因此2010年的师生比定位1∶20,随着职业高中的不断发展,不断充实教师队伍,2015年师生比降低为1∶15,2020年将达到国家规定的1∶10标准。2004年职业高中教师本科及以上学历的比重为46.7%,与普通高中教师学历相比较低,今后职业高中在扩充教师数量的同时也要通过多种形式来提高教师的学历层次,2020年职业高中在职的专任教师学历都应达到本科及以上层次。

2004年D县普通高中的办学条件在体育运动场(馆)面积达标学校比例、体育器械配备达标学校比例、音乐器械配备达标学校比例、美术器械配备达标学校比例和教学自然实验仪器达标学校比例方面都高于全国县镇普通高中的平均水平,达标率比较高,但是在危房率、生均图书量和建立校园网学校比例这三个方面与达标水平相比还有一定的差距,因此重点对这三个方面给予规划。2004年D县普通高中的危房率为8.1%,远远高于国家县镇普高的平均水平1.77%,由于D县普通高中都集中于县镇,资源相对集中,办学条件易于改善,因此我们设定2020年D县普通高中实现无危房校园。2004年D县普通高中生均图书量为10册,远远低于国家县镇普高的平均水平18.3册,2004年后随着高中毛入学率的提高,普通高中在校生人数将有所上升,这在一定程度上加大了普通高中改善办学条件的难度,依据D县普通高中生均图书量的现状,参考吉林省中小学办学条件的相关标准,我们设定2010年D县普高生均图书量为20册,2015年达到30册,2015年后,随着高中阶段学龄人口的减少,普高在校生人数开始下降,保持2015年的图书量不变,2020年D县普高生均图书量将为32.5册。2004年D县普高建立校园网的学校比例仅为25%,也低于国家县镇普高的平均水平47.6%,随着D县中小学教育信息化建设的推进,2010年D县普通高中都将完成校园网建设。

2004年D县职业高中校舍建筑面积8 048m^2、图书藏量35 000册、计算机25台、固定资产总值428万元,由于当年在校生数量较少,生均校舍建筑面积、生均图书量、生机比、生均固定资产值都比较高,因此没有太大的参考价值。2004年后职业高中发展逐步规模化,原有的教学设备在数量和质量方面都需要及时更新,2004年后,职业高中在生均图书量方面达到与普通高中同等水平,如表 18-16 所示。在生机比方面，由于职业高中开设了计算机及应用专业，生机比将会有所提高，依据吉林省城市和城镇中学实验室及多功能教室建设标准，我们设定 2010 年职业高中生机比达到 1∶10 并保持不变，同时建立校园网，实现教育信息化。

表 18-16　　　2004~2020 年 D 县高中阶段办学条件规划

年份	在校生数（人）		危房率（%）		生均图书量（册/人）		建立校园网学校比例（%）	
	普高	职高	普高	职高	普高	职高	普高	职高
2004	4 754	142	8.1	0	10	246	25	0
2010	6 115	2 498	5.4	0	20	20	100	100
2015	6 274	3 091	2.7	0	30	30	100	100
2020	5 782	3 599	0	0	32.5	32.5	100	100

（六）教育经费需求与规划

1. 义务教育阶段

2006 年 D 县小学预算内教职人员经费为 5 726.6 万元，生均预算内教职人员经费为 2 138.37 元，中小学教师平均工资为 1 800 元，依据财政部的承诺：中央财政将对中西部地区农村中小学教师工资经费给予补助，确保农村中小学教师工资能够按规定标准及时、足额发放，2010 年将市县义务教育教职工的理想工资提高到 3 600 元，① 依据我们的规划，2010 年 D 县小学专任教师编制数为 1 871 人，按小学职工占教职工的比例不超过 9% 的国家标准计算，② 2010 年 D 县小学有职工 185 人，小学在校生人数为 25 991 人，因此 2010 年 D 县小学预算内教职人员经费为 8 881.92 万元，生均预算内教职人员经费将达到 3 417.31 元。依据我们课题组的研究，预计 2015 农村中小学教师工资将达到 4 242.6 元，2020 年达到 5 000 元，按照这个工资标准计算，2015 年 D 县小学教职人员经费为 7 234.48 万元，生均预算内教育事业费将达到 3 354.5 元，2020 年 D 县小学预算内教职人员经费为 8 166 万元，生均预算内教职人员经费将达到 3 958.1 元，2010 年 D 县小学生均预算内教职人员经费与 2006 年相比增幅较高，这一方面是由于 2010 年市县义务教育教职工的工资从 1 800 元提高到理想的 3 600 元，提高幅度较大，另一方面是由于 D 县小学学龄人口的减少，师生比的上升，教育规

---

① 财政部承诺：2010 年市县教师工资涨到 3 600 元，载《第一财经日报》2007 年 2 月 28 日。
② 关于制定中小学教职工编制标准的意见，2001 年 10 月 8 日，中央编办、教育部、财政部发布。

模效应起了一定的作用；2015 年小学生均预算内教职人员经费由于学龄人口和教职工的减少而有所减少，2020 年后又有所回升。

表 18 – 17　　2006～2020 年 D 县小学教育经费需求规划
（2006 年的价格水平）

年份	在校生数（人）	生均预算内教职人员经费（元）	生均预算内公用经费（元）	校舍维修改造经费*（万元）	接受"免补"学生比例（%）
2006	24 075	2 138.37	308.42	750.7	18
2010	25 991	3 417.31	370.21	750.7	50
2015	21 551	3 356.9	574.85	750.7	100
2020	20 631	3 958.1	813.24	400	100

注：*校舍维修改造经费包括 D 县各级各类学校的校舍维修改造经费。

2006 年秋季 D 县开始实施免费的义务教育，免除学杂费标准为：小学每生每学年 220 元，初中每生每学年 280 元，补助公用经费标准为：中学生每生每学年 80 元，小学生每生每学年 60 元，按中央、省和市县级财政 6∶2.4∶1.6 的比例分担，同时 2006 年 D 县财政对中小学预算内公用经费 365 万元的拨款不变，主要用于学校取暖。在中央、省和县三级财政的努力下 2006 年 D 县小学预算内生均公用经费为 308.42 元，高出全国农村的平均水平近 100 元，2009 年，国家将出台农村义务教育阶段中小学公用经费基准定额，小学平均为 300 元，初中平均为 500 元，假定 D 县财政每年对中小学预算内公用经费 365 万元的拨款不变的情况下，小学获得 182.5 万元，按照这个标准，2010 年 D 县小学生均预算内公用经费为 370.21 元。依据我们课题组教育经费专题的研究预测，2010～2015 年全国农村小学生均教育经费年增长率为 9.2%，按照这个年增长率计算，2015 年 D 县小学预算内生均公用经费为 574.85 元。2015～2020 年全国农村小学生均教育经费年增长率为 9.7%，按照这个年增长率计算，2020 年 D 县小学预算内生均公用经费为 913.24 元。

2006 年 D 县在中小学校舍维修改造经费方面争取专项资金 330 万元，其中省级危房改造资金 245 万元。寄宿制资金 85 万元，县财政转移支付资金 340 万元，自筹资金 80 万元，共计 750.7 万元。中小学的校舍维修改造经费属于长效支出，尤其是 2015 年以前 D 县中小学的危房率比较高，是危房改造投入较多的几年，D 县在校舍维修改造经费筹集方面积极落实中央和省危房改造专项资金，同时县里也设立相应的危房改造专项资金，每年保证县级专项资金不少于 433 万元，因此我们认为 2015 年之前各年的中小学校舍维修改造经费至少要保持在

2006 年的水平，即各年校舍维修改造经费投入为 750.7 万元。2015~2020 年中小学危房率降低，经费投入主要用于日常的维修和护理，经费投入各年维持在 400 万元左右即可。

2006 年后 D 县对义务教育阶段贫困生实施"免补"政策，即免费提供教科书和补助寄宿生住宿费，小学免教科书标准为每生 35 元/学期，补助寄宿生食宿费为每生 100 元/学期，免教科书所需资金由中央及省预算划拨，补助寄宿生食宿费由县级财政全部承担，2006 年 D 县小学接受"免教科书"的学生数为 4 368 人，补住宿费人数为 9 人，小学接受"免补"人数占到小学在校学生数的 18%。今后应该扩大小学"免补"的范围和学生比例，逐步实现真正意义上的免费义务教育，我们设定 2010 年接受"免补"学生比例将提高到 50%，预计 2015 年农村地区将全部实现真正意义上的免费义务教育，小学阶段所有的在校生都免交课本费，所有住宿生都补助住宿费，免补学生比例达到 100%，同时寄宿生补助也将有所提升，小学寄宿补助提高到每生 150 元/学期，2020 年 D 县小学阶段在校生都免收教科书费，寄宿生寄宿补助提高到每生 200 元/学期，实现高质量的免费义务教育。

2006 年 D 县初中预算内教职人员经费为 3 621.9 万元，生均预算内教职人员经费为 2 273.85 元，中小学教师平均工资为 1 800 元，依据财政部的承诺：中央财政将对中西部地区农村中小学教师工资经费给予补助，确保农村中小学教师工资能够按规定标准及时、足额发放，2010 年将市县义务教育教职工的理想工资提高到 3 600 元，[①] 依据我们的规划，2010 年 D 县初中专任教师编制数为 774 人，按小学职工占教职工的比例不超过 15% 的国家标准计算[②]，2010 年 D 县初中有职工 137 人，初中在校生人数为 12 582 人，因此 2010 年 D 县初中预算内教职人员经费为 3 935.52 万元，生均预算内教职人员经费将达到 3 127.89 元。依据我们课题组的研究，预计 2015 年农村中小学教师工资将达到 4 242.6 元，2020 年达到 5 000 元，按照这个工资标准计算，2015 年 D 县初中教职人员经费为 4 658.3748 万元，生均预算内教育事业费将达到 3 683.67 元，2020 年 D 县初中预算内教职人员经费为 4 506 万元，生均预算内教职人员经费将达到 4 343.55 元，2006 年后 D 县初中生均预算内教职人员经费增幅较高，这一方面主要是因为 2006 年后市县义务教育教职工的工资提高幅度较大，另一方面是由于 2010 年后 D 县师生比基本保持稳定，教师数量变化不大，同时随着学龄人口的减少，生均预算内教职人员经费将有所上升（见表 18-18）。

---

① 财政部承诺：2010 年市县教师工资涨到 3 600 元，载《第一财经日报》2007 年 2 月 28 日。
② 关于制定中小学教职工编制标准的意见，2001 年 10 月 8 日，中央编办、教育部、财政部发布。

表 18-18　　　　2006~2020 年 D 县初中教育经费需求规划
（2006 年的价格水平）

年份	在校生数	生均预算内教职人员经费（元）	生均预算内公用经费（元）	接受"免补"学生比例（%）
2006	15 242	2 273.85	614.26	27
2010	12 582	3 127.89	645.04	50
2015	12 646	3 683.67	958.08	100
2020	10 374	4 343.55	1 355.4	100

2006 年 D 县初中预算内生均公用经费为 614.26 元，高出全国农村的平均水平近 160 元，2009 年，国家出台农村义务教育阶段中小学公用经费基准定额，小学平均为 300 元，初中平均为 500 元，假定 D 县财政每年对中小学预算内公用经费 365 万元的拨款不变的情况下，初中获得的拨款为 182.5 万元，按照这个标准，2010 年 D 县初中生均预算内公用经费为 645.04 元。2010 年后，初中生均预算内公用经费按小学预算内生均公用经费的 5/3 倍计算，2015 年初中预算内生均公用经费为 958.08 元，2020 年为 1 355.4 元。

2006 年后 D 县对义务教育阶段贫困生实施"免补"政策，即免费提供教科书和补助寄宿生住宿费，初中免教科书标准为每生 70 元/学期，补助寄宿生食宿费为每生 150 元/学期，免教科书所需资金由中央及省预算划拨，补助寄宿生食宿费由县级财政全部承担，2006 年 D 县初中接受免教科书的学生数为 2 716 人，接受寄宿生补助的人数为 1 403 人，接受"免补"学生比重占到初中在校学生数的 27%。今后应该扩大初中"免补"的范围和学生比例，逐步实现真正意义上的免费义务教育，我们设定 2010 年接受免补学生比例将提高到 50%，2015 年农村地区全部实现真正意义的免费义务教育后，初中所有在校生都免除课本费，寄宿生补助住宿费，"免补"学生比例达到 100%，同时寄宿生补助也将有所提升，初中寄宿补助提高到每生 200 元/学期，2020 年寄宿生都按每生 250 元/学期接受补助，实现高质量的免费义务教育。

2. 高中阶段

2006 年 D 县 GDP 总量为 38 亿元，人均 GDP 为 9 480.82 元（2006 年的价格水平），2000~2006 年 D 县 GDP 总量的年平均增长速度为 20.25%，增长速度较快，假定 2006~2015 年 D 县 GDP 总量按年平均 10% 的速度提高，2010 年和 2015 年 D 县 GDP 总量将达到 55.64 亿元和 89.61 亿元，2015 年后假定 D 县 GDP 总量按 5% 的速度增长，2020 年 GDP 总量将达到 114.37 亿元，依据我们关于 D

县的人口预测，我们可以算出 2010 年、2015 年和 2020 年 D 县人均 GDP 为 13 666.49 元、21 585.94 元和 27 018.86 元（2006 年的价格水平）。2006 年 D 县高中阶段生均教育经费指数为 34，依据我们课题组教育经费专题的研究成果，2020 年农村高中阶段生均教育经费指数降低到 26 是合理的，因此 2010 年和 2015 年 D 县高中阶段生均教育经费指数分别为 31 和 28，2010 年和 2015 年 D 县高中阶段生均教育经费见表 18 - 19。2006 年 D 县高中阶段教育经费来源比例中财政性教育经费占到 72.9%，与全国平均水平相比，D 县高中阶段教育经费来源中财政投入的比例较高，一方面是因为非财政性渠道投入较少，另一方面是因为高中阶段教育，尤其是普通高中教育是县域义务教育后的主要出口，高中阶段的教育质量影响着学生及家长对高等教育的选择，甚至对整个县域的教育发展水平具有重要的影响作用，因此县级政府比较重视对高中阶段教育的投入，但就 D 县高中阶段教育未来发展状况看，政府应当采取措施引导社会、企业和个人加大对高中阶段的教育投入，因此我们设定 2006～2020 年，D 县对高中阶段财政性教育经费投入的比例不变，为将来普及 12 年义务教育做准备，2010 年、2015 年和 2020 年 D 县高中阶段教育经费财政投入总量见表 18 - 19。

表 18 - 19　　　　2006～2020 年 D 县高中阶段财政性教育
经费需求规划（2006 年的价格水平）

年　份	人均 GDP（元）	生均教育经费（元）	财政性教育经费（万元）
2006	9 480.82	3 239.76	1 352.2
2010	13 666.49	4 236.61	2 660.12
2015	21 585.94	6 044.06	4 126.33
2020	27 018.86	7 024.9	4 776.5

3. 主要教育事业单位的发展与规划

2004 年 D 县广播电视大学管理站共有教职工 18 人，其中专任教师 8 人，兼职教师 7 人，专任教师中本科学历教师比重为 87.5%，中级及以上专任教师比重为 75%，但是还没有研究生学历教师，同时专任教师中高级职称的仅为 1 人，比例偏低，因此，电大在今后的发展中应该提高教师的学历和职称层次。2004 年，电大管理站有大中专在校生 1 244 人，在成人生源逐渐减少的情况下电大与通化师院联合办学，2004 年共招生 399 人，其中本科 213 人、专科 140 人、中专 46 人。因此，"十一五"期间，电大管理站应通过联合培养等多种办学方式保持在校生 1 000 人左右的教育规模，同时重视教育科研、努力提高教育教学质量，为 D 县培养和输送更多的人才。

D县教师进修学校是全县中小学教师、干部培训的基地，担负着全县中小学师资培训、干部培训和教学研究的重任，同时教师进修学校也是教学研究、现代教育技术、教学科研和图书资料中心。2004年，D县教师进修学校有教职工63人，其中专任教师51人，专任教师中本科学历教师占58.8%，比例偏低，专任教师中高级职称教师16人，占31.3%，中级职称教师26人，占50.9%，因此，教师进修学校在今后的发展中要着重提高专任教师的学历层次，增加高学历教师的比重。

四、D县教育供给能力分析与教育规划

D县作为中部地区的农业县，经济发展水平不高，人均GDP、经常性财政收入和财政性教育经费都低于国家同期的平均水平（见表18-20），远不能满足教育事业的发展需要，长期以来，D县的教育发展主要依靠上级政府的财政转移支付来解决教育经费短缺问题。

表18-20　　　　2000~2006年D县教育供给能力　　　　单位：万元

年　份	GDP	经常性财政收入	财政性教育经费
2000	125 698	4 416	5 134
2001	168 770	4 097	6 145
2002	193 415	6 338	7 225
2003	222 000	6 457	7 972
2004	257 400	6 460	8 893
2005	315 548	7 661	11 221
2006	380 051	8 777	12 974

资料来源：由D县教育局提供。

2000~2006年D县GDP平均增长速度为20.25%，依据D县经济发展现状，我们设定2006~2015年，D县GDP以10%的增长速度推进，2015年后以5%的速度推进，那么D县2010年、2015年和2020年的GDP总量如表18-21所示。2000~2006年D县经常性财政收入占GDP的比重平均为2.7%，而国家的财政收入占GDP的比重一直保持在10%以上，2003年为18.5%，由此可见，D县财政收入占GDP的比重远远低于国家的平均水平，但D县作为一个农业县，工业和第三产业发展水平较低，取消农业税后，财政收入占GDP的比重呈逐年渐低的趋势，因此，未来15年D县财政收入占GDP比重上升的空间有限，我们设定

以 2006 年 2.3% 的比重为基数，每 5 年增长一个百分点，因此，2010 年 D 县财政收入占 GDP 的比重为 3.3%，2015 年为 4.3%，2020 年为 5.3%，D 县未来各年度财政收入额度见表 18-21。依据 D 县未来各年度的教育经费需求预测结果，我们计算出 2010 年 D 县基础教育财政性经费需求为 1.73 亿元，2015 年为 1.85 亿元，2020 年为 2.1 亿元，依据 D 县未来各年度的财政收入水平，2015 年以前，D 县教育发展仍然需要上级财政转移支付的支持，2015 年后，随着 D 县财政收入水平的提高，D 县将会具备自身发展教育事业的经济能力，但是由于以往教育欠债较多，D 县在中小学基建、危房改造等方面仍需要上级财政的支持。

表 18-21　　　　　2006~2020 年 D 县教育供给能力预测

（2006 年的价格水平）　　　　　　　　单位：亿元

年 份	GDP	经常性财政收入	基础教育财政性经费
2006	38	0.87	1.2*
2010	55.64	1.84	1.73
2015	89.61	3.85	1.85
2020	114.37	6.06	2.1

注：*2006 年的财政性教育经费是包含了各级各类教育的财政性经费。

由此可见，D 县教育事业的发展，不能仅依靠 D 县自身的财政供给能力，仍需要上级财政的大力支持，D 县未来教育事业的发展规划也不能仅从教育供给角度来制定，否则，D 县的教育事业将无从发展。随着农村教育管理体制的改革、《义务教育法》的颁布和农村义务教育经费保障机制的出台，中西部的农村教育发展得到了省级和中央级财政的大力支持，因此，我们在规划 D 县未来教育发展时，主要从县域未来教育发展的基本需求出发，同时考虑到本县的社会经济发展水平，以期实现教育和社会的和谐发展。

五、落实 D 县 2007~2020 年教育事业发展规划的主要措施

（一）建立农村义务教育经费保障机制，稳定教育经费来源

D 县教育经费和教育基本建设需要充分发挥财政经费投入的主渠道作用，同时建立多渠道经费筹措机制，以保障教育的优先发展。建立农村义务教育经费保障机制，坚决取消统筹、挪用、平调中小学校收费现象，确保教育收费全部用于教育，同时加强教育经费管理，提高资金的使用效益。依法调整财政支出结构，

不断增加教育投入,努力形成长期、稳定的教育经费来源渠道,确保实现预算内教育经费做到"三个增长"。建立健全农村中小学预算编制制度,将各项收支统一编入县级财政预算,对农村中小学经费实行"校财局管",并在预算中单列,确保专款专用,不得挪作教师工资和津补贴,同时强化监督功能,降低教育成本,预防和治理各种违法、违纪、违规行为。

(二)巩固和提高农村义务教育质量,促进基础教育均衡协调发展

进一步巩固提高"两基"成果和水平,全面提高农村教育质量,尤其是做好义务教育阶段的控辍工作,提高农村义务教育的巩固率和完成率。积极发展农村学前教育,坚持以政府办园为骨干或示范,以社会力量办园为主体,公办和民办共同发展。充分利用中小学布局调整出来的教育资源,按照"大村独办、小村联办、合理布局、方便接送"的原则,兴办一批村级幼儿园。同时,制定优惠政策,积极鼓励公民个人兴办民办幼儿园。允许有条件的小学附设幼儿园。积极稳步推进农村中小学布局调整,以村小隔年招生和完小变初小为主要形式,减少开办数,增大班额,节省投资,努力提高办学规模和教学质量。加快农村教育信息化建设,农村中小学微机室、语音室的建设,教学光盘播放设备和成套教学光盘等办学条件的配备都应达到各年度规划的水平,将农村中小学现代远程教育工作作为重要基础建设项目。进一步强化农村中小学教育教学管理,完善各项规章制度,实行校务公开、民主管理,注重校园文化建设,坚持以德育为首的育人原则,坚持以人为本,遵循学生身心发展和教育教学规律,切实减轻中小学过重的课业负担,努力提高教育教学质量。

(三)大力发展职业教育,更好地为经济建设服务

认真贯彻全国、全省职业教育工作会议精神,坚持体制、制度创新和深化教育、教学改革,继续完善职教中心建设,不断扩大办学规模,充分发挥职教中心的人才、设备、基地、管理等方面的资源优势,为振兴 D 县的经济培养出大批的初、中级职业技术人才,为县域经济结构调整和技术进步服务,为农业、农村、农民和推进农村城市化进程服务。加大政府投入,严格资金管理。建立职业教育发展基金,主要来源:一是本级政府对职业教育的专项投入;二是按国家和省规定从城市和地方两个教育费附加中按比例提取的职业教育费;三是争取的中央、省专项资金;四是社会捐助。职业教育发展基金,实行专户管理、封闭运行,确保不挪作他用。加强职业学校领导班子和师资队伍建设。选择有市场开拓精神、有学校经营能力、懂学校管理、有凝聚力的复合型人才担任职业学校的校长,推行校长负责制。根据学校发展和专业设置要求,每年补充新教师。按照

"双师型"的要求，加强教师队伍培养培训，聘请技师定期授课，建立专兼职结合的教师队伍。

（四）拓宽师资培训渠道，加强教师队伍建设

大力加强教师培训，通过与高校联合，搞好层次学历培训，鼓励教师参加各种形式的学历教育及专业培训。同时搞好全员教师继续教育，落实教师继续教育证书制度，以中小学"校本培训"为基础和网络，以综合素质培训和新课程教师培训课题研究为主线，以新理念、新课程、新知识、新技术为重点，开展新一轮教师培训，建立以师德建设、业务提高、理念更新为主要内容的教师考核体系，形成教师培训提高的长效机制，激发教师的责任心，促进教师整体素质的提高。在教师队伍建设方面，根据国家和省制定的教职工编制标准，合理配备教师编制，严格履行行政教师资格制度，把好入职关口，实行公开招聘，严格考核，择优聘任，合同管理，严把质量关，当前争取招聘一批紧缺学科的专任教师，以后力争逐年招聘一批年轻、高学历、高素质的人才充实教师队伍。

（五）加强领导，依法治教，确保教育健康发展

要完成教育事业发展规划目标，就需要强化政府的教育责任，切实把教育纳入战略发展重点和现代化建设的整体布局之中，摆到优先发展的战略地位。进一步加强教育督导，把教育工作情况列入政府政绩的年度考核内容。这就要求政府在教育工作方面勤政务实，抓好教育行风建设，加强师德教育，大兴学习研究之风，团结协作，开创教育工作新局面。同时要强化管理，切实提高教育质量，全县要抓好学校环境管理、教学管理、财务管理、教师管理等各项工作，切实把全县中小学的管理工作提升到一个新的水平，确保教育质量的稳步提高。最后还要落实"以县为主"的管理体制，加大投入，保证教育的正常运转和良性发展。

加强教育法制工作，提高广大师生法律素质和法律意识。大力推进依法治教，全面开展"依法治校示范校"创建活动。结合教育特点，认真贯彻《行政许可法》，构建"决策、执行和监督"相协调的教育行政管理新体制，规范教育行政部门政策制定、宏观调控和监督指导方面的职能，依法保障教育行政部门的教育统筹权和学校办学自主权。进一步规范教育行为，改革教育评价方法，保证学校正确的办学方向，保证教育的公正性和学生平等的受教育权，维护学校、教师和学生的合法权益。积极探索现代学校制度，健全以教代会制度为主体的学校民主管理机制，增强学校管理工作的透明度。

加强学校安全工作，依法严厉打击扰乱教学秩序、破坏学校财产的犯罪行

专项资金支付管理暂行办法〉的通知》（2006年）（财库〔2006〕27号）。

［16］全国人民代表大会：《中华人民共和国义务教育法》（1986年）。

［17］全国人民代表大会：《中华人民共和国义务教育法修订案》（2006年）。

［18］教育部：《面向21世纪教育振兴行动计划》（1999年）。

［19］科技部：《全民科学素质行动计划纲要（2006~2010~2020）》（2006年）。

［20］教育部：《国家教育事业发展"十一五"规划纲要》（2007年）（国发〔2007〕14号）。

［21］国务院：《关于进一步加强农村教育工作的决定》（2003年）（国字〔2003〕19号）。

［22］国务院：《2003~2007教育振兴行动计划》（2004年）（国字〔2004〕5号）。

［23］国务院：《关于大力发展职业教育的决定》（2005年）（国字〔2005〕35号）。

工具书

［1］国务院人口普查办公室、国家统计局人口与社会科技统计司：《中国2000年人口普查资料》（上），中国统计出版社2002年版。

［2］国务院人口普查办公室、国家统计局人口与社会科技统计司：《中国2000年人口普查资料》（中），中国统计出版社2002年版。

［3］国务院人口普查办公室、国家统计局人口与社会科技统计司：《中国2000年人口普查资料》（下），中国统计出版社2002年版。

［4］教育部发展规划司：《2000~2005年全国教育事业发展统计公报》，教育部网站。

［5］教育部发展规划司：《中国教育统计年鉴》（1990~2005年各年版），人民教育出版社1996~2007年版。

［6］教育部：《从人口大国迈向人力资源强国——中国教育与人力资源问题报告》，人民教育出版社2003年版。

专著

［1］汪卫平：《成人教育理论与实践》，地质出版社2004年版。

［2］娄宏毅、宁尚桂：《成人教育学》，齐鲁书社2002年版。

［3］董明传：《面向21世纪我的教育观：成人教育卷》，广东教育出版社2000年版。

［4］袁振国：《中国教育政策评论》，教育科学出版社2001年版。

［5］樊纲：《现代三大经济莅临体系的比较与综合》，上海三联书店1997

年版。

[6] 吕育康：《非主流教育新视野》，郑州大学出版社 2004 年版。

[7] 刘光等：《新中国高等教育大事记》，东北师范大学出版社 1990 年版。

[8] 金一鸣：《中国教育类别与结构研究》，上海教育出版社 1999 年版。

[9] 陈吉元：《中国劳动力转移》，人民出版社 2000 年版。

[10] 王留栓编著：《亚非拉十国高等教育》，学林出版社 2001 年版。

[11] 徐同文著：《区域大学的使命》，教育科学出版社 2004 年版。

[12] 中国教育与人力资源问题报告课题组编：《从人口大国迈向人力资源强国》，高等教育出版社 2003 年版。

[13] 薛天祥：《高等教育学》，广西师范大学出版社 2002 年版。

[14] 申培轩：《农村现代化与高等教育发展》，经济科学出版社 2003 年版。

[15] 朱家存主编：《教育均衡发展政策研究》，中国社会科学出版社 2003 年版。

[16] 腾纯主编：《中国农村教育综合改革》，陕西人民教育出版社 1998 年版。

[17] 袁桂林著：《基础教育改革与发展》，东北师范大学出版社 2002 年版。

[18] 李少元：《农村教育论》，江苏教育出版社 1996 年版。

[19] 王承绪：《高等教育新论——多学科的研究》，浙江教育出版社 1988 年版。

[20] 北京师范大学教育学院"中国教育发展报告·变革中的教师与教师教育"课题组：《2003 年中国中小学教师教育现状调研报告：中国教育发展报告——变革中的教师与教师教育》，北京师范大学出版社 2004 年版。

[21] 转型期中国重大教育政策案例研究课题组：《缩小差距——中国教育政策的重大命题》，人民教育出版社 2005 年版。

[22] 袁桂林：《农村应用型人才培养与 WTO 挑战》，东北师范大学出版社 2007 年版。

[23] 东北师范大学农村所：《农村教师调查报告 3》，东北师范大学 2003 年版。

[24] 舒尔茨：《教育的经济价值》，吉林人民出版社 1982 年版。

[25] 纳依曼：《世界高等教育的探索》，（中译本），教育科学出版社 1982 年版。

[26] 加里·S·贝克尔：《人力资本》，北京大学出版社 1987 年版。

[27] 世界银行组织编写：《发展中国家的高等教育的危机与出路》，教育科学出版社 2001 年版。

［28］高书国：《中国城乡教育转型模式》，北京师范大学出版社 2006 年版。

［29］吕世辰：《农村社会学》，社会科学文献出版社 2006 年版。

［30］徐勇：《中国农村研究（2004 年卷）》，中国社会科学出版社 2006 年版。

［31］潘维、贺雪峰：《社会主义新农村建设的理论与实践》，中国经济出版社 2006 年。

［32］R. H. 萨博特和 P. L. 王：《内部迁移与教育 教育经济学百科全书》，高等教育出版社 2000 年版。

［33］黄宗智：《中国乡村研究》，中国社会科学出版社 2006 年版。

［34］Craig Howley, Marty Strange and Robert Bickel. Research About School Size and School performance Impoverished Communities. December 2000.

［35］UNESCO, International Inst. for Educational Planning：Development of Indicators for Educational Planning：Brazil, Cambodia, Estonia, Gambia, Lithuania, Thailand, France, 2001.

［36］OECD. Education at A Glance：OECD Indicator 1997, Paris：OECD, 2001.

［37］Sherman, Joel D., Honegger, Steven D., McGivern, Jennifer L.. Comparative Indicators of Education in the United States and Other G – 8 Countries：2002., U. S. District of Columbia, 2003.

论文

［1］袁桂林：《农村义务教育"以县为主"管理体制现状及多元化发展模式初探》，载《新华文摘》2004 年第 8 期。

［2］袁桂林、宗晓华、陈静漪：《中国分城乡学龄人口变动趋势分析》，载《教育科学》2006 年第 1 期。

［3］袁桂林：《农村初中辍学现状调查及控制辍学对策思考》，载《中国教育学刊》2004 年第 2 期。

［4］袁桂林：《研究农村初中教育问题，明确改革与发展思路》，载《中国教育学刊》2004 年第 6 期。

［5］吕丽艳、袁桂林：《税费改革与农村义务教育投入的个案研究》，载《教育理论与实践》2005 年第 2 期。

［6］袁桂林：《农村基础教育学校培养应用型人才问题初探》，载《东北师大学报》2005 年第 1 期。

［7］袁桂林：《农村义务教育亟待突破》，载《新华文摘》2006 年第 8 期。

［8］袁桂林：《新农村建设中农民教育的重点和实施途径》，载《社会科学

战线》2006 年第 2 期。

[9] 袁桂林：《新机制　新希望　新问题》，载《人民教育》2006 年第 10 期，该文在教育部引起关注，周济部长、陈小雅副部长、田祖荫司长有批示。

[10] 许丽英、袁桂林：《教育效率的社会学分析》，载《中国教育学刊》2006 年第 5 期。

[11] 许丽英、袁桂林：《农村教育资源配置现状调查与优化对策研究》，载《教育发展研究》2006 年第 6A 期。

[12] 王正惠、袁桂林：《从课程视角看农村初中生辍学问题》，载《中小学管理》2006 年第 8 期。

[13] 许丽英、袁桂林：《教育绩效：一个值得重新审视的概念》，载《教育理论与实践》2007 年第 1 期。

[14] 袁桂林、秦玉友：《农村教育发展指标体系中的若干基本理论问题》，载《教育发展研究》2007 年第 5 期。

[15] 河菊芳、季诚钧：《关于促进劳动力转移的农村成人教育探析》，载《当代教育论坛》2006 年第 6 期。

[16] 曾青云、崔铭香：《论成人教育与农村社会经济的和谐发展》，载《继续教育研究》2005 年第 1 期。

[17] 赵岚：《中国农村适龄人口人均预期受教育年限展望》，载《教育研究》2006 年第 4 期。

[18] 吴捷：《关于农村成人教育的思考》，载《继续教育研究》2004 年第 5 期。

[19] 陈文冠：《加快农村成人教育的思考》，载《农村教育》2005 年第 9 期。

[20] 赵吉云：《农村成人教育改革初探》，载《成人教育》2006 年第 11 期。

[21] 陈静漪：《农村教育发展指标的系统论分析》，载《教育发展研究》2007 年第 5 期。

[22] 石中英：《促进基础教育均衡发展的基本原则》，载《人民教育》2002 年第 12 期。

[23] 张生：《"教育均衡化"辨析》，载《江苏教育》2004 年第 2 期。

[24] 杨东平：《试论促进教育公平的教育公共政策》，载《人民教育》2005 年第 7 期。

[25] 胡瑞文、杜晓利：《未来 15 年我国教育资源供求矛盾与政策选择》，载《教育发展研究》2005 年第 6 期。

[26] 王正惠、任仕君:《农村高中发展预测研究》,载《教育科学》2006年第2期。

[27] 沈百福、杜晓利:《人口文化素质与经济发展水平的相关分析》,载《北京大学评论》2004年第1期。

[28] 袁桂林:《促进农村各类教育协调发展》,载《教育研究》2003年第8期。

[29] 吴明:《高教机构失衡必须引起重视》,载《新华文摘》2001年第9期。

[30] 张春曙:《我国高中阶段教育规模发展的战略选择》,载《教育发展研究》1999年第8期。

[31] 马晓强:《我国普通高中教育办学规模的几个问题》,载《教育与经济》2003年第3期。

[32] 王健敏:《加强乡镇中心幼儿园建设,促进农村幼教事业发展的对策研究》,载《幼儿教育(教育科学版)》2006年第5期。

[33] 虞永平:《试论政府在幼儿教育发展中的作用》,载《学前教育研究》2007年第1期。

[34] 刘小蕊、庞丽娟、沙莉:《美国联邦学前教育投入的特点及其对我国的启示》,载《学前教育研究》2007年第3期。

[35] 王世军:《我国当代农村教师队伍建设研究》,西南师范大学2005年。

[36] 林毅夫:《制定"十一五"计划应考虑的十个战略问题》,载《宏观经济研究》2004年第1期。

[37] 宗晓华、陈静漪:《欠发达地区中等职业教育发展困境的原因及对策》,载《职业教育研究》2006年第1期。

[38] 赖明勇等:《经济增长的源泉:人力资本、研究开发与技术外溢》,载《中国社会科学》2005年第2期。

[39] 王蓉:《努力构筑我国公共教育财政体制(下)》,载《北京大学教育评论》2003年第3期。

[40] 刘志俊、韩春景:《地方教育或有负债的成因及解决对策》,载《财会通讯》2006年第5期。

[41] 田伏虎、阎世笙、孙刚成:《"以县为主"的农村义务教育管理体制存在的问题和对策》,载《教育探索》2006年第10期。

[42] 杨润勇:《"免费义务教育"政策及其实施的思考与建议》,载《教育发展研究》2006年。

[43] 曹莲娜:《从教育的外部性角度看中国农村义务教育投入机制的转

变》，载《特区经济》2006年第8期。

[44] 陈棣沭：《对OECD国家初等和中等教育支出的国际比较》，载《教育与经济》2005年第3期。

[45] 闫建章、王瑜：《对农村贫困县义务教育发展的再思考——以山西省大宁县义务教育现状调查为基础》，载《教育理论与实践》2006年第2期。

[46] 范先佐：《构建"以省为主"的农村义务教育财政体制》，载《华中师范大学学报》2006年第3期。

[47] 上海市教科院智力开发研究所课题组：《2000～2003年我国教育经费投入进展与问题》，载《教育发展研究》2005年第8期。

[48] 李建平：《对西部农村地区教育发展的一些思考》，载《特区经济》2005年第11期。

[49] Nelson, Richard R., Phelps, Edmund S. Investment in Humans, Technological Diffusion, and Economic Growth. *The American Economic Review*, 1966, 15.

[50] Wildasin, David E. Labor-Market Integration, Investment in Risky Human Capital, and Fiscal Competition. *The American Economic Review*, 2000, 90, (1).

[51] Grossman, Gene M., Helpman, Elhanan. Comparative Advantage and Long-Run Growth. *The American Economic Review*, 1990, 80, (4).

[52] Harrison, Bennett, Kelley, Maryellen R., Gant, Jon. Innovative Firm Behavior and Local Milieu: Exploring the Intersection of Agglomeration, Firm Effects, and Technological Change. *Economic Geography*, 1996, 72, (3).

[53] McMahon, Walter J. The Economics of Vocational and Technical Education: Do the Benefits Outweigh the Costs? *International Review of Education*, 1998, 34, (2).

[54] The University of New Mexico Experience: Technology Transfer from University-based Research Centers. *The Journal of Higher Education*, Vol. 70. No. 6. 1999.

[55] Mary H. Mundt. The Urban University: An Opportunity for Renewal in Higher Education. *Innovative Higher Education*, Vol. 22. No. 3, Spring 1998.

[56] Joe Corry and James Cooch. The Wisconsin Idea: Extending the Boundaries of a University. *Higher Education Quarterly*, Vol. 46. No. 4, Autumn 2002.

[57] George Psacharopoulos. Returnsto Investmenti Education: A Global Update. *World Development*, 1994, 22 (9).

报刊

[1] 张学敏：《师范院校能为农村教育做什么》，载《中国教育报》2004年4月5日。

[2] 郭少峰:《高中教师将大幅提高硕士学历比例 最低要达到30%》,载《新京报》2004年11月1日。

[3] 袁桂林:《财政博弈和制度建设 农村义务教育待突破两难点》,载《光明日报》2006年1月4日。

[4] 袁振国:《全面建设小康社会教育政策透视》,载《科学时报》2003年9月9日。

[5] 教育部:《面向21世纪教育振兴行动计划》,载《光明日报》1999年2月25日。

后 记

本书是在袁桂林教授的设计和组织领导下集体创作的结果。袁桂林（北京师范大学）任全书主编，马国贤（上海财经大学）、秦玉友（东北师范大学）、刘国永（上海财经大学）、陈静漪（东北师范大学）任副主编，具体的分工写作情况如下：

前言由袁桂林撰写；第一章、第二章、第三章由袁桂林、秦玉友协同完成；第四章由陈静漪完成；第五章由宗晓华（北京师范大学）、陈静漪完成；第六章由赵岚（东北师范大学）完成；第七章由陈静漪、宗晓华完成；第八章由初稿经刘秋红（广州市83中学）完成后，高巍（交通银行长春分行）做了进一步的修改和数据更新；第九章由齐媛（东北师范大学）完成；第十章由马国贤、孔晏（上海财经大学）负责设计、组织实施，并完成写作；第十一章由任仕君（南京师范大学）完成初稿后，梁红梅（东北师范大学）、陈坚（东北师范大学）、高荣（吉林华侨外国语学院）做了修改、数据更新和内容充实工作；第十二章由马国贤、刘国永、任晓辉（上海财经大学）、王克强（上海财经大学）、孔晏完成；第十三章由于冬青（东北师范大学）完成；第十四章由王正惠（绵阳师范学院）完成；第十五章由牛娜（吉林体育学院）完成初稿后，宗晓华做了进一步的修改和数据更新工作；第十六章由赵岚利用了侯丽华（哈尔滨教育学院）和孟庆军（东北师范大学）研究的文盲率材料基础上完成；第十七章由冯晖（新疆伊犁师范学院）完成；第十八章由陈静漪完成；其间隋鹏梅（山东省莱州教育局）、曹春艳（东北师范大学）、高荣做了相关的数据统计和文献整理工作。参考文献部分由王正惠整理。

此外，许丽英（中央民族大学）、崔艳艳（深圳实验学校）、孙艳霞（陕西师范大学）、周生芳（北京师范大学）、王红磊（吉林出版集团有限责任公司）、杨微（哈尔滨工业大学威海校区）、李晓菁（广州药学院）、邵奎燕（吉林交通职业技术学院）在不同时期参与了不同专题的调查、研讨和数据核对。

已出版书目

书　名	首席专家
《马克思主义基础理论若干重大问题研究》	陈先达
《网络思想政治教育研究》	张再兴
《高校思想政治理论课程建设研究》	顾海良
《马克思主义文艺理论中国化研究》	朱立元
《弘扬与培育民族精神研究》	杨叔子
《当代科学哲学的发展趋势》	郭贵春
《当代中国人精神生活研究》	童世骏
《面向知识表示与推理的自然语言逻辑》	鞠实儿
《中国大众媒介的传播效果与公信力研究》	喻国明
《楚地出土戰國簡册［十四種］》	陳偉
《中国特大都市圈与世界制造业中心研究》	李廉水
《WTO主要成员贸易政策体系与对策研究》	张汉林
《全球经济调整中的中国经济增长与宏观调控体系研究》	黄　达
《中国产业竞争力研究》	赵彦云
《东北老工业基地资源型城市发展接续产业问题研究》	宋冬林
《中国民营经济制度创新与发展》	李维安
《东北老工业基地改造与振兴研究》	程　伟
《中国加入区域经济一体化研究》	黄卫平
《金融体制改革和货币问题研究》	王广谦
《中国市场经济发展研究》	刘　伟
《我国民法典体系问题研究》	王利明
《中国农村与农民问题前沿研究》	徐　勇
《城市化进程中的重大社会问题及其对策研究》	李　强
《中国公民人文素质研究》	石亚军
《生活质量的指标构建与现状评价》	周长城
《人文社会科学研究成果评价体系研究》	刘大椿
《教育投入、资源配置与人力资本收益》	闵维方
《创新人才与教育创新研究》	林崇德
《中国农村教育发展指标研究》	袁桂林
《高校招生考试制度改革研究》	刘海峰
《基础教育改革与中国教育学理论重建研究》	叶　澜
《处境不利儿童的心理发展现状与教育对策研究》	申继亮
《中国和平发展的国际环境分析》	叶自成
《现代中西高校公共艺术教育比较研究》	曾繁仁

即将出版书目

书　名	首席专家
《中国司法制度基础理论问题研究》	陈光中
《完善社会主义市场经济体制的理论研究》	刘　伟
《和谐社会构建背景下的社会保障制度研究》	邓大松
《社会主义道德体系及运行机制研究》	罗国杰
《中国青少年心理健康素质调查研究》	沈德立
《学无止境——构建学习型社会研究》	顾明远
《产权理论比较与中国产权制度改革》	黄少安
《中国水资源问题研究丛书》	伍新木
《中国法制现代化的理论与实践》	徐显明
《中国和平发展的重大国际法律问题研究》	曾令良
《知识产权制度的变革与发展研究》	吴汉东
《全国建设小康社会进程中的我国就业战略研究》	曾湘泉
《数字传播技术与媒体产业发展研究报告》	黄升民
《非传统安全与新时期中俄关系》	冯绍雷
《中国政治文明与宪政建设》	谢庆奎